道德经说什么

韩鹏杰 著

山东文艺出版社

果麦文化 出品

目录

序　我背后的高人　　1
序章　　4

一　　001
二　　009
三　　025
四　　032
五　　043
六　　048
七　　054
八　　060
九　　073
十　　080
十一　　088
十二　　098
十三　　102
十四　　107
十五　　112
十六　　125
十七　　133
十八 十九　　140
二十　　148
二一　　158
二二　　161
二三　　165
二四　　168

二五	171	五六	317
二六	177	五七	320
二七	180	五八	324
二八	184	五九	329
二九	191	六十	332
三十	196	六一	335
三一	201	六二	339
三二	206	六三	342
三三	210	六四	347
三四	214	六五	352
三五	217	六六	355
三六 三七	220	六七	358
三八	230	六八	363
三九	237	六九	366
四十	245	七十	370
四一	251	七一	373
四二	260	七二	376
四三	266	七三	379
四四	270	七四	382
四五	274	七五	385
四六	279	七六	388
四七 四八	283	七七	392
四九	288	七八	395
五十	293	七九	398
五一	298	八十	402
五二	302	八一	407
五三	306		
五四	309	后记	411
五五	313		

序　我背后的高人

我第一次见到韩鹏杰老师的时候还不满二十岁，读大三。那时的韩老师也不过三十四岁，玉树临风的副教授。从一九九六年到一九九九年，韩老师带着我们这些理工科的学生为母校西安交通大学夺取了所有参加的辩论赛的冠军。至今在中国辩论界提起西安交大，都是一个传奇。我们那时候除了数理化和几个英文单词，对什么传统文化、四书五经、美学哲学几乎一无所知。进入辩论队的第一天，作为总教练的韩鹏杰老师就给我们来了一个下马威。那是一个夏天，没有空调的教室。韩老师拿着一个中年人标配的水杯走进教室，拨了把椅子背窗坐下，说："今天咱们讲讲西方哲学史。"然后就从泰勒斯一直讲到了后现代主义。没有起身，没有板书，没有提问和互动，甚至没有丰富的表情和渲染，只是偶尔有一丝白得的冷笑。这不是上课，这是轰炸。所有的人名、书名、书里的原话，他想都不想地就说出来，砸在我们无知的脸上。

印象中记了很多笔记，我在这堂课上第一次听到了康德、黑格尔、维特根斯坦、萨特、罗素这些了不起的名字。女生们恐怕已经被年轻的副教授征服了吧？我是被知识征服了。原来一个人可以记得这么多东西啊？原来这个世界有这么多了不起的思想和见识啊？那节课之后，我们从图书馆借回来了一三轮车的经典名著，慢慢啃。直到今天也没读完。多美好！

更令人崩溃的是，后来我们才知道韩老师的专业是中国哲学和美学，西方哲学只是他给我们的开胃菜。后来少不了又有一次中国哲学史的轰炸，我从此爱上了老子、孔子、庄子、孟子……虽不能至，心向往之。如果说之前求学都是随波逐流稀里糊涂的话，进入辩论队，遇到韩老师和他背后无限知识的那一刻，我受到了启蒙，开始向往成为一个真正有知识的人，而不是一个校园歌手或者学生会主席。这种主动求知的觉醒对一个人来讲，弥足珍贵。

我们成为韩老师终身的弟子。毕业，找工作，找对象，生孩子，买房子，投资，创业，每一件事情都要找他商量。我儿子的名字，路一鸣女儿的名字，都是韩老师取的。好听又有文化。后来我开始做樊登读书，心里一直惦记着韩老师的宝藏。我本身就喜欢《道德经》，所以听过很多老师讲，也读过好几个本子，总觉得对普通百姓来讲，还没有最合适的。要么难度太大，拒人千里之外。要么把《道德经》庸俗化，加了很多奇怪的理解。所以从去年开始我就央求韩老师讲讲《道德经》。

他说："没问题啊，我经常做讲座，你们拿去用就好了！"

我说："不是普通的讲座，是想请您把八十一章从头到尾讲一遍！"

他说："那工作量太大了！"

我说："有价值啊，老子给了我们那么多，我们也应该回报一下他老人家吧！"

韩老师想想，看在老子的面子上，答应了。

关于《道德经》的一鳞半爪大部分人都知道些，但如果没有完整的学习和理解，就总是有些遗憾的。我做这样的请求，既是为了把老师的学问留住，也是为了广大读者能真正亲近《道德经》。作为中国人，如果不能从《道德经》里汲取营养，实在是一件遗憾的事。现在我眼前的这本书，就是我想要的。八十一章，韩老师一环扣一环地讲下来了。而且他用的是以经解经的方法，把《道德经》里前后呼应的观点联系在一起，逻辑自洽，一气呵成。我在想，如果能够多一个人看到这本书，或者听到韩鹏杰老师的讲座，就会多一个人变得更中国，更智慧。

韩老师从南开大学毕业后就在西安交大，像康德一样，每天坚持散步。如果你在西安交大的校园里看到一位背着手慢悠悠自得其乐的散步者，很有可能就是韩鹏杰教授。韩老师好饮酒，喜欢苏东坡和陶渊明，因为这两个人的作品不是诗文，而是他们自己的人生。韩老师也是一个把自己活成了作品的人。

大家赶紧打开手里的书，去感受这个我背后的高人吧！

樊登

二〇一九年三月七日

序章

我们怎么样来了解我们的传统文化,也就是我们俗称的国学呢?最好的方式就是认真地学习和了解一本经典——这是一种事半功倍的方法。今天我们就通过《道德经》来了解我们先贤的思想、文化与智慧。

正式开讲之前,我先给大家陈述几个理由,讲讲为什么要选《道德经》作为首先给大家解读的经典。

第一,在和外来文化的沟通交流显得日益重要的今天,《道德经》也日益凸显了它的重要性,起到桥梁、纽带和中介的作用。西方文化对咱们中国文化中"道"字的了解,相对来讲还是比较多的。因此,在日益强调国际视野的今天,这本书是我们必须认真去研究学习的。

第二个,学习国学,有一个人一定要了解一下,这个人叫张载,字子厚(名和字都是出自"厚德载物"四个字),陕西眉县横渠镇人。张载有四句话,冯友兰先生把它叫作"横渠四句"。这四句话的内容是:为天地立心——大家要活成法天地正气的人,成为天地之心;为生民立命——大家各自做的工作,不都是为生民立命吗?第三句话,也就是我们今天做的事情——为往圣继绝学。咱们自己的文化大家不学习不传承,不就断绝了吗?大家学了《道德经》,学了其他的经典,再讲给别人听,这不就是一种为往圣继绝学的行为和功德吗?做好上述三件事,才能期待"为万世开太平"。我们今天做的这个事情,就属于"为往圣继绝学"。

各位知道,宋明理学主要有三大派:一派是闽学,指朱熹的学说,他在福建一带讲闽学；一派是洛学，是程颢、程颐兄弟在洛阳一带讲洛学；第三派就是关学。西安在历史上曾经处在四关之中，所以叫"关中"。关中的学问就叫作"关学"。关学的创始人就是张载。他这四句话，"为往圣继绝学"的重要性就凸显出来了。抗战时期，浙江大学迁校，师生们走到江西的时候，请了一位国学大师马一浮（现在浙江大学的校歌歌词就是这位老先生写的）。马一浮给浙江大学师生开坛讲的第一堂课就是"横渠四句"。他认为这四句话才是真正的大学问，比西方那些学问加到一块，分量还重。

大家若去过西安古文化一条街，就会看到关中书院门前立着一尊雕像，这尊雕像是谁呢？明朝的关学代表人物冯从吾先生，长安人。冯先生把古往今来的大学问概括为一百零八个字，他认为不管讲了多少，古往今来的大学问都不出乎这一百零八个字。这一百零八个字主要就讲了三句话：第一句话，做个好人；第二句话，存点好心；第三句话，行些好事。再讲古往今来的大学问，也无非就是如此。做个好人，心正、身安、魂梦稳；行些好事，天知、地鉴、鬼神钦。

《道德经》第二十二章告诉大家，"少则得，多则惑。"秦汉之时就有博士，博士的一个重要的职能是什么？就是研究一本经典。"经"就是途径，就是道路，"典"就是典籍。每个国家都有几本非常重要的经典，保证国家在文化的传承中行走在正确的大道上。博士一生专研一本经典，你把这本经典研究精通了，再讲给别人，这样才是真正的对学问的传承。所以读书不可以杂，钻研一本，才是一种真正好的学习的方式。我们为什么要学这本经典？这是我给大家陈述的两个理由。

我要给大家讲的内容也秉承大道至简的理念。

怎么讲呢？

首先，我会给大家介绍《道德经》的作者，老子这个人——其人。

其次，我会给大家介绍《道德经》的基本情况——其书。

最后，我会给大家介绍《道德经》里智慧的精要——其道。

所以我和大家分享的内容就这六个字，"其人"，"其书"，"其道"。等我们把这些基本工作做完了，再逐章地解读《道德经》。这就是我们要做的工程，也是非常不得了的，非常难的。

其 人

先来说第一个问题，不管我们研究哪一本经典，《论语》也罢，《孟子》也罢，《道德经》也罢，有个问题是绕不过去的。了解什么内容，对我们了解这本书最有帮助？首先得了解一下这本书的作者，得了解一下他的职业背景。老子这个人原来是做什么工作的？因为不同职业的人看问题的角度和方式有很大的不一样。第二，我们还得了解一下，他为什么要写这本书？在什么情况下写的这本书？也就是这本书的写作背景。

第一个问题，关于老子这个人，我们要讲两部分内容：一是老子的职业背景；二是这本书的写作背景。先来说第一部分内容：老子的职业。一个人在咱们的文化里被称为"老子"，大家还没什么意见，这个人一定有蛮高的智慧才当得起这个名字。大家想，一般人大家会随便叫他"老子"？孔子、孟子、荀子，都只一个字是尊称，"子"是尊称，老师的意思。"老子"两个字都是尊称，老子姓李不姓老，"老"在咱们文化里代表着颇高的智慧和境界。家有一老如有一宝，一个历尽沧桑的老人，想要认真讲给大家的话，大家一定不要不耐烦听，那里边凝结着他一生的智慧！别看这个人在我们的文化中传说很多，要介绍他的生平却不是很容易，为什么呢？因为正史中对他的记载很少。我说的正史就是指司马迁的《史记》。是汉朝时候著名的史学家司马迁，陕西韩城人。我讲老子的生平，就以这一本权威的史学著作为蓝本，传说我们不讲，野史不算，以权威的史学著作为蓝本来讲老子这个人的生平。《史记》里边有"老子韩非子列传",排在列传的第三位,大概有四百五十个字,记载了老子的生平。在司马迁的《史记》里边明确地指出,老子这个人是干吗的呢?是做官的。不做官,写不出来这样的著作。做什么官呢?守藏史。原来这朝廷里边的确有史官阶层,比如说西汉时期著名的史官司马谈、司马迁父子;东汉时期著名的史官班彪、班固父子,和班超他们是一家的;唐朝的刘知几;宋朝的司马光;这些都是著名的史官。

老子是他们的祖师爷。他在周朝时候坐的就是史官的位置,属于史官的阶层。守藏史相当于现在的什么官职呢?相当于现在国家图书馆的馆长、档案馆的馆长,以及天文台的台长。大家千万不要小看这个位置,不得了!现在大家要得到一两本书读是多容易的事情,唾手可得。那个时候不一样,那时候写书都得拿着刀在竹简上,一个字一个字地刻!写一两本书是非常伟大的工程,得到一两本书读也不容易。到现在我们还在用这几个词——"捉刀""刀笔吏""汗青",汗青不也指的是竹简吗?这不都是从刻竹简演化过来的吗?所以从这个事情很容易推论出来,那个时候写一两本书是非常伟大的工程,得到一两本书也不容易,受过教育的人少之又少。这位老先生不一样,首先他掌管天下的图书,别人看不到的很多著作他都能读得到,知识渊博,这一点毋庸置疑。

第二点其实更重要,往往为大家所忽略,这个人还掌管着档案,前朝的、本朝的。我们了解一件事情的来龙去脉,了解一个朝代的兴衰更替,哪有比从档案中了解更准确、更接近真相的了。现在北京卫视还有一个电视栏目就叫作《档案》,主持人主持的时候都郑重其事戴着白手套。因为不管讲到哪一个事件,都得给大家找出原始档案来作为证据,这样大家才觉得你讲的话可信。这次讲长征就和以前有很大的不一样。所以我们从掌管档案这件事情,又可以推论出他的两个特点。这位老先生不仅知识渊博,而且见识广,他知道的事多,知道的真相多,见识广、智慧高。

魏晋南北朝的时候,有一个人大家都熟,这个人叫嵇康。这人才华简直高得不得了。可是他遇到了一位叫孙登的高人，给他一个评价说"才高识寡"。你虽然才华高，但你见识不够，你最后的下场恐怕就很惨，所以大家千万不要做这个才高识寡，又恃才傲物的人。这个不好，我们要多多了解事实，多接触社会，了解事物的真相和本质，我们对事物才能有更深刻的认知。所以你看这位老先生和中国历史上很多知识分子不一样，他不仅知识渊博，而且见识广，智慧高，所以朝廷里那些大员有事情的时候，遇到难题的时候都喜欢向他请教。其实这个人的实际身份大家应该能想得出来，他就相当于我们后来说的"国师"，类似张良、徐懋功、陈抟、刘伯温这类人，所以他在当时已经是名满天下了。朝廷里各类大员有事要找他请教，周朝分封了上千个诸侯国，那些诸侯国里有头有脸的人物，将军、丞相、诸侯王遇到问题的时候，也要通过种种途径找到他，向他请教自己所关心的问题。

大家把自己的想象力稍微往前推一下，就能想得出来。他这本书是怎么写成的？不就是那些人提的各种各样的问题吗？老先生给予答案，然后把这些答案概括总结提炼升华，形成这样一本著作。为什么这本书要比中国其他的经典智慧要高？就是因为写作的过程。有一句话大家都知道，没有问题就没有答案。他的答案是针对他们提出的各种各样的问题的，有些甚至到今天还是困扰我们人生的重大问题。写作背景就注定了他这本书在中国的众多经典里边，深刻的思想与智慧独树一帜，所以它被称为"众经之王"。《易经》是中国众经之首、开端，可是这本书被称为"众经之王"，这就跟他的写作过程关联非常密切。

南怀瑾先生有个比喻，他说——儒家就像粮店，那是生活的必需品；佛家就像百货店，琳琅满目，你进去逛一下，不买东西也有收获；道家像药店，有病的时候、有问题的时候，那就要找到《道德经》了。这就是他写作的背景与过程。了解这一点，对我们找到解读这本书的正确方向是非常有帮助的。所以我在这儿提醒大家，我给大家讲《道德经》，绝不会把它神化，也不会把它玄妙化，而是要还它的本来面目，因为知道他写作的背景，就知道它针对的是什么了。这是我给大家说的第一个内容——老子的职业。

现在来讲第二部分内容：写作背景。他为什么要写这本书？在什么情况下写的这本书？答案是不写不行。老子原来在周朝做官，周朝一分为二——西周和东周。西周定都的地方在现在的西安和咸阳之间，沣河和镐河一带。西周的最后一位王叫周幽王，这人不务正业，烽火戏诸侯。为了博得一个女子一笑，点燃了烽火。因为周朝原来和诸侯国都有约定，我遭到侵犯的时候，你得来救我，信号就是烽火。结果周幽王烽火戏诸侯，诸侯来了一看，没什么事，是开玩笑，所以非常愤怒。后来戎狄真的攻进来了，西周面临危险，周幽王又点燃了烽火，向诸侯求救，结果谁也不来，大家以为还在开玩笑。西周就这样被灭掉了，非常戏剧化，其残余的力量迁到了洛阳一带，这个就是东周。老子在东周做官，因为周朝在不断地衰落，所以这位老先生就准备出关隐居。出哪个关呢？函谷关。关中处在四关之中，南面是武关，出去就是楚国的地盘。有个成语叫"朝秦暮楚"，跟现在用的意思完全不一样，就指这两个地方近，早晨在这里，晚上到那儿。北面是萧关，在现在的宁夏固原一带，王维曾经在萧关写过两句诗，"大漠孤烟直，长河落日圆。"西面这个关大家也熟——大散关，"楼船夜雪瓜洲渡，铁马秋风大散关。"在宝鸡一带。东面这个关在汉代以前是函谷关，此后是潼关。

函谷关在现在的河南三门峡的灵宝，在那个时候就是东去洛阳西来长安的必由之路。当时守关的总兵叫作"喜"，大家都习惯把他叫作"尹喜"，其实这个叫法容易引起误解。函谷关总兵也叫"令尹"，令尹是个官名，这两个字是不能分开的。有人读《史记》的时候把断句给断错了。喜就把老子拦住了，你不能过关，当然你实在要过也成，但是你必须把你关于"道"的思想留下。前面给大家说过，老子讲道已经是名满天下了，但那时候人都很矜持,不肯写书。我给大家讲没问题,大家有什么问题问我,我的回答保证是我自己的,别人伪造不了。你把书写完你就管不着了,人家怎么解释是人家的事,后代怎么解释是后代的事,所以为了避免谬种流传,大家都不写书。孔子写过什么著作吗?《论语》不是他写的,那是他弟子记的。老子也一样,也不肯轻易写书。现在不行,你不写,他不让你过关,所以老子没办法,在函谷关逗留了一段时间,一刀一刀地刻下了五千字的一本著作!

这本著作当时既没有名字,也没有分章。书刻好了,老先生就出关了。去哪儿了?《史记》就丢给咱们四个字——莫知所终。这位老先生出了函谷关以后踪影全无,直到现在也没有确切的史料考证出,他出了函谷关以后到底去了什么地方。咱们陕西人当然认为出了函谷关,你还能去哪儿?秦国的地盘,肯定来我们这儿了嘛,终南山、楼观台,开门立教讲授《道德经》。大家都去楼观台参观过吧,恐怕道长和道士还会跟大家讲,其实《道德经》也是在我们这里写的,这都是传说,不足为凭。所以我只以这权威的史学著作为蓝本,传说在我们这里不成立。

还有一个说法更加奇妙,这老先生骑着青牛直接奔印度去了,然后把佛祖释迦牟尼给教出来了。各位想,如果按照传说来讲,世界上还有比老子更牛的人吗?孔子都是他的粉丝。《史记》里孔子向老子问道,这是有记载的。甚至连佛祖也被说成是他的徒弟,不得了吧。大家也别笑,道教里真的有这本经典,就叫《老子化胡经》。魏晋南北朝,一个叫王浮的道士写的。我在北京见过一位道士,问他说你们道教里怎么印证这本经典的真实性。他说我们凭心证,我们心里认为它是真的就是真的。咱们不能这样,为什么要给大家说这个事?是告诉大家,不要把我讲的道家的老子和道教的老子混为一谈,那就没法讲。

因为在道教里面老子已经成了神——道德天尊,在唐朝的时候叫太上老君,道教的最高的神是上三清——元始天尊、灵宝天尊、道德天尊,一个人一被神化就不好了，所以我给大家讲的老子还是把他降到一个有智慧的长者、老者，将他视作老师来讲他的思想与智慧。我给大家讲的题目叫"老子这个人"，而不是"老子这尊神"。我们要把道家跟道教做个区分。道家是中国春秋战国时期一个非常有智慧的思想流派。道家讲什么？讲道，治国之道，为官之道，人生之道。道教是宗教，它产生于中国的东汉时期，大家看时间跨度，春秋战国、秦、汉，汉分西汉和东汉，到东汉时期道教才产生。所以不要把道家跟道教混为一谈。这是借着这个事情给大家又一次做的一个准备工作。好，第一个问题我们就说到这里——老子这个人。

其　书

现在来说《道德经》这本书，以这本书为蓝本来讲解老子的思想和智慧。大家把书翻开一看，就会发现两个问题。第一个问题，这本书已经分了章了，谁分的章呢？老子自己又没做过这件事。第二个问题，这本书已经有了名字了，原来这本书没有名字，就叫《老子》，加个书名号就完了。现在还有人习惯这种用法，所以大家看到加了书名号的老子和《道德经》是一本书，这没什么区别。谁给它起的名字？我们先把这两个问题给大家交代一下，然后再继续。先说分章的问题。现在大家基本认可，是一个叫河上公的人，最早把这本书分成了九九八十一章（关于分章有争议，也有人认为是西汉经学家刘向分章）。在咱们的文化中，阳数最高的数字就是九，九九归一。河上公就是根据这个数字的神秘指向，把这本书分成了八十一章。

这回大家记住了，《道德经》八十一章，为什么要给大家说河上公这个人呢？历史上确有其人。这个人在《史记》里边是有记载的，在汉朝初年的时候，这个人年纪就已经蛮大了，他在山东日照天台山隐居，研究

《老子》这本书。从韩非子开始，中国历史上解读《道德经》的人就数不胜数，给《道德经》做注解的人太多了，其中还包括四位皇帝：唐玄宗李隆基、宋徽宗赵佶、明太祖朱元璋、清世祖爱新觉罗·福临。各位千万不要提这样的问题，说《道德经》这本书我读不懂。那是你对它没有热爱，不喜欢，不下功夫。洪武大帝没上过几天学，人家都把《道德经》这本书给读完了，并且还写了注解。所以不要有畏难情绪，这本书其实在当时就是用顺口溜和诗歌的形式写成的。我们现在觉得它很难，对当时的人来讲，这没有什么难度。可是不管有多少人注解过《道德经》，大家公认的经典本却只有两本，一本就是河上公的本子，叫"河本"。大家如果拿到一本《道德经》，发现八十一章每一章上面都有标题，"抱朴""无为""守真"等就是河上公的本子，非常容易区分！

另外一个经典本，就是魏晋南北朝的一个天才青年学者叫王弼。弼，辅佐的意思，现在我们还在用这个词，辅弼。为什么叫王弼青年学者呢？因为他去世的时候只有二十三四岁。可是他已经注解了大部头的理论著作《周易》《论语》，他注解得最好的就是这本《道德经》。毛主席说：《老子》王弼本最好。毛主席从十几岁就开始读《道德经》，到晚年出行的时候，这本书也经常随身携带。他看过很多版本的《道德经》，得出结论，《老子》王弼本最好。所以大家要真的想阅读这本书的话，找一个王弼的本子，不用看注解，因为不同的版本字句都很不一样。王本、河本，尤以王本最好。有人给王弼写过传记，讲这个人只活了二十四岁，但他却照亮了一个时代，他的思想博大精深，有很多深邃的、哲理的思想。这是给大家说的第二件事，经典本。

现在来说第二个问题——书名。谁给它起的名字？这个名字起得好不好？这个名字起得好，比叫《老子》要好得多。为什么？因为"道德"这两个字大家要分开理解，才能对我们的文化有更进一步的了解。谁给它起的名字呢？从史料中发现，在汉朝的时候，已经有人把这本书叫《道德经》了,起码在汉成帝的时候,这个史料已经坐实了。而到了唐朝大家都认可了这个名字,为什么?

大家把这本书反复地研究之后发现,别看这本书有五千字之多,这本书的核心就讲了两个字——道和德。"道"字在这本书里重复出现了七十多次,因为版本不一样,出现的字数也略有差别。"德"字在这本书也重复出现了四十多次。只有五千字,重复出现了七十多次、四十多次都是不得了的事情。更重要的是什么?《道德经》讲的这两个字——道和德,直到现在还是我们文化中最重要的两个字,是我们修身齐家治国平天下,乃至于在日常工作、教育中最重要的两个字。大家有没有注意到,每次我都是把它分开来说的,你千万不要用现在的"道德"来理解《道德经》的"道"和"德"两个字,那就太狭窄了。在《道德经》里这两个字从来没有并列过,都是分开讲的,因为它讲的是不同的意思。现在的"道德"这个词是后来在儒家经典中出现的,不能用它来理解《道德经》中"道"和"德"这两个字。

直到现在,这两个字还是我们的文化中最重要的两个字,有什么证据呢?"全球华人国学终身成就奖",这奖不得了,二〇一六年"全球华人国学终身成就奖"就授给了张岂之先生。张岂之,原西北大学校长,历史系的教授,这老先生写了一篇文章叫《道是中国文化的核心概念》。说在咱们的文化里找一个最核心的概念,排在第一位的就是道。大家都很认可他的观点,在微信也有很多人转发。当然我不会把这个作为最重要的证据,那最重要的证据在哪里呢?我必须给大家解读一下道和德这两个字。把这两个字解释清楚了,大家也就知道为什么这两个字在我们的文化里最为重要。

先来给大家说一下这个道字,道能解读吗?大家看第一章第一句话是什么?"道可道,非常道,名可名,非常名。"道是高的,把它解读出来就落下乘了。道是全面的,把它讲出来就片面了。为什么?因为名可名,非常名。名，就是语言，语言是有局限的，用语言来讲高大的、全面的道，讲出来不就低了、片面了嘛。不是吗？大家平常不也这样讲吗？我的语言不足以表达我的思想和情感。"常恨言语浅，不如人意深"，这是唐朝刘禹锡写的两句诗。我们拿语言来解读道，解读出来的道就变得片面了，变得低了。那怎么办？不能用语言解读道，用什么呢？用形象。给大家一个形象，大家自己来领悟。咱们文化的最高目标不就是悟道嘛！读万卷书不如行万里路，行万里路不如阅人无数，阅人无数不如名师指路，名师指路不如自己来悟。因为这东西最后还得落到自己身上，如鱼饮水，冷暖自知。

所以咱们文化的最高目标是"悟道"。怎么悟道呢？讲个故事，来个形象，你自己领悟。关于老子的道有两层含义：一层叫天道，我们后边再专门说；另外一个就是人道，也就是这个道落实到我们人类的现实生活中。他要给我们讲什么？关于这个方面，一个形象就够了，大家都能领悟出来，一点都不玄妙。什么形象呢？我们走在道上，什么事最重要？老子就甩给我们这样一个形象，我们走在道上，后边的事他不说了，我要讲什么、针对什么问题，你们大家都能领悟出来。不是吗？我们中国人是不是最喜欢这样的表达方式？不管什么事我们都叫走在什么道上。走在社会发展的道路上，走在人生的道路上，走在婚姻家庭的道路上，走在升职提薪的道路上。不管什么事，我们中国人都叫走在什么道上，后边的事都不用说了，因为只要一说走在什么道上，那么面临的问题、要解决的问题，一下子都浮现出来了。我们走在道上，第一个面临的问题、要解决的问题是什么呢？没人否认——方向和目标。不管我们走在什么道上，首要的问题都是这两个——方向和目标。没有方向那就叫作迷路，那就是迷途的羔羊，没有目标就叫作流浪。

我们现在讲的这四个自信，大家有没有注意到它的排序呀？文化自信、理论自信、制度自信，这三个怎么排倒也没人认真追究，可是第一个不能动，道路自信始终得排在第一位，这个事不解决，后边事都不成立。现在制定两个一百年的目标，告诉你什么时候到达，道不也有到达的意思吗？到达的时间也告诉你了，大家可以按照这个目标来一起合力奋斗，所以我们走在道上第一个重要的事情——方向和目标。如果大家觉得我这个问题还没有说到位，我换到反面给大家再论证一下，不是说要正反两个方面论证问题嘛。现在在大学校园、小学校园、中学校园刷得最多的一条标语是什么呢？知识就是力量。这是英国人讲的。大家有没有发现这句话有很大的瑕疵？知识就是力量，可是大道和良知才是方向。你方向不明、不正确，知识越多还可能起负面的作用呢。这不是现在我们教育面临的最大的问题，所以中国人用的这个道多妙，一开始先把导向告诉你，你现在得走在正确的路上，知识才能够起正面的作用。所以这是我们说的走在道上第一个重要的事情、要解决的问题——方向和目标。

那我们走在道上，第二个要解决的问题是什么呢？古往今来，走道都属于交通，交通得有规则，大家得守这个规则，都不守规则那不就乱成一锅粥了。我们是右侧通行，而英国是左侧通行。到了人家那儿你不遵守人家公认的规则，那不就要出大的问题、大的危险了吗？我们中国人一直都认为讲道是在讲一种境界。错！在讲境界之前，先要抓住、咬定这两个字——规则。在规则的基础上，我们才能去谈境界。这也是我们中国人用道这个字的应有之义。人家没有发现道的用法吗？解决问题之前我们经常会说，"来来来，咱们画出道来"。啥叫画出道来？不就制定双方都认可的规则嘛。这本来就是我们文化中道所包含的内容，现在我们把这个字给扔掉了，把这个意思扔掉了，这就太危险了。因为在讲境界之前，你得先搞清楚这两个字——规则。当然在规则的基础上，我们走道也得走出境界来。路窄的时候能不能侧一下身，让别人也通过，别横行霸道。别天天教小孩在日记本上写"走别人的路，让别人无路可走"，这是什么心态？大家进门的时候，后边有人，要不要扶一下门，让后边人先进来？有点绅士风度。路上有人摔倒了，我们要不要帮一下、扶一下？你看人字就这么简单，一撇一捺，可它是相互支撑的，要互相帮助嘛。所以我们走在道上，第二个面临的要解决的问题也可以概括为四个字——规则、境界。

我们走在道上，第三个面临的要解决的问题是什么呢？大家都开车进过山，我们开车进山的时候，小心翼翼看的是什么地方呢？路的边界，只要是道就有边界，道外边往往就是深沟，就是深渊，就是歧路。到这里不能再往前闯了，你到这里还愣往前闯，不是要出大的问题、大的危险嘛。我们现在把这个边界叫什么？叫"红线"和"底线"。红线思维、底线思维，你得了解红线和底线，你不要去触碰它，你才能确保无忧。所以我们走在道上。第三个面临的问题就是红线和底线。《道德经》第四十四章，里边有两个成语叫"知足不辱""知止不殆"，"殆"就是危险失败。止，你知道到什么地方该停止了，你得了解这个边界底线，到这里不能再往前走了，再往前闯就要出大的问题、大的危险了。杨虎城在陕西主政的时候，把他办公那个地方改名叫止园，现在这个地方还在，叫止园宾馆。出处就是这四个字。知止不殆，殆就是危险失败。

我们啰里啰唆讲了这么半天，老子甩给我们一个形象就完了，后边的话他都不说了。他讲这个道，落实到现实中包含的内容就是——方向、目标、规则、境界、边界、底线。这是不是我们修身、齐家、治国、平天下，乃至于在日常工作、日常生活中最重要的一个字——道。

道和大家一起领悟完了，我们再来领悟一下德。德字更简单，大家看德字怎么写？咱们中国的文字，认识了不算数，有很多字你必须一笔一画去写，才能明白在这个字里包含着深刻的思想。德——双立人，我们一起走在道上。原来咱们文字里有这个偏旁，是多人行走的偏旁。后来这个偏旁衍化为走之旁和双立人，但意思还在。我们一起走在道上。下面是个什么字？下面是个十字，遇到十字路口的时候怎么办？这可面临着选择，面临岔路，面临歧路了，十下边是个什么字？这不是四，这是目，大家眼睛不都这样长的嘛，谁的眼睛还能立起来。眼睛要盯着前边的道，所以叫"横波目"，最早的"目"不就是这样写嘛。后来因为字形的需要才立起来的，眼睛要盯着前边的道，一心要遵循那个道，大家同心同德，一心遵循那个道。你看这个德的意思多清楚，就是按照道去做。德就是按照道去做人做事，把道搞清楚了，按照道去做事，就是有德。违背了这个道就是失德。道就像轨道一样，你不按照轨道走不就出轨了吗？我这个人按照道去做事，那会得到什么样的结果呢？要不说王弼这小伙子不得了。关于这个方面，他就给我们解读为一个字，德者，"得"也，按照道去做，就是有德，就会得到大家的支持和信任。今天来一个老师给大家弘扬正道，再教给大家正确的知识，大家就应该去赞同他。不按照道去做，就是失德，就会失去大家的支持和信任，这样才能培养一种正气，得道多助，失道寡助嘛。你看中国历史上对最高的领导者皇帝的评价只有四个字，"有道"还是"无道"。有道就是明君就是有德之君，就应该得到天下人的支持和信任。无道就是昏君就是失德之君，把他推翻也是应该的。最高的标准在这里——道。

这时候大家应该想得起来，为什么一开始我就提醒大家，千万不要用我们现在的道德这个词来理解老子的"道"和"德"，为什么？咱们现在用的道德这个词就是合到一块的，并列合到一块，道德这个词，德已经把道给"吃掉了"。标准不清楚，请问各位，没有一个清晰的衡量有德无德的标准，那会出现什么情况呢？大家都按照自己的标准来衡量，谁是最有德的那个？当然是我自己。我按照我自己的标准来衡量，我当然是最有德的那个了，哪怕我犯了再大的错误都振振有词，我都坚决不承认。反正我做的就是对，你看这种情况，我们不是到处都看得到吗？所以有的人经常是这样，我年纪这么大了，你为什么不给我让座？你这个年轻人太没有道德了，你看不到处都是这样吗？这不就是道德绑架嘛。人家给你让座，这是人家的高尚，不让你也不能用这个方式去审判别人，谴责别人。没有一个清晰的标准，拿自己的标准来衡量。

因此，有的人习惯站在道德的高地，挥舞道德的大棒去指责别人，审判别人，这不就是我们现在最混乱的情况吗？一般人咱先不讲了，咱说治国的逻辑，这个事重要。大家有没有琢磨过，我们现在为什么单独把依法治国放到一个最高的位置？法是什么？法是大家共同画出来的"道"，是公认的规则。把这个问题搞清楚了，按照这个去做，才能够去评价有德还是无德，后边一切才能顺理成章。因为我们长时间把道和德两个并列到一块，把法和德也并列到一块，这事情越搅越乱，逻辑不清楚，后边一切都不清楚。现在依法治国单独放到一个最高的位置，也是在找回这样一个重要的逻辑。

把老子这本书叫作《道德经》，这里边最强调的一个颠扑不破的逻辑，就是道在前而德在后。一定要把这个逻辑搞清楚了，我们这一切事情才能够顺理成章。说这话的意思是告诉大家，现在有很多人研究《道德经》，根本不去看原文，他一听别人讲这个东西比较新奇，他觉得那个能吸引眼球，他就大肆地宣传鼓吹，比如说有人认为这本书不应该叫《道德经》，而应该叫《德道经》。应该德在前道在后，遇到这些问题大家都不要相信，因为他根本没去看原文。只要认真地读一下原文，大家都会发现"道在前，德在后"是这本书里最强调的一个思想。

《道德经》就以第三十八章为界，第三十八章以前就叫作《道经》，第三十八章开始以后就叫作《德经》。老子不是每一章都讲道讲德吗？为什么非得把它强行拆成两个部分，《道经》和《德经》呢？就是告诉大家这件事。这本书想要理解它，一定是道在前而德在后，否则这本书的很多问题就理解偏颇了。这是我给大家说的书名，叫《道德经》比叫《老子》要好得多。而《道德经》里的这两个字，大家必须把它分开来理解。道在前而德在后，一切才能顺理成章。

其 道

现在给大家说第三个问题——定位。这本书到底干吗用的？这个问题总归得给大家一个我自己对这个问题的理解。有人说这是一本哲学书，有人说它是一本兵书，有人说它是一本宗教书，甚至有人还认为《道德经》是本烹调书。有问题吗？第六十章看一下，"治大国若烹小鲜"，这不是在讲烹调吗？治国跟烹调一样；第三十五章大家再看一下，"道之出口，淡乎其无味"，饮食要清淡，少油少盐嘛，有人就说这不是讲烹调的嘛，养生烹调的嘛。说什么的都有。我们怎么样来理解这本著作呢？我的解读方法是这样，我们先到书里看一下，这本书到底是给哪些人写的，是针对哪类人的。你知道这本书是给谁写的，也就知道它是一本什么样的著作。

比如我写一本给成人看的书，小孩读起来就不大适合吧？反过来不也一样吗？大家读过《论语》，《论语》最高的智慧是什么？因材施教。《论语》里边的很多话都是针对具体人讲的，不能把它针对所有人，真理向前迈出一小步就变成了谬误。比如说今天一个学生问孔子：什么是仁？老师一考虑这个学生同情心不够，爱心不足，于是给他讲"仁者爱人"，对你来讲仁就是提高你的同情心和爱心。这话是针对他的。明天又来一个学生问老师：什么是仁？老师一考虑这个学生克制能力不够，给他讲，"克己复礼为仁"。这不都是针对具体人的吗？现在大家怎么读这个书？把这些话都针对所有人了，这个书不就读偏了吗？

同样的道理，我们现在回到《道德经》，来看一下这本书都是给哪些人写的。其实太简单了，大家到书里一看就清楚了，这本书主要是针对三类人的。第一类人在哪儿？大家看第十五章。第一类人——士。士是什么意思呢？士的本意就是"做事"。不过这个士也属于一个阶层，天子、诸侯、大夫、士，基层的领导者和管理者。士字怎么写？上面是个十，下面是个一，十个人里边推举出来一个，推十为一，十个人里边选出来一个领导大家、管理大家、服务大家。这个士的写法，把自己放在最后的位置，这是《道德经》里非常强调的。第一类人就是"士"。做士也不简单，三个人都难管，家里边三个人都难领导，基层的领导者管理者，只管几个人也都属于这个层面，做这样的士的阶层也需要蛮高的素质和智慧。

  大家看第一条，第一条在讲什么？从"豫兮犹兮"开始讲。我们现在把犹和豫都变成一个贬义词了，犹犹豫豫，古代不是。大家看犹和豫的写法，那是两种动物，这两种动物出动的时候，共同的特点是什么？小心谨慎。就像行走在冰面上一样，一步都不能松懈，一松懈就滑倒了，就像害怕被敌人进攻一样，小心防范，这就是"豫兮若冬涉川，犹兮若畏四邻"的意思，强调的是做事要谨慎。毛主席把做事谨慎放在第二位，"我们要保持谦虚谨慎、戒骄戒躁的工作作风"，《道德经》放在第一位，为什么？他想告诉大家这样一件事，我们做事情什么时候最容易把事情做砸了？事情快要成功的时候，以为万无一失了，结果麻痹了、松懈了，功亏一篑。为了提醒这个事，《道德经》把它放在第一位。大家看第六十四章最后的这段，"民之从事，常于几成而败之"。几就是接近，我们做事情常常在快要成功的时候把事情给做砸了。所以应该怎么样？这八个字大家总归熟悉，"慎终如始，则无败事"。做事情到了最后还像开始一样小心谨慎。走在冰面上，走到最后，还像刚踏上冰一样小心谨慎，那就没有什么事做不成了。"慎终如始，则无败事"，这话讲得太好了。所以我们经常讲"行百里者半九十"，一百里路走到九十里了，别说就剩下那一点了，越是剩下那一点，你就当才走了一半，越要小心谨慎，一点都不敢松懈。这是第一个，做事的素质——谨慎。

  现在我们再回到第十五章，看第二条，"俨兮其若客"。有的竹简上把这个字给刻错了，刻成了容。"俨兮其若客"，就像到别人家里做客一样。各位想想，不管我们到谁家里做客，人家都会说，别拘束，像在自己家里一样。你试试，你像在自己家里一样不出问题才怪，所以俨兮其若客，这是大家应该牢记的。每一个形容都非常妙，当时是用一些俗语写成的。老子非常喜欢打比方，让大家自己来领悟。

第三条，温暖。做事说话要使人感觉温暖，像什么样子？"涣兮若冰之将释"。就像心里的坚冰一点点得到融化一样。现在我们还在用"冰释前嫌"这个成语，咱们俩的嫌隙，像坚冰一点点融化，重归于好。我们说话做事，尤其是讲话，大家一定要注意，有时候对人的伤害，留下的后果是非常严重的。语言对人的伤害就像钉子钉在墙上一样，你把钉子拔出来，那个眼还在，很难弥合的，所以说话做事要温暖，像使人心里的坚冰一点点得到融化一样——多好的形容。

第四条，厚道，"敦兮其若朴"。敦厚朴实，就是厚道。古往今来最不缺的就是聪明人，也就是老喜欢耍心眼，以为能骗得了别人的人，卖弄聪明的人，自以为聪明的人。你骗得了人一时又能骗得了多时吗？谁比谁笨呢？你骗人人家不知道吗？不揭穿你而已！所以做事敦厚朴实厚道，这才是王道。这才是最高的聪明，厚道是最高的聪明。

第五条，宽容，"旷兮其若谷"。我们现在用的成语虚怀若谷，就出自这五个字。领着大家做事得有格局吧，得能够容人吧，不要看人不顺眼，人家说什么都不对。得能够容事吧，有些事不该当面讲的，或者不该背后说的不要老挑事。得能够容言吧，你哪怕坚决不同意别人的观点，你也得支持他有把这个观点表达出来的权利。什么叫言论自由，表达的权利你都不给人家，这是不是太霸道了。先说这五条，后边说到相关的内容的时候，解读具体章节的时候，这一章我们再来回看一下。

这是我跟大家说的《道德经》里的第一类言说对象——士。假如仅仅在第十五章出现士这个概念，大家觉得分量还不够。大家看第六十八章开头的这一段，由四句话构成，尤其是第一句话和第四句话真的是不得了。第一句话告诉大家"善为士者不武"，武是啥意思？耀武扬威！不要有了一点小小的位置，就居高临下，盛气凌人，耀武扬威。你以为做妈妈耀武扬威就可以，也不可以。"善为士者不武，善战者不怒。"老喜欢发脾气的人，急躁、暴躁、狂躁的人没大出息。"善胜敌者不与"，你要真的想战胜对方，说服对方，不要老跟他正面冲突。父母和子女不也一样吗？一旦正面冲突，这事情就难解决了。委婉一点，迂回一点，善胜敌者不与，与就是正面冲突。老先生实在是心机太高了。最后一句话，"善用人者为之下"。大家注意那个士的写法，最后一横，自己定位就在下面。不要说这个士，大家再写一下"王"。你不要以为在士上边加一横，就念"王"。"王"一定要这样写：上面是个干事的干，把自己又放在下面。这是这本书里最强调的，善用人者为之下。这是讲的第一类。

第二类是什么人呢？各位想我们怎么样选国家的主要领导者？怎么样选一个单位的主要领导者？当时也有很多的诸侯王，这类职位比较高的人去向老子请教。《道德经》里边老子给讲话最多的一类人，就是第二个王。古代这个王其实就是一个地方的行政长官，现在一个县的规模都相当于古代一个诸侯国的规模，而且还不小。所以我们这个王讲的就是一个主要的领导者，家庭的主要领导者也算，现在小学老师、幼儿园老师，我们大家不是都叫他"孩子王"吗？你看那也属于王的系列，单位企业最高的领导者，大家背后不是叫他大王吗？各位女士不得了啊，现在三八妇女节都过成"女王节"了，现在发微信都是把自己称作女王，可见，王，带有形容比喻的色彩，所以它是对这类人讲的内容——王。大家先看三章，这三章王都在。为什么让大家看？大家千万不要把《道德经》当作一个太神秘的宗教的东西来读，这些话你到书里一看，别人在给你讲的时候，你把这些提出来不是明显的证据吗？

大家看第三十二章，"侯王若能守之，万物将自宾"。宾，支持、服从。坐在我对面这个王，我给你讲个道理，你要能坚守的话，大家最后都会支持你、服从你。什么道理，你做事要厚道！"朴虽小，天下莫能臣"，你别看朴实厚道这个事好像不起眼，可是力量巨大。一个人做事情，公认的朴实厚道，这人可信任，最后能得到大家的支持，这是第三十二章。谁还能把这个解释成宗教？

第三十七章，"侯王若能守之，万物将自化。"化，顺理成章。坐在我对面这个王，我给你讲个道理，你要能坚守的话，一切都会顺理成章。什么道理？你要想有为，你得先知道什么事你该无为，不该你管的事，你不要老去干涉，你不要老去刁难人，老多事！想要有为，你得知道在什么事情上，你无为。"道常无为而无不为，侯王若能守之，万物将自化。"这是第二条。政府也罢，官也罢，权力都是有边界的，不要认为什么事情都可以揽在自己手上，不要老天天吹，自己就是法，这样的人最后下场都很惨。得知道自己的边界底线，政府也不可以多事，也不可以扰民，也不可以刁难。讲的道理很好。

第三十九章大家会更感兴趣，为什么？一是，在这一章里，侯王就出现三次。二是，大家看古装剧、读古书都会有个疑问，皇帝为什么老叫自己"孤家寡人"？这不是什么好词吧？太后为什么老叫自己"哀家"？他们在干吗？他们在提醒自己不要变成孤家寡人。怎么样才能不变成孤家寡人呢？大家看第三十九章这两句话，就是他们希望始终牢记的。第一句话，"故贵以贱为本"，就是王，也不要认为自己身份高贵，老瞧不起别人，老认为人家是贱民。贵以贱为本，没有这些贫民，没有这些"贱民"，你哪来的高贵的身份和地位，他们才是国家的根本！提醒这些做土的，贵以贱为本。第二句话，"高以下为基"，哪怕做到了金字塔的塔尖，没有底下这一层一层的基础和平台也得倒台。不要以为我们现在才有这种警告。古代的那些王、那些皇帝都要这样，自己称呼自己为"孤寡不穀"，"不穀"是啥意思？就是吃不上饭要饿死。假如忘记了这样的历史教训，忘记了这样的哲理，最后就是这样一种下场。贵以贱为本，高以下为基。

在老子之前和之后，还真的有王和皇帝是被饿死的。恐怕这个事大家很难想象得到，其中有一个人，大家更想象不到，这个人叫齐桓公，管仲辅佐的，差点把中国都给统一了，春秋五霸之一。霸主齐桓公，最后生生地给饿死了。怎么回事呢？管仲去世之前就告诉他，你不要胡来，有几个人你不能用，特别是易牙，这个人你不能用。为什么？你说你没有吃过人肉，他把自己的小孩活烹了给你吃，这样的人能有人性吗？你能信他吗？齐桓公不这样认为，齐桓公认为这人对我多忠诚，把自己小孩烹了给我吃，那对我的忠诚简直就没法说了，照样用。结果这几个人后来挑动他的儿子政变造反，把他困到宫里，生生地给饿死了。

还有后来梁武帝也瞎折腾，一会儿出家了，然后拿公款把他赎回来，一会儿又出家了，然后又赎回来，折腾了四五次，最后侯景起来造反的时候，他也是被饿死了。王也得牢记这个历史的教训。否则就会成为孤寡不穀、哀家，提醒警告。

人类历史上最大的教训是什么？就是我们常常忘记历史的教训。以史为鉴，不是能让我们避免很多错误吗？人类还是一次又一次地重蹈覆辙。这是我们说的王，这三章，王都在。其实我跟大家再说一句话，《道德经》里这类语言非常多，王虽然不在，可是话就是针对他们讲的。大家快速扫一下第七十二章、第七十四章、第七十五章三章的开头，第七十二章"民不畏威，则大威至"，你国家的人民，你手下的百姓，不相信你了，你没有威信了，你掌控不了他们了，大的麻烦就来了。"民不畏威，则大威至。无狎其所居，无厌其所生"，不要让你国家的人民住的地方越来越狭小，最后流离失所，无恒产者无恒心，你的国家到处都是流民，你这国家它能稳定才怪。"无狎其所居，无厌其所生。"不要让你国家的人民感觉到生不如死，他感觉到生不如死的时候，他不起来造反才怪。大家看第七十四章，"民不畏死，奈何以死惧之？"这句话大家都熟，你国家的百姓都不怕死了，你拿死吓唬他们有什么用，镇压也没用了。第七十五章"民之饥，以其上食税之多"，百姓为什么穷？上边税收得太多了，收的税都被你挥霍了，大家看这个食字一语双关，不仅有收的意思，还有挥霍的意思。"民之饥，以其上食税之多。民之难治，以其上之有为"，百姓为什么难以治理？你上边老瞎折腾，最后把民心都折腾乱了，折腾乱了当然就难治理了。各位看，谁能把这些话给我翻译成战争，给我翻译成宗教？这些话不是无比明显的吗？这位老先生苦口婆心地劝坐在对面的那些领导者、管理者，你对自己国家的人民好一点，否则他们日子过得不安稳，你日子也甭想过得安稳。所以像这些内容我们只看了六章，但在书里边非常之多。不管大家是对《道德经》哪一个方面感兴趣，我们也得讲出这本书的真相。而这真相是多么容易理解的事情，现在到书里看一看原文，不就清楚了吗？不要老听外边人以讹传讹。这是我说的《道德经》第二类言说对象——王。

第三类是什么呢？圣。大家看"聖"字怎么写？在王上边再加个耳和口，并列就行了。耳，听得进别人的意见；口，说话温暖有领导力，就是《道德经》里边讲的圣人，也就是好的王，就是圣。一个好的领导者、领导人在《道德经》里边就叫作圣人，多简单。

儒家讲的圣人是你品德修养高到了一个非常高的境界，道家不是，道家讲的圣就是通达事理的领导，通达事理的王就是圣。连做事情的道理都告诉大家了——圣人之道，为而不争。你位置高，你做的事情大家都看得见。你越不争，大家越往高举你；你越不争，大家越往前推你。那是水到渠成的事——为而不争。《道德经》主要就是针对这三类人的——士、王、圣。

韩国有个聪明人叫潘基文，这人确实聪明，做联合国秘书长都能连任。可是大家知道他连任的时候，开口讲话引的是谁的话吗？就是《道德经》最后一章最后这两句话，"天之道，利而不害；圣人之道，为而不争"。第一句话"利而不害"，我对大家有利，为大家谋福利，不起坏心。第二句话"为而不争"，就像我们刚才解读的那样，所以大家很清楚，为什么皇帝老给这本书做注解？因为这本书本质上就是一本领导学的经典，给各类"长"，包括家长在内，家长、官长、国家之长，给他们讲怎么样的治国之道、为官之道、人生之道。

说这本书是领导学的经典，比如说我们看到这些士、王、圣，还有没有哪一章能够让我们一下子有这样一种感觉？有的。我先说一个人，然后再看一章。白岩松，这个人大家熟。白岩松说半部《论语》治天下，四分之一《道德经》就可以治天下。他对这本书评价这么高，白岩松也认为《道德经》就是一本领导学经典，不是给一般人讲的。他的证据是什么？他主要的证据就是第十七章，第十七章讲了领导者好坏的层次，因为我们后边还要解读这一章，现在我们不做展开，只让大家看其中的一句话，"悠兮其贵言"。大家做家长也罢，做领导也罢，一定要注意话不能讲得太多，唠里唠叨话讲得多可就没意义了，没分量了。"悠兮其贵言"，把话当作很珍贵的东西，惜字如金。

事情做成了，你应该怎么做呢？"功成事遂，百姓皆谓我自然。"对一个国家来讲，做领导者，大家把事情做成了，不要认为是你出的主意，不要认为是在你领导下，不是你主宰，而是什么？是百姓自己把这事情做成的。百姓都说是我自然而然把这事做成的。这句话蕴含的教育的道理得有多深刻。你们教育自己的小孩，经常说你看没有我这事做不成，我来指导你，那事你这么做吧。你越指导他，他越没自信。事情做成了，是他自己努力把这个事情做成的，功成事遂，皆谓我自然。

有两件事对我的影响很大。我们学校有两个小孩简直太捣蛋了。小孩很小，除了父母之外，别人别说抱，碰一下就在那儿直叫。可是这俩小孩和我在一起待了一段时间以后，很短的时间，就出现了一个奇怪的情况，我跟他们的关系很融洽。他们的父母很奇怪，问怎么回事，其实很简单，当时我去阳台之后，不知道谁把阳台门关上了，我就叫小孩说，你救我一下。他把阳台门插销拔出来之后，从此跟我的关系就发生了一个质的变化，非常喜欢跟我在一块。为什么？因为他认为他救了我，他一下子自信心就强了，不是说你大人老去指导他，那他肯定不喜欢。

另外一个小孩当时才四岁，她妈妈有事让我帮带一会儿。待了一会儿，她妈妈回来时，她跟她妈妈讲，让我带她去上洗手间，她妈妈就说你给小孩灌了什么药了，这小孩从来也没这样，怎么回事？其实很简单的事。她教我唱歌，唱那个《我是谁》，结果我唱一句她就认为跑调了，走到哪儿都追着我，一定要把这个歌教给我，一定要把我教正确了。你看，这不就是一个以退为进，皆谓我自然的一种方式嘛。

听了那么多的大道理，其实很多在老子这本《道德经》里轻轻一点，大家就都清楚了！所以对于家长也罢，官长也罢，领导者也罢，这本书的确值得我们认真地思考研究，甚至是终身地研读。因为老子讲的道理非常简明深刻，很多的观点都可以举一反三。一生中认真地研读好一本经典，选择一部自己精读的东西，这个对大家来讲是进步最快的途径与方法。

一

道可道，非常道；名可名，非常名。无，名天地之始；有，名万物之母。故常无，欲以观其妙；常有，欲以观其徼。此两者同出而异名，同谓之玄，玄之又玄，众妙之门。

——《道德经》

译文：

可以言说的道，便不是恒常的道；可以定义命名的名，也不是恒常的名。天地开始的时候，把它叫作"无"；万物的母亲，把它叫作"有"。所以常处于无，从无的角度来观察它的妙处；常处于有，从有的角度来观察它的边界。有和无是任何事物都具有的两个方面，来源相同但名称不同，幽暗深远，叫作"玄"。玄而又玄，是一切奥妙的根本门径。

《道德经》八十一章，门户在哪儿呢？就像我们说《易经》有两扇门，乾和坤，推开这两扇门你就可以登堂入室了。理解《道德经》的两扇门就是第一章和第二章。我们先来看第一章，这一章大家要了解的核心的字是什么呢？是"无"。各位有谁看见过风吗？我先把形象给大家，再来讲这一章，否则大家会觉得太难了。没人看见过风，但风是不存在的吗？存在啊！不仅存在，而且发挥着巨大的作用。所以你看我们写文章讲话老用这样的词，民风、作风、家风，"大象无形，却力量无尽"，现在你就拿风的形象作为这一章的形象代表来理解，也就知道《道德经》强调的是什么了。

大家都看到有形东西的作用，金钱财宝财富这都是有形的。可是大家有没有注意到，有些东西是无形的，却力量无尽。精神有形状吗？信仰有形状吗？理论有形状吗？都没有。可是假如我们只看到有形东西的作用没看到无形东西的作用，那结果是什么样呢？我们的物质世界越发达，我们的精神家园就越花果飘零。现在不就这样一个情况吗？

所以大家注意，《道德经》里边大家都看得到的东西，他不强调。有形东西的作用大家都知道，可是无形的东西被大家给忽略了，他重点就在强调这个问题。现在大家再来看《道德经》第一章，"道可道，非常道。名可名，非常名。"大家注意正确的断句，"无，名天地之始。"这是正确的断句。"无，名天地之始。有，名万物之母。故常无，欲以观其妙，常有，欲以观其徼，此二者同出而异名，同谓之玄，玄而又玄，众妙之门。"老子一开始就告诉我们，道这个东西你不用形象，你没办法理解它的。道这个东西是高的，你把它讲出来就低了；道这个东西是全面的，你把它讲出来就片面了。"道可道，非常道"，为什么呢？因为"名可名，非常名"。名就是语言和逻辑，你用语言和逻辑来讲道，语言和逻辑是有局限的，你把道讲出来，也就变成一个有局限的道了。所以应该怎么样呢？应该用形象来领悟。接着往下看，"无，名天地之始"，名不就是定义嘛，命名嘛，所以大家不要把无名两个字加到一块儿，天地开始的时候是无形状的，混沌一片。用什么东西来概括呢，"无，名天地之始"。天地开始的时候，我们把它叫作无。你没办法对它定义，它没有形状，一切东西都看不清楚。

等天地分开了，群星列阵了，我们看得清楚了，就叫作"有"，"有，名万物之母"，把它叫作万物的母亲。你说我们小孩从小读这样的书会是一个什么感觉，一遇到高大上的东西，母亲的母字就出现了，他老读这样的书，当然会对母亲有一种尊重，有一种敬畏。什么叫文化？"文"得先摆在这儿吧？连"文"都没有，你怎么样让他"化"？你现在给他看的那些文章，学的那些东西，网上的那些东西他怎么化？怨不得他们。为什么我们有这样好的文章，大家都不让自己的小孩好好学，这不是浪费吗？"有，名万物之母。"天地成形了，万物列阵了，我们把它叫作万物的母亲。现在我们怎么观察问题呢？天地开始的时候叫作无，后来又有了，无中生有。万事万物出现了，我们怎么观察事物呢？"常无，欲以观其妙"，任何事物都有"有和无"两个方面，大家前边已经看得清楚了，没有无你不知道什么是有，两者是相比较存在的，所以任何事物都有"有和无"两个方面，不是吗？各位是一个肉体，这叫作"有"，可是每个人都有精神世界，这个精神世界可是大象无形的，没有精神世界，只剩下一个肉体，那叫行尸走肉。所以任何一个事物都有"有"和"无"两个方面，所以我们观察一个事物也应该是这样，从无的角度来观察它的妙处，从有的角度来观察它的边界，"常无，欲以观其妙；常有，欲以观其徼"，观察它的边界。怎么理解呢？

世界历史上最早给风定级的人是谁呢？唐朝时候天文学家李淳风，陕西扶风人。他是当时的天文学家，最早给风定的级。大家知道，风这个东西从无的角度观察它的妙处，它大象无形但力量无尽；从有的角度你观察它的边界，一级两级三级，这不是有边界吗？你看这桌子，桌子的概念是一个逻辑上的精神性的概念，可是桌子不都是有大小，有边界的吗？从这个角度你可以观察它有的部分，观察它的边界。如果大家还对这个问题没有了解，觉得老子这段话的来源好像是天上飞过来的一样，我告诉大家理解这个里边最关键的一点在哪儿。大家知道舞蹈的"舞"字，你把那舞蹈的舞字底下的腿抹掉，你再加上四点水，你看它念什么？这不就是"無"嘛。老子最早的"无"的这个概念，就是从"舞"演变过来的。你说舞蹈这个东西太奇妙了，一个人在那儿跳跳，大家看到的都不是他的形体，而是形体之外的巨大的力量。因为古人、原始人跳的舞蹈是图腾舞蹈，虽然只有那么一些动作，可是大家感觉到的是一个巨大的力量的鼓舞。原始人不就是用舞蹈的方式来动员生命，来鼓舞生命，来激励生命，来团结生命嘛。所以老子从这个看到，这个有形的东西就这么一点，是有边界的，可是精神的作用发挥的力量却是无穷的。

我们大家都只看到"有"的东西的作用，没看到"无"的东西的作用。老子在这一章就告诉大家，我这本书里最强调的是大家看不见的那个无形东西的作用。"故常无，欲以观其妙"，观察人的精神世界，人的思想世界，人的理想信念，这不就是力量巨大嘛！"常无，欲以观其妙；常有，欲以观其徼"。徼就是边界，有跟无啊！你看前面说任何事物都有。怎么得出这个结论？大家看下面这句话，"此两者同出而异名"，有和无这两个方面就是任何一个事物都具有的两个方面，同出而异名，只不过有的你把它叫作有，有的把它叫作无，都是这个事物的两个方面。大家看这杯子，它为什么称为杯子？有的部分是它的外表，可是大家用的不是无的部分、中间空的部分吗？没有空的部分能叫杯子吗？没有外边有的部分能叫杯子吗？"同出而异名"，大家看这房子为什么能住进来？房子中间是空的啊，所以我们能住进来，但是房子如果没有有的部分呢？墙、地、棚都没有，那也不叫房子了，所以这任何一个事物，有和无都是它的两个方面。所以你看问题不能只看见有的方面，你也得看见它无的方面、空的方面，"此两者同出而异名。同谓之玄。""玄"就进入哲学层面了，因为大家看问题都只看到有的东西的作用，没有看到无的东西的作用。你把有和无两个方面都看到了，这就是一个高级的思维的水平，叫作玄。

"玄之又玄，众妙之门。"怎么理解？"同谓之玄"是有和无两个方面都在。如果你看到了更根本性"无"的作用，无形东西的作用，那才叫理解这本书的真正的途径。"玄之又玄"，玄之又玄就是把有去掉，单看这个无。不是说老子否定有的作用，因为有的作用大家都能看得到。边界是物质世界的有形的东西，大家都看得到，一个人长得多高多矮、漂亮不漂亮，大家都看得到。可是谁知道另外一个人的精神世界，没有一个人能了解另外一个人的精神世界，所以女同胞天天在那儿讲，你懂我多好，谁能懂你，谁能懂得另外一个人的精神世界，懂得那就叫"众妙之门"了，那就不得了了——"玄之又玄，众妙之门"。《道德经》里早就告诉大家了。我后边给大家讲的很多东西，你要不信的话，看一下第四十一章，讲的这些事情不都是他前边已经列出来了，后边让大家首先注意到的吗？"大象无形"，这不就是无吗？它没有形状，没有形状大家都不注意啊，大家觉得是个空的，是个虚的。一个民族只看见有形东西的作用，看不见无形东西的作用，这个民族真的没希望。所以老子就告诉人家，有和无两个方面你都能看到，这水平就够高了，叫作玄。如果在这个基础上再看到这无形东西的无比巨大的作用、精神力量的作用，这就叫众妙之门。不了解这一点，你就没有办法理解我这本书要讲的很多内容。

"大象无形，大音希声"，大家看白居易的《琵琶行》，有没有注意到这句话？"此处无声胜有声。"不对呀，没声怎么会比有声力量更强大？就是这样的，这个地方声音有了，大家反而觉得不对了。无声涵盖一切有，这不就是众妙之门吗？有一本书叫《扬州画舫录》，里边讲了这样一件事，有一个说书的人叫李天绪，这人给大家讲张飞喝断当阳桥，讲《三国》。大家都等着听那一段呢！张飞到底喊多大声音，才能把桥喊断呢？大家都等着看，到底多大声音！前边的铺垫都讲好了，底下众人都等着听。李天绪把前边铺垫好了，等到张着嘴喊这个的时候，姿势做出来，嘴巴张大，一声没有，大家感到耳边惊雷鼓震，因为这时候不管喊多大声音，大家都觉得不可能把桥喝断。用这个"无"涵盖了一切"有"，这不是理解这个问题到一个高的妙处了吗？大象无形，大音希声。了解这个"无"的作用，虽然看不见形状，但力量却无比巨大，这样才能够对这本书讲的真正的内容有一个正确的理解。大家会有一个疑问，说这不对啊，老子为什么老强调这个方面？是不是他看不到有的方面的作用？不是的。

因为大家都看到有形东西的作用，就像都看到争的作用、强的作用、进的作用。可是另外一个方面，按照一阴一阳之谓道的理解和它具有相等力量的那个方面来看，退、弱、不争，还有无，这不都是按照一阴一阳之谓道的方式来理解的吗？这个具有相等力量的方面，往往被大家忽略了，所以老子告诫我们：你们看不到的事情，我给大家提出来，告诉大家，把重要性讲给大家听，不惜矫枉过正。你读《道德经》会有这样的一种看法，怎么那个部分他老不说？大家都知道我为什么要讲，大家都知道的事情，我讲了不就没意思了吗？可是另外一个方面，跟它具有相等力量的方面、被大家忽略的方面，我把它强调出来，给大家讲出来，这就是这本书的特点。所以今天我们拿这个事情做一个总结，各位有没有注意到这样的一个事实，在世界上众多的民族中，只有我们是以方位来命名的，东西南北中，中国！东非、西非、北非不算，那是殖民地的划分，真的有历史传承的，只有我们是用方位来命名的。大家有没有想过，我们为什么叫"中国"，叫"中华"，什么意思啊？是不是认为我们处在世界之中，所以我们叫中国？不是有人这样给大家解释吗，我们中国人认为自己处在世界之中心，天地之中心，所以我们叫中国。我们的周边都是什么人呢？

南蛮，蛮底下是个什么？虫。北狄，狄是个什么偏旁？犬右。西羌，羌上面是个什么头啊，羊字头，都属于动物世界，解释不好嘛。东夷，夷也好不到哪儿去，看不见就叫夷，所以我们才把日本人叫小日本。你这样给大家解释，大家觉得中国人有老大帝国的心态，老自大，这不好！怎么解释呢？其实我们叫中国最重要的原因，就是我们讲究"中和"的思维方式，而这个"中和"大家不要把它解释偏了，所谓中和就是阴阳两者的相辅相成。大家看一下第四章，大家知道"冲"是什么意思吗？冲怎么写？二中，那两点代表什么？大家再看一下第四十二章，"道生一，一生二，二生三，三生万物。万物负阴而抱阳"，冲的两点就代表阴和阳，"冲气以为和"，阴阳两者相互中和，这和就是冲，讲究动态，所以咱们这个中就代表这种思维方式，阴阳两者相互作用。这种中和方式可不是否定其中任何一方，它讲究的是两者相辅相成，有和无属于阴阳的两个方面。所以咱们叫"中国"，最强调的是这样一种思维方式：二中——冲，二中也就是阴阳两者，"万物负阴而抱阳，冲气以为和"。这个冲也可以念成中，阴阳两种气相辅相成——这种思维方式就应该是我们中国文化中高高飘扬的一面旗帜。

世界上很多文化都讲究胜利，就是把对方干掉。中国文化不是这样，中国文化讲究这两者相辅相成，能够共赢。这种文化对世界文化会有非常大的贡献。

所以现在大家可以理解这章讲的是什么了。第一章强调的是"有"和"无"两个方面，从天地开始说起，天地的起源——我们叫作"无"；万物产生——我们叫作"有"。任何一个事物都不能脱离有和无两个方面，我们从有的方面观察的是它的边界，从无的方面观察的是它的妙处，因为大家都看不到，这两者合到一块来理解，那就叫作"玄"。把有去掉，更多地关注这个无的作用，因为它是经常被大家所忽略的，能看到这个无的作用，就是"玄之又玄"。这是理解这本书重要的途径和门户。

第一章讲完了,我们再讲第二章,把门户搞清楚了,推开《道德经》的第一章、第二章的两扇门,就可以登堂入室,希望大家不要有畏难情绪。既然很容易登堂入室,那我们也可以对这本书有更多的期待,更多的热爱,更多的研究。

二

天下皆知美之为美，斯恶已；皆知善之为善，斯不善已。故有无相生，难易相成，长短相较，高下相倾，音声相和，前后相随。是以圣人处无为之事，行不言之教，万物作焉而不辞，生而不有，为而不恃，功成而弗居。夫唯弗居，是以不去。

——《道德经》

译文：

　　天下都知道美是什么，丑自然就存在了；都知道什么是善，一定也知道什么是不善。所以，有和无相待而生，难和易相待而成，长和短相待而显，高和下相待而倾倚，音和声相待而和谐，前和后相待而顺序相随。所以至人行事，顺乎自然，崇尚无为，实行不言的教诲。顺应万物自然的生长而不加干预，创造万物而不占有，施泽万物而不将这当成是倚仗、凭借的手段，有了功劳而不居功自傲。正因为他不居功自傲，所以他的功德永存不灭。

第一章我们解读了世界的本源，根据这个世界的开端、本源，老子强调了认识事物的方法，提出一对重要的范畴"有"和"无"。沿着这样一个思路，第二章讲的是世界运动的规律，以及我们按照这个规律来认识事物的方式方法，用哲学的语言概括这一章的内容，两句话——"相比较而存在，相对立而发展"。世界上的事物有正必有反，有黑必有白，这两者都是相比较而存在的。在它们的对立之中，才能形成一个运动变化与发展。就像下围棋一样，得有黑子也得有白子，两者相辅相成，才能形成这个游戏的根本特点。所以现在我们沿着这样的思路来看一下这一章。

"天下皆知美之为美，斯恶已。"大家都知道美是什么，丑自然就存在了。你不知道什么是丑，你怎么判断这个事物是美，反过来也是一样。"皆知善之为善，斯不善已。"大家都知道这个事是一个好事，是一个善事，那你一定知道什么是不好的、不善的，一定是有这个标准，你才能做出这种评判。

所以下面这些是什么？就是《道德经》的总纲，它把它后边要展开论述的一些内容，在这个地方都提前列出来了。就像我们看书的目录一样。所以在下面老子就讲，"故有无相生，难易相成，长短相较，高下相倾，音声相和，前后相随。"这就是事物稳定的普遍规律，恒也。他前面讲的这个，他认为是一个非常重要的规律性的内容。先说第一个有无相生。有和无相比较而存在，相辅相成。在哪一章讲这个事了吗？我们先来看一下第十一章，第十一章讲了这样的一个内容，叫"三十辐共一毂。当其无，有车之用"。现在我们骑自行车不是也有车辐条吗？车辐条插在什么地方？插在车轴里，车轴中间是空的，无。它要是实心的就没办法做到这一点了。古代车的辐条更大，因为车轮大，无论木的铁的，插到车轴里边，中间都是空的，正因为它空，所以才有车轮的转动，才能有车的具体使用。当其无，有车之用，有无相生。

第二个例子，"埏埴以为器"。埏埴，坯土、陶器，将黏土拍成型，做成器皿的样子，然后放到火里去烧。干吗呢？用来装食物装水。这个中间是空的，当其无，有器之用。中间是空的，才能盛食物盛水。此为第二个例证。

第三个，"凿户牖以为室"。户，门户；牖，窗户。以前有很多类似窑洞的凿出来的房子，大家有没有发现这房子有的部分是什么？棚啊，地啊，墙啊。可是我们用的是中间无的部分，这房子中间是实心的，我们怎么住进去？第三个例证，"凿户牖以为室，当其无，有室之用"。这个讲完了，老子重要的话就出来了，"故有之以为利，无之以为用"。你看后边这两个字加一块不就是"利用"嘛，这是"利用"这个词的来源。看见这杯子吧，外边是"有"的部分，中间是"无"的部分，正因为有"有"的部分我们才能用中间"无"的部分。反过来也一样，中间"无"的部分有用，空的部分有用，"有"的部分的重要性也就凸显出来了，这两者能缺一个吗？有和无能缺一个吗？缺少任何一个方面，都不成立。这是老子讲的第一层，告诉我们有无相生。

那么我们沿着这个方面再玄而又玄，往更高的方面追寻，我们发现什么问题呢？你看中国很多的艺术理念强调的不就是有无相生吗？你看中国文人画，它不画满，要留有空白，甚至有的留得多了叫"马一角""夏半边"了。画一角、画半边，中间是空的。你去问他的时候他会告诉你，你别看我留着空白，这个地方不是空白，这叫什么？这地方涌动的是元气。什么是元气？无形。这叫"无画处皆成妙境"，这叫"计白当黑"，这叫"虚实相生"。虚实相生，不就是有无相生里边延续出来的吗？中国的园林也是这样，妙在什么地方呢？中国园林不仅强调实景，更强调虚景，风声、雨声、月影、花影，有无相生。所以中国的文化讲究悟，有无相生是一个哲学中普遍的规律和道理，在很多方面都明确地表现出来了。苏东坡讲"腹有诗书气自华",看不见,但是人的气质在。真的有这样的涵养之后,大家能够感觉到,这不也是一个有无相生吗?这是我们说的第一个,有无相生,讲了第十一章的例子。还有一个例证,讲无为、无事。它怎么跟有相配合的?我们来看一下第六十三章,我尽量选一些简短的句子。第六十三章开头的这九个字。

第一句话,"为,无为"。为不就是有为吗?想要有为,得明白什么是无为,想要得到这个实的,得知道什么东西该舍,该去掉。"为,无为。"这三个字就这么断句。

第二句话,"事,无事"。想成事、成大事,那得知道在哪些方面应该无事、不多事。不干扰别人,别让那么多繁杂的东西把自己全部填满,不要瞎折腾。第五十七章最后这四句话,也是我们讲话时经常引用的,我们要的是其中的两句话。"我无为,而民自化",无为反而达到比有为更好的结果,这不是有无相生吗?天天有为还达不到这个效果,就像汉初的无为而治,七十年的无为而治形成了文景之治。另外一句话,"我无事,而民自富"。别天天用那些烦琐的东西折腾人,无事反而比多事达到更好的效果。这个是讲"事,无事"。

第三句话,"味,无味"。最有味道的是什么?是没有味道。这什么意思?大家都知道,有个词叫"真水无香"。喝了各种饮料之后,又回到喝白开水、喝茶的时候,如果这个是没有污染过的,那是最好的。没有味道,反而是味道的极品,达到了最高点。什么菜、什么东西跟任何东西都能够相配?豆腐。《淮南子》也是一本解读《道德经》的著作,在安徽那个地方,淮南王他们把豆腐给弄出来了。这个东西好极了,豆腐是没有味道的,它和所有东西都可以搭配,口感清淡。为什么清淡呢?清淡符合道。《道德经》里有这样的说法吗?有,大家看第三十五章,"道之出口,淡乎其无味"。语言也一样,那种真实的语言,并不是花言巧语、甜言蜜语,这不都是在讲味道吗?九个字,"为,无为。事,无事。味,无味",这不都是有无相生吗?所以如果沿着这个方式读下去,就会发现有无相生在后边很多章里边囊括了。

这是我们讲的第一个内容,叫"有无相生"。现在来说第二章的第二个内容,叫"难易相成"。难和易也是这样的,对立是相比较而存在的,相对立而发展的。大家想是不是这么回事。世界上有难和易吗?什么是难?什么是易?我觉得这事容易极了,大家不用准备,把它当作一件很容易的事情,根本就瞧不上它,很多容易的事情也会做砸了。我想做一件难事,现在做的事情太没意思了,我这人是干大事的人,世上的难事交给我才能解决。不要吹这种牛,想要做难事、做大事,先从小的事情做起,从容易的事情做起,脚踏实地、循序渐进,练出本事。这是老子讲的难易相成的道理。我们用哪一章来说明这是一个纲要,在后边哪一章具体论述这一点呢?来看一下第六十三章,"图难于其易"。图就是谋划,你要谋划做一件难的事情,怎么做呢?怎么练习?你要从容易的事情做起,不要眼高手低,"为大于其细",要想有大的作为,要从小的事情做起。"图难于其易,为大于其细。天下难事必作于易;天下大事必作于细。"习总书记给北京大学的那些学生讲话时,就引了这样的话。因为这对我们年轻人来讲,是一个很好的鞭策与警醒。

既然讲到第六十三章了,那么我们就拿它相邻的第六十四章接着讲,因为这是在讲同一件事情,用第六十四章大家都熟悉的话,那这个问题就说得更加清晰明确了。"合抱之木,生于毫末;九层之台,起于累土;千里之行,始于足下。"这不就是从易事做起,从小事做起吗?这不就是量变质变规律的形象表达吗?这也是事物发展的规律。规律的东西,我们不能够违背。那按照这个来做,结果会是什么呢?第六十三章里边这句话讲,"是以圣人终不为大,故能成其大"。有修养、有作为的人,包括好的领导者,不是老给大家强调大目标的。一个个具体目标完成,最后就达到那样的结果了,一步一步来。所以老子在这里边强调的是,天下难事,必作于易;天下大事,必作于细,逐步积累,循序渐进。终不为大,终能成其大。《士兵突击》里边的许三多,开始他的连长瞧不上他,到后来连长要调走的时候,跟团长讲了一段话,说原来他做那事我都瞧不上,没想到现在人家已经成了一棵大树了。他是一个一个小目标,踏实地逐步去完成。这是我们说的第二个,难易相成。

这两个当然有说的了,难道第三个也有说的吗?长短相较。大家看的译文不就是有长就有短,有短才有长。如果《道德经》里边讲的长短是这么简单的意思,那还有什么味道,还有什么意思呢?大家都知道取长补短,有些事我们认为是很好的东西,把它当作长,有些事我们认为是不好的东西,把它当作短,不要揭短处嘛。《道德经》里面讲的长和短,后来被一个人用到他的书名上,这个人叫赵蕤,唐朝的一个人,他写的这本书叫《长短经》。他其实也是解读《道德经》的长和短,《长短经》谈什么?谈得与失。我们当然认为得是长、失是短,可是按照老子的说法,这两者真的就这么简单吗?大家先看一下第四十四章,前面这三个问句,哪个好哪个不好?"名与身孰亲?"名利和我们的生命比起来,哪一个更重要呢?"身与货孰多?"我们的生命和我们追求的财富比起来,哪一个更珍贵呢?应该拿我们的生命和健康去换这个财富吗?得到的越多越好,还是应该反过来再思考一下另外一面的问题?下边这个就在讲得失。"得与亡孰病?"得和失哪一个损害更大?大家当然认为失去的损害大了,事实上不是那么简单。这是要站在对立统一的哲学高度来衡量的一个问题。所以下边这两句话非常有警醒作用,"是故甚爱必大费,多藏必厚亡"。对名利过分追求,过度地追求溺爱、喜爱,一定会让我们耗费巨大,甚至会搭上命。拼命积累财富,到最后反而失去得更多,包括自己的生命在内。厚亡,厚就是大的意思。"甚爱必大费,多藏必厚亡",所以我们应该知足,应该知止。"知足不辱",才少了那么多屈辱。"知止不殆",知道到什么时候该停止,才能没有危险,没有失败。"甚爱必大费,多藏必厚亡",知足可以不辱,知止才能不殆。弘一法师曾书"知止"二字,知止者,知晓这人生中不可逾越的界限,知而后止,远离灾祸。

如果大家觉得前面说得还不是很透彻。我们来看一下第九章,跟这章的意思是一样的,只是说得更加有韵律,很多都像韵文一样更加明晰。第九章讲什么呢?"持而盈之,不如其已",装热水,一点空间都不浪费!热水装得满满的,你怎么端起来喝,你怎么端着它走路?持而盈之,追求满,太贪了!不如其已,不如恰到好处,适可而止,已就是适可而止。"揣而锐之,不可长保。"有的本子把"揣"注音为"捶",我觉得这个注音更好。把我的锥子尖锤得长长的尖尖的,一碰就断了。像我们小学削铅笔似的,想把那铅笔尖削得尖,最后就削得只剩下铅笔头,削尖就断了。这回长可真变成短了。"金玉满堂,莫之能守。"多藏必厚亡,什么叫富不过三代?没有正确的处事的智慧和正确的人生观价值观,留给他的钱越多,反而会害了他。"富贵而骄,自遗其咎。"炫官炫富,最后会留下无尽的祸殃。"功遂身退,天之道。"知进退,进退也属于这种长短的一个方面。这讲得与失,人经历了很多磨难,受了很多的苦,我们觉得命不好。受这么多苦,我是苦人,陕北人经常讲,可是你发现了吗?很多人恰恰是经历了这些艰难困苦,才练出了那种坚忍的意志,才能磨炼出那么多的本事。这样的人以后才能有大的出息。

大家看第七十八章,两句话,一句话叫"受国之垢,是谓社稷主"。受国之垢,你就是受那些艰苦磨炼,练出那些本事,能够忍受别人无法忍受的艰难困苦,能够承受别人无法承受的屈辱诟骂,才能成就这样大的事业,成为江山社稷的主人。"受国之垢,是谓社稷主;受国不祥,是为天下王"。什么叫受国不祥?有灾难有困难,你别跑,你得有这样的意志、这样的能力、这样的胸怀,挺身而出,勇于担当。很多人没练出这样的意志,遇事情就逃窜了,遇到困难就躲开了。什么是长,什么是短?什么是好,什么又是坏?这不都是在相比较而存在的?所以他讲长短相较,讲这两者之间的相比较而存在，相对立而发展。这就是我们说的第三个。

第四个，高下相倾。恰恰就是这个地方讲得更为深刻。大家是否还记得前面第三十九章讲的"贵以贱为本，高以下为基"，如果没有这个本，没有这个基会怎么样？就倾倒了，这不就是这个字的意思吗？倾，就是倾倒的意思。所以不管居于什么样的高位，我们都要知道以下为本，还要善于处下。所以做事的时候要谦卑，善于处下、虚心求教、礼贤下士等等，这样才能真正居上。所以道家有一个词被人给玄妙化了，这个词叫太上。第十七章有这个词。大家觉得这个词很高大上了吧，其实都是被太上皇误导了。大家看"太"字的写法，非常妙，我们中国人认为大就已经不得了了，伟大、大而谓之神嘛。可是大家有没有注意到，比大还多一点的念什么呢？所以这个点放在下面，善于处下，才能真正居上。第六十六章里边有一句话，"是以欲上民，必以言下之"。要想站在上面，领导好下面这些人，在语言上一定要谦逊，不要老居高临下、盛气凌人、指手画脚。原来是这样的高与下，老子在这里把大家熟悉的、常用的这些词，都结合到生活之中，讲出了这一对概念里深刻的智慧。

现在讲第五个，音声相和。有差别的东西合到一块才能形成一种和谐。就像音和声是不同的，才能形成和谐一样。所以有人讲，听音乐就知国之兴衰。因为中国的文化各个方面都是相互渗透的，哪怕在讲音乐，其中也可以蕴含治国和为人处世的思想与智慧。很多人从来不允许人有不同意见，你同意我的，咱们就是好朋友，不同意我的就是敌人。

各位知道，我们这一辈子从朋友那儿得到的远不如从敌人、从对手那儿得到的多！因为你有对手、有敌人，你经常会想他会怎么批评我、讽刺我，我得努力弥补，我得不断进步。但朋友天天关心你，算了，别干了，那么努力干吗，不用努力了，咱们都是朋友，以后什么事我罩着你好了。坏了，都把他给坑了。所以像不同的食材、不同的调料一样，不同的人，就会有不同的声音，你都得允许他发声，这样形成的最后的统一才是真正的和谐，这就是所谓的"音声相和"。

最后一个，前后相随。前面讲了长和短、高和下，这里讲前和后。前后相随，有前才有后，有后才有前，谁不知道？两者相比较而存在嘛！但其实不是那么简单。在《道德经》里，前和后也是一对非常重要且有智慧的概念。如果我们做事情想要站在前面领着大家，那就必须得知道什么东西要放到后面，如此才能把前边这个位置站得住、坐得好。讲前和后，我们用《道德经》里三章的内容来解释它。第六十六章的第三句，"是以欲先民，必以身后之"。这话讲得太好了。你要想站在前边，领着后边这些人做事，要想成为他们的核心、真正的领导者，你就要把自己的利益放到后面。"是以欲先民，必以身后之"，把自己的利益放在后边，先人后己。你站在前排，位置优越，有什么利益，你要先抢的话，后边人抢不过你。如果什么好处利益都抢在自己手上，后边有的人就会离你而去了，更多的人就会起来推翻你。

再以第七章为例，老子先给了大家一个形象，形象不能证明问题，但是它能说明问题——天长地久。"天长地久，天地所以能长且久者，以其不自生"，天地为什么会存在这么长久？因为它没有自己的利益，不为自己的利益而活，它只给我们提供条件，阳光、雨露、土壤，让万事万物在天地之间自由生长，天长地久。下面讲一个有智慧的、有修养的领导者、圣人，做事的原则。一共三句话，第一句"后其身而身先"。这不是在讲前后，而是说越是把自己利益放在后边，反而越能走到前边。大家往前推你，往高举你。第二句，"外其身而身存"，越是把自己的利益置之度外，才能有更好的存在状态。第三句，"非以其无私邪？故能成其私。"天地也一样，好的领导者也一样，懂得做事智慧的人也一样。天下没有完全无私心的人，可是一个人什么事只关照自己的私心，凡事私字当头，什么好处利益都拼命抢，都抢在自己手上，这样的人最后能满足自己真正的私心吗？别看他抢得凶，其实失去的更多。所以老子说这天地和这有智慧的人，不就是因为他们无私吗？做事情把自己的利益放到后边，才更好地成就了他们的私心，越往后退，反而越被大家推到前面。事业发展大了，当然水涨船高了，不就因为他们无私吗？所以才更好地成就了自己的私心。这个事情太玄妙了，"非以其无私邪？故能成其私"。这是在讲前后怎么摆正位置的思想与智慧。

再以第六十七章为例，这一章能告诉我们这样一个重要的事情，就是老子这本书的确是在回答人问题的时候写的，然后再把这些答案概括、总结、提炼、升华。本章开头就讲，"天下皆谓我道大"，大家都说我把道讲得太大了，太宽泛了，大家把握不住了。然后我拿形象给他类比，我说这个道像水，他说不像——"故不肖"。我拿什么给他比，他都说不像。我说这个道像风，他说也不像。大家都知道当儿女遇到危险的时候，做母亲的会挺身而出，你要有这样一种情怀，有灾难有困难的时候，你当然会挺身而出，有这种使命和责任感，才是真正的勇敢。"一曰慈，二曰俭"，"慈，故能勇；俭，故能广"。我觉得这个老先生的确是对咱们中国人了解很深刻。咱们中国人有没有致命的弱点呢？很多中国人好面子、虚荣心强、喜欢攀比，这是随着文化本身就具有的一个弱点。一个人浪费糟蹋的是自己的福分，一个国家浪费糟蹋的是国家的福分。如果一个国家没有培养出节俭之风，就无法广，而广就是长久持续，能有福分吗？所以老子第二条就讲，"俭，故能广"，只有培养出节俭之风、节制之风，一个国家才能长久地、持续地发展。对于家而言，道理也是一样的。所以在中华人民共和国成立的时候，毛主席就说贪污和浪费是极大的犯罪。

"三宝"中两个讲过了，第三个是"不敢为天下先，故能成器长"。什么叫"成器长"呢？成器、成长。有什么样的示范作用、垂范作用、模范作用，才能帮助大家成器成长？比如对家长而言，应该怎么帮助孩子成器成长？对君王和士而言，应该怎么帮助底下的人成器成长？不敢为天下先，有利益放到后边，先人后己，有这样一种胸怀、这样一种素质、这样一种模范作用，才能够让其他的人，有一个好的榜样，才能帮助他们成器成长。这三章和第六十六章中说"是以欲先民，必以身后之"；第七章中说"后其身而身先"；第六十七章中说"不敢为天下先"。老子讲的前后相随的意思，就是在说怎样定好前后的位置，什么时候该前，挺身而出、勇于担当，这是一种责任，也是一种使命。什么时候该后，先人后己，遇到利益的时候，有好处的时候懂得让。我们经常讲一句话叫"大道至简"，经常会说，真传一句话，假传才万卷书。所以立足一本经典，把它吃透，哪怕是一章，把它琢磨透了，其中哪怕有一句话对你一生有重大影响的话，那么它就能量无限了。

我们了解这些东西干吗呢？当然首先应该"勤而行之"。其次我们了解这些古往今来的大道，它能够帮助我们做什么？大家看第十四章，都不用我们自己来说。第十四章里边最后这一段。掌握了解这些古往今来的大道，"执古之道，以御今之有。"御不就是掌握、统率吗？了解了古往今来的大道，才能更好地掌握、了解、做好我们今天的事情。二〇一五年人民日报出版社编辑出版的《习近平用典》，在该书前言中就有这句话，"执古之道，以御今之有"，这也是我们现在要做的事情。所以中国的文化能够延续这么长时间，它内部一定有非常重要的精神力量。能够传这么长时间的这些经典，里边一定蕴含着大的智慧，"淘尽黄沙始到金"。留下来的这些重要的充满智慧的经典，值得我们认真地、反复地去琢磨，去了解，去认知，去按照他的大道来行事，这样才能够"终能成其大"。

《道德经》的特点——越来越接地气。所以在第二章里边接着就讲，有智慧有修养的人做事、好的领导者做事，应该怎么做？处无为之事。正因为让你有为，所以应该从反面来理解，因为事情都是相反相成的。有为就是天天忙吗？天天折腾吗？得了解哪些是该无为该舍掉的，处无为之事，才能达到更好的有为的效果。大家千万不要认为道家讲的无为是消极的，它反而是一种无比积极的智慧与想法，要想做好有为的事，得从反面才能把这个事情认识得更清楚，哪些是该无为的，这样才能够达到更好的有为的效果。所以我们经常赞美诸葛亮，大家想想这事对吗？成都武侯祠，那副对联中写着："宽严皆误，后来治蜀要深思"，这不是表扬他，是在批评他。所以这样的有为你仔细衡量，仔细去想，能够进入真正的最高的这种智慧层面吗？所以老子讲要处无为之事，想要有为先把无为的事情认清楚，哪些事是该无为该不做的，你才能真正做好有为的这个事情。"行不言之教"，这句话大家熟悉，身教重于言教，要知行合一，言行一致，身教重于言教，行不言之教，为什么？话说多了反而是一种负面的作用。

清朝汉官做得比较成功的一个人叫张廷玉，大家看清宫剧的时候能看到这个人。张廷玉一生中处世的准则，是黄庭坚的八个字，"万言万当，不如一默"。是说我自己认为我说一万句话都很恰当，不如沉默是金。"万言万当，不如一默"。那《道德经》里有没有关于这个问题的概括呢？也是字数比较少的，我们大家一听能记得住的。大家看第五章，这话习近平讲话的时候也引用过，"多言数穷，不如守中"。话讲得越多，最后就把自己逼到死胡同，山穷水尽了，多言数穷，不如守中，恰到好处就好！这是处无为之事，行不言之教。

下边这几句话，大家要注意了，《道德经》里很少有重复的话，可是有几句话在第二章、第五十一章都重复出现，我们先来看一下第五十一章，因为第五十一章比第二章更凝练，更全面一点。

我们先来看第五十一章里边最后这一段，为什么这一段要给大家细说一下？一九三九年周恩来回绍兴，见到他一个老朋友叫曹天风。这个人是《战旗》杂志的主编。曹天风就跟周恩来聊起了《道德经》，他说《道德经》这本书对个人的修养有用，对社会没用。周恩来说你这话不对。大家想想那时候写五千字有那么容易吗？刻五千字有那么容易吗？他说一个人能写这样一本书，写这样一本著作就证明他有一份责任感，他没有忘情，没有忘记对这个世界的责任和使命。然后他就问曹天风一个问题，他说你知道《道德经》里边最精彩的部分是什么吗？曹天风说不知道。于是周恩来指出他认为《道德经》里边最精彩的部分，就是第五十一章的这十二个字："生而不有，为而不恃，长而不宰。"生就是创造，不管我们创造了多少，都不要认为那只是自己的功劳，"生而不有"。你看这天地，就像我们讲的，创造了万事万物，它不是用占有的态度来对待，用垄断的态度来对待，它为我们提供条件，阳光、雨露、土壤，生而不有。第二句话"为而不恃"，不管我们对别人多有好处，多有恩德，都不要把这个当作一种倚仗、凭借甚至勒索的手段。我们对别人的好处，你就把它忘了吧，别人对我们的好处，我们要懂得感恩，恃就是倚仗凭借。第三句话，"长而不宰"。做家长也罢，做官长也罢，都不要认为我们能掌握主宰自己的儿女、主宰自己属下的命运，一旦有这种想法做法，恐怕就会反目成仇。"生而不有，为而不恃，长而不宰"。周恩来去世之后，连骨灰都不留下，撒在江河大地，了解了他为人处世的思想、他认为最精彩的部分，把它作为一种准则，他很多的做法也就了解了。这是我说在第五十一章里边我们看到的，同时在第二章里也有重复的内容。这不是排版错了，这是有意识的强调。他觉得这话太重要了，就像我们说有些话要重复一样。

所以我们再回到第二章，大家一比较就看得更清楚了。"处无为之事，行不言之教；万物作焉而不辞，生而不有，为而不恃，功成而弗居。"有了功劳，有了作为，不要居功自傲，功成而弗居。历史上也是这样。有的人有了很大的功劳之后，居功自傲，最后的下场就会非常糟糕了。就像我们说到唐朝玄武门事变里边的一个功劳很大的人叫侯君集，做过李世民的国防部部长（兵部尚书）。但是征兵的时候、挂印出征的时候、征讨高昌的时候，把很多战利品都贪了。李世民还是有点念旧情的，也没有把他处理得太严厉，只是撤了职。但这人就很不满，觉得我对你家的功劳那么大，没有我你能上台吗？愤愤不平，跟太子合谋兵变最后连命都送掉了。所以我们说"功成而弗居",历史上因为居功自傲而丧命的人很多,所以我一直说《道德经》读的人多了,尤其从历史层面它会救很多人的命。这样一个长者、老者、老师,有那么深的智慧的人,时刻在提醒这些人——"功成而弗居"。对我们大家也是一样,我们做了点事,一开会的时候见面就说,大家知道我现在做的事情功劳有多大吗?我对你们的恩德有多广吗?你越说大家越反感。你不讲,你做的事情都摆在那儿,别人替你宣传宣扬,功成而弗居。"夫唯弗居,是以不去。"你不居功自傲,不四处宣扬,它反而存在得更长久。所以这些东西都是我们听着好像道理都成立,为什么平常我们想问题不这样想,没有走到这边呢?我们每个人的正向思维水平都是天然的高。站在自己的角度,站在自己的立场,都能把问题说得头头是道,振振有词。可是我们都不习惯换位思考,都不习惯站在相反的角度再看同样一个问题。

所以老子这本书最大的特点就是大家不习惯站的那个角度,他站在那一点,告诉大家,他所看到的。和我们内容中正面的东西结合起来,这两者的结合才能达到一种更高的思维水平。黑格尔把他的思维方式,哲学思维方式概括为三个字:正——反——合。正面看反面看合起来看,正反合。你看老子讲的不也是这样吗?都是我们大家习惯站在这边,他告诉我们站在那边看到的东西应该具有的智慧,把这两者统一起来,合起来,那才是天下最杰出的最有智慧的思维方式。有没有这句话?就是刚才说的,从一个整体合起来看问题才是最高的这种思维的方式、天下最高的思维方式,有没有这个概括?有。大家在第二十二章里边找一下,看能不能找到这句话,"抱一为天下式"。一是什么?一就是阴阳两个方面,"抱一"不就是把两个方面合起来嘛。最杰出最有智慧的这种思考问题的方式,抱一为天下式。

所以读了第二章,《道德经》里面很多的东西你把它解释完了,很多东西就能够理解了。为什么呢?这是思维方式,老子考虑问题的思维方式告诉我们了。我再给大家最后举个例子，咱们也别往远了找，第二十二章讲"抱一为天下式"，那么在哪一章里边告诉我们，这种正反合，要站到这样的一个角度来看问题的方式与方法？往后边翻几章就到了第二十八章。这个考虑问题的方式就像数学的例题一样，大家做题的时候都先做例题然后解决其他的问题。你看，这就像老子给我们做的例题一样。所以他讲的思维的方式"抱一"是什么样的？我们把这一章概括出来，十八个字，六个字一组。第一组，"知其雄，守其雌"。什么叫抱一？知其雄，守其雌。我知道自己力量强大，我知道自己有本事，我知道自己有能力，可是要守得住对面，要懂得示弱，要懂得锋芒内敛，才有资格去谈对面。就像黄晓明和甄子丹演的《叶问》一样，黄晓明找到师父，师父那个人又来挑衅了，我们怎么办？跑！甄子丹说跑。两三下就可以把他打倒了，你为什么要跟他较量？大家也知道，你也知道，较量不就没有智慧了吗？知其雄，守其雌。你才有资格谈，这个才是双向的。所以很多人认为道家弱，本来就很弱了你还在那儿守弱，不成了个窝囊废了吗？知其雄，守其雌，这才是正反两个方面合起来。

第二句话，"知其白，守其黑"。下围棋给我分配黑子。我就看黑子我不看白子，我就看我自己这点地方，能把这个黑子守住吗？知其白，守其黑，白是什么？白就是内心的光明信念和远大的抱负。你内心有白有光明信念和远大的抱负，你才能守得住这个黑，不管是别人黑你，还是你白黑。你不屑于为之争，知其白，守其黑。如果你内心没白，那就不用舍，就成了真黑了。所以我们说这个都是双向的，这才叫抱一。

最后一组，"知其荣，守其辱"。其实我觉得这一点对我们大家来讲更重要，为什么？因为现在很多人在讲国学的时候讲偏了，在讲让大家修养的时候就告诉大家，练，把自己练得心态好了，什么都OK。把自己心态练好？各位想，一个人到了一定的年龄，既没有跟年龄相应的位置，相应的才华、本事、和谐的情感，这些都没有，你再练你能够守得住吗？守得住辱吗？不可能。同学聚会的时候，别人几句讽刺的话你就崩溃。有这个荣，你才有资格去谈守得住辱。当然荣是多方面的，知其荣，守其辱。比如坐领导位置的，自己的事情做得很好，自己也对这点认知清楚，别人也认可。突然来了一个下属在这儿骂你，你这人我觉得什么都不是，我看你做什么都不成，你一点本事都没有，你干脆回去算了。你要不要跟他争？你说你胡说，你看我，这都是我做的事情，我的政绩！这不就笨了吗？你既然有这个荣，淡然一笑就可以了，这不是守得很恰当？有这个荣才能守得住这个辱，这就是双向来考虑问题的这种思维方式，"抱一为天下式"。

大家知道我们为什么花这么长的时间来解释第一章和第二章吗？因为第一章里面讲的很多的内容和现在的一些科学的东西，方向是非常吻合的，让我们进入了一个哲学思维的层面。有人探讨问题，把这个东西当作一个根本的道。它甚至可以成为这样一个高端的存在，万事万物的本源。然后讲这个道是怎么样表现出它的能量的，它的运动规律，告诉我们用什么方法来认识这个世界，怎么样才能拥有这样的一种处事的智慧，所以第二章里边把后边要论述的很多内容都在这个地方给大家先概括出来了，这样我们解读后边的东西，那我们的速度就会自然而然地加快了，对这本书的理解也就会越来越全面，越来越丰富。

三

不尚贤，使民不争；不贵难得之货，使民不为盗；不见可欲，使民心不乱。是以圣人之治，虚其心，实其腹，弱其志，强其骨。常使民无知无欲，使夫智者不敢为也。为无为，则无不治。

——《道德经》

译文：

不崇尚标榜贤才，使民众不起争心；不炒作炫耀难得的货物，使民众不去做盗贼；不展现能引起人私欲的东西，使民众心不受惑乱。所以圣人的治理，使民众虚心、饱腹，减弱民众的欲望，强壮民众的身体。使民众常保持无知无欲的自然纯朴状态，那些诡计多端的人就不敢要诈。以无为来治世，则没有治理不好的。

第一章告诉我们，这本著作里边讲的一个最核心的内容是"有"和"无"，特别强调"无"的意义和作用。第二章告诉我们一种思维方式，也就是哲学上常说的相反相成、相互转化的这样的一个道理。相比较而存在，相对立而发展，在一定条件下相互转化。所以沿着这个思路的第三章，老子就讲了一个问题，他认为大家对一件事情不应该只看到一面，也应该看到这个事情的另一面。这个事情就是尚贤。在王弼的本子里边，是从不尚贤开始的，"不尚贤，使民不争；不贵难得之货，使民不为盗；不见可欲，使民心不乱。"不是见、表现出来、展现出来，而是"不见可欲，使民心不乱。"所以大家觉得尚贤是一件好事，为什么老子一开始就提出不尚贤呢？所以大家注意这本书对一个问题的强调，别人都熟悉的，看到的这个事情，老子一般不去说它，因为大家都知道为什么要说它。被大家忽略了的部分，不关注的那个部分，在他这里往往是被强调出来的。

我们前边说过，春秋无义战，各个国家为了自己的强大都在争。争就笼络了很多人，这些人帮着这些诸侯国的国王干什么呢？争天下。"一将成名万骨枯"——战争是多残忍的事情。所以老子在第三十章里边就讲，"师之所处，荆棘生焉，大军之后，必有凶年"。你老帮着人家去做这个事，所以老子首先觉得春秋时候那些贤干的这个事，就不是贤应该干的事。他首先对这个事情从一个大的角度进行了批判，不尚贤。另外一个意思是什么？是给这些领导者讲的，你看只要一尚贤就出问题了。出了什么问题呢？一尚贤就得有标准，你只要给贤人定一个标准，很多人就会投机取巧，按照你这个标准来打扮自己。大家注意这个话，按照他要求的标准来打扮自己，他也不一定真的有这种才能，可是他知道你喜欢什么样的，他会投其所好，按照这个标准来。所以古人讲，一件事情我们订立一个标准，就像树立了一个神圣的柱子，弄来弄去这个柱子干吗了，到最后都拴驴了，最后这个事情就变得一塌糊涂了。其实我说这话是有隐含意义的，我们现在搞一流大学的建设，就定了很多长江学者、秦巴人才，各种各样的标准，好多人就按照标准来努力，多一点额外的东西都不给你，你要什么标准，我只按照这个标准来做，我缺哪个我就补哪个，这其实慢慢不就形成人的一种投机取巧嘛。真正有贤能的人是这样吗？每个人的贤和才不都是各有特色的吗？按照一个统一的标准来衡量，那不就是一刀切吗？这能选拔出真正的贤良人才吗？所以老子说这种尚贤的方式，常常是方便了那些投机取巧、钻营的人。真正有贤能的人不屑于去做这个，不屑于按照你的标准，他有他自己的本事，有他自己的才能。所以这样往往遗漏了真正的贤良，选拔出来的那些都是善于表演、善于投机钻营的人。所以尚贤这个事发展到这个程度，老子认为就已经转化到它的对立面了，所以叫不尚贤，使民不争。不为了这个争破了头，不为了这个千方百计各种表演，投机取巧。所以社会到了争的时候，以前是诸侯国争，现在是各个学校、各个单位这种争，尚贤的时候就会出这个问题。所以大家不要以为以前讲的很多事情没有现实意义，其实我觉得老子这个不尚贤，使民不争，对于我们现在非常有警醒作用。还是那句话，真正有才能的人是不屑于按照你那个标准去剪裁自己的。就像龚自珍讲的《病梅馆记》一样，这个事大家都知道，你按照那个标准培养出来的，不都是那样的人吗？出现的不都是这样的人吗？

"不尚贤，使民不争，不贵难得之货，使民不为盗。"大家首先注意这个"盗"，在老子和庄子的文章里边，"盗"的含义一般来讲是比较大的，广义的盗。比如说，"窃国者侯，窃钩者诛"。窃国，这也属于广义的盗。当然在这个地方，老子主要讲的还是针对日常的狭义的盗，"不贵难得之货，使民不为盗。"有些东西其实没那么大的价值，价值是炒作出来的。一个国家，一个时代，把某个东西炒作得超越了它的价值，我们现在叫"泡沫"。把这个东西炒得大家拿它为标准。比如说某一个阶段，大家拿手机作为衡量身份的标准，一个阶段拿车作为衡量的标准，拿戒指、拿别的东西作为衡量的标准，有人达不到这个标准的时候，又不想掉这个身份，就开始装。得不到的时候就起了这种非分之想，为盗。这类事情就不用细说了，太多了，偷来的东西作为炫耀。所以老子认为这个事情做得不对，你要让民心素朴，不把这些东西看作自己身份的象征。

我听人讲名牌包其实成本也不高，成本也就几十块钱，可是一卖卖好几万，为什么？这叫牌子、品牌嘛，注意，难得之物炒作成品牌的时候，才是高价值，使民为盗。所以老子认为这种做法不对，恢复到民心素朴，本心素朴。当然我们自己对这个也应该有一个正确的判断。买不起真名牌的时候就买假名牌装，这不好吧？第三个"不见可欲，使民心不乱"。河上公的本子叫"使心不乱"，意思都一样。是说别到处把这些能够引起人欲望的东西疯狂地表现出来、展现出来，这样大家心就乱了。

我前一段时间看了一个视频，是几条美国对他国青年人的策略，其中就有让青年尽量看些黄色的刺激的书籍、电影，把这个当作一个重要的方面。因为这个东西它能够使人心产生一种混乱，刺激人欲望的，我们很多的广告也向着这个方面发展。很多的艺术越是这样越受到欢迎，这就成为一个问题了。所以这个人心一乱，你再把它整合起来就很困难了。大家都沿着这个方向往下走，速度当然会很快了，不见可欲，使民心不乱。这都是针对当时的现实的情况。其实我们知道历史发展到一定阶段的时候，很多的东西、很多的事情就会出现这种相同的情况和相同的后果。所以我觉得前边这三句话的排比，是像诗一样的。《道德经》有时候大家可以把它当作诗来读。上面的问题出现了。大家知道：尚贤，争；然后是贵难得之物，盗；然后是见可欲，乱。问题都摆在这儿了，那该怎么办呢？

"是以圣人之治"，在《道德经》里圣人就是一个好的领导者、好的领导人，因为老子很多话都是针对当时的那些位置比较高的领导者、管理者，针对他们讲，说一个好的国家应该怎么管理怎么来做才是好的治理的状态。"虚其心，实其腹，弱其志，强其骨"，又是像诗一样。所以我跟大家说，读《道德经》的时候，你把它这个韵律掌握了，其实跟读诗集一样。所以一个好的治理的方式就是这样，让大家虚其心，虚心使人进步，虚怀若谷，这样你才能看到别人的长处，不断地向人学习，虚其心。实其腹，民以食为天嘛，仓廪实而知礼节，你得让大家填饱肚子，实其腹。弱其志，这个志是欲望，减弱我们强烈的欲望。其实人生，说到处事方法的时候就两种，一种是做加法，我要不断地增多，不断地要，不断地加多。有了这个想那个，要不断地增加。还有一种是做减法，没那么高的欲望，减弱自己的一分欲望，其实我们也就幸福一分。减弱我们的欲望，没说把欲望都消灭掉，而是放在合理的范围之内。《人民日报》也两次发文提倡极简主义的生活方式，用不到的东西，比如有些衣服用不到的时候，你就把它捐献出来。饮食的时候按照这需求来，出去吃饭的时候何必点那么多菜浪费呢？强其骨，让自己的身体强健。

这十二个字，按照我们处理的方式，前面都是排比句跟诗一样，后边也是一样。"是以圣人之治，虚其心，实其腹，弱其志，强其骨。"这样的做法，会到一个什么样的程度呢？"使夫智者不敢为也。"我想强调一下这个。大家知道这个智可不是智慧的智，是技巧。你看我们现在，人极度聪明，确实是发展到了历史上最聪明的时候。各种各样的工具，各种各样新兴的东西，让我们很多人的聪明度大为提高。可是很多人聪明了之后，老觉得别人很笨，老给别人使套路，老是把这个技巧变成一种欺骗人的方式和手段。在当时也有这样的人。所以老子说大家都是这样，民心素朴，"虚其心，实其腹，弱其志，强其骨"，没有那么多的欲望。不贪那些利何至于受那么多的骗。使夫智者不敢为也，使这些技巧多的人，套路深的人，不敢玩这些手腕，不敢动这个心思，因为动了也没人理他。动了之后大家还嘲笑他，把他放到了耻辱柱上，那他不敢做了。使夫智者不敢为也——不敢做这些事情。

我觉得这个非常好，我们老是骂骗子，其实可怜人也必有可恨之处，受骗的人没有可恨之处吗？我写过一本书，叫《中国古代的江湖骗子与骗术》。古代这个骗子也是这样，找那些上当的人，都有各种各样的方式。其中我觉得最有趣的一种叫"淘沙术"。在海边、河边有一个人在那儿挖泥，有人一看挖出来，这个从泥里刚挖出来的玉、镯子什么东西肯定是真的，非常痛快地买了，回去一看都是假货。你不贪那个小利能这样吗！还有"掷包术"。掷包术就是你走在路上，啪，钱包，你看见了，刚要捡的时候上来一个人，说咱俩一起看见的，咱俩一起分，打开那钱包肯定都是大票。既然分不了，那这样，我不要一半了，你把这什么马克，什么欧元，你给我三分之一就行。你高高兴兴以为你得利，因为人家只要三分之一，你拿你的现钱给人家了，换回来之后一看又上当。这不都是欲望太强、贪利太强导致的这种结果吗？大家对这个都是淡然一笑，这种小利我不要我不贪，不然都送到派出所失物招领处去。你看他敢不敢，你怎么会上当？所以大家都这样做的话，如果都这样，他就没有市场了嘛，不敢为也。为无为，则无不治。大家注意这个句式，为无为，什么是真正的为呢——无为。道家讲的无为第一条就是不妄为，你做事情不能瞎来，了解事物的规律、规则，为无为。领导者也是这样嘛，不要这样见可欲、尚贤、贵难得之物。你老这样妄为，你让民心乱了，那就没办法治理了。

我再重申一遍，我们读《道德经》最好的方式，以经解经。大家看第七十五章，然后"为无为"这个事情就可以很好地理解了。"民之难治，以其上之有为。"百姓为什么难治？都是你上边瞎折腾，把民心搞乱了，你别老怨他们。所以对领导者来讲，你别老这样的妄为，这样才能够使民心素朴。"道常无名，朴。虽小，天下莫能臣。"这话出自第三十二章。朴素啊返璞归真啊，这种朴实、诚实是道的一个核心的品德与智慧！对天下来讲，没有什么比它力量更为强大。所以强调民心素朴，强调政治无为，不要妄为，不要瞎折腾，要按照规律、规则来，为无为，则无不治。

你看，这三章你得结合起来读。尤其是第二章和第三章是紧密连在一块的。就说我们看问题，不能只看到一个方面，不能一点论，而应该两点论。正反两个方面，包括它们这个动态中转化的方面。很好的一件事，很多事情是不是好事？是好事，但是它可以向相反的方面转化，就像我们很多人经常讲，我是为了你好，是为你好，但是你做的这件事情可能会产生巨大伤害。你是好心，但是它可能办成另外的坏事情。

"尚贤"本来是很好的一件事，重视人才，可是这个事情发展到一定程度就走到了它另一个方面，真正的人才反而被过滤掉了。投机取巧的人，反而被披上了这种贤的外衣，挂上贤的名声。所以老子对当时这件事是有警醒的。因为老子的话对面都是有人的。这人可能在问国家治理，说我在治理国家时重视人才，我尚贤。在春秋时期墨家也讲尚贤，所以老子对这个事情提出警告，任何一件事情它是有尺度的，这个度把握不好就会转化到相反的方面。

四

道冲而用之或不盈。渊兮似万物之宗。挫其锐，解其纷，和其光，同其尘。湛兮似或存，吾不知谁之子，象帝之先。

——《道德经》

译文：

  道是阴阳两者相互中和，其作用无穷无尽，其渊深、渊博好像万物的宗主。它锋芒不外露，解除纷扰，在光明之处便与光融合，在尘垢之处便与尘垢同一。其深远幽暗好像无处不在。我不知它是从何而来，在象帝之前便已存在。

古往今来解读《道德经》的版本很多，但大家公认的经典本有两本：一本是河上公的本子。河上公的本子的特点就是每一章上面都有标题，八十一章上面都有标题；另外一个就是我讲课用的王弼的本子，王弼的本子是没有标题的，所以这一章在王弼的本子里边就是这样的。"道冲而用之或不盈。渊兮似万物之宗。"这个渊兮，大家可以把它逗开，这又变成一个诗了，渊，渊博啊，似万物之宗，下边这几个又是一个三个字一组的这样的排比句，非常漂亮，"挫其锐，解其纷，和其光，同其尘"。前边讲的是渊兮，万物之宗，这讲的是湛兮，似或存。湛蓝，深厚渊湛，这意思都差不多。"吾不知谁之子，象帝之先"。这一章讲的道理太深刻了。老子自己都感叹，道这个东西太深远了，太渊博了。

这一章在讲什么东西呢？这一章的理解的核心在哪儿？就在这个"冲"字。大家注意冲的写法。我们现代人是用现代的语言来解释它的含义，有时候就会出问题。冲是一个组合字，大家把它两点放平，这个冲就得到了正确的理解，冲就是二中。二是什么？这两点是什么？就是阴和阳。道是什么？一阴一阳之为道。冲的本义的形象在讲什么？两股水。这个水冲到那个里边，就掺到一块了。这是讲它是两种力量的作用，是讲它是一个动态的。所以现在我们来理解这个冲字，然后这一章就变得容易理解了。道冲，道就是阴阳两者的相互中和，二中，阴和阳的相互中和。大家如果还有疑问，脑子里边对这个问题还没有一种画面感，别着急。如果大家在我讲的这个时间段里能够掌握一种方法，就是以经解经，这本书就会变得非常容易读了。

我拿第四十二章给大家来印证一下，因为第四十二章就讲冲的事情，这一章开头这段大家都熟吧。西安搞世界园艺博览会的时候，世博会的标志是个三角形，世园小花的标志嘛！现在西安的大巴上世园会那个标志还在。大家知道当年对这个三角形是怎么解释的？就是这段话，"道生一，一生二，二生三，三生万物。万物负阴而抱阳"，大家看下边这句话，"冲气以为和。"你理解冲在这儿的意思就把它一下理解了。道是万事万物的本源，道就像什么？道像太极一样。一，太极，太极生两仪，一生二，两仪。两仪就是阴和阳。二生三，大家知道这个三呢应该把它写成参谋的参、参与的参，这个三，其实就是参，阴和阳两者参与到一块，两股力量冲到一块了嘛，就产生了万事万物。三生万物，你也可以把它读成参生万物，这一下就好理解了。我们看到的所有的事情，在中国的哲学里边都是阴和阳两种力量相互作用所形成的。换句话说，万事万物里边都有阴阳两种力量的存在。包括我面前这张桌子，引力和斥力，包括我们世界上的男女，包括天和地、日和月，包括大拇指。动的是阳的部分，不动的是阴的部分，大拇指为阳，其他四指为阴，都是用阴阳来概括的。万事万物都有阴阳两个方面，两个部分参与到一起，参生万物。所以很多人问这三怎么解释，那没法解释。你把这个三理解为阴阳两者参与到一起，参生万物，阴阳两者相互作用，形成动态的和谐的世界。

所以再反过来说，既然是阴阳两者相互作用产生的万事万物，所以万物负阴而抱阳。万事万物都承载着阴，环抱着阳，都有阴阳两个方面。冲气以为和，这个气就是阴阳二气，两者参与到一起，形成这个和谐的世界，所以大家知道这段话任何人的解释都不如《道德经》本身的这段解释，就是"道冲而用之或不盈"。阴阳两者相互作用，永无休止。太极图大家都见过。咱们中国文化的哲学概括的最高点就一句话——"一阴一阳之谓道"。这是出自《易传·系辞传》。《周易》分成两个部分，一个部分是经，这个经的部分，是在《道德经》之前的，《易传》则是在《道德经》之后的。《道德经》之后的《易传·系辞传》，就概括出"一阴一阳之谓道"，那个更明确。老子讲的这个叫"万物负阴而抱阳"，其实意思都是一样的。所以咱们中国的古典哲学、古典文化里，它一开始强调的是阴阳两个方面，相互中和、相互作用，它不是一个单一的元素，而是两者相互融合。所以咱们中国哲学不太强调实体，而强调关系，阴阳之间的关系，强调它们之间的关系形成的韵律功能。所以它是在一个关系中定位的，阴阳两者相辅相成、相互作用、相互转化。谁要懂得这个道理？你看咱们中国人，包括诸葛亮那个空城计里边都唱。知阴阳，或者我们叫晓阴阳，知晓、懂得阴阳，这阴阳可不是阴阳先生。

我曾经参加过一个葬礼，有人问，你不是研究《易经》吗？你也给算一卦。我说，这个我不懂，阴阳先生和我们现在强调的阴阳，它是在讲生死之间的事情，这个不一样。所以我们的思维方式非常有智慧。把万事万物都分成两个方面，然后这两个方面快速地对应，形成一种处理，到底是进还是退？到底是攻还是守？它都是在二分法的方式里边，一分为二里边，迅速得出结论。而用之或不盈，不盈，就是无边无际，奥妙无穷。或就是则的意思，就这个道理，谁要懂得运用，那道理深了去了。这个道理奥妙无穷，掌握这个道理，在各个方面的用法无穷无尽。你看中国画，包括书法，包括围棋。你看黑和白之间，这都是在讲阴阳的这个道理。所以宗白华先生写那个《美学散步》的时候，宗白华先生他说一阴一阳之谓道就像什么？就像水的起和落，就像鸟的两个翅膀。所以中国的艺术，他讲这种运动有水之推波，如鸟之两翼，这样它才能够飞翔起来。非常有趣的事情，"用之或不盈"，这个道理确实是深刻、深奥、有智慧，用起来可以在各方面都体现出来。所以我们经常讲阴阳向背，经常讲孤阴不生、孤阳不长。

这个世界只剩下男人，或者只剩下女人，那这个世界是什么？这两者恰恰是这样相辅相成，相互综合的。我再把这个事给大家往远了说一下，我老觉得这个事情没有说到位。我们中国人为什么叫中国人？大家有没有琢磨过这个事情？有一个解释，说中国人一直认为自己是处在宇宙的中间、中心，处在天地的中心。到了后来认为自己处在地球的中心，我们中国人是开化的、文明的,我们的周边是不开化的、不文明的。所以我们听到过这样一个说法,叫南蛮,北狄,东夷,西羌,我们在中间。南边,蛮。大家看蛮字底下是个什么旁啊?虫。北狄,狄是什么偏旁呢?犬右。西羌,羌上面是个羊字头。你看这三个很明确,都属于动物世界,我们是文明的,东夷,视之不见曰夷,这个也是出自《道德经》的,小得看不见了,所以我们叫东夷小日本,我们觉得我们是人,周边要么是动物世界,要么是鬼,小日本鬼子、洋鬼子,我们中国人自居老大帝国。这个解释非常不好,你这个解释人家一听说中国人太自高自大了,人家听了当然不高兴。最有文化,最有哲学的解释在哪儿呢?就在这个中字。我们中国人习惯于用阴阳相互中和这样的一种方式来认识问题,理解问题。

不是从单一的方面,我们习惯认为阴阳两者,事物的对立两面相互融合。相互作用,从思维方式来解释,有的也把我们这种方式叫作中庸。中庸就是以中为庸吗?庸不是平庸的意思,是用的意思,以中为用。我们中国人讲究的是"以中为用",讲究共存,同舟共济,讲究双赢!这是我们非常杰出的思维方式,而且我认为这种思维方式跟中之间有一个什么样的古老的联系呢?大家注意中的写法,中本意就是旗杆。我认为,咱们中国人的这种"以中为用"的思维方式,它就应该是我们文化中飘扬得最高的一面旗帜。思维方式,这个东西太不得了了,思路决定出路。我老觉得世界上如果都学中国的文化、中国人的这种思维方式,它能让人避免很多那种一定是把对方打败了、消灭了、干掉了才叫胜利的一种狭隘的理解。相互融合、相互中和、共赢共济,我认为这种思维方式应该是我们文化中飘扬得最高的一面旗帜,这就是和"中"的古老联系。

这个中字是怎么来的?你看我们的原始先民,每一个部落、每一个族,比如我们叫华夏族,它都有族徽,也就是我们俗称的图腾。族徽当然要绣成标志了,弄成旗的样子。旗插在什么地方?就插在旗杆上。旗杆插在什么地方呢?未必是他们住的地方的中间。一般情况下是插在中间了,比较显明。不管是什么地方，大家都认为插的这个地方是恰到好处的，中字在我们文化里边直到现在，还有这样的一个认识即恰到好处。中国文化的代表中原文化，你看河南人到现在还在用这个字，没有问题吧？这事中不中？中。你看，恰到好处。咱们原来跆拳道有个女冠军叫陈中，河南焦作人。她母亲生她之前问她父亲，给你生个女儿中不中？中。你看起名就叫陈中。大家也许会觉得我这是在这个地方演绎了，你证明中是旗杆，有什么证据呢？其实我跟大家讲，世事洞明皆学问。你不要说别的地方，我们生活之中大家只要注意，都能发现，到现在中国人有意无意地还是把这个中作为一个旗杆的标志与代表。打过麻将吧，没打过也看过。美国许多小学生从小学打麻将，认汉字认得特别快。麻将是谁发明的？渔民。我到宁波，人家还专门建了一个博物馆，陈姓的渔民，讲麻将的产生历程。渔民大家知道，中国所有的以前那种游戏的东西，包括像棋呀牌呀这种东西，这每一个游戏的发明都跟天地关联非常密切，当然一部分也是跟人们的生活经历、实践经历密切相关。

渔民出海捕鱼，鱼怎么论呢？一条两条九条。用什么装啊？一桶两桶九桶。卖多少钱呢？一万两万九万。渔民出海捕鱼最关心的是什么东西、什么事情呢？风向，东西南北风。就剩下三张牌了。大家注意这三张牌。白板就是船帆，红中就是桅杆，目的只有一个——发财，你看就这么简单。所以大家注意，很多地方打牌的时候，像东北那种打牌，把别的所有牌去掉了，红中他不去掉，大旗不倒，它这个说法就是这样。

所以我觉得我们中国人这个是从思维方式来给它定位，最有文化最有哲理，你可以有别的解释，但我觉得那些解释都不好。所以现在我们来看，道这个东西，你虽然没有办法完整地把握它，但是会把它往下分。"道冲"，道，阴阳两者相互中和了解这种思维的角度方式，"而用之或不盈"，无穷无尽。因为中国人各方面包括各个领域都是用这种方式来理解问题、思考问题。渊兮似万物之宗，道这个东西太渊深太渊博了，像什么?就像万物的开始,就像万物的核心。大家知道我们现在也讲宗派,你到底推崇哪一派?核心、开端、万物之宗。所以老子在这个地方强调,因为道像太极一样产生阴阳,它是万事万物的本源。然后用起来的时候道理又这么丰富深刻,你要把它弄散了就不好理解了,你得把它最后归到一个高的程度上概括,比如我们概括为一阴一阳之谓道,你看这不就是一个高度的概括,收拢于一,了解这一点,就说老子解决问题了。为什么和其他人不一样?其他人就说你不要给我讲这个道理,你告诉我们怎么解决,可是你把这个问题解决了,下次遇到事你还不知道怎么办,所以要学会从个别到普遍概括出一个普遍的道理,了解这个普遍道理,下次再遇到这些问题的时候,你就知道怎么去做,怎么去处理了。

所以下边就是老子处理问题的方式。大家看这十二个字,既然道是阴阳,两者相互综合,不是只突出一点,所以叫挫其锐。阳,讲突出,阴,讲收敛,这两者相互融合。所以有的人老是喜欢锋芒外露,但不可持久,所以我们拿这个挫其锐。你看第九章,这不是也讲的这个道理吗?就是讲为什么要"挫其锐"——"揣而锐之,不可长保。"我们小学时候削铅笔,把铅笔尖削到极尖,结果一削就断,一削就断了,最后剩下铅笔头了。现在大家可能体会不到,现在很多都是那种自动的,那种高级,像我们那时候都是削铅笔,最后削得就剩下铅笔头,越尖越容易折断。你把锥子尖挫得非常锋利,一碰就断了。古人举的例子很有意思,他说你看这毛笔,毛笔不是尖的吗?写写就秃了,你看砚台,用多少年都没事,宋代的砚台到现在有的还保存着呢。一个人老喜欢锋芒外露,我就这样又怎么样?不可长保。就提醒你这个道理。你不能只突出一点,讲究阴阳两者的相互中和、以中为用,这是把思维方式讲清楚了,大道理讲清楚了,然后他说针对这些问题,你知道怎么去对待,应该挫其锐,解其纷。很多的纠纷是对问题的认知不清楚,不知道。大家看一下第七十一章,这一章更像诗吧,比现在相声演员说那绕口令要好多了。

"知不知，上"，我知道自己不知道，我这人很谦逊，我知道自己不知道，我不装我知道。"不知知，病"，不知道自己不知道，这就出现问题了，有的人是装，有的人根本就不知道自己不知道。"不知知，病，夫唯病病，是以不病！"你知道自己这个是一个缺点，这病可以解释为缺点，所以这缺点一定会被改正，有的人老是这样固执坚持，那你永远改正不了。大家都指出你的缺点，你坚决不承认，那你就没有改正的可能。"圣人病病，以其不病"，圣人，为什么没有这个缺点也是这样以其病病，有智慧的人就知道自己的缺点在什么地方。你看我们就说第四章的道理太深奥了，得给大家多说一会儿，就是这样，你把这个思维方式知道了，其实任何事情你不要只站在一面看，你要懂得换位思考，不能只站在阳或者阴的角度看。你看这个世界都有日月都有白天黑夜，这两者之间你只懂得站在一个地方，在绝对的光明中和在绝对的黑暗中是一样的，如果这个世界永远都是白天，那大家太痛苦了，它是这两个方面综合。所以我们看事情也是一样，不仅懂得站在自己这一面，还要懂得站在另外一面看，这样才能够对事物的纷扰、纠结，有正确的解决方式。所以老子讲这人对事物认识清楚了，你才能够解其纷，你也懂得挫其锐，也能懂得解其纷。

下边我们放到一块解释什么叫"和光同尘"。和光同尘是什么意思？用人家最熟悉的话解释，就叫同流而不合污。有的人老是标新立异，有的人老喜欢强调跟大家的不一样，老喜欢说这是我的个性。其实这个在跟大家相处的时候就出问题了，真正有智慧的人的内心保持自己的原则，外表跟大家打成一片。你看那镜子，它不可能永远亮，所以这尘是讲这个镜子，上面蒙上尘埃，你到用的时候把它一擦就行了嘛！所以和光同尘是讲我们经常讲的一个词，叫外圆内方。就是这样，其实这个很难做到。这真得是历练了以后，真正明了了之后，很多事情才能够清楚。所以能不能够接受委屈是一个人成熟不成熟的非常重要的标志。你不肯和光同尘，你老觉得这个东西违背了自己，哪怕不是原则的东西，哪怕别人只有一句话，就蹦起来了，你不要这样那样的，你不要羞辱我。这时间长了也就没有朋友，时间长了也就没办法跟大家团结了。所以老子讲的和光同尘，就是在说我们阴阳两者的相互作用。比如你忍受了一次委屈，就扩大了自己的格局，也是对别人的一种接纳，而对你不喜欢之人的这样一种接纳，其实是自身不断成熟和进步的标志。

你当然也可以说我为什么要这样子，我不肯受这委屈，那可以，你就按照你的方式来生活，可是你没办法达到对人生的更多的这种领悟，更多的一种体会。所以这十二个字讲到了，不仅在这一章里边讲，在其他章里也是这几个字都没有变。来看第五十六章，单这章为例，是想给大家讲这样一句话，《道德经》里很多话重复出现，不是排版排错了，而是强调。因为在给不同人讲的时候，他要把自己的思想重复、强调，这就是他认为智慧很高的，经常要给大家强调的部分。用现在的话讲叫什么？叫"重要的问题说三遍"是吧？你看我前面讲"生而不有，为而不恃，长而不宰"，在《道德经》里边就出现过多次。

关于"挫其锐，解其纷"，老子告诉我们，先在认识上解决这个问题才是真正的解决。有一篇文章叫《固执》，其实是认知的层次低，认知水平低，才会导致固执。认知水平高了，老纠结的事也就迎刃而解了。我们遇到的很多问题，其实在认识上解决了，就会像那种真正有智慧的人一样，淡然一笑。很多问题你就能够洞察洞明，有洞见。所以第四章里边，我觉得这一章基本上是两首诗。前面这个，渊兮湛兮，还有这十二个字，这个讲完了，就告诉大家有了这样一种认知的水平的时候，那你就会觉得道确实在我们身边到处都存在。你看中国人养花有花道，喝茶有茶道，练武有武道，什么事情最后都是在技艺的层面上升到道的层面。这不就是看不见，但是或存吗？看不见，但是它好像到处都存在。湛兮似或存。大家往第六章看，"绵绵若存，用之不勤"。若存就是你看不见，但它好像到处都存在，就像风一样，大象无形，就像风一样虽然没有形状，但是无处不在。你感觉一扇风就来了。你说这个东西好奇怪，这都深远。我们说渊博广大。湛，深远。空间和时间告诉大家道是无处不在，取之不尽用之不竭的。这个世界就是由阴阳所构成的。所以任何一件事情我们不站在一面来看，要站在正反两个方面来看，站在两者结合和运动的过程来看，这不是现代哲学研究的最高规律，对立统一规律嘛。你研究这个规律，然后你用这种认识的方法来看问题，所以我觉得很多人解读《道德经》，没有哲学的根底，你怎么解读？

老子前面给你这个东西，要是只是解释问题，就这些话就够了，挫其锐，解其纷，和其尘，同其光。可是为什么？你得给大家一个理论根据，这就是很多人觉得这本书深刻的原因，他不是直接把问题解决就算完了。而是告诉大家这种思维方式，以后站在一个更高的角度来理解这个问题。然后就讲它的位置、地位——"吾不知谁之子"。什么叫吾不知谁之子？它根本不是任何东西的儿子，你不能把它放到儿子的地位，它就是父亲，它就是祖父。不是有一种说法讲这个世界是由西方人讲的上帝开创的吗？大家注意上帝这个词还真不是西方人最早用的，你看在这里有，只是中国人叫象帝，大嘛。它在这个你们认为开创世界的那种力量之前，老子这个人很会上踏板，他不讲那么多话，他是讲你们大家都认为这个世界的开创者是象帝，我告诉你道在象帝之先，所以它不是任何人的儿子。它的地位就是它是万事万物的本源。所以说有些人说读《道德经》的时候，一读的时候就开始大笑，嘲笑他在胡说，最后结果是什么？嘲笑自己的嘲笑，到最后我怎么会笑呢？你看着人家讲这个道理多深刻。先是笑，然后不笑，最后嘲笑自己原来的笑。确实是这样，所以《道德经》得找明白人解释，因为我觉得没有几十年的哲学根底，对里边很多东西是没有办法准确了解的。哪怕是一章，你理解偏了的话，后边都会出问题。老子这个人的思维水平，他能把我们习以为常的这个道，最后上升到这样一个层面，从我们走这个道路，从这个道路的产生，从方向、道路里边无形的意义概括出来的万事万物的本源，"吾不知谁之子，象帝之先"。第三章第四章，都在强调，因为老子第一章第二章讲完了，还是觉得有点不放心，还在补充，还在添砖加瓦。就这个事情，拿一个具体的例证，"不尚贤，不贵难得之货，不见可欲"，具体的事物，因为这个是大家常做的，然后得出结论，然后告诉大家，我讲这个道，确实是重要的一种思维的智慧。阴阳两者，道冲。了解这个，那我们的思想水平，我们的境界，我们对事情问题的认知，就会有非常明显的提高。阴阳两者的相互中合、相互作用、相互转化，在动态中像我们的太极图，无论你怎么转，它都是那个样子。这样的一种中国人的思维方式，非常值得称赞。

五

天地不仁,以万物为刍狗;圣人不仁,以百姓为刍狗。天地之间,其犹橐籥乎?虚而不屈,动而愈出。多言数穷,不如守中。

——《道德经》

译文:

　　天地无所偏爱,将万物像刍狗一样平等看待;圣人没有偏私,对百姓像刍狗一样平等看待。天地就像一个大风箱,因其中间虚静才能鼓出风,越动鼓出的风越多。政令繁多会招致败亡,不如保持虚静才能恰如其分。

我先说这里边的几个生字，首先说"刍"。大家知道刍就是草嘛，所以牛吃草，叫"反刍"，刍狗就是草扎的狗。橐龠呢，就是风箱。以前我在农村的时候是经常有一种活叫拉风箱的，因为烧那些柴的时候，包括秫秸、豆叶的时候，尤其是烧那些湿柴，要鼓风。农村那种风箱一般是木质的，中间是空的，绑上鸡毛。拉的时候就鼓出风，助火燃烧！还有一种是拿皮做的。大家看《倚天屠龙记》里边，锐金营里的吴劲草在接屠龙刀的时候，最后用的就是鼓风。这里边就拿草扎的狗，拿橐龠来比。这章是《道德经》里引起争议比较大的一章，有的人认为老子人心最毒。

因为大家都讲仁爱，老子是拿天地作为这样的立心的象征的，他却说天地不仁，以万物为刍狗。一般的解释是天地没有仁爱之心，万事万物在他的眼里就像草扎的狗一样无所爱惜。这个解释容易引起误解。首先我们来看一下，要了解这里边的"不仁"这个词的概念。不仁，有两个含义，一个就是残暴，说这人不仁义。《孟子》里边不就有嘛，不仁暴其民，残忍。对人民很残暴。这第一个不仁是残忍。第二个不仁的含义就是我们现在用的一个词叫麻木不仁，不关心。这个地方的含义是第二个含义，天地根本不关心人世间的事。什么意思？你别老去麻烦它。你别老以为有事，天会罩着你。要靠你自己。王弼这个解释，严复解释为"天演"：生存竞争。你别老以为天会关照你，别老去麻烦它，很多是天道酬勤靠自己。这个地方讲的就是这样的一个道理。天地对人世间的事情不关心，万事万物在他的眼里都是平等的。"天地不仁，以万物为刍狗"，万事万物在他眼里，无所爱惜，就像草扎的狗。草扎的狗原来用来干吗的？是用来祭祀的。祭祀之前大家对它很尊重。祭祀之后就扔在那儿没人管。万事万物在我眼里，就是无所爱惜。在《庄子·外篇·天地》里有"已陈刍狗"，陈就是排列，把这些草扎的狗什么的都排在那个地方。

所以这个地方讲的道理是天地对万事万物都是平等的。他对万事万物是没有关心的。然后引起最大争议的就是"圣人不仁"。如果有人说这意思是圣人对人世间的很多罪过也应该忍心，就像有人说什么叫哲学家，你在我门口杀人我都无动于衷，那就已经练成哲学家了，这完全是一种错误。有人就把它解释成这样，这是不对的，圣人对万事万物也应该是平等的。你让他们自己去奋斗，让他们自己去努力。不要你认为弱，你就一定要去帮他，你这就叫有偏私。万事万物都是一样的，一律公平，没有偏私。所以道家讲的"不仁"是"大仁"。

我们有的时候就说母亲是什么样的？哪个儿女最弱，她关心哪个，最后就出问题了。要讲平等，如果他老接受这关心，慢慢他就觉得习惯了，他觉得应该的。贫的人他本来是懒的，不是贫，你老去扶他，越扶越扶不起来，他觉得反正有人关心我，反正你饿不死我，你看这不就出问题了吗？所以老子在针对对方提的问题讲，你说我们这里边哪有人比较弱的，我要去关心一点什么的，老子认为这个不是一个大的格局和智慧。天地不仁，天地没有偏私，对于万事万物是一律平等的。这个不关心就是，我才不去私自照顾哪一方，就像太阳一样，光芒照耀各处。"天地不仁，以万物为刍狗"，所以一个好的领导人也应该是这样，"圣人不仁，以百姓为刍狗"，大家注意《道德经》这儿讲的圣人和儒家不一样，儒家讲的圣人就是你只要有修养有品德，哪怕你什么事都不做，你也是圣人，而道家不是。

道家讲的圣人就是一个好的领导人，好的领导者。老子认为这种人太难得了，一个好的领导者能做到的事情太多了。所以一个真正的好的领导者也要没有偏私，也要对万事万物公平。这叫什么？大家看第七十九章最后这八个字，那就帮助我们理解了。所以我跟大家说，看这书千万不要着急，看注解。你先把它通读一遍，这章有的不清楚，你再往后看。你看第七十九章最后这八个字："天道无亲，常与善人"。天道无亲，但是结果是什么样？这些肯努力的人，做好事的人，他就得到了这样的一种好的回报。好的回报是什么？一个人做好人最大的回报是什么？就是让你成了好人，这就是最大的回报。没有其他的。不是说善有善报，你成为一个好人，这在道家来讲已经就是最大的一种回报。常与善人，天道无亲。天道对这事物都是公平、无私的，你是凭自己的努力，你成为一个好人，成为一个善人。最后所有的结果其实都是有因有果，并不是天罩着你。我觉得这个道理简直太深刻。你看我们一般讲到善有善报，恶有恶报，这个对我们现在来讲已经是一种"奢侈品"了，因为很多人都不再相信，但《道德经》把这个讲到更高的一个程度，会有这种善恶的天道无亲，常与善人。把这些作为你最后的结果，你成为一个善人，得到内心的这种安宁，这已经是一种最大的回报。

所以《道德经》的第五章讲"天地不仁，以万物为刍狗"，然后告诉你一个好的领导者，应该是这样，"圣人不仁，以百姓为刍狗"。你就应该有这样一种公平，无偏私制定这个规则、制定法令，谁都不要例外。你看韩非子，就是按照老子这个思想，"道理法术势"，不要小看韩非子，韩非子这个法家和以前的不一样，他在原来法家的三派讲法、讲术、讲势前边加上了道理。我们中国人用的道理这个词最早就是韩非子在讲老子的道，然后讲具体事物的理。讲韩非子这个东西它是有根据的，他说他法令制定之后，所有人都不例外，当然大家对他有诟病，主要是最高的领导者他没法领导，皇帝他没法领导。其实他想讲只是做不到。无所偏私，这个东西制定好了，这个道的东西规则制定好了，大家一律平等。圣人不仁，以百姓为刍狗，你不要制定这法令，说这个法令太残酷了，这个咱不能用，那个也不用，那最后这法律就没有威慑力。所以天地不仁，以万物为刍狗，圣人不仁，以百姓为刍狗。

下面举了一个比喻，这个比喻讲什么呢？"天地之间，其犹橐籥乎？"就像这风箱一样，风箱中间是空的，一推风就出来了，中间是虚的，所以它这风绵绵不绝，动而愈出。虚而不屈，动而愈出，就拿风箱做比喻。因为老子本人并没有给《道德经》分章，按说这应该另外立一章的。他讲的是一个什么道理？就是我们前边讲的有和无的道理。你看这个风箱中间是空的，才能鼓出风来。虽然是虚的，它风箱是静的，你越动它鼓的这个风越多，动而愈出。"多言数穷"，"数"就是屡次的意思。有的本子用的不是这个言字，用的是闻，多闻数穷，不好。多言数穷，不如守中。其实讲的是政令，就像风箱中间的静一样，中间是虚静的，是虚的才能鼓出风来。政令也应该是这样，不应该今天换一个，明天换一个，今天变一下，明天变一下。多言数穷，你老变来变去，最后就把自己逼到死胡同了，不如守中。中，就是恰到好处。这个倒不是说政令没有，而是讲恰如其分，所以这一段我们的理解就是两个部分，一个部分就两句话，"天地不仁，以万物为刍狗"，因为已经有了一个比喻了，有了一个形象，"圣人不仁，以百姓为刍狗"。

第二个部分。"天地之间，其犹橐籥乎？"像风箱一样。风箱不能乱动，乱动，你在那地方就麻烦了。它本身是静的，中间是空的，虚静，所以前边有虚静为前提，动的时候才能够不断鼓出风来，这鼓出是讲应用。所以下边就讲政令也应该如此，像风箱一样，不要变来变去动来动去，位置挪来挪去，换来换去。讲究虚静，这样政令简要、大道至简，这样才能够恰如其分，不如守中，恰如其分。其实第五十七章最后四句话，也是在讲虚静的道理，政令不可太烦琐，治民繁则乱，应该大道至简，恰到好处！"我无为而民自化，我无事而民自富，我无欲而民自朴。"其实就在讲政令的事情。大家知道《道德经》的语境就跟《论语》一样，对面是坐着人的，这些人都是有地位的，一般人是见不到老子的。问他问题的这些人，都是这些领导者，基层的、中层的、高层的，大的领导者。所以很多话是针对他们讲的，而且他讲的这些修养很多也是针对领导者的修养。

六

谷神不死,是谓玄牝,玄牝之门,是谓天地根。绵绵若存,用之不勤。

——《道德经》

译文:

道虚无莫测,永存不灭,称为"玄牝","玄牝"之门是天地万物的根源。连绵不绝地永存,取之不尽用之不竭。

"勤"字在《道德经》里边出现过两次，它的本意都是"尽"的意思。就是我们说的取之不尽，用之不竭，用之不勤！读音也可以读成尽，虽然有的本子注对了，有的注的还是按照本意。为什么我说这一章要多说一些呢？因为这一章讲了一个非常重要的道理，对母亲的尊重。很多章，特别是道教，把这一章解释得简直就玄而又玄。大家知道这一章讲的是一个什么事呢？谷神，把它断开，"谷神不死，是谓玄牝。"牝就是女性的生殖器，指代母亲。而前边这个谷恰恰也是对它这个形象的描述。所以这一章在讲什么，"谷神不死，是谓玄牝，玄牝之门，是谓天地根。"

人生命的产生，虽然是男女结合才产生生命，但大家都知道这生命它是从女性，从牝、谷产生的。所以老子认为把这个事情扩大了，天地也是一样。道生万物就跟人的生命产生的道理是一样的。我觉得这个道理真的是太好了。有一位学者研究过，说一种文化，怎么来判断这种文化已经走在一种下降的趋势，甚至是堕落的状态，那就是看这个字，谷和牝在很晚的时候才被演化为一个脏字用来骂街。特别是现在，这简直就是泛滥了，现在大家都不把这个当回事，你打开微信里边到处都是，这就标志着我们现在的文化已经到了一个非常危险的程度了。大家想这个问题的道理在哪儿？连母亲都不懂得尊重，连生命都不懂得敬畏，那我们还能尊重什么、敬畏什么？没了。所以你看《道德经》里边是用什么来形容这个字的？神，玄。这都是《道德经》里边用得最高的字眼。老子认为对这个字绝不能够亵渎！把它当作神和玄一样来对待。现在大家看一下，哪有什么神秘的，谷神不死，精神永存。在一个民族里边，母亲这个形象，她是最为伟大的，永远存在的。谷神不死，是谓玄牝，就是这意思。用玄来形容。在我们所有的中国的经典里边，再没有比老子把这个字拔得更高的了。

大家看第六十一章的第二句话，"天下之交，天下之牝"！牝常以静胜牡。牡是指男性，牝是指女性。都是拿生殖部位作为替代的，因为这是最明显的标志。所以老子说你看这个大国者，就像河一样，善于处下，大国者下流。就像这个河最后都汇入大海一样，海那个地方叫什么？叫"天下之交，天下之牝"。所以我说这一章讲到一个最伟大的道理是什么？只要遇到一个伟大的事情，一个高大的事情，指代母亲的这个字在《道德经》里边就会出现。所以我前面给大家说过，什么叫文化，文得摆在这儿吧，我们的小孩如果读这样的著作，遇到讲一个高大的事情，母亲这个母字就出现了，他潜意识里边对母亲就会有一种尊重，有一种敬畏。你现在连"文"都没有，你怎么样让他潜意识里面尊重，他知道什么是应该的？他只能是强行表演给别人的。说我这样做，别人不这样做，别人会骂我，但是他心里不认可这个东西。他没办法，你的文已经出了问题了，化不出来了。所以你看我就说《道德经》里边"谷神不死，是谓玄牝，玄牝之门，是谓天地根"，这就是万事万物的本源，天地产生万物，就像人生命的产生的道理是一样的。所以你看也叫作"道"，叫"宝宝道"。这种精神，这种在一种文化里对母亲尊重、敬畏的精神应该是什么样？"绵绵若存，用之不勤"。它是我们取之不尽、用之不竭的精神的源泉。

所以言外之意就是说，你在一种文化里边，如果没有对母亲的敬畏和尊重，这文化其他方面都会崩塌。比如说你讲祖国母亲，他对母亲本来就没有好印象，你讲祖国母亲，他一点感觉都没有，他一点接纳也没有。所以这个东西都是一系列连到一块的。所以为什么说这个解释就符合《道德经》的本意？大家看一下，我刚才说的那句话成立不成立。只要遇到一个高大的事情的时候，母亲的母字就会出现。大家先看第一章，"无，名天地之始；有，名万物之母"。这是在讲世界的本源，这么根本性的东西里边，母亲这不就出现了。大家再看第二十五章，"可以为天下母"，第二十五章也讲这世界的道、万事万物怎么产生，"有物混成，先天地生。寂兮寥兮，独立不改，周行而不殆，可以为天下母"。又讲到这么高大的事情。大家再看第五十二章，第五十二章跟我们刚才讲思维方式这个事情关联很密切，你看，"既得其母，以知其子"。了解了道，你才能了解具体的万事万物，了解了具体的万事万物，你再回来"复守其母"，了解了具体万事万物里边的这个道理，你才更能够尊重和崇拜这个道。你看拿这个形容最高道理和万事万物的关系，又拿母子的关系来形容，小孩读了，当然说对，了解了母亲，我才能了解自己，我了解自己，更应该去爱护母亲，守护母亲。复守其母。

大家再看第二十章最后这几个字，好多人觉得这几个字不好理解，其实太好理解。第二十章，最后这几个字是什么？"我独异于人"，和别人不一样。"而贵食母"，食母，就是在道面前始终把自己当作一个老子讲的婴儿状态、赤子状态。南方现在还有这个词叫吃妈妈，恢复到吃奶的状态。那个就是他认为道的一种状态，那个状态是对母亲的依赖，尤其是精神上。所以我是想给大家说我认为的这章在无形中讲的道理，其实为什么我说《道德经》适合小孩读，因为在讲道的时候，他就知道我们应该尊重道，而老子往往把道跟母亲是放在一个并列的位置，用这个形象来讲道的一些具体的恩惠恩德，对万事万物的作用，母子之间的这种关系。

所以你看这一章只有这样的几句话，在别的里边被解释得非常神秘，山谷为神。那讲的是什么道理？为什么说你这个解释除了从书本身以经解经还有一个文化的源泉？我觉得给大家做一个细致的说明了。老子《道德经》这本书最早是用楚国的文字刻成的。老子的出生地，不管现在认为是河南的鹿邑，还是安徽的涡阳，它们当年都属于楚文化的地盘。楚文化有一个重要的特点，就是对母亲的崇拜，生殖崇拜。大家知道生殖崇拜这只是一个形式，可是它的本质是对母亲的尊重和对生命的尊重。家里有小学生的都知道，小学美术课本里边选了一个雕像叫大地母神。奥地利有一个小城镇叫维伦纽夫，这小城镇非常小，却是世界级的名镇，为什么？就因为在这个小城镇出土了人类历史上最早的一尊人类的雕像，就是一尊女性的雕像，两万五千多年前的了，这尊女性的雕像只有十一厘米高，脸都看不见，被头发遮住了，可是和养育生命、抚育生命相关联的部位凸显得非常明显，所以把它叫大地母神嘛，它标志着我们人类历史上曾经有过一个伟大的时期，就是生殖崇拜。生殖崇拜的正能量是什么？你看咱们国家河南的仰韶文化，那里边还有这种生殖崇拜的痕迹。鹿邑那个叫子孙窑，壮族叫阿央白，好多地方也有这种。一些少数民族里边还有这种崇拜的遗存。这种生殖崇拜的正能量是什么？就是我刚才说的对母亲的尊重，对生命的敬畏。也有很多人就认为自己的生命仅仅是自己的，说放弃就放弃了，很多年轻的生命轻易地就从楼上坠下来，把生命放弃了。生命是你自己的，你这样认为能正确吗？就算是你自己的，你对生命也得有一种敬畏，对母亲没有敬畏，对生命没有敬畏，那不是我们现在最大的问题吗？我刚才说的这种骂街的形式不就是这样表现出来的吗？

所以我说其实有的时候大家不知道，有些事情到底哪些是具体的抓手，像《道德经》第六章里边讲的从小读的这些东西，在潜意识里边，就会慢慢地化入他的灵魂，化入他的血液，化入他的思想。所以我们讲文化，有文才能慢慢地化，有知识，知识不是智慧，也得需要慢慢化成智慧，过程历程都是一样的。所以我们看智慧的智字上面是个知下面是个日，需要日积月累，需要不断地积累努力，我们的知识才能慢慢地化入智慧。文不也是这样吗？你先得选好这个文本，它才能慢慢地转化，化入我们的思想，化入我们的智慧。所以我跟大家说，我们刚才是从这个文本本身解读，但是真的要了解这一点，真的是需要功夫。真得把这个通读完了，你注意一下。

这一章里边讲的以生殖崇拜这个事情来强调对母亲的敬畏，对生命的敬畏，对母亲的尊重。你看后边这些章节里边，每遇到一个高大的事情这个字就出现了，这样他才能够在小孩的心里建立起道的形象。而道往往就是以母亲的形象作为形象且并列的。所以不要轻易地去嘲笑我们以往的思想和智慧。南怀瑾先生讲，我们好像有了一个新的思想，读完了古书之后，我们会觉得脸红。原来这些思想在以前都是有的，只是我们没有认真去读，想了半天才想得出来。思想的进步不是得站在前人的肩膀之上吗？认真地了解一本经典，我们没有那么多时间认真地了解每一本经典，就拿这一本经典扎下来，认真地读，认真地学。那就像入门一样，一通百通，你在读其他的东西，你就不会乱花渐欲迷人眼。

所以中国的历史上这些思想者有的时候真的也是功德无量！各位想一下，历史上曾经发生的一些轰轰烈烈的事情，比如说赤壁之战，比如说淝水之战，等等，这些事情和我们现在到底有多少关系？可是历史上那些思想家的光芒，就像夜幕中的群星，在黑暗的时候给我们指引前进的方向。所以了解这些人的思想和智慧，充实的不仅是我们的知识，更是我们的信仰，我们的精神世界。所以对这些人我们也要有敬畏，包括像对《道德经》，对老子，对这样的著作和这样的人，我们要有敬畏。有了敬畏，我们才能了解他们思想上的一些精华、精髓，了解他对我们现在所起的一些正能量的正向的作用，这才是我们读这本书的本意。我们老去挑人家书里的毛病，可以挑出很多，可是有什么意义呢？真传也许就是一句话，也许我们读了一本书，最后对我们影响大的就是一句话，假传万卷书。有些人看很多书的时候只是在挑毛病，只是在骂，这个意义就不大了。我们应该扬己之善，也要扬人之善。这样我们才能跟他形成一种和谐的互动，思想的碰撞，智慧的继承。

七

天长地久。天地所以能长且久者,以其不自生,故能长生。是以圣人后其身而身先,外其身而身存。非以其无私邪?故能成其私。

——《道德经》

译文:

　　天地长长久久啊!天地之所以能长长久久,就是因为天地不自私、不只为了自己的生存,所以能长久啊!所以有智慧的领导者总是把自己的利益放在后面,这样大家才乐推而不厌,乐于接受他们的领导;不贪身外之物,才让自己有更好的存在状态。天地和效法天地的圣人,不就是因为他们没有私心嘛,所以才更好地成就了他们的被人尊敬、平安无事的私心吗?!

其实从第七章开始，第七章第八章第九章都在讲一个道理，我们经常讲知进退，但是有的人知进而不知退，知争而不知让。老子这样的一个思想家，他认为其实争和不争、进和退、强和弱，它们都是阴阳的两个方面，都具有相等的力量。所以大家经常看到的那个部分，争、强、进，在《道德经》里很少讲，可是被大家忽略的部分，不争、退和弱，是《道德经》里最为强调的。在这三章里边，把这个意思讲得非常明晰。

第七章分两个部分，一个部分是讲天道，也就是讲以天地为形象，告诉大家这样的一个道理。你看我们心里为什么觉得对天地有一种敬畏，认为天长地久，这是我们经常用的一个祝愿的词，大家为什么要这样想？为什么这样认为？因为天地并不以自己的私利为其目标，而是为我们万事万物提供条件，阳光雨露土壤，任万事万物自由生长，我们对天地有什么回报啊？几乎没有。所以这就拿天地说事告诉大家一个道理，这天地做事情正因为其不自私，不以自己自我的生存为唯一的目的，所以才得到了大家的敬畏、敬仰。

第二部分就讲，我们人做事也应该有这样的境界，也应该"后其身而身先，外其身而身存"。点睛之笔就是最后一句话。他说你看天地是这样，这个世界里面我们敬仰的一些人物也是如此。为什么呢？他们无私！他们肯帮助别人，正因为他这样无私反而成就了自己的私心。你说让大家长久地纪念，让大家敬畏，这不也是大家都具有的一种潜意识里边的私心、私念吗？这世界上谁无私？都有私心。可是一个人如果只是强调考虑自己的私心，他最后连自己的私心都不能很好地满足，这是这段话的大概的意思。

第一句话，"天长地久，天地所以能长且久者，以其不自生"。先把观点摆在这儿，天长地久。大家对天地有敬畏，也有这种期待。所以话说回来，哪怕天地都毁灭掉了，其实在大家的心里它也是长久存在的。因为天地对人的恩德无限，大家心里记挂着这件事，感念着这件事，感恩着这件事，所以期望天长地久。然后老子就讲，天地为什么在我们心里是长久的形象，因为其不是为自己的私利而存在，以其不自生，生就是生存，它并不是只为了自己的生存，只为了自己的私利。所以我们经常讲，天无私覆，地无私载，天地是公平的、无私的，这样在大家的心里才认为有这样一种形象，天长地久。之所以长久者，就是因为其不把自己的私利放在第一位，大家认为天地是无私的。那么下边这一段是讲天道，"天地所以能长且久者，以其不自生，故能长生"。下面就讲人应该效法天道。我跟大家说，在老子《道德经》里边最习惯的一种表达方式就是这样的两段论。第一段讲天道，第二段讲人道，人道应该效法天道。比如《道德经》里边最后一章的最后两句话，"天之道，利而不害"，第二句话，"圣人之道，为而不争"。一个有境界的人效法天道也应该如此，只有两句话，但是它鲜明地反映了这本书里表达问题最常用的这种两段论的格式——天道、人道，你看第七章也是如此。下面就讲人道，是以圣人，一个有境界的、有智慧的人怎么做事情呢？后其身而身先，越是把自己的利益放在后面，大家越往前推他，往高举他，为什么呢？大家想一个人做事情的时候，第一想法就是自己的这点私心杂念，不顾及别人，你怎么和大家友好相处，怎么能成为一个有境界的人，怎么能成为一个有领导力的人呢？领导力又不是你去强迫别人，而是你得团结大家协同奋斗。所以你看他讲这句话非常妙，越是把自己的利益放在后边的人，懂得把自己利益放在后边的人，大家越往前推他，往高举他，大家觉得这个人有人格魅力，这个人遇到好处的时候，不是只想到自己，跟随这样的人没有错，就像我们下雨天说雨伞一样，你不为人遮风挡雨，谁把你举在头上了？后其身而身先。

范仲淹在《岳阳楼记》里边，就把《道德经》的这句话演化为大家都熟悉的两句话——"先天下之忧而忧，后天下之乐而乐"，大家一定要记住，这才是《道德经》里边讲的先后的问题。因为在第二章里边，老子列举了很多他后边要展开的内容，"有无相生，难易相成，长短相较，高下相倾。音声相和，前后相随。"如果你把《道德经》里边的前后只理解为我们习惯上的在前在后，那就太肤浅了。所以大家记住，以后在《道德经》里边看到讲先后问题的时候，你就按这个方式来理解。比如说大家翻到第六十七章，"不敢为天下先"，你千万不要把这句话理解为遇到事情你缩头，你不敢承担责任，你不敢挺身而出，不是这个意思。他讲的不敢为天下先，就是懂得谦让，遇到好处遇到利益的时候别都抢在自己手上，要懂得把自己的利益放在后面，要懂得先人后己，这样才能够成器成长。

  所以遇到这些问题的时候，大家要站在当时的这种文化角度来理解。如果大家觉得只在第六十七章里边和我们刚才讲的第九章有一个呼应还不够的话，或者说意思讲得还不够透彻、深入的话。大家再看一下第六十六章第二句话和第三句话，《道德经》里边的先后问题不就理解了吗？第六十六章的第二句话，"是以欲上民，必以言下之"。家长也罢，领导也罢，站在上面要想领导好下边这些人，领导好自己的儿女，在语言上一定要谦让，不要居高临下、盛气凌人、指手画脚。是以欲上民，必以言下之。第三句话，"欲先民，必以身后之"。这话讲得不是无比清楚？想要领导好后边这些人，一定要懂得谦让，懂得把自己的利益放在后边。欲先民，想要站在前边，必以身后之，身代表利益，代表好处。读《道德经》最好的方法就是不看注解，以经解经。你用谁的语言来解读《道德经》，都不如用老子自己的话来解读。你单独只扣住这一章来解释，解释不清楚的。你看他在章节里边一个问题，几个地方讲到的都是同一个意思，它写的只有五千字左右，好几个地方讲到的都是同一个意思的时候，大家不就能够非常明确了？怎么样来理解这样的"后其身而身先"的问题？其实这个地方讲的是这样一个意思。

就是说一个人不可能没有私心私利，可是遇到问题的时候，有的人只考虑自己的私心私利，不顾及旁人的感受，这样的人到最后是会走到死胡同的。因为没办法跟大家协作，大家觉得你这个人太自私，你这人不好相与。遇到一些事情，谋划一些事情的时候，甚至好事的时候，有意无意大家都会把他抛在一边。俞敏洪在演讲的时候讲了一个事，我觉得非常有趣。他说他上大学的时候，他们寝室有六个人，有一位室友有次回家之后，带回六个苹果，大家以为这个人不错，带六个苹果，六个人，一人分一个，挺好的事情，挺温暖的。没想到这个人留下一个苹果，把其他五个苹果都锁起来了，然后自己拿着一个苹果旁若无人地在那儿吃，这些人就目瞪口呆地在那儿看着，因为其实大家也不在意这个，但是大家觉得这事太奇葩了，当着大家的面就这样做。我想现在大家可能还觉不出什么，可是在那个时候大家的感触不一样。所以后来这几个人合伙谋划做大事情的时候，就一直讨论这个人要不要叫呢，大家一致的观点是不要叫这个人。因为这个人太自私，恐怕他进入这个团队会把团队的风气给搞坏了。所以大家注意像这个里边讲的事情，"后其身而身先"。大家再看最后一句话，"非以其无私邪？故能成其私"，这就是正反两个方面论证。

你看天地和这些有境界的人，不就是认为他们无私吗？他们懂得照顾别人，懂得别人的感受，很大方，所以反而最后有好处的时候，大家会想到他，大家觉得他能够为这个地方贡献一份正能量。所以这个事情是在这句话里边要表达的，"后其身而身先"。下一句话"外其身而身存"。我们现在的一个成语叫"置之度外"。其要表达的是什么事，你通过上下篇联系就可以知道。我们一旦有了一定的位置，就有很多的诱惑，有了一点权力就会有很多的诱惑。这些诱惑像什么？就像钓鱼的鱼饵一样，咬了鱼饵咬了钩，再挣脱可就困难了。所以谁能够把这些不该得的利益置之度外，谁才能最后有更好的生存状态、更远大的前途。我们经常在电影里边看到，比如《没事偷着乐》里边，就演过这个。当时那个陕西演员叫李琦，"姐夫"那个人是冯巩演的。姐夫对他有恩，他就打了很多金戒指送给他。冯巩演的那个角色叫"张大民"，李琦演的角色叫"木勺"。这个张大民就说我不要，我要你戒指干吗？木勺就讲了一句话，说大哥你这人就不得了，你这人不贪。不该自己所得的能够置之度外，这样才会有更好的存在的状态，外其身而身存。

历史上有一个非常有名的故事，就是一个人在一个高官的位置上，他喜欢吃鱼，人家给他送鱼，他说我不要。别人说你喜欢吃鱼，为什么不要？这人就给他讲道理，说你看我收了你的鱼，有人告发了，就会把我的位置免了，把我这位置免了，我以后想吃鱼也都吃不成了。为了我能长久地吃鱼，我不要你的鱼。这就接到了我们后边的"非以其无私邪？故能成其私"。这些人不就是因为他们的行为无私吗？最后的结果是什么呢？更好地成就了自己的私心。所以我觉得《道德经》有一点最好，它不给大家讲大道理，它只是告诉大家，你要懂得从长远的角度来看问题，不贪眼前的这些自己不该得的利益，这样的人才能够有大的出息，才能够有好的前途。我在西安就看到几个地方立的石碑，刻的就是第七章。你看长乐中路和东大街交界，那个地方有一个商场，门口立着两块石碑，一块是李世民的《百字文》，一块就是《道德经》的第七章。这章讲的道理分的层次非常清楚，就两部分，第一部分天道，第二部分人道，条理非常清楚。天长地久，天地所以能长且久者，以其不自生，故能长生。不自私自利，所以它能够在人们心里长久地存在。是以圣人后其身而身先，外其身而身存，非以其无私邪？故能成其私。

八

上善若水,水善利万物而不争:处众人之所恶,故几于道。居善地,心善渊,与善仁,言善信,正善治,事善能,动善时。夫唯不争,故无尤。

——《道德经》

译文:

最高的智慧和品德就像水一样。水善于利万物而不争,水处于众人最不愿去的地方,这是它最接近道的品性。它处于行善之地;人心也要像深水一样静水流深,要宁静致远,要善于沉淀;与人相处时、给人东西时、对人有恩德时要像水一样平等仁爱,要"生而不有,为而不恃,长而不宰";说话也要像潮水一样"潮信",讲信用,要言善信;政治像水一样公平公正清廉,要政善治,政清如水;为人做事要像水一样有多种多样的本事却又做事专一,奔流向海;处事智慧也像水一样,懂得寻找时机,该动则动,该静则静,该隐则隐,该绕行则绕行。所以像水一样有善利不争的品性,也就没有忧愁烦恼。

如果概括咱们的民族精神，四个字一组的话，排在前三位的一定是这三个："自强不息""厚德载物"和"上善若水"。所以这第八章我们也需要相当长的时间来解释了。你看二〇一四年的十一月份，在咱们国家召开APEC会议，主会场就选在了两个地方，一个地方是雁栖湖，大家到北京一下飞机，通往市区的路上就能看到这个地方的标志。另外一个地方就是水立方，选这个地方目的是非常明确的，就是要利用水的形象，让来访的各国领导人，以及通过报道让全世界了解我们中国人的真正的形象、做事的原则、处事的方式方法。我想当时报纸报道的标题大家应该还记得，八个字，"上善若水，和衷共济"。当年央视有一台文艺晚会，主题也是这八个字。上善若水就出自我们刚要讲的第八章。所以习近平在讲话的时候，他就引用了这一章开头的这两句话，"上善若水，水善利万物而不争"。各位想水怎么得到大家认可的呢？滋润万物，润泽万物，成就了其他的事物，也就成就了自己的事业和口碑。

自然界的很多植物都能开花结果，水又不能开花结果，可是没有水，这有生命的东西，它都是不成立的，无法生存的。言外之意就是说在我们中国人的眼里最高的智慧和品德就像水一样，我们中华民族是一个温和的热爱和平的民族，善于成就别人，同时也成就自己！这不就是双赢的含义吗？水善利万物而不争，这不就是双赢的含义吗？我们虽然在解释第八章，但是我们要告诉大家，在《道德经》里总共讲了十条关于水的智慧和品德。我们现在要解释的第八章就有八条。各位千万不要以为这个是老子趴在水边悟出来的道理，他只是借助水的形象，把他要传达给我们的智慧，借助这个形象告诉我们大家，你要想让这个东西得到一个广泛的传播，能够被大家记得住，得以领悟和运用，那就得用这种形象的表达方式，后边我们讲的很多的事情也是如此。所以老子借助水的形象，把他从战争、政治、人生中领悟的这种智慧与品德传达给我们。

"上善若水，水善利万物而不争"，说到水善利万物，前面这部分我们大家没有意见，我们也不敢有意见。没有水，人类连生存都生存不下去，你说哪一个人类最早的文明不是在水边发源的？底格里斯河、幼发拉底河的两河流域文明，非洲的尼罗河文明，我们的黄河和长江文明。善利万物没有问题，有个词就叫"水利"。可是这个不争是大家争论比较多的，道家讲的不争到底什么含义？大家有没有注意到，老子为什么要借助水来讲不争？因为借助水的形象，大家很容易领悟出他讲的不争的含义。第一条有边界不争。湖有湖畔，河有河堤，海有海岸，我的边界就在这儿，不与其他事物争功，不与其他事物争地，有边界不争。第二条有秩序不争。水流动的速度虽然很快，但是前后相随，循序渐进，非常有秩序。你看我们人，就十字路口那么一点地方，堵车的时候有一点空都往前争，最后都挤在那个地方了，大家都动不了。人家讲这个不争很好，大家把自己的工作做得娴熟的时候，给人的感觉不就是这个样子吗？从容不迫，有条不紊，忙而不乱，淡定从容。第三条有牺牲不争。你看水流的河道底下都是坑坑洼洼的，水怎么才能往前流呢？前面的水把坑坑洼洼填平，你后边的水才可以滚滚前流，这不就是前仆后继。都不做牺牲，坑永远在那儿，坎永远在那儿摆着，怎么向前流。人类社会不也是如此吗？大家都一点牺牲不肯做，怎么向前发展呢？所以我们说他借助水的形象讲不争，你通过他的形象来领悟，他讲不争的含义，不可以泛化。所以你看这第一句话，善利万物而不争。

第一条，"处众人之所恶，故几于道，居善地"。你要说水待的是好地方，跟老子的意思就完全相反。水去的是什么地方？又低又脏的地方，大家都不愿意去的地方，水到那儿干吗去了？行善。把那个地方的污浊洗净，在那个地方滋润万物。行善。他这个善是动词，行善的意思，在居善地这个里边，这个跟道家的思想才是一样的。所以这句话就是讲这样的一个意思。大家还记得不记得,我们前面讲第七十八章那两句话,历史上夺得天下的,表面上看是一家一姓,刘姓赵姓等等,实际上不都是一个团队?什么样的团队才能夺得天下,坐得了江山呢?夺天下容易,坐起来就难了。你看咱们陕北的李闯王,建立大顺王朝,没多久就倒台了,那什么样的才能夺得天下并且坐得好江山呢?回想一下我们第七十八章讲的那两句话,"受国之垢,是谓社稷主;受国之不祥,是谓社稷王",受国之垢、受国之不祥和处众人之所恶,这不都是一样的意思吗?所以大家会突然想到有一个人怎么那么有智慧,把共产党的宗旨也概括为五个字叫"为人民服务"。你看看两千多年前的受国之垢、受国之不祥、处众人之所恶,两千多年后的为人民服务,这本质的意思不是一样吗?为什么推崇这一条?因为这是获得成功的一个最深的密码。所以在上善若水的八条里边,老子最推崇的第二条意义也非常清楚了,为什么最推崇这一条我们也能理解明白了。

现在来看第二条,"心善渊",讲什么?因为一般大家一翻译就说是让我们的心灵保持渊默宁静,那这样的翻译有什么太多的意义吗?你得通过其他的章节讲,看到他讲这个东西的指向在哪里,意义是什么?"心善渊"讲什么呢?我们现在经常用一个词来衡量一个人、一个团队,甚至一个国家的未来发展,这个词就叫格局。历史上有些人甚至用它来衡量一个小孩的未来:这人有格局,别看现在位置不高,事业不大,这人以后会有大的发展。那个人的格局太小了,给了他那么高的一个位置,这个位置恐怕会害了他。格局和你的位置不匹配,那位置不就成了一个坑吗?我的格局就这么大,就像这杯子一样,你给我再多的水我也装不进去。什么叫格局,衡量的主要维度是什么呢?两个方面最重要:一、视野宽;二、胸怀广,有格局。

我给大家说一事,抗战胜利以后,有一个日本学者就来到了中国,他要研究一下中国人的战争理念和战争哲学。中国人凭什么打赢这场战争的？因为很多人都不认为是我们中国人自己获得战争胜利的，都是人家外力作用的结果、国际力量援助的结果，把那个看作决定性力量。他得研究一下，理念这个东西，虽然大象无形，但是力量无尽。他研究哪一本著作？《论持久战》，毛主席的《论持久战》，他通过这个来研究。各位知道，一九三七年七月七日卢沟桥事变，抗战全面爆发。一九三七年的八月二十二日到二十五日，在陕北召开的洛川会议，毛主席在会上就已经开始讲论持久战的思想。一九三八年这本书就面世了，这不是战后的预测，战前他把战争的进程就概括为六个字，而历史就是沿着这六个字发展的——"退却，相持，反攻"。我一开始打不过你日本的，你日本是一个统一的国家，我中国军阀混战；你日本军队装备精良，又处心积虑，我在这个方面和你一比就很差了，所以你想一开始把他就挡在国境线外，不可能。你得做这样的一种设想，有没有这样一种胸怀与格局？他进来之后你该怎么办？你退了之后该怎么办？一开始得退却，打不过当然得退，要保持有生力量。他进来之后你怎么做策划，怎么想？你日本的军队又不多，你战线一拉长，我用空间来换时间，双方的力量不就逐渐持平了吗？进入相持阶段。你看一开始日本人好像得意扬扬摧枯拉朽一样，武汉会战和鄂西会战以后，不就双方力量逐渐趋于平衡，进入相持阶段。"相持"这个词用得好，咬牙坚持。这个事大家都知道，双方力量相持的时候，只要旁人推一下帮一下，这就可以帮助一方获得胜利。可是你别忘了决定作用不在他，是你原来已经形成这样的一种状态，后边才能发挥作用。

"退却，相持，反攻"，我国得到国际力量的援助、国际舆论的支持，因为我国站在正义的一方，内部力量增强，获得胜利。大家看第六十九章，我在想，毛主席从《道德经》里边得到多少格局方面智慧的启迪？因为大家都认可，这个人的视野很宽。视野宽，胸怀广，格局大。大家看这一章，一开始就讲，"吾不敢为主而为客"，我才不去侵略别的国家，国虽大，好战必亡。你侵略我，你就是侵略者。"吾不敢进寸而退尺"。打不过你的时候，我以退为进。大家注意看这一段的倒数第二句话是什么？"抗兵相若"。河上公的本子叫相加，意思都是一样的，抗兵不就是抵抗的军队吗？双方力量趋于平衡，相持。相若相加，你看意思不都一样吗？但是毛主席的"相持"用得最好，有咬牙坚持的意思。最后一句话最妙，"哀者胜矣"，哀可不是哀伤的意思。你看鲁迅先生写《阿Q正传》，叫哀其不幸，怒其不争，哀就是同情。得到同情的一方、舆论支持的一方、站在正义的一方，当然是站在正义的一方才能获得胜利，惊人的一致。

按照这个思路，大家再来看第六十九章，有一段话原来是非常难理解的，借这个机会也给大家说一下，"行无行，攘无臂，扔无敌，执无兵"。什么意思？你侵略到别的国家里边去了，你遇到这些人没有站成军队的样子，没有成行成列，可是他不是你的敌人吗？你侵略的人家国家里的这些人不都是你潜在的敌人吗？你不能把他们都杀光，你杀光了，这个意义不大了。他们没有成行成列，他们手中没有兵器。他们打你不一定用拳头，攘无臂，不一定用拳头，用别的不行吗？手中执无兵，虽然没有兵器，向你扔各种各样的东西，给你造成了损失、伤害。你能找到吗？能找到是谁吗？到处都是敌人，你到哪儿去找敌人去？人民战争的汪洋大海嘛！用后边这个词形容一下，你按照这个方向，这原来很难索解的。不信大家到网上去搜，这几个字的注解，什么道理都能跟其关联上。这个就是因为你不知道他针对什么样的人讲什么问题，那就没办法正确理解他。这是我们说心善渊，视野宽、胸怀广、有格局。有些人站在十六楼，有些人站在二楼，站在二楼的人叽叽喳喳老去批评站在十六楼的人，有资格去评吗？人家看到的很多东西，那视野可以看到的你都没看到。很多事你都不明白。你都不知道，你站在那么低的地方，你怎么去正确地评价人家？所以我们还是让自己做到视野宽、胸怀广、有格局，这样才能有大的格局，才能够做成大的事业。

"心善渊"，你看我啰里啰唆说了半天，这老先生只三个字就概括了。"心"在咱们文化里不仅有胸怀的意思，说这人心真大，他还有思维的意思。用心想事吗？心之官则思。心的功能是用来思维的，荀子讲的，中国人始终坚持这一点，到现在还这样讲话，虽然明知道是用大脑思考的，他还是这样说，用心想事，所以你看这心善渊正好是这两个维度，视野宽，胸怀广，有格局。

现在我们来看，第三条"与善仁"。"与"就是给予。我们在给别人东西的时候，哪怕是对别人有好处有恩德的时候，千万要注意自己的态度。如果我们的态度是不仁的，不管我们对别人的好处多大、恩德多广，最后恐怕也要反目成仇。你看见水了吧，不管谁口渴，喝它时候态度都是一样的；脸多脏，到水边洗的时候都是一视同仁的，我们也应该这样嘛，与善仁。

中国有两个人物，大家仔细分析一下，非常有意思。就是陶渊明和苏东坡，这是我们文化中的两个符号性的人物、代表性的人物，特别是陶渊明。林语堂先生认为他是咱们中国文化的最高典范。可是大家仔细一分析，就觉得不大对头，这陶渊明到底做了什么惊天动地的事情呢？没有啊，官没做好吧？彭泽令，没做好不干了，回家种田。那就把田种好也行，"种豆南山下，草盛豆苗稀"——你看这地都种成什么样了？文章就那么几篇，诗就那么几十首薄薄的一本小册子。可是我们认为这是中国文化的代表性的人物，甚至林语堂先生认为是我们文化的最高的典范，为什么？因为大家知道像陶渊明、苏东坡这种人最好的作品，不是他们的诗，不是他们的文章，不是他们的画，而是他们本人——他们本身的人格就是伟大的作品。陶渊明做官的时候，家里边小孩没人照料，小孩太多了，请个仆人照料自己的小孩，他给儿子写个字条，告诉自己的儿子，"此亦人子也，可善遇之"。这也是人家的儿子，你不要用这种呼三喝四的、指手画脚的态度去对待他，你要好好地待他。你看我们现在很多人稍有了一点位置，就趾高气扬的样子，吃个饭，对服务员也粗口相向。见得多了你就觉得像这种有平等的人格的人是非常值得人敬佩的。苏东坡不也一样吗？"我上可陪玉皇大帝"——我跟玉皇大帝在一块，我也没觉得自己有什么卑贱。我跟这些贩夫走卒农夫乞丐在一块，我也没觉得自己有什么高贵，所以像这个就属于我们所说的一种像水一样的态度，与善仁。

我们经常在电视上看到这样的事情。比如说有一次我看过一件事是姐弟三人对簿公堂。姐姐上来就说，你看我的弟弟妹妹多不像话，他们原来在农村，我把他们弄到城里来的，我给他们找工作，给他们买房子，现在竟然到法庭来告我，忘恩负义。弟弟妹妹怎么讲？你看我这姐姐对我们什么态度，简直比对奴隶的态度都不如。你是给人做了一些事情，可是你这种态度是导致这个结果的关键。所以我们经常说某个人忘恩负义，忘恩负义固然不对，可是恩人是不是也得琢磨一下自己有没有问题，比如我对你有恩，每次一见面我就提醒你，你小子注意，我对你恩德如天，恩大如天，你不能忘了，你忘了就是忘恩负义，你忘了你就不是人了，你每次见面都这样提醒他，他不烦死你才怪。所以我们说与善仁。于是我们大家想到周恩来说的《道德经》里边最精彩的部分，大家回想一下，就是这样一个原则，这样一种智慧，"生而不有，为而不恃，长而不宰"——与善仁。

第四条，"言善信"。言善信跟水有什么关系？当然有关系，咱们中国人喜欢拿什么东西作为讲信用的代表和象征呢？潮水。你看钱塘潮，到那几天就来了，非常讲信用。"早知潮有信，嫁与弄潮儿"——这不是中国古代女性对我们男性不讲信用的吐槽吗？有的人一辈子都没有搞清楚一个道理，你看我这人多热情，人家不管求我什么事，我立马都答应，没问题，这事包我身上，你看那个人脸冷冷的，人家求他半天都不松口。可是为什么到最后对他的印象反而比对我还好了，我不是白忙活了吗？白热情了吗？热情不热情是一回事，我们答应人家的很多事到最后都做不成，时间长了，人家就认为我们是食言而肥，不讲信用。所以大家看一下第六十三章里边的这句话："轻诺必寡信。"这在《道德经》里还不多见，因为《道德经》里讲话是比较宽缓的，但你看这句话讲的，斩钉截铁。轻诺必寡信——你太轻易许诺，最后就是这样的一种结果。所以大家注意，咱们中国汉字，说话的说字怎么写呢？言字旁加个兑现的兑，能兑现的话，我们再去讲；不能兑现的话，不要轻易许诺。言善信。

第五条，政善治。越来越往高走了，这水跟政治也有关系。当然有关系，咱们中国人喜欢用四个字来表达对好的政治、好的政府的期许，这四个字就叫"政清如水"。一、水代表着公平公正，一碗水端平嘛。二、水代表着激浊扬清，把水里边的污浊去掉变得清廉嘛，世风也应该有这种清廉之风，官场也应该如此，所以顾炎武先生认为，就是说"天下兴亡，匹夫有责"的明末清初启蒙思想家顾炎武，他认为这激浊扬清就是政治的第一要义——要清廉。所以大家琢磨一下，脑子里边想一下——依法治国。依法治国只有四个字，大家有没有看到，两个字的偏旁都是三点水！法律这个法的三点水代表了公平公正。因为法字原来的写法非常难写，这边是个三点水，那边是个独角兽，代表正义，有什么邪恶的东西就拿角去顶。后来把那个字改了，去，也可以去除邪恶，可是三点水不能动，公平公正，这是它的要义。而且依法治国的治，大家注意只能用"水治"，你不能用"刀制"，制度的制不是带个"立刀"嘛，你不能用那个刀制。依法治国就用治。它的出处就在这儿，政善治，政清如水。

第六条，事善能。为什么要学习？因为人的本质就是一种学习性的动物，你看自然界里边很多动物刚出生就会跑了，它们族群的那点本事学学就会了，就可以谋生了。人行吗？十月怀胎。出生那么长的时间，还得需要家庭、学校、社会的照顾。可是恰恰就是这个好像是无用的时间，却给了最好的学习机会。哪怕是以后你从学校出来工作也应该如此，只要有机会就应该向社会、向书本、向课堂、向实践、向他人不断地学习，增强自己的才干能力和本事。古人讲我们的才华就像那箭头一样，我们学习就像弓弩一样，"才如箭镞，学如弓弩"——你没这个弓，你把箭头磨那么利，你也射不出去，也无法发挥作用。所以通过学习让我们增长自己各种各样的能力才干和本事。包括通过事情的磨炼，让我们事善能。就像水一样，你看水的本事是多种多样的，人也应该如此，这样才能给我们人生搭建更广阔的平台，在上面纵横驰骋。所以说到这个事的意义，我不给大家往高了说，我给大家往低了说。大家想一下，价值的"值"字怎么写呢？人站直了才有价值，没有本事，没有才干，没有能力，为了一点小事，我们都得卑躬屈膝去求人，活得那么卑微，谁瞧得上我们。老师也罢，家长也罢，我觉得说的一句话最有道理："不是我督促你们学习，是为了让你以后活得不那么卑微。"

第七条，"动善时"。一句话大家都会讲，这个水是最会掌握机会的，该静的时候静——在湖里的时候；该动的时候动——在小溪、在河里的时候；过不去的地方怎么办——绕过去，用迂回的方式奔向自己的目标。人生不也是一样吗？有多少逾越不了的障碍，我们都得懂得迂回，但是目标方向不变。因为世界上的事情都是如此，螺旋式上升，波浪式前进，它不可能成为一条直线。所以大家看第二十二章开头这三个字讲得就非常明确："曲则全"。在《周易》里把这个叫"曲成万物而不遗"。曲成万物。曲线的方式、委婉的方式，这样才是更好的有智慧的处理问题的方式与方法。拿什么东西来讲动善时，大家印象更加深刻，更加觉得这是一种"自然之道"？雨水。雨水也是自然现象，自然的原意就是本该如此的意思，你看雨水不也是一种本该如此的自然现象吗？你看雨水来得多会掌握时机。春天的时候种子刚发芽，禾苗刚出土，万物刚复苏，一场大雨不就麻烦了吗？你看这春雨是怎么来的？"随风潜入夜，润物细无声"，春风化雨。

从前面的课中，大家能感觉到，老子也有这个习惯，复杂的东西要化繁为简,最好能用几个字来概括,所以我们也用几个字把前面这七条先概括一下,善利万物而不争,善利。处众人之所恶,故几于道。居善地,善下。然后是善渊,善仁,善信,善治,善能,善时——七条。大家发现了这七条有一个字还是一模一样的,记七个字就够了。

如果纵观全书,关于水的智慧还可以再加两条。关于第八条我们再重温一下第十五章。因为前面跟大家说过,第十五章当时讲士的修养和素质的时候,没有全部讲。回来咱把这一条补上。第十五章里边有一句话叫"孰能浊以止,静之徐清"。跟大家说,这《道德经》的确是经过很多人改造过,原来的本子没有"以止"这两个字,有的现在的本子里边也没有。可是大家在阅读的时候发现如果不加上"以止"两个字,这话太难理解了,你加上来就容易了。孰能浊以止,怎么样才能让污浊停止,变得清澈清晰,你看后边这四个字讲得多好——"静之徐清"。静下来,安静下来,宁静下来,它就慢慢地变得清澈清晰了。这就像我们拿一个透明的玻璃杯,装上一杯浑浊的水,你不用化学手段的话,你怎么样让这水清澈?你别动它,你放在那儿,让它慢慢地沉淀。过一会儿污浊沉到下面,上面不就清澈了吗?"静之徐清"——我们的人生不都像这开着盖的装着水的水杯吗?落了几粒灰尘,你老摇晃它,静不下来;老摇晃它,整个杯子永远都是浑浊的。所以我们要有定力,要学会沉淀。想要拥有远大的智慧吗?那就宁静以致远。我们现在的确是生活在一个浮躁的时代。浮躁,急躁,暴躁,狂躁,这种现象我们经常都见得到。所以我们会说任何人在这样的心理状态下,都谈不上智慧。所以我们要自己学会静,静之徐清。读书不仅是让我们安静的一个好的方法,它也是让我们获得智慧的一种好的方法。所以大家看第四十五章,"清静为天下正"。清静为天下正,这是我们说的第八条。第八条我们怎么概括?叫"善清"。跟前面这七条相衔接。

第九条在什么地方呢?第七十八章开头的这句话,这句话也值得我们把它展开。你看咱们中国古代的那些哲人写的书为什么都那么薄？《道德经》五千字，《论语》一万五千字，《孟子》三万五千多字，就这么多了。怎么他们写书都写那么薄，里边的思想到现在还在解读，他们都有一个什么样的做法呢？遇到一个大的问题、关键的问题的时候，他先给大家一个形象，很多话他就不说了，大家自己去领悟，你通过这个形象，你能够把握住向哪个方向解读，他的思想才是正确的。大家看第七十八章开头这句话不就是？因为很多人告诉大家，《道德经》不要去读了，会让人变得越来越弱，变成弱者。你看道家讲的弱是这个意思吗？你要正确理解的话。"天下莫柔弱于水，而攻坚强者莫之能胜"——天下还有比水更柔弱的东西吗？没有，拿什么容器装就什么样，随方就圆的，这是外表。而"攻坚强者莫之能胜"——这是本质。所以道家讲的弱，它只是让人学会示弱，根本不是让你成为一个弱者。要你不断地积蓄力量，真的时机到的时候，发挥作用的时候，攻无不克，战无不胜。石头怎么样？水滴尚且石穿，我坚持。金属怎么样？你看现在切割金属用的最主要的工具之一不还是水刀吗？达到一定速度的时候非常锋利，况且你给它一个动力，它非常持续。所以老子说你看到了吧，这些东西外表是柔弱的，可是内部蕴含着无穷的力量，这也是道家讲的弱的真正的指向和目标。这个指向和目标叫什么？不用我们概括，他自己都说出来了，大家看第三十六章，这五个字不就是我们对这个问题的一个概括——"柔弱胜刚强"。柔弱是外表，积蓄力量，等待时机，迷惑敌人。攻无不克，战无不胜，攻坚强者莫之能胜，这才是本质；柔弱胜刚强，是一种善于胜利的方式和手段。所以我们把这一章概括，不能概括叫"善弱"，而应该叫"善胜"。

于是大家会想，古往今来，有没有谁把道家的这种思想概括得最全面，最能代表我们中国人真正的心路历程？有的，游击战十六字令。反正是中国文化的内容，这个最全面。所以大家注意看这游击战十六令："敌进我退"，打不过你，我跑，我才不跟你争一城一地的得失，打得过你，我也跑，我诱敌深入，不是说有一种胜利叫"撤退"，有一种失败叫"占领"吗？"敌驻我扰"，大家注意第三句话，"敌疲我打"，已经够狠的了吧。事情还没完，"敌退我追"。不过时机没到的时候，大家注意，第三十六章前面这两句话，时机没到的时候，你千万不要出来，妄自张扬炫耀，喊口号顶什么用？"鱼不可脱于渊"。人也罢国也罢，力量是有边界的，权力也是有边界的。要知道边界。我们都像一条鱼一样，要了解边界，不要老想着在这儿张扬炫耀，往高跳，你看我跳了多高。什么时候我们跳到岸上的时候，那么脱于渊了，就自寻死路了。"鱼不可脱于渊，国之利器不可以示人"。一个国家最锋利最尖端的武装力量，就像宝剑一样，一把明晃晃的剑不在剑鞘里放着，你时时刻刻拔出来威胁别人，别人的反应就是要把你这把剑折断。而且老在那儿炫耀，人家也就找到了解决你的方法，对付你的方法。"柔弱胜刚强，鱼不可脱于渊，国之利器不可以示人。"

这九条我们都讲完了，"上善若水"概括一下：善下，善渊，善仁，善信，善治，善能，善时，善清，善胜。十八个字，大家记九个字就好了。"上善若水"在我们文化里占据的地位非常高，做人要做上善若水的人。所以这样大家记得住了，你也就可以给别人讲，因为我们学了这些东西里边有一个重要的使命，其实就是我们自己成为发光体。你给别人去讲的时候，这也是一种"为往圣继绝学"，也是一种对我们的文化的传播、文化的传承的重要的功德。

九

持而盈之,不如其已。揣而锐之,不可长保。金玉满堂,莫之能守。富贵而骄,自遗其咎。功遂身退,天之道。

——《道德经》

译文:

求盈求满又想把持,不如适可而止、恰到好处;把锥子锤打得极为锐利不能长久保持;积得金玉满堂也没办法长久守住;炫富炫贵骄狂放纵,会给自己留下无尽祸殃,功成而懂得不居功自傲的道理,才真正符合天道天理。

第九章正确的读法是这样，"持而盈之，不如其已"。"已"，就是适可而止。《道德经》这种读法很多人都没发现。很多章一开始是一个总体的概括，是个标题，持而盈之，不如其已，所以这一章讲的道理是什么呢？不盈，盈就是满。凡事勿求满，就像我们说食无求饱一样，不要吃撑了，不要吃得太饱，这章就讲这个，"满招损，谦受益"，就是讲不满。一开始拿一个什么东西来做比喻呢？水，我们拿一个装水的容器把它装得满满的，一点空间都不要剩，都不要省。这时你再要端着它走路，就麻烦了。比如说大家拿一个盘子，把水装满了，你端起来走路试试，不仅你战战兢兢，而且水还老往外洒，你还不如适可而止，这个时候走路就走得轻松，还不外溢。拿这个来做比喻，他讲的是一个什么事呢？我们人的欲望是无止境的，所以叫欲壑难填。所以有些事情我们贪多的时候，这就要出问题了。

我很小的时候听过一个故事，我觉得这个故事非常有意思，它是讲这一家有哥俩。按照中国那种传统故事的走向，哥俩一个很聪明，一个是极笨的，但是很诚实，最后结局都是诚实的人获胜，就是这样一个结构。这哥俩父亲去世的时候把这个地分给这哥俩了，结果那好地都被哥哥骗走了。这弟弟就剩下那么一块贫瘠的地，只能种粗粮，弟弟就准备种高粱，没有种子向他哥去借。他哥把种子都给炒熟了，但是有一粒种子落在了锅之外。他弟弟拿回去把这粮食一种，结果就长了一棵高粱。他就天天给高粱浇水守护。到了快要收获的时候，飞来了一只鹰，把这高粱给叼走了。这弟弟非常伤心，这一年就这么一点果实，于是就跟着跑，结果到了一个金山，弟弟便拿了一点金子，然后那老鹰又领着他回来了。有了金子，家里当然就富裕了，哥哥便觉得奇怪，就问，弟弟如实告诉他。哥哥也仿效，也弄了这个种子炒炒炒，故意遗留一粒种子在外边，地里边也是长出一棵高粱,到时候了老鹰也来了,把这高粱叼走了,哥哥就跟着一起到金山那个地方,到了那可就走不了了,因为到处都是金子。老鹰就一直啼叫催他赶快离开,他就不走,一直往身上装,能装的地方都装了,结果太阳出来了,把哥哥晒化了。我觉得这个民间故事,讲的道理和我们文化里边的东西非常吻合。大家看"持而盈之,不如其已"——适可而止就好。

下面这几个大家注意,这四个字讲的都是不盈的道理,"揣而锐之,不可长保",这个"锐"就是满!锥子尖,你把它锉得非常锋利,不就是向满的方面、向极端锋利的方向发展吗?

大家看第五十六章,"挫其锐,解其纷,和其光,同其尘"。十二个字,一个人锋芒太外露,凡事不懂得委婉迂回、谦让圆润,不可长保。有的人恃才傲物,有的人恃贵而骄,有的人恃位而武,自己的位置高,就耀武扬威。在《道德经》里边这个恃位而武,就是耀武扬威。这其实都是一种满的表现、没有智慧的表现。这十二个字在五十六章也重复出现,大家再看一下第四章,是不是也有这十二个字?跟大家说这不是印书的时候印重复了,这是有意的强调。"道冲而用之或不盈",这不是不盈吗?这不是在讲不盈的道理吗?"渊兮似万物之宗"——其实这个道啊虽然看不见、摸不到,但是用起来的时候,它的智慧非常深远,它是万事万物的宗旨。我们中国人讲这万事万物的宗旨,用的就是这个道,中国人最高的宗旨,大道之行用的就是这个道,所以中国人经常说我知道了。不要小看这两个字,这知道了不是简单地就指听到了。得从内心对它了解——"渊兮似万物之宗"。

下面是什么?"挫其锐,解其纷,和其光,同其尘"这个解决万事万物的方式方法,所以我们看在这本书里边,比如说我在刚才讲到第九章的"持而盈之,不如其已";第四章里边"道冲而用之或不盈",第十五章里边也有这句话。因为这个"不盈"就是"不满",是《道德经》里面非常重要的一种思想与智慧。

我再重申一遍！不管《道德经》有多少注解本，大家公认的经典的注解本只有两本：一本就是河上公的本子叫河本，大家如果手里拿到的本子，每一章上面都有标题，八十一章，每一章上面都有标题，"抱朴""无为""守真"，都是河上公的本子；另外一个经典本就是我讲课用的王弼的本子。不同版本的语句都有很多的不一样，大家如果拿到这个本子和我有时候说的语句不一样的，大家可以改一下。王弼这个本子的语句是比较符合老子原来这本书的精神实质的。毛主席说过，《老子》王弼本最好。

现在接着来看"不满"的内容。"持而盈之，不如其已。揣而锐之，不可长保。"第三个，"金玉满堂，莫之能守"。这个厉害。因为人对财富的欲望是无止境的。可是大家知道古人为什么讲"宁贫勿富"？很多的时候，其实你处在贫的状态的时候，当然我们现在说的是适中的状态的时候，其实比那种大富大贵危险要小得多。古往今来，金玉满堂莫之能守已是常态，中国历史上还有"五世而斩"的这样一个定律。一个家富到五代的时候就被拦腰斩断了，富不过五代。现在中国人更狠，叫富不过三代。因为一个人一旦富贵的时候、金玉满堂的时候、财富多的时候，很多不恰当的、不适合的想法、不好的想法也就随之而来。其实很多的东西我们想守是守不住的。有个词叫守财奴，听起来不好，可是你想守财，它也不是一件容易的事情——"金玉满堂，莫之能守"。

庄子讲过一个寓言，他说你把这个船藏起来，藏到山里，你以为就藏得很好了，可是力气大的人他直接把你的船都给背走了。你把这个山藏到海里，力气大的人连海都给你背走了，这个东西你能够守得住吗？他讲这个道理就是我们有些东西越想藏，其实越藏不住，越想守越守不住。对它要有一个正确的态度，财富这个东西有聚有散，懂得散，正确地散，才能有真正意义上的聚，要用动态的"守"才能守得住。

下边也是满的表现——骄，"富贵而骄"。用我们现在的词讲很明确,叫炫富炫贵。这不就是富贵而骄吗?骄纵骄横,"自遗其咎",会给自己留下无尽的祸殃。所以有的父母老认为给小孩留得越多越好,给儿女留得越多越好。古人讲过小孩比你能力强,你留给他财富干吗?你让他自己赚嘛。他能力不如你,你留给他财富干吗?你让他自己锻炼能力,自己赚的,他才懂得这个东西来之不易。有一天我碰到一个小孩,他就跟我讲,他说他想回东北,我就问你为什么想回东北?他说你看东北人的生活,每次吃饭大家都聚到一块那么多的菜,哪像咱们这个寒酸样子。你看他看到的是什么?他看到他是以客人的身份回到他的老家去做客,人家每次请客才那样吃,可他的印象就是人家生活天天都是这样的,他又没有这个辨别能力,你就没有让他经历那些磨难嘛。成龙也说过这样一件事:现在小孩一拧水龙头热水就出来了,他以为这是理所当然的,他不管你热水怎么来的,反正他认为到哪儿拧水龙头没有热水他就觉得不对,他觉得这就是理所应当的。你看这不就麻烦了,富贵给他形成的文化氛围,有富有贵,为什么不炫耀一下,不炫耀一下岂不可惜!这一炫耀,富贵而骄,炫富炫贵,留下了无尽的祸殃,自遗其咎。

最后一句话,"功成身退,天之道也"。《道德经》里边讲的最高的道就是"自然之道"——本该如此。"自"就是本该,"然"就是如此,自然而然。一个人把事情做成了,应该怎么样呢?不是让你退下来,功成身退,人家以为功成身退就是做成了,赶快跑,不是的,这个退就是不居功自傲。所以大家一定不要用别的什么解释,用《道德经》本身的解释。大家看第二章,你看这句话不是有吗?"功成而弗居",功劳越大,越淡然处之。你不要自己去宣扬,你越不说人家越觉得要宣传你,这应该的。一个人有一点功劳,一见面还没等别人说,马上自己先说,大家就反感了。功成而弗居。这是《道德经》里边讲的"功成身退"。功成身退什么意思呢?把事情做成了、做好了,不居功自傲。就像郭子仪那样,功劳越大的时候,越感到跟平常人一样,自己把这些东西都忘掉,才能有好的这种结果。历史上很多人居功自傲,有的甚至功高盖主而不自知,结果不都是一样吗?我觉得这几个字在历史上应该救了很多人,"功遂身退,天之道",自然而然。

《道德经》一分章,大家读起来的时候,就有一些碎片化的倾向。每一章看完了,你再把它联系起来,你看到的那个景致不就更加全面了。所以我们看第七章,讲先后,要懂得后其身,第八章讲不争,第九章讲不盈就是不满。大家一直认为满招损,谦受益,意思只是我们不要自满,要虚心,太狭窄了。你看这个里边的满——盈就是满的意思,你看讲出来多少条?后边这几条都是对它的具体展开。所以各位看书的时候有一种快速读书的方法,就是大家注意每一段的开头,一般来讲就是对这一段的整体概括,而每一段的最后一句话就是对它的总结。一开始我要讲什么问题,最后得出的结论,所以大家有时候快读书的时候,半个小时可以把一本书读完,每一段看一下开头,看一下结尾。你看《道德经》里边从一开始就是我们写书的这样的一种方式。它很多的观点大家不要把它当作并列句,它是一个对这个问题的总体的说明。这种方法叫什么?叫总分法。先一个总体的概括,下面分头来论述,一条一条来说。"持而盈之,不如其已",下面都是分行,你看跟诗歌一样。大家读《道德经》,不要把它当作难读的书,这不就是哲理诗吗?按照原来它用的楚国的文字写法,你再加上感叹词,加上那个兮,整个就变成一个诗了。"持而盈之兮,不如其已"——像楚辞了,大家把它当诗一样来读。

这是我们说的第九章,这三章给大家做一下总体的总结。第七章讲"先后",第八章讲"不争",第九章讲"不盈",就是不满。做事情不要求全,不要求满,适可而止,恰到好处。各位你说咱们中国人的这"中"是什么意思?大家不要仅仅把这个中当作一个方位字,中本身处的位置就是恰到好处。所以咱们中国人的中,讲这个中庸,就是"以中为用",做事情恰到好处,不要太极端。你看咱们中国人和世界上任何国家的文化的区别就在这一点上最明显。做事不求极端，为什么？因为物极必反，乐极生悲。泰极否来，大家不要把否极泰来当作一个很正式的成语，否极泰来呀，其实是不符合原貌的。有读过《易经》的人都知道，第十一卦，泰卦。第十二卦否卦就是否定的否，这不是泰极否来，泰向否转化吗？否定的否要向泰转化，总共六十四卦，还得转一圈回来，那得经过漫长的过程。所以大家注意，一个好的事情到了极端向坏的方面转化非常容易。乐极生悲非常容易。可是你犯了一个错误，出现了一个问题，再向好的方面转化，要经过那么长的一个运动的过程，才能够回到泰。大家回去不用看别的，你看到《易经》六十四卦的顺序就会发现这个问题。所以正规的是泰极否来。这个提醒我们，对一切都要有这种战战兢兢、如履薄冰的慎重的态度。

十

载营魄抱一,能无离乎?专气致柔,能婴儿乎?涤除玄览,能无疵乎?爱民治国,能无为乎?天门开阖,能为雌乎?明白四达,能无知乎?生之畜之,生而不有,为而不恃,长而不宰,是谓玄德。

——《道德经》

译文:

身体像车一样载着魂魄,它们能不能不要分离?聚结精气以致柔和温顺,能不能像婴儿那样纯粹呢?像玄镜照心一样清除杂念而深入观察心灵,能不能让心灵没有瑕疵呢?爱民治国能不能遵行自然无为的规律呢?感官与外界的对立变化相接触,能不能守住雌柔宁静呢?明白四达,能不能不用心机诈术呢?万物生长繁殖,产生万物、养育万物而不占为己有,化成万物却不把这些当作倚仗,做万物之长而不主宰它们,这就叫作"玄德"。

第十章、第十一章、第十二章又在讲另外一件事，讲什么事呢？虚静。我们心里放空了，才能够比较宁静，宁静下来才能看清事物的本质，才能不受外来的那么多诱惑的干扰。这个世界诱惑太多了，乱花渐欲迷人眼，靠什么来抵抗诱惑？除了外在的制度、规则之外，还有我们的内心。所以这三章在讲这个问题，第十章，咱们先总体说，这一章在讲什么？讲灵肉不分离，就是魂魄不分离。用我们现在的话说就是灵魂和我们的肉体，不要把它分开。这在讲什么意思？

现在经常有讲一个故事，相信大家也听过。一个旅行团进景点的时候，他们那个导游就留在了后面，然后这旅行队的人叫他赶快，这个导游说等一下我要等等我的灵魂，我们跑得太快了，就会把我们的灵魂丢在肉体之外。灵与肉，中国人讲这个事情叫什么？叫阴阳两者。不可离分。魂魄也是阴阳的表现，魂魄也是阴阳对立的表现中的一种。所以因为整个《道德经》和《易经》讲的道理都是一样的，最高的一个命题就是"一阴一阳之谓道"，阴阳两者不可分的，这两者一分开就要乱了套了。灵魂和肉体是阴阳相互融合、相互作用的两个方面且不可分离。所以这一章讲这个，第一句话就讲，"载营魄抱一，能无离乎？"载就是车载斗量嘛，我们身体就像个车一样，这个车呢，载着这个营魄，我们的身体里边有魂有魄，营魄抱一，两者应该相吻合，成为一个整体。我们不是有个词叫"魂飞魄散"吗？不要"魂飞"，也不要"魄散"，都要有，身体就像车一样，魂魄都在，两者相互融合。能不能够不让它们分离？这个事情讲得太深刻了，因为你看讲形神这个事情是中国哲学里边一个很重要的研究内容。人去世之后，灵魂到底存在不存在？这个在中国哲学里边争论了很久。当然在这个里边老子重点不在这儿，老子重点讲人的身体和人的灵魂，或者说换到他那个角度讲得更细，叫"魂魄"，能不能够不像现在这样？有的人把自己的魂魄丢掉了，只剩下行尸走肉。换成这个词大家不就知道了吗？能不能够不要分离，下边都是他认为不能分离给出的具体的了解这个的途径，或者说有些是他举的这个形象，"载营魄抱一，能无离乎？"

我知道说到这儿，大家还是有一点疑问。一有疑问的时候，我们就要采用这种以经解经的方式，拿哪一章来解释这一章对大家最有帮助呢？这是一个进入哲学层面的问题了，有点深奥，大家看一下第四十二章开头的这一段。这一段我们大家都熟，起码听人说过。你现在走在街上，有时候还能看见。当年在西安开世园会的时候，有一个标志叫世园小花，中间是三角形的，大家知道当初解释三角形图形的来源是什么吗？就是用这段话来解释的。"道生一"，一就是太极，"一生二"，二就是阴阳。"二生三"，三是什么意思？三就是参的意思。参与。阴阳两者相互作用就叫作参。三（叁）嘛，繁体字就是这个。所以这个就好办了。这就是说这个道是怎么样运动的呢？道就跟太极一样，太极包含阴阳两个方面，阴阳两个方面相互作用，三生万物。所以中国人首先认为这个天地万物是怎么产生的？阴阳两者相互作用，这两种力量相互作用形成的万事万物。

然后再反过来理解，既然三生万物，那得出的结论是什么？"万物负阴而抱阳"，万事万物都有阴阳两个方面。你看我面前这张桌子，内部都有引力和斥力，这不就是阴阳两个方面，正力负力两个方面，阴阳两个方面。看我这手，大拇指是阳，四指是阴，大拇指能动的地方是阳，不能动的地方是阴，具体到很多的地方都是前面是阳，后面为阴，男为阳，女为阴，互相都是对立而存在的。所以万物也都是负阴而抱阳。"冲气以为和"，这个冲大家注意不就是二中吗？那个冲的两点不就是阴阳嘛，两者综合不就是三嘛。冲气，阴阳二气相互综合，形成万事万物，所以万事万物回来也负阴而抱阳，冲气以为和，形成这个和谐的动态的世界。你看既然这样，那人的灵魂和肉体不也是这样吗？魂和魄不也是这样吗？都是阴阳的两个方面，都是不可以分离的。一分离便丧失了真正意义上的生命，所以这一段讲万事万物的产生，然后再回来告诉大家，其实这个世界就像太极图一样，阴和阳两者就结合在这一个太极图里，它形成动态的变化的世界。反过来大家这一章了解了，你再来理解第十章。第十章其实非常难理解，可是大家找到了解读的钥匙就好办了。"载营魄抱一，能无离乎"，能不能让他们不要分离呢，一分离，不就形成一种灵与肉的分离吗？不就进入一个非常不好的这种状态吗？

第二个拿婴儿来举例，继续说这种状态。"专气致柔"，有的本子注音为"抟"，但意义都是一样的。"能婴儿乎？"因为中国这两位文化的设计者太奇怪了，孔子也罢，老子也罢，都是婴儿的崇拜者。孔子认为婴儿该崇拜，他崇拜婴儿什么？眼睛！因为他觉得婴儿的眼睛太天真无邪了，一点杂质都没有。孔子有一次在路上，在车上看见人家抱着个小孩，说赶快赶快，转过车再跟着看一下，他觉得那小孩的眼睛像什么？如《韶乐》将作。孔子不是最喜欢《韶乐》吗？周朝那些礼乐里边，尽善尽美，他觉得小孩的眼睛像这个。老子崇拜婴儿什么？他说你看这个婴儿心无杂念，专气致柔，他的呼吸非常地专一柔和，婴儿估计不会打呼噜吧，我估计是这样的，反正非常柔和。心无杂念，呼吸非常柔和，所以人能不能像他们那样，人一旦有私心杂念，有时候呼吸就变粗了。有时候一吵架的时候会这样。你看看，他要的就是婴儿这种虚静的状态，心无杂念、天真无邪，心里的那种纯净。他讲这个只是借着婴儿说事，这个专气致柔，能婴儿乎？能不能像这样呢？

第三个讲什么呢？照镜子。"涤除玄览，能无疵乎？"大家知道以前那个铜镜，自己脸上有什么脏东西是看不见的，到镜子里边一看，就看到了，就把它去掉了。这个里边就包含了一个词——"涤除玄览"。"玄"就是高，《道德经》里照的"镜子"跟平常的镜子不一样。这里的"镜子"有一种能够照出万物的功能——能够站在高处，玄嘛，玄之又玄，站在高处，那不就把问题看得更全面，看得更清楚嘛。有的本子也叫玄鉴。那个更清楚，就是鉴别的鉴，所以中国古人经常讲"如影照形"，说你这个人的心境就像镜子一样。外界是怎样的？你不把它歪曲，这样的话你就能发现你很多的毛病。你看你像照镜子一样，你发现了自己的缺点瑕疵，你不就把它去掉了吗？心里想放空，可是心里杂念太多，你怎么放空？有瑕疵的时候，你像照镜子把它照到了解。这样对事物有一个深刻的了解，对自己的缺点有个正确的了解，那不就很容易把它改正了吗？

这一章我说到这儿感觉大家可能还有疑问，老规矩，大家看一下第七十一章，这个事情就清楚了。第七十一章，要说《道德经》像诗的话，我觉得这一章像的部分更多一点，第七十一章讲什么呢？就讲我们知道自己不知道，这是明智的。其实有的人炫耀知识不也是一个"自满"的表现、"锐"的表现吗？"知不知，上。"知道自己不知道。有些东西我们大家都不知道，每个人的能力，每个人的知识都是有边界的，有局限的。所以要不自满，要不断学习，"知不知，上"。什么人是有病的呢？不知道自己不知道，以为自己什么都知道——"病"。什么样的人才是"没病"的呢？知道自己这个病是病。就说我知道了自己不知道，把它当作一种病把它改正。这个就不得了了。世界上哪有无所不知的圣人，圣人为什么不病——以其病病。知道自己这个地方是有问题的，知道自己这个地方不足，不断地学习，不断地努力，不断地提升，不断地进步。"圣人不病，以其病病"，这一点我觉得就是我们刚才讲的能够"玄鉴""玄览"，站在高处照镜子，全身都能照到，内在也能够照到，知道自己问题在哪儿。"以其病病，是以不病"，知道自己的问题在哪儿，你就把问题改正了不就行了。所以能不能够没有这个瑕疵？哪怕有点小的瑕疵，像我们身体有病，哪怕是一个小的部分不大注意的话，最后都可能酿成大的后果。所以你看要用各种各样的透视手段，什么红外线什么核磁共振，我说这能照出来嘛，老子当年虽然不知道有这些工具，但他讲的"玄览"如果从技术角度就是这样的，当然更高的还是站在思维的角度，那就是他水平更高了，当然这是后边要说的话。

"爱民治国，能无为乎？""无为"也是《道德经》里边讲的一个非常重要的原则，道家讲的无为是什么？第一条就是不妄为，不瞎折腾。

大家要不信的话，你看一下第七十五章开头这句话，就说我们要了解他的无为，可千万不要理解为什么事都不做，那就跟他这个意思相差太远了。大家看一下七十五章第二句话，"民之难治，以其上之有为"。所以它这个里面讲的有为指的是什么？就是妄为。"无为"就是针对它的，百姓为什么难以治理？是你上边老瞎折腾，你把民心都折腾乱了，你不要老骂这些人是刁民，那都是你上边瞎折腾，把民心折腾乱了，所以难治的。所以道家讲的无为首先就是不妄为。妄为是道家最反对的，这个"为"是了解事物的规律、规则。大家如果觉得这个第七十五章的第二句话，"民之难治，以其上之有为，是以难治"，说得不是特别清楚，那我不妨再用另外一章。大家看一下第十六章中间的这一段，中间这六个字，"不知常，妄作，凶"。"常"不就是规律、规则吗？不了解事物的规律、规则，瞎折腾胡折腾，结果是非常糟糕的，所以大家知道道家讲的无为第一条是不妄为，第二条是不多为，抓住事物的关键，该为的为，不该为的事情不要穿越边界，什么事都干涉干扰。所以这是讲爱国治民，如果你内心虚静，你没有那么多的贪念，没有这样的杂念，那不就是无为吗？

按照事物的规律、规则，自然而然，我跟大家讲，其实《道德经》翻来覆去就讲了几条原则，每一条原则在多章里边都有表现。大家看一下第五十七章。第五十七章里边最后这一段，四句话，这两句话最有名，"我无为而民自化"，"我无事而民自富"。我无为我不妄为、不多为，该我管的管，不该我管的不去干扰干涉。百姓自我化育，自我成长，你不要认为百姓都是小孩，什么事都非得你来弄！有些规则定清楚了，有些事他们自己做，不是做得很好吗？有些民间做的事情不是做得更好吗？你看跳广场舞又没人组织,一开始不是办得很好吗?当然泛滥的时候你得去约束一下。还有"我无事而民自富",不多事不扰民,百姓不自然富起来了吗?你看,这就是他在这一章里面,把他要论述的后边的一些内容都用这种反问句问出来了,其实答案就在这里边了,能不能这样,你能不能别妄为,别多为。有些事情放给他们自己去做,不要老干扰干涉捆绑束缚。挺有意思。爱国治民,能无为乎?

下一句话是这里边被人搞得最玄妙的一个。"天门开阖,能为雌乎?"这个字应该是个"为",作为的为,现在这个根据它的古本已经校正过来了。天门有人就把它弄得很玄呢,天门哪什么天眼哪,其实根本不是,你看大家的感官叫什么?眼耳鼻舌身,眼耳鼻舌身最后都集中在哪儿呢?集中到意,意再往高走是什么?就是人的抽象思维。这章在讲我们的感官和我们的理性思维的关系,我们的感官接触万事万物,眼耳鼻舌身接触,这个世界有冷有热有疼,有各种各样的感觉。口都喜欢吃好的味道,眼睛要看这个五彩的世界,这些都是感官,可是大家知道我们不能跟着感觉走,为什么?因为人和动物相区别的一个重要的标志,就是人有理性。就是《道德经》里边把"天门"放到这样的一个高的位置,人应该懂得用自己的理性思考来统率这些感觉。可是人类有的时候把这些感觉上升到理性的层面,它有一个重要的心理状态是什么?得保持内心的虚静,无杂念放空,保持自己内心的这种柔,这个雌大家不要把它直接理解为女性的那个雌,因为在《道德经》里边讲这个雌代表的是那种宁静的状态。大家都知道,在中国的文字里边,牝是代表女性,所以在《道德经》里边很多的章节都讲这个女性的牝,它代表着柔和静、内心的这种放空。第十六章开头的"致虚极",内心的放空,没有杂念,内心的安宁安静,这样你才能够超越感官的这个诱惑,这样人才能够在理性的指导下。所以大家注意"天门开阖,能为雌乎",这个雌就是静的意思。

宁静,安静下来,万物静观尤自得,静下来,我们才能找到、才能看清事物的本来面目。静下来，我们才能找到解决问题的根本的方法。能不能这样静呢？第十章仿佛就是一个引子，把它后边要讲的一些内容都放在这一章里边，给我们来提前说一下："明白四达，能无知乎？"大家注意这个知在《道德经》里很多地方都读成智，智就是技巧。你这人明白四达，一个人通达事理了，那知识也很高了，智慧也很高了。能不能这样？能不能够把技巧的东西去掉呢？技巧用我们现在词讲就叫套路。一个人的智慧高了，知道老是靠这个套路，靠欺骗，这个不好。治国治民，最高的讲的是什么？厚道——厚道是最高的聪明。这个智，正好是跟厚道相反、相对立的，能不能不要老那么多的这种技巧？第三章里边不是都讲过吗？"使夫智者不敢为"，这个智的意思可不是智慧的，指的就是这些技巧。老靠这个技巧，老靠这个术的层面的内容来掌控，来做领导，来欺骗大家。《道德经》觉得这是非常不好的。一个真正的能得到大家支持的人，厚道是最高的聪明，不信的话，大家看第三十二章开头这句话，"朴虽小，天下莫能臣。"在《道德经》里把这个朴实厚道看作道的一个重要的属性，而这个朴和这个智正好是相对立的。

这个智就是技巧套路。能不能不用这些？你对待大家做事情的时候厚道，到最后才能得到大家真正的拥戴嘛，得到大家真正的认可嘛。全都是反问句，但是答案就在这里边。关于第十章最后这段话，前面已提及，在第五十一章我们再深入解释。

十一

三十辐共一毂,当其无,有车之用。埏埴以为器,当其无,有器之用。凿户牖以为室,当其无,有室之用。故有之以为利,无之以为用。

——《道德经》

译文:

  三十根辐条插到一根毂的孔洞当中,有了车毂中空的地方,才有车的作用;揉和陶土做成器皿,有了器具中空的地方,才有器皿的作用;开凿门窗建造房屋,有了门窗四壁内的空虚部分,才有房屋的作用。所以,"有"给人便利,"无"发挥了它的作用。

前面说过，第十章是开头，是后面九章的总纲，所以后边两章先给大家点一下，第十一章讲什么？讲"虚"的作用。心放空。老子拿了三个例子来告诉大家，你看这个空才能够产生大的这种作用。房子中间是空的，我们才能住进去；杯子中间是空的，才能装进水去。人心里不也应该是这样的吗？所以第十一章内容非常好读，因为他用了三个形象，类比来说明问题。给大家说一下咱们中国人悟道的一个重要的方式方法。开头第一章就讲，道可道，非常道。为什么？因为名可名，非常名，名就是语言和逻辑。道是高大的，道是全面的，你拿一个有局限的语言和逻辑来给大家讲道，讲出来就不是那么回事了。这就是道可道，非常道，因为名可名，非常名。所以我们经常会说，我的语言不足以表达我的思想和情感，我说的不是那个意思，你误解了。为什么误解？那谁让你表达不清楚？"常恨言语浅，不如人意深。"

所以你不能拿语言作为给大家讲道的一个根本的工具，拿什么东西来给大家讲道？让大家能领悟？用形象。形象大于思想，给大家一个形象，你自己来领悟！我们中国的文化最高的目标就是悟道给一个形象。所以你看，遇到一个难点问题的时候，《老子》也罢，《孔子》也罢，《易经》也罢，都是给大家一个形象，《易经》都是易象，都是拿卦象来让大家领悟的，给大家一个形象，你自己来领悟。所以把这话说得远一点，咱们叫《易经》是中国的文化之源。《易经》有经和传两个部分，《易传》部分水平就高一些了，都用文字上升了，从这个形象里边领悟出来的道理上升到了一个理论的层面。可是大家注意这个"经"的部分，只有卦象，卦辞爻辞。那乾卦是拿什么形象来让我们悟到道的呢？一条龙。这条龙开始的时候怎么样？开始在水里老是潜着。逮到机会怎么样？跳一下。跳一下，表现一下。一表现就完了，谁让你跳那么高呢？有人就要针对你了。所以你要警惕。又积累了一段时间找到机会，好，跃龙！跳起来跳得更高。这个机会掌握好了，就成了飞龙，"飞龙在天"嘛！飞龙在天之后叫什么？"亢龙有悔"。你飞的位置高了，你就得小心警惕了，什么事情做到满的时候不就向相反的方向表现了。所以大家看《易经》，乾卦只有六爻，这六爻就是拿龙的形象来给大家比喻的。

初九，"潜龙勿用"。九二，"利见大人"！九三，"君子终日乾乾，夕惕若厉，无咎。"九三的爻辞是说，往高跃的时候，别人就要针对你了，你得警惕了，早晨要警惕，晚上要警惕。不管有多危险的事情，你也不会有大的毛病！九四，"或跃在渊"跃起来了，跃起来你还得小心，你得看好落脚点。你别跳起来，一下跳到岸上去了，那就完了，龙卧浅滩了，麻烦了。到九五爻的时候，"飞龙在天"。上九，"亢龙有悔"。你看，从《易经》开始我们中国人的悟道就是这样，给你个形象，你自己拿它里边的东西来领悟。你就按照这个顺序来做，到一个新的单位，是潜龙逮着机会表现一下，表现完了你不得警惕吗？受到表扬之后，你就趾高气扬，那后边机会都没有了，要再潜伏再积累力量。这不是警惕的就在这儿嘛，然后找到机会跃龙飞龙，但是位置越高越危险，亢龙有悔。我觉得咱们长安也算是一个城市的建设非常有说道的地方。宇文恺在隋朝设计咱们长安城的时候，就是利用咱们长安城的六道坡，把这六坡作为《易经》的六爻，从渭河那个"潜龙"一直到曲江这儿"亢龙"，到终南山这一带终了了，现在这六条坡很多还在，龙首原还在，乐游原还在，少陵原也在。这不就是悟道，不就从《易经》里边领悟的吗？所以现在说的《道德经》也是这样的。

有时候大家遇到一个《道德经》里边的问题，不知道向哪个方向解读。《道德经》这本书不难，就是解读方向难找。因为有人引导着大家把这解读方向搞错了，那对于这本书很多就属于牵强附会了。大家有些问题找不着方向的时候，你就到这本书里找它这个形象，把这个形象找到了，自然也就知道向哪个方向去理解。闲话少说，我给大家先举两个形象，然后再看我们后边要讲的内容。大家先看第六十六章开头的这句话的形象，正是《道德经》让人善于处下，不要老居高临下、盛气凌人："江海所以能为百谷王者，以其善下之，故能为百谷王。"在老子那个时代，江就是指长江，河就是指黄河，其他都叫"水"。你看长江和大海，为什么成为长江和大海呢？地势低、善于处下，大家都团结到它这儿来，把水都汇到它这儿来了，成为百谷王。所以道家讲的善于处下是干吗？是为了成百谷王，是为了居上，是为了能很好地做大家卓越的领导者，团结大家共同完成大事。通过这一个形象就知道他讲这个"下"是什么意思，又不是让你卑躬屈膝，又不是让你成为遇什么事情都不敢做主的、不敢挺身的那样一个人，讲善于处下目的在这儿，要搞清楚他的目的。

有人说这个《道德经》读多了，会使人变得软弱，成为弱者。那大家看一下第七十八章开头的这个形象，这不是一下子就把这个事情领悟了吗？你就没有必要再追随别人的那个说法了。第七十八章拿一个水的形象，"天下莫柔弱于水，而攻坚强者莫之能胜"——落脚点在这儿。别看水外表柔弱，但它内在蕴含着强大的力量，发挥作用的时候便攻无不克，战无不胜。道家讲的弱是什么？是一种善于胜利的方式和手段。力量不够的时候就选择示弱，为自己争得机会。柔弱其实是战胜刚强的一种方式和手段。

如果别人跟你把这个事情扯远了，你就回到原文。我经常跟大家讲什么东西都不如立足于经典，立足于这本经典的原文。哪怕是今天大家只记住这几句，比如其中几句话涉及这个问题，你就会无比自信，为什么？你不是听别人讲的，你是自己从这原文里边读到的，它讲的就是这个意思，你要不信的话，我还有其他几章来给你印证。这本书又不是写一百万字，那样会把他的话都稀释掉了。总共只有五千字左右，每一句话都是响当当的名句。含金量都非常高。这样的话我们在有些问题上跟别人对质的时候就会理直气壮了，当然问题不在于跟别人对质，而在于自我的领悟，在自己领悟这些东西的时候，我们就能把它的精髓领悟到。

所以这些用的是形象，第十一章用的也是三个形象。第一个形象是车轴中间的那个空当，车辐条都得插在那空当里，如果车轮没有空当，没有虚的部分，整个车轮都活动不了！

第二个形象用的是陶器。坯烧成一个陶器，中间是空的。如果都是实心的，那就没法作为容器了。

第三个，用的是这个房屋，户牖就是房子。

用这三个形象最后一并列，告诉我们一个重要的道理——世界上的事情都必须有有和无两个方面相互配合，任何一个方面都不能单独发挥一个好的作用。你说这房子如果没有"有"的部分，没有棚没有地没有墙，你住哪儿啊，它怎么能叫房呢？这个容器没有外边"有"的部分，你怎么用中间"无"的部分。话说回来只有部分中间不是空的，它也不能发挥这个作用。人也一样，只有外在"有"的部分没有我们内心的虚静，没有我们这样的一种格局和态度，那再好的智慧你也理解不了什么意思。一个人心里满满的全都是自己的东西，谁讲都没用，学什么都没用，你给他一条鱼，他看见鱼刺，他就说这个鱼不能要了，这鱼都是刺，他只看见鱼刺，他把这条鱼都给扔了，所以我们有时候学东西的时候就是这样。你要看清、知道我们的弱点，看他的这种优点，如果一个人心里满满当当全都是自己的东西的时候，那他什么东西都进入不了，讲什么东西都白费。

最后一个例子，古希腊有个哲学家叫苏格拉底，有一天来了一个学生说老师我要跟你学习。老师问都会什么呢？这学生讲自己这会那会都会，苏格拉底说我可以教你，但是你得交两份学费。这学生说为什么。苏格拉底说第一份学费，我得先把你脑子乱七八糟的满满当当的东西给清除掉，这很费时间的。第二份才是我来教你。如果我们脑子里边、心里边满满当当，都是自己的东西，虚不了静不下来。再好的思想，再好的智慧，也是"无"也是没有也是空。你进入不了我们的大脑，进入不了我们的心里。所以我们在学这些经典之前，一定要摆正自己的姿态，一定要懂得"致虚极，守静笃"（第十六章开头这六个字），把自己心里放空，让自己保持这样的一种虚心的宁静的状态，这样我们才能看得见别人的长处，学得到别人的优点，了解大道思想与智慧。

我前边说过这一章举了三个例证。第一个，三十辐共一毂。三十个车辐条，大家看以前古代那个车，木头做的那个大大的车轮，车辐条插在车轴的孔里。当其无，有车之用。中间车轴是空的，空无嘛，不是有的，所以就叫作无，这个车才能够向前行走，有车之用。

第二个"埏埴以为器，当其无，有器之用"。埏埴，埏是动词，和土，埴就是那个容器。把这个土和成那个容器的样子做成器皿。各位知道这个事不得了。你看中国以前做的那些工具，石头都没有改变它的物理性质，石器嘛，打打磨磨而已。陶器不一样，陶器利用水、泥和火把整个东西的物理性质都改变了，把泥的物理性质都改变了。以前人在水边点火，发现烧完了泥块很硬，有的时候就可以烧成一个可以盛水的小的容器，然后就想出来这样一个方式做成陶器。埏埴以为器，这个是在证明陶器占的位置还是挺重要的，拿这个做比喻，一个车一个陶器，这能让我们了解当时的社会的状态。"当其无，有器之用"。中间是空的，所以有用，能发挥它盛水这个作用。

第三个就是我们的房子，"凿户牖以为室"。户，这里边牖就是窗子，凿成这空间，然后户牖以为室，"当其无，有室之用"，下边得出这个结论是很多人在研究的时候经常引用的，有之以为利。你说这杯子没有"有"的部分我们怎么样利用它，但是别忘了另外一个部分，无之以为用。只有"有"的部分没有"无"的部分，它怎么能发挥器、户和车的作用呢？所以老子在这儿告诉大家，这个世界上有一个事大家千万不要忘！

就是有和无，两者是相辅相成的。

《道德经》第一章就在讲，懂得"无"的作用的人，就已经是进入"玄"的哲学思维的水平了。要是能了解玄之又玄，就踏入众妙之门了。因为众人都能看见"有"的作用，看不见"无"的作用，这两者都了解，那你的思维方式就很杰出了。因为"无"一般是大象无形的、看不见的，能了解这一点，其他那些东西就也都懂得。用一种思维方式，正确的思维方式去对待难易、长短、高下、音声、前后的关系。就是说，懂了"有无相生"，这些内容也能一通百通。

我觉得老子抓这个东西已经抓到了一个最前列的概念。我们都说无中生有，是把它当作一个贬义词来用的，你不要无中生有，可是从哲学层面，这个无中生有真的是蛮高的一种智慧。你说我们人与人之间能有多大差别呢？差别就在我们的精神世界吗？可精神是大象无形的。所以我们没有办法了解另外一个人的精神世界，精神世界太丰富了，太复杂了！那一个社会如果只看到"有"的作用，"有之以为利"，可是看不见"无"的作用，那这个社会最后不都进入一个非常病态的状态了。你只看重"有"的实力，看不到人的精神世界的伟大与作用，看不到思想的伟大与作用，那这个社会越发达，精神世界也就越花果飘零。

《道德经》这本书，它对我们这个民族的重要贡献是什么？中国人很讲究实利，中国人是非常实际的民族，实际的民族有实际的好处，可是别忘了，如果把那一面抛得太远了，也就是只重功利忽视大象无形的精神作用，那它也会走向反面。不能让每个人都变成"精致的利己主义者"，这对这个民族来讲也是一种损害。所以最后这句话"有之以为利，无之以为用"。看，他就利用这些虚空的东西、大家没有注意的东西来证明，来告诉我们大家，我们就生活在一个有无相生的世界里边。

所以庄子论述了一个大的命题叫"无用之用"。千万不要只看见有用的东西，那个无用的东西有的时候它反而有大的用处，就叫无用之用。我现在坐在椅子上，我这样子来跟大家吹牛，你看现在对我有用的不就我椅子下这么一点地方吗？其他地方我又没用吧？这些地方对我都没用。那我把你周边都给你挖掉。你不是说没用吗？就都给你挖掉，把你这儿挖得跟钉子户那房子一样。我看你在这儿坐一下。大家注意这周边在的时候，我们从来没有意识到它有用，我们以为我们自己就占这么一点地方，你把它挖掉你就知道了，一直挖到黄泉，一会儿就掉下去了。你说我们写字这支笔这笔杆有什么用？我们不是用这个笔尖在写字吗？没有这个你的笔怎么发挥作用？就像我们射那箭的箭头，道理不都是一样的吗？鸟飞的时候用翅膀，它又不用腿。把鸟腿捆上你看它飞一个试试？别说你有"隐形的翅膀"，"明着翅膀"也飞不起来。你说我们人生最没用的事情是什么？大家仔细琢磨一下，睡觉。睡着了什么都做不成，小孩最讨厌睡觉了。可是我们现在有多少人都为睡不着觉而痛苦，被这失眠所折磨，这个没用的事做不好，有用的事你也做不来，你说这有和无到底有用和无用。这个道理我们要懂得了，我们才知道原来这世界上哪有什么无用之人呢，只是他在某些方面你认为他是无用的而已，这个东西都是相辅相成的，有的人看似无用却反而有大的用处。

所以，"有之以为利，无之以为用"这话讲的道理深刻，因为是站在一个哲学的层面。我们一般把哲学就当作一个最高智慧的代名词，站在一个最高智慧的层面来论证这个问题。人家看一下第二十七章，我觉得这段话顺便也给大家说一下。在智慧高的人眼里，这个世界上根本就没有无用之人，也没有无用之物。你认为它没用是你的看法，你没有看见它的用处。"是以圣人常善救人，故无弃人"，没有谁是应该抛弃的，不要老骂自己儿女无用啊，只是他没有按你期待的那个用处长而已，他在他自己想的那个方面有他自己的用处！"常善救物，故无弃物"。按照道的角度理解，这个世界上没有什么东西是没用的！对垃圾你如能合理分类都能化废为宝。你看站在这样一个角度，我们何至于老讽刺别人，老认为自己很有用，别人无用，老认为自己儿女和别人比都是邻家的、别人的孩子是好的，哪能这样？站在这样的高度，对很多问题的解答以及胸襟的扩展，有非常大的好处。

有一位见过一面的朋友跟我说一个事例，他说上次听了你讲的那个事之后，我回去就读书，他说我发现读书让心静下来，现在连失眠都治好了。原来失眠，睡觉之前你不读书，老在那儿胡思乱想。心如骏马，胡驰乱飞，那能睡得着吗？读书让自己宁静下来，要自己放空虚静下来，与圣贤对话，大家不要以为这只是一种知识，它更多的是一种心境心态。大家坐在教室里边听哪个老师讲未必很关键。你能够静下来坐那儿听，只要能够听得进那么几句话，在此刻，你就发现其实心里是宁静的。因为你认真听他讲的时候，你就没有在想别的事。就像猫盯着老鼠一样。猫盯着老鼠的时候就全神贯注，它把其他的外界的事情都忘了。其实我们在这个世界上生活这么长时间，能让自己心里保持这样的一种真正的专一和宁静，那也是不容易的。所以有时候我们学习一个思想，你沿着它这个思路继续琢磨，比如老子只给我们三个例子，我们可不可以再多找一些？

第五章不是也有吗？风箱的例子——橐龠。"天地之间，其犹橐龠乎？虚而不屈，动而愈出"——你看风箱里边是空的，你一拉就鼓出风来，一动就有。你不知道风是哪儿来的。动而愈出，你说我们的心里放空的时候，很多的知识不就是这种状态吗？

第十五章有"旷兮其若谷"。我们用的成语"虚怀若谷"，就是出自这五个字的。一旦我们的胸怀虚空像山谷一样，才更能容纳，才对万事万物有一种宽容。

第十章告诉我们虚静，第十一章告诉我们怎么才能虚静，心里放空。不要有那么多渣子，不要有那么多杂念。保持虚空的状态，虚静的状态，虚怀若谷的状态，我们才能听得进别人的意见，看得见别人的长处，学得到别人的优点，"满招损，谦受益"。"虚心使人进步，骄傲使人落后。"你看讲的不都是这样一个道理，古往今来，其实大道理就那么几条，只是大家分成不同的方式、不同的语言去表达而已，所以说真传就一句话，假传才万卷书了。有时候我们学的那一句话，你发现原来这个都是站在不同的角度，用不同的语言表述的同样的意思。

十二

五色令人目盲,五音令人耳聋,五味令人口爽,驰骋畋猎令人心发狂,难得之货令人行妨。是以圣人为腹不为目,故去彼取此。

——《道德经》

译文:

　　光怪陆离、五彩缤纷的色彩,使人眼花缭乱;嘈杂的音调,使人听觉失灵;过于丰盛的食物,使人味觉错乱;纵情狩猎,使人心情放荡发狂;稀有的物品,使人行为不轨。因此,圣人但求吃饱肚子而不追逐声色之娱,摒弃物欲的诱惑而保持安定知足的生活方式。

既然我们内心是虚静的,"天门开阖,能为雌乎?"保持自己的心灵的虚静状态,那么现在就出现这些状态,"乱花渐欲迷人眼",你怎么样能够收拢自己的精神,不为其所惑呢?"五色令人目盲,五音令人耳聋"——我觉得这个讲得太重要了,为什么?现在我们就处在一个五色五音的状态,各种各样的颜色,千奇百怪,我们把这叫五彩缤纷。好不好?好。副作用呢?坏了,区分不出来了。你看的这个颜色太多,乱花渐欲迷人眼,迷乱了。你说现在在手机上或者电脑上那种五色,不是令我们很多人都跑到医院里去做眼睛手术?真是这样,这从生理上讲,修身的角度来讲,讲的也有道理。真正的颜色朴素,莫能与之争美。道就是这么多颜色归于朴素的。最后真正的颜色就是无色,你看中国讲的那个墨墨是什么颜色?无色,或者叫玄色,你不能叫墨是黑色,各种各样的颜色收拢到一起了。所以在中国山水画里把有颜色的画叫"恶绿山水",已经水平低了,中国水墨画的墨,真正的颜色是无色、玄色。

"五色令人目盲,五音令人耳聋"。所以我现在看很多年轻人走路的时候都戴着耳机在那儿听音乐,你那个耳朵是受不了的,而且这个音乐总是那种大声音的,听的都是快节奏的,用高音用速度换一点痛快。所以你现在这样的事情听多了的话,我觉得咱别的都不谈,只从自己身体角度来讲,大家都千万要注意。"五色令人目盲"。它讲的本质的意思,颜色太多了,太复杂了,五彩缤纷了,最后大家区分不出来好坏。"五音令人耳聋"。你老听那种高声的音乐,最后好的音乐你分辨不出来,只是跟随别人,别人说好你就说好,别人说不好你就不好,还有一些伪专家说那歌好,你也跟着说好,标准出现了问题。

下一个"五味令人口爽"。大家看这个"爽"字的写法,叉叉叉叉一堆叉。这个爽可不是现在我们用的,现在我们经常用很爽,好像是很好的意思。爽就是错乱，全都是叉。有的人喜欢吃这个厚食重味，比如吃辣的，最后完了，味道都辨别不出来了，老吃这些东西，最后味觉都被破坏掉了。就是这些东西，这就是外在的诱惑。所以这些诱惑对大家来讲要怎么样？以内心的这个虚静，予以合理的把握，我不说完全把它消灭掉，因为这个东西毕竟还是需要的，只需适可而止。

下边讲老子，大家知道《道德经》跟《论语》很多不一样的地方在哪儿？老子这个人对当时那个时代的很多人的做法是极为不满的，他下一句话就指称这些，"驰骋畋猎令人心发狂"，这不是讲声色犬马吗？当时的驰骋畋猎，令人心发狂，你看你们这些王公子弟，这些豪族天天都干什么事？声色犬马，驰骋畋猎。这些事情是什么好事情，最后人的心都静不下来了，令人心发狂。上天要灭掉一个人，必先让其发狂，你现在心都发狂，那最后不就走到另外的邪路上去了？

"难得之货令人行妨"。我们现在用这个词，妨碍。本来世界上没有什么难得之货，都是人炒作出来的。珍珠啊钻石啊，这不都是个骗局吗？这个东西真正有什么价值？那天看到一个视频，一个女孩在那儿乞讨，说我要钱买一个名牌包。我听人说名牌包的成本其实也就几十块钱，现在都卖得这么高，有的人就要拿这个来证明身份，拿这个外在东西证明身份，不就是不自信吗？"难得之货令人行妨"，妨碍了人的正常的行为，有的人拿了难得之货，他一定得炫耀一下吧？没谁说买了一个难得之货放到家里谁都不让看了，古董还等着卖高价，所以我见过几个都是这样的，戴一个钻石戒指的时候，那就一定是手悄悄往前放，让大家看一下，没有谁戴戒指这样藏起来了，那你戴干吗？可是这个有的时候就令我们的心里边起了一些微妙的变化，老羡慕这些东西的时候，有的时候令人心里边不平稳——长了草一样，说这个就令人妨碍，所以这个到了道家这里——这些东西很多本质上都是无价值的。他怎么炫耀都影响不到你，你对这个东西是无动于衷的。这个东西你觉得根本不是人所必需的，所以咱们《人民日报》几次发文章是强调极简主义的生活方式。如果这个东西是不需要的，你为什么老在这些方面花自己那么大的精力呢？——难得之货令人行妨。

下边一句话就讲，人应该注重实质，而不是外在的内容，"是以圣人为腹不为目"。大家不要把这个只理解为肚子和眼睛，它是用这个东西来代表什么东西最重要呢？其实很多食物对人来讲，它的营养是最重要的，它的充饥作用是最重要的，至于它外表的颜色很多不是实质的内容，为腹不为目。就像第三十八章讲的，大家看第三十八章讲的这句话更清楚，"是以大丈夫处其厚，不居其薄"。这个"厚"就指重要的部分，你不要把那些个没价值的东西，当作是重要的。两个里边都有"去彼取此"。外在的奢华的炫耀的那种形式、那种颜色、那种不重要的东西，不要把精力全都集中在那儿，主要集中在去彼取此，懂得我们生命中、生活中什么是最重要的。掌握最重要的，才能够返璞归真，才能够抱真守一。

这是我们说的第十二章，你第十一章、第十章理解了，能把问题的本质一下就看清楚，"为腹不为目"，"去彼取此"，"处其厚，不居其薄"——讲的这个道理都是相同的。

这几章内容一合起来理解不就容易了吗？所以大家注意《道德经》本身是没有分章的。是后来人把它分成八十一章的。所以有些事情它本身是一件事情，你不能把它完全切割开，这几章内容讲的是一件事。

十三

宠辱若惊,贵大患若身。何谓宠辱若惊?宠为下,得之若惊,失之若惊,是谓宠辱若惊。何谓贵大患若身?吾所以有大患者,为吾有身,及吾无身,吾有何患!故贵以身为天下,若可寄天下,爱以身为天下,若可托天下。

——《道德经》

译文:
　　受到宠爱和受到侮辱都好像感到惊恐,把荣辱这样的大患看得与自身生命一样珍贵。那么为什么会得宠和受辱都感到惊慌失措呢?受宠者是卑下的,得到宠爱又怕失去会感觉惊恐,失去宠爱则更令人惊慌不安;受辱时惊恐,失去时又害怕辱再来也会惊恐,这就叫作得宠和受辱都感到惊恐。什么叫作重视大患像重视自身生命一样?我之所以有大患,是因为我有身体;如果我没有身体,我还会有什么祸患呢?所以,珍惜、爱惜自己的身体,而为了天下这个更重要的价值可以奉献生命,这样的人可以把天下托给他了。

现在讲难一点的一章——第十三章。这一章在讲什么？这章讲得深了。有一些后来的佛学的道理，其实也跟这一章暗暗吻合。

这一章在讲三个事，第一个事就是什么叫"宠辱若惊"。读的时候也是跟前边一样，"宠辱若惊，贵大患若身"。下面又在解释，一个给大家解释什么叫宠辱若惊，一个解释什么叫贵大患若身。第三个讲的事情是什么？什么样的人才可以把天下寄托给他。这个跳得有点远，但是这个却是这一章里边的精华，就是我们觉得这个人能做一个领导者，尤其是一个国家的领导者——好在古代国家都不大，诸侯国跟现在县的规模差不多，怎么样才能把一个这样的位置托付给他？你看老子给的这个标准，就太有深刻的体会了。所以这一章里边第一个问题，就先说，因为前边只是一个引子，前面不用解释，前边告诉大家要回答两个问题，一个叫"宠辱若惊"，一个叫"贵大患若身"。什么叫宠辱若惊？下边不是告诉你了吗？所以前面你不用解释，这解释在这儿呢。

第一个给大家解释宠辱若惊。为什么？"得之若惊，失之若惊"——这就叫宠辱若惊。得到了也担心，为什么？担心再失去。你看《甄嬛传》里面那些人得到嫔位，再得到什么妃位，天天担心失去，天天担心出问题，整个后宫里边就争来斗去。所以有些人说它像工作单位，工作单位不也这样吗？得到一个位置惊，失去这个位置更惊，那就没什么好说的了，你把他撤了，当然他更加恐惧。所以你看，得到的时候天天担忧：这个位置一失去我怎么办、我怎么活？有的人一撤职就跳楼了，他为什么会这样？因为"宠为下"。宠是有人宠我们，宠我们的人，人家就是在上，皇帝宠那些妃子，宠那些大臣，不是皇帝在上吗？所以我们是被宠的一方，就会"得之若惊，失之若惊"。我们经常讲宠辱不惊，这个可是难得的思想和智慧，所以我们经常讲这样的人确实是太难得了，你把他提起来，他也看不出来很高兴；你把他撤掉了，他也不见得很慌张！对一切事情都能够淡然处之，这是非常难得的一种境界。历史上这种人都是被人称赞的。所以这个里边解释了这一个问题，这个还好。难理解的就是这一个，宠为下。一般来讲我们都觉得应该是宠为上，宠的人在上面，但是这个是一个被动句，被宠的人在下面，所以"得之若惊，失之若惊，是谓宠辱若惊"。

下面解释第二个问题，什么叫贵大患若身？只要我们有身体，这问题就来了。只要你活着，只要你生活在这个世界上，它就有很多的麻烦。身体要有病吧？谁也不能一生无病无灾。身体代表着利益，所以我们把这个身体当作一个大的祸患。可是这个祸患是谁都摆脱不了的。后来佛教讲的不也是这个道理吗？所以我跟大家说，其实智慧到达高点的时候，孔子的思想、老子的思想很多都是重合的。老子的思想跟很多佛教的思想也是相互融合的。佛教不是也讲吗，我们的身体是什么？一具臭皮囊。驮个死尸路上行，这不都是佛语吗？所以佛教的修行方式就是把这身体给灭掉，把这个死亡当作一种圆寂，圆满了，寂灭这个烦恼吗？这不是佛教的思想吗？"我"最可恨，身体是大的祸患，但大家注意老子，他讲很多人为什么宠辱若惊呢？就是把自己的身体看得太重要了，把这个生命看得太重要了，把自己的得失看得太重要了。这一章前面讲的涉及身体的得失的层面，看得太重要了，"贵大患若身"，"贵"，也就把它看得尊贵，就把身体遇到的这些问题都看得太重要了，太无法排解了。所以就出现了这样一种情况：得也怕失去，失去了也觉得痛苦，自己身体里边得到的这些满足、心里得到的这些满足都失掉了，可是这不是这一章的重点。大家知道老子的思想之所以伟大，就是在这个层面上他告诉大家，身体的重要性是大家都不能够排除掉的，一个人如果对自己的生命，对自己的身体根本就不珍爱，那这反而是一个大问题。有的人是这样的想法，老子就烂命一条，无所谓。命丢了，他也觉得根本都不值得珍惜。这样的人其实很多的大道理以及境界你是跟他谈不上的。这样的人如果做了领导，就麻烦了，为什么？他根本不把自己的命当一回事，他也不会把别人的命当一回事。

这就是老子这一章讲的重点。前面讲的就是，如果把生命看得过于重要，得失看得过于重要，那么就宠也惊辱也惊。可是反过来，如果一个人把自己的生命看得无足轻重，烂命一条，这样的人反而更可怕。历史上有很多人就是这样，自己本身就是个无赖，做到了国家的最高的位置，做到了皇帝的位置，他也不把天下人的命当一回事，因为他根本就不知道生命的重要性和可贵。现在大家再看后边这一段，你就发现这一章里边老子讲的最关键的问题——"贵以身为天下"，把自己的生命看得跟天下一样重要。"若可寄天下"，这样的人你才可以把天下托付给他。为什么？他首先珍爱自己的生命，可是珍爱自己生命的基础之上，又可以把它奉献出来，为了天下的人他可以做出牺牲。大家注意这个逻辑是一个"登天梯"的过程，就是说你得登到这样一个程度。这个人很珍爱自己的生命，不拿很多的事情、难得之物，不拿五色五音、驰骋畋猎来戕害自己的生命。他不这样，他珍爱自己的生命，把它看作和天下一样贵重，可是遇到磨难的时候、艰险的时候他还可以挺身而出，做出牺牲，这样的人才是最伟大的、最难得的。"贵以身为天下，若可寄天下，爱以身为天下，若可托天下。"大家注意这两个字就是"寄托"，"寄"和"托"都在这里边，把自己生命看作跟天下一样重要。

总之，有这种感情，可以为天下人牺牲，付出自己的生命，牺牲自己的利益，这样的人才是最好的领导者。不要相信有的人说我这人不把自己的命当一回事，我可以做出牺牲，我可以作为你们的领导者。不，因为老子看惯了这些人，有些人根本就不把自己的命当一回事，他也不会把别人的生命当一回事，因为他不懂得尊重生命，不懂得尊重别人，不懂得尊重生命的神圣性。所以你看这一章很容易理解，大家把它分成三个段来理解。

第一个，什么叫"宠辱若惊"？宠的时候我们在下面，是别人发给我们的东西、好处、利益、位置，都是别人恩赐给我们的，所以我们害怕失去，他想拿就拿走了，所以我们害怕。得不到的时候害怕，得到了怕失去，失去了更觉得惊恐，宠辱若惊。

第二个，什么叫"大患若身"？就是人只要有生命，那就有祸患。所以下边是一句感慨，你说哪一天我们连这个身体都没有了，还有什么祸患呢？不就没有了吗？一了百了也没什么祸患了。可是大家注意这句话其实是老子的一个感慨，没想到他这感慨后来跟佛教里讲的最高的佛理相吻合，这是它的一个过渡，大患若身，一个人呢，把自己的利益看得太重了，把身体看作最至高无上的，不肯失去，所以得到的时候怕失去，失去了更恐惧，怕失去。所以他有这个感慨，他说我没有这身体的时候，就对这些东西都无所谓了，那就没什么祸患了。

第三个才讲到点上。告诉大家一个人不把自己命当一回事了，不爱护自己的人，不懂得生命可贵的人，他坐到那个位置上是非常可怕的。你说声色犬马、厚实重味，这不都是在戕害自己的生命吗？你能说这些人是爱护自己的生命吗？他有了那位置，他只凭着怎么爽就怎么来了，怎么高兴就怎么来了，这不是不爱惜生命吗？一个人真正把自己的生命看得跟天下一样重要，他能去这样做吗？能够五色五音、驰骋畋猎吗？能这样吗？不会。他把自己的生命看得重要，可是爱以身托天下，这种情怀却可以为天下人做出牺牲。这样的人我们才可以把天下寄托给他。

这个太重要了，因为我们原来都没注意到，我们觉得有的人很勇敢，勇敢分两类，一种是"无赖式的勇敢"，一种是"有责任的勇敢"。无赖式的勇敢是不会把人的生命当一回事的。所以你看历史上很多从底层起来的摸爬滚打的无赖成为皇帝的，你看他杀人盈野，根本眼睛都不眨，不把人的命当一回事。

十四

视之不见名曰夷，听之不闻名曰希，搏之不得名曰微。此三者不可致诘，故混而为一。其上不皦，其下不昧，绳绳不可名，复归于无物。是谓无状之状，无物之象，是谓惚恍。迎之不见其首，随之不见其后。执古之道，以御今之有。能知古始，是谓道纪。

——《道德经》

译文：

　　道啊，看它看不见，这叫作"夷"；听它听不到，这叫作"希"；摸它摸不到，这叫作"微"。这三者都是大象无形，无从追究，它们原本就浑然而为一。

　　道啊，它的上面既不显得光明亮堂，它的下面也不显得阴暗晦涩，无头无绪、延绵不绝却又不可名状，周而复始的运动又回复到无形无象的状态。这就是没有形状的形状，不见物体的形象，这就是"惚恍"。迎着它，看不见它的前头，跟着它，也看不见它的后头。

　　道啊，是真实存在的。把握着早已存在的"道"，来驾驭现实存在的具体事物，能认识、了解宇宙的初始，这就叫作认识"道"的规律。

今天我们讲第十四章，第十四章看似复杂，其实分成两段就很好理解了。这章的核心在哪儿？就讲了两个事情，一个讲道这个东西是大象无形的，前面这几个都是在形容，看也看不见，听也听不到，摸也摸不着，但是从古至今它都存在。然后就告诉大家一个道理，道虽然看不见，但它无处不在，就像风一样。你了解这古往今来的大道，才能够更好地了解今天的事情，掌握今天的事情，做好今天的事情。在我们文化里有一些古往今来的大道，你把这个东西了解了，你才能够更好地做好今天的这个事情。先说三个词语，你看那楼观台崇圣宫就有。门口刚进去那石碑上那个字——"大道希夷"，出处就在这儿。陈抟老祖，字希夷，唐朝也有诗人，刘希夷，都是出自这个。就说道这个东西，大象无形，看也看不见，听也听不着，摸也摸不到，所以有这三个字，看不见叫作"夷"。太细微了。听到不闻叫作"希"，大音希声嘛，你听不到但是不证明它没有，只是声音太细微了，所以道这个东西听也听不见，看也看不着。"搏之不得名曰微"。你看陈抟字希微，这回出处找到了——我们华山里边的陈抟老祖。"此三者不可致诘"，诘就是诘问，你不能用语言去诘问，你说你告诉我道在哪儿，你说不出来我不信。

"道无在无不在"——庄子的话，道看不见，但是无处不在。有一个人不就这样问庄子的吗？你说道在哪儿？庄子说，道在瓦片里头。你再说说我听不明白。道在稗草里边，道在大小便里边。后来那个人就急了说你怎么每下愈况？现在我们叫每况愈下嘛。你这不越说越往下了吗？你这人太不怎么样了。庄子说你看见猪了吗？你要了解猪的肥瘦，你摸摸猪腿不就可以了吗？猪腿不就在最下边嘛，道无在无不在，往下都有，到处都在。到今天我们到医院化验的时候才突然发现，原来庄子讲得有道理，我们到医院做常规化验的时候化验什么，你看不就是哪个里面都蕴含的这种道。所以大象无形,就像风一样,你看不见,此三者不可致诘。"其上不皦,其下不昧"。在上面不会很明亮。这个皦和第一章那个徼不一样,第一章那个徼是常有欲,以观其徼。那个是边界,这个是明亮。在上面也不是很明亮,它下面也不是很暧昧,就是说道这个东西不明不暗、不上不下、不远不近。他经常用这些词,其实在干吗?就告诉大家道就在我们身边。虽然你看不见摸不着,但是无处不在,就在我们身边。"绳绳不可名",这个字不能念绳,念"mǐn",不可名,绳绳就是长长的意思。它长久地存在,但是你不能够用概念去定义它。所以我们说你理解道、悟道必须用形象,你看我们刚才讲前面那些只用一个形象就够了,风的形象就够了。原来你为什么把它叫风?如果有人当初不把它叫风,把它叫雨不也可以吗?那不是起的这个名字嘛。真正的东西你是不能够用概念去取代它的。所以他讲到这个道,这叫什么?这就是下边讲的,"复归于无物",无物就是看不见形状。

我们讲物就中国人把它叫"东西",这个物翻译成东西就好,复归于,好像什么东西都不存在一样。无极嘛。我们讲太极再往前,无极而太极,太极复归到无极,不就讲这样的一个意思吗?最后道这个东西你是没有办法抓出来说这个就是道,它只存于这里边,我们说的道是有和无所体现出来的,是他的思想,是这里边蕴含的哲理。你没有办法用有的东西把它表达出来吧,所以叫无物。这个叫什么?"无状之状,无物之象",这个东西厉害了。你看这个天是什么形状?没形状。没有办法用形状来概括,太大了,大象无形了。风是什么形状,不知道,谁也没看见过风。这不是"无状之状,无物之象"嘛。这个叫什么?这就叫"惚恍"。大家注意,我们现在说这人精神恍惚。你看惚,心里边忽然一下有领悟了;恍,心里边一道光。你要理解了这个,其实就像一道光冲破黑暗一样。你千万不要说,你把道拿来我看一下,要不然我不信。它是无状之状,无物之象。你虽然看不见,它却真实存在。我后来有一段时间觉得这个东西找比喻也是没有一个更好的形象，除了风。

钱锺书先生讲了一个例证蛮好的。他说你看韩愈写过一首诗，"天街小雨润如酥，草色遥看近却无"，这不是无状之状，无物之象嘛。你说草是绿的吗？走近了看不是啊，离远了看又有了。到底是绿的还是不绿的，无状之状，无物之象。这就是客观存在的，它就像道一样。你说它没有它还有，你说它有它还没有。就是这样，你看老子说得多谦虚。他说现在我讲一条跟大道很接近的，为什么说跟大道很接近？因为它有了形象，有形象是背后体现的大道。什么形象呢？你看水去的是什么地方呢？又低又脏的地方。水到那儿干吗去了？行善。居善地的善是动词，行善的意思。把那个地方的污浊洗净，在那个地方滋润万物，"处众人之所恶，故几于道。"这句话太有讲究了。你看他讲到这么深刻的地方，他还说只是接近大道，还不是大道本身。大道是体，这是用。"处众人之所恶，居几于道，居善地。"水去的是大家最讨厌的地方，把那个地方污浊洗净，在那个地方滋润万物。

"执古之道，以御今之有。能知古始，是谓道纪。"古往今来，什么样的团队才能夺得天下坐得江山呢？处众人之所恶，吃苦得在前，享受得在后，有困难还得担着，还得经受艰苦的磨炼，这不都是大家不愿意做的事情吗？处众人之所恶，这样才能夺得江山，并且坐得了江山。夺天下容易，坐起来就难了。如果大家觉得我讲这话很突兀，因为处众人之所恶，大家觉得和夺江山这个事关系还不太紧密。好，我们把这事情再重复一下。大家看第七十八章，你看这两句话讲的，是不是古往今来的大道？"受国之垢，是谓社稷主"，谁能够随随便便成功呢，你得有这样的一种格局、胸怀、磨炼，受国之垢，有这本事吗？有这胸怀吗？这样才能成为江山社稷的主人！大家才能真正认可你。

第二句话，"受国之不祥，是谓社稷王"。什么叫受国之不祥呢？有灾难有困难，你别跑，要挺身而出，勇于担当。有错误的时候要勇于承认，勇于改正。所以我跟大家讲，这个是古往今来的大道，按我们现在来讲已经是了，可是老子还是把它看作"几"——接近大道，因为毕竟还是有形象给我们落于痕迹，真正的大道就在它们的背后。用什么话表达最清楚？道就是无形的手。你虽然看不见，但它左右着我们，谁了解这个大道，谁才能够获得真正的成功，谁做事情才能有更高的境界，有更高的思想与智慧。

十五

古之善为士者,微妙玄通,深不可识。夫唯不可识,故强为之容。豫焉若冬涉川,犹兮若畏四邻,俨兮其若客,涣兮若冰之将释,敦兮其若朴,旷兮其若谷,混兮其若浊。孰能浊以止?静之徐清。孰能安以久?动之徐生。保此道者不欲盈,夫唯不盈,故能蔽而新成。

——《道德经》

译文:

古时候善于领着大家做事的人,微妙通达、深刻玄远,不是一般人可以理解的。正因为不能认识他,所以我只能勉强地形容一下:小心谨慎,好像冬天行走在结着冰的冰面上,一步都不放松,就像防备着邻国的进攻,警惕戒备;恭敬郑重,就像到别人家里赴宴做客一样;说话做事温暖得就好像能使人心里的坚冰缓缓消融一样;纯朴厚道,就像那敦厚的原木一样;旷远豁达,好像深幽的山谷,有着虚怀若谷的胸怀;浑厚宽容,就像水一样能和光同尘。怎样能使浑浊停止变得清澈清晰?静下来慢慢沉淀。怎样安静久了又充满力量生机?生命在于运动。保持这个"道"的人不会自满。正因为他从不自满,所以能够去故更新。

说到第十五章，我有一个事，跟大家先交代一下。现在很多对《道德经》的注解，为什么会千奇百怪？因为很多人在解读这本书的时候，忽略了一个问题，就是这本书的很多话，它是针对具体的人讲的，所以这一点你不了解的话，这很多的解释它就宽泛了。比如我给大家举个例子，孔子的《论语》，我们给它一个定位叫"因材施教"。比如说儒家讲仁。某一天来一个学生问老师："老师，什么是仁呢？"老师一考虑这个学生同情心不够，给他讲："仁者爱人"。这话是针对他的。对于你来讲，你能够有这样一份同情心，增长自己的这份同情心，把你这方面的弱点弥补上，那么在仁爱方面你就提升了一步。针对他的，仁者爱人。明天又来一个学生问老师，老师什么是仁？老师一研究一考虑这个学生克制能力不强，给他讲，"克己复礼为仁"。"一日克己复礼，天下归仁焉"。这话是送给他的，是针对他讲的。于是我们现在讲仁的时候说什么是仁？克己复礼为仁，仁者爱人。为什么会是两个呢？为什么不一样呢？后边的话就不好解释了。因为你要了解他讲话的背景，针对什么人讲的话，这个话才有它丰富的内容、直接的针对性。其实《道德经》也是这样，有的话是针对这部分人讲的，有的话是针对那部分人讲的。所以我们了解了这本书是针对哪些人的，这样我们才能更好地研究出这本书在某一章某一部分它的具体的含义。

　　比如说一读到第十五章，大家就发现这一章我们好理解。你别看这章讲的话似乎玄而又玄，但是如果我们知道它针对什么人就好办了。针对什么人呢？"古之善为士者"，从古至今都有这么一群人叫作"士"。什么叫作士呢？大家看一下那个字的写法，上面是个十，十个人，下面是个一。十个人里边推举出来一个。干吗呢？领导大家，服务大家，管理大家，也就是领着大家做事，或者用我们现在的语言来讲，给大家做服务。所以这个士的本意就是做事，领着大家做事的这些人就是一个阶层，就是基层的领导者、管理者。例如樊登读书会那么多人，哪怕是个小组长，领导这十几个人，七八个人，那么就相当于我们今天这书里边讲的士的阶层。

有什么证据吗？这句话大家都知道，天子、诸侯、大夫、士。你看这不是基层的领导者管理者吗？所以老子就认为，你哪怕只领着十几个人做事，这样的基层的领导者，也需要蛮高的素质和修养。为什么？古人云，钱上十贯，难还。人家借你钱达到十贯了，这个借得有点多了，还起来就不容易了。人上十个，难盘。这人一到了十个左右，你管理起来就不容易了。我们经常说你手中在盘一个串，在盘一个神秘东西，这有一种掌控的意思。这一上来十个就难管理了，众口难调，所以这也需要蛮高的素质和智慧，这一章正好就是针对这些人的。第十五章说起来含金量是蛮高的，所以老子在这一章里边首先就说，"古之善为士者，微妙玄通"，需要蛮高的智慧和素质，所以就很难去了解它。我对它的了解，或者我把它需要的素质讲给大家。怎么讲呢？"强为之容"。老子这人很客气，他说道的时候他也说"吾不知其名，字之曰道"。我勉强给它起个名字叫作道。说到这个士的素质的时候，他也说，我勉强来给大家做一下比喻，做一下形容。

于是下面这些，就是他用各种各样的形象来告诉大家，他认为做好这个位置需要什么样的素质和智慧。第一条，做事要谨慎，"豫焉若冬涉川，犹兮若畏四邻"。我们现在把犹豫这个词都变成了一个贬义词，叫犹犹豫豫。古代不是，大家看犹跟豫的写法，这是两种动物，这两种动物在出洞的时候有一个共同的特点，就是小心谨慎，就像行走在结着冰的冰面上一样，"豫焉若冬涉川"。你行走在结着冰的冰面上，那要小心谨慎呢。《诗经》里边这句话大家一定熟，"战战兢兢，如临深渊，如履薄冰"。这就是小心谨慎的形容，老子用的也是这个意思。

犹这种动物出洞的时候，它的做法是什么呢？出来之后看看稍有不对，又跑回去了，左顾右盼，仔细看看周边有没有什么危险，小心防范，始终像害怕被敌人进攻一样，被侵犯一样。"犹兮若畏四邻"，这个事我得给大家多说几句。古人云，害人之心不可有，防人之心不可无。我们现在其实不管做什么，哪怕是行走在路上，其实都会遇到蛮多的这种危险，包括很多的骗术。所以大家有这一份警惕之心，遇见事情的时候能够有一种警惕，这样我们就会少受很多的损失与伤害。老子认为做事情也是这样，第一件事情，做事要谨慎。于是大家会问，我们要保持一种什么样的工作作风呢？你看毛主席也说，要谦虚谨慎、戒骄戒躁，他是把谨慎放在第二位，把谦虚放在第一位的，他也是针对当时的情况，老子为什么把它放在第一位？我们做事的时候为什么第一个重要的素质和修养是谨慎呢？

老先生想告诉我们这样一件事，你说我们做事情的时候，什么时候最容易把事情做砸了呢？事情快要成功的时候。比如说这事情前边花了很大的力气，到最后一看没有问题了，胜利在望，往往就坏在这个词上。胜利在望，没问题了，这个事马上要成功了，脑子里边老想，这个事情已经手掐把拿了，毫无问题了，一放松警惕，一松懈，结果怎么样？功亏一篑。所以老子把这个放在第一位，在后边的章节里检索起来就发现，这是他最为强调的。我在上一节课给大家说过，我们读经的最好的方法就是"以经解经"，其实不用找外边的注解。哪一句话你看不懂，你在他书里其他章节里边你会找到。第六十四章后边这一段，在这一段里边，老先生就说，"民之从事，常于几成而败之"。我们大家做事情，你领着大家做事情，常常在什么时候把事情做砸了呢？快要接近成功的时候，常于几成而败之。所以最后这八个字在我们文化里非常有名，叫"慎终如始，则无败事"。我们做事情到了后边的时候，到最后的时候，还像开始做的时候那么认真，小心谨慎，把它当作一种大事情来做，一点不敢放松，一点不敢松懈，这样就没有什么事情做不成的了，慎终如始，则无败事。小到我们一个人、一个团队，大到一个国家不皆是如此嘛。所以我们才讲要"不忘初心"。所以你看习近平引用《诗经》那个话讲："靡不有初，鲜克有终"。意思是什么？很多的事都有好的开始，但是却很少能有好的结果。鲜，少的意思；克，能的意思；终，最后。不是一样吗？很多人做事也是如此，开始的时候轰轰烈烈，结果，不谨慎，忘了自己的初心和宗旨，很多的也就失败了。所以就在我们的文化里，《诗经》里这八个字和《道德经》里这八个字讲的意思是一样的，但《道德经》里边讲得更好，更有正面性，更有激励性。《诗经》那个告诉我们所有的事情都会有一个好的开始，但是很少有好的结果，靡不有初，鲜克有终。可是《道德经》里告诉我们，只要我们"慎终如始，则无败事"。所以把这一条放在第一位，老先生也是用心良苦。这是我们说的第一个，大家再回到第十五章，第十五章里边的第一条，"豫焉若冬涉川，犹兮若畏四邻"。

现在来说第二条，第二条讲什么呢？讲我们领着大家做事要严谨，要严肃，不要太轻浮，不要太马虎。严肃到什么程度？老子用什么来给我们形容呢？"俨兮其若客"。这个字不是容，如果大家本子上是容的话，把这个字改过来，就是说端庄严肃得像到别人家里去做客一样。你说我们到别人家里去做客，首先得捯饬一下吧，衣着要整齐一点吧；其次到别人家里边做客，说话要有分寸吧，开玩笑也要有尺度，不能像在自己家里一样随意任性吧。不管我们到谁家里，人家都说别拘束，像在自己家里一样。你真的像在自己家里一样，你看它不出问题才怪。老子说你领着大家做事这都是正式场合、公众场合，你得严谨严肃，像到别人家里去做客一样，做事开玩笑都要有分寸。不管我们跟别人的关系多好，哪怕是什么男闺密女闺密，这个事情你也得注意，有的事情你不能穿越边界，这个是有分寸的、有尺度的。这是第二条，"俨兮其若客"。大家看这个"俨"，就是我们现在用的严肃的严，可是古代的俨，单立人还在，你一看这个字就很端庄严谨。那么这是第二个，俨兮其若客。

第三条讲什么呢？要温暖。现在很多的网络语言，我虽然觉得有的很不严谨，有的充满了一种戏谑与调侃，但是我觉得一个词还是蛮好的，这个词就叫"暖男"，我觉得这个词挺好的。老子讲的也是这第三个，我们做人做事要温暖，他用什么来形容这个事？"涣兮若冰之将释"，就是我们讲话做事温暖得像使人心里的坚冰一点点地得到融化一样。我们经常会说这人说话温暖，就像三春的风；这人说话太冷了，就像三九的寒流，像三九的风，讲的就是这样的一个意思。我们说话温暖像使人心里的坚冰一点点地得到融化一样。因为语言这个东西伤人太厉害了，语言伤人就像钉子钉在墙上，你就是把钉子拔出来，那个眼还在，那很难弥合的，所以我们说话一定要谨慎温暖，不要在没有必要的情况下，也是这样居高临下盛气凌人，这样的讲话方式不好，有的甚至是粗口相向，这就更糟糕。所以我们拿第六十六章这个话再把这话延伸一下。第六十六章里边的第二句话，"欲上民，必以言下之"。你说话非常地谦逊谦让，这个大家喜欢听嘛，心里面会觉得很温暖很高兴。想要站在上面领导好下边这些人，在语言上一定要谦逊谦让，不要居高临下、盛气凌人、指手画脚、粗口相向。所以我们说这里边的每一条，如果大家觉得还不是特别透彻的话，在后边都能找到跟这个相关联的意思。说话要温暖，就像冰之将释，我们现在也还在用这个成语，就叫冰释前嫌。两个人的关系，你看坚冰被融化掉了，和好如初。

第四条，厚道。厚道在《道德经》里边用什么来表达呢？它没有厚道这个词，但是它用了一个敦。就我们现在用的叫敦厚，说这人敦厚老实，敦。用了一个朴，这个人心怀坦荡，这个人返璞归真，所以你看他敦兮其若朴。这就是讲做事要厚道，古往今来，最缺的就是厚道人，尤其是有了一定位置，带着大家做事的时候，站在前排可以有利益先拿到的时候，这时候厚道人呢，就很少见了。所以《道德经》认为，其实厚道才是最高的聪明。

最近有一部电视剧，我看电视上也重复在播，就叫《星光灿烂》，范伟演的。我给大家说这部剧是因为在这部剧里边有一个老总——"蓝总"。每当他遇到一些问题冲突的时候，他去教导属下的时候，他就经常会说：这本书你拿去认真看一下——他推给对方的那本书就是《道德经》。到最后另外一个超市的老总，经过一系列挫折，就跟蓝总讲，把你经常读的那两本书《老子》和《庄子》送给我，蓝总说这不送给你，这里边有很多批注。其实我觉得这个地方暗示的一个意思是，《道德经》大家认为它可能讲了很多的技巧，其实所有的技巧最后归宗为一，讲的一个非常高的境界就是厚道。厚道是最高的聪明，敦兮其若朴。

第五条，宽容。旷兮其若谷。我们现在用的成语叫"虚怀若谷"，就是出自这五个字。旷兮其若谷。山谷大家都知道，这山谷你不知道它有多深，不知道它能容纳多少。人的胸怀也应该是这样，也应该是这般宽容，虚怀若谷，容量无穷无尽。这样才是深不可知。所以我们说第五条是宽容。带着大家做事，你得能够容人，哪怕你看不上这个人，但是也不要认为人家讲的什么都不对。我经常说我们为什么要读古书，有的人说书里边有错误，你看那段他就讲错了。你看那个人，你为什么要说他，我觉得那人人品很不行，那天那个事情他就很对不起我。大家注意，当我们只抓一点不及其余的时候，把这一点无限扩大的时候，其实我们就犯了一个不能容人的错误。我们看问题，要先看这个问题对我们有益的部分在哪里。某人也许有很多不足，可他在某一点，他肯定有值得我们学习的地方。如果一个人看人就看这个方面，你看他的正能量的方面，这个方面他做得很好，我向他学。那个我知道不好的东西，我把他屏蔽掉了就完了，没有必要因为这一点把人全部都否定掉。所以我们说你得能够容人。

第二个呢，得能容事。我们经常有一类人，比如人家有一个很重要的场合，他突然讲了一件事，那谁那谁当初怎么样，别人说他，他说那我说的是事实嘛，就是那样的。你说的是事实，但你这样做就不厚道。有些事在某些场合不该说的，你就不应该讲。为什么？不要挑事，要成人之美。比如我们批评一个人，你得看场合，该私下去探讨的话，他能接受，有些话你当面跟他说出了，关系还没到那种程度，你这不是把事情就搞砸了吗？所以我们得能够容事。有些话可以当面讲，有些话应该背后讲，两个人沟通交流。有些话是不该讲，没事的时候不要挑事——容事。

第三点，要"容言"，语言的"言"。什么叫言论自由？我哪怕坚决不同意你的观点，但我坚决维护你把自己观点表达出来的权利。这人你不要讲话，你看这人品，你有资格说话吗？为什么，我人品跟我说话有什么关系？我有这个权利，那大家就得维护我的权利，下次到你有这种情况的时候，你有这个权利，大家才能维护你。所以我们就知道，这世界上为什么要讲因果。谁的权利你都不维护，到你该有这权利的时候，没人维护你，你不要发牢骚了，有因必有果。你把这事情做到这个程度了那还有什么好讲的？所以我们说这要宽容，第五条。

第六条，"混兮其若浊"。这个厉害了，这个混你也可以把它读成浑。不那么去辨别，因为有些事情，非原则的事情，不用争得太狠，尤其是在家里的时候，大家不是经常讲家里是讲感情不是讲理的地方吗？你说这个问题我非得要辨清，你就两个人老较劲，最后伤害的是双方，是吧？还有不要老把自己区分为一个层次、一个等级。我不跟这人为伍，这人这地位还不到，有什么资格跟我们大家坐一块，这个其实就是很不对的。这个自高身份，老是认为自己处在一个什么很高的阶层，不愿意把自己跟大家打成一片，这就是没有得道的表现。所以我们说这个浊，你看大江大海，很少有绝对清澈的。很多的浊的东西也进入，但是它自己能够澄清。你内心有道，内心有这个境界，有这个胸怀，它就能够容纳很多。所以我们经常讲，海纳百川。你说"纳"这个百川难道都是先要选好——清水才能进来，浊水不要进来？

"水至清则无鱼，人至察则无徒"。这个道理跟老子讲的"混兮其若浊"意思是一样的。"孰能浊以止,静之徐清"。这句话太好了。大家注意,老子原来的这个本子,他最初写的时候没有这个"止"字,现在大家拿的本子也未必有这个"止"字,很多本子里面都没有,可是这句话如果不加上这个"止"字,非常难以理解。你把"止"一加上这句话就好理解了。孰能浊以止,怎么样才能让污浊停止变得清澈呢?你拿一个透明的玻璃杯,装上一杯浑浊的水,你在这儿看,不用化学手段的话,你怎么样让这水清澈呢?你别动它,放在这儿让它慢慢地沉淀。过一会儿污浊沉到了下面,上面不就清澈清晰了吗?孰能浊以止,你看后边这四个字写得多好,静之徐清。"徐"字用得太漂亮,要有耐心,要慢慢地来,什么意思?说白了,我们的人生都像这开着盖的装着水的水杯,哪怕是落上几粒灰尘,如果你没有定力,你老摇晃它,你天天在摇晃,这整个杯子永远都是浑浊的。你说我们心情烦躁、情绪暴躁的时候,不就像摇晃着落了灰尘的水杯吗?所以越遇到事情的时候,越要让自己先静下来,静之徐清。说白了我们现在算是不幸,却也算是有幸。我们现在可是生活在历史上最浮躁的一个时代,中国人从来没有像现在这样浮躁过,因为农耕文明培养出来的这种文化,它是慢节奏,能够找到让自己静下来的机会。

可是现在呢?穿上红舞鞋的就好像是我们中国人,每天在不停地奔跑,所有的事情都在不停地加速,我们天天忙忙乱乱的,真的就像风一样,飂兮无所止。所以在这种状态下,我们要不能找到让自己宁静下来、安静下来、冷静下来的方式与方法,我们真的就跟这个被不停摇晃的落了灰尘的水杯一样,永远都是浑浊的,所以我们要有定力,要学会沉淀。古人不也是这样说的吗?想要拥有远大的智慧吗?宁静以致远。大家读《三国演义》,《三国演义》里边一个被塑造成偶像的人物——诸葛亮。门前的草芦里边挂着一副对联:"淡泊以明志,宁静以致远"。诸葛亮还有一篇文章叫《诫子书》,告诫他的儿子,里边也引了"非淡泊无以明志,非宁静无以致远"。大家就把这个版权送给诸葛亮,说这两句话是诸葛亮讲的。太晚了。其实这两句话比他要早得多。汉代初年有一本主要解读《道德经》的著作叫《淮南子》。在《淮南子》里边最早讲的这两句话，原话就是：非淡泊无以明志，非宁静无以致远。想要拥有远大的智慧吗？那就要宁静以致远。其实我们每个人遇见事的时候，都要有一种让自己能够先暂时安静下来、宁静下来冷静思考的时间，这样就会避免很多的小事情最后酿成大的事故。

你比如说，我们现在有一个词叫"路怒客"，这个时代确实是有意思，这路怒客，男的怒，女的也怒。路上开车的时候稍微有一点什么不高兴啊、碰啊，双方就开始这样摩擦冲突，粗口相向甚至拳脚相加。昨天我看见一个报道说，有个人要超车，前面人没让他超，从收费站出来之后，他一百七十五秒连别了对方很多次，那个被别的司机，他们家还以为遇到什么碰瓷的了，这人后来逮到了，说罪名成立要判上三年。你说这何必，就为了这一点小事，觉得自己不能够受这一点点的屈辱，你看最后酿成这样一个大的事情。所以我们遇到这个事情的时候都要有一种方式方法，让自己能够暂时地宁静下来、安静下来，哪怕你只问自己几个问题，我要不要动手？我动手的后果是什么？有没有别的解决方式？你哪怕就问这样几个问题，就暂时冷静下来么一两秒，你看这情况就有可能完全不同，因为人在那种焦躁、暴躁、狂躁的时候，谈不上一点智慧，在那种火头上、气头上做的很多的事情，过后我们自己都很难想得通　那个人恐怕不是我吧？事实上很多事情就是这样。

很多学生回来之后，他们就会问老师，你什么时间上课，我去听课。我说这段时间没课，他说那你看哪个教室里的课可以听，我去听一下。后来，我渐渐明白，他们的一个想法、要做的一个功课就是想重新坐到教室里边，听一次课。是谁的课倒也无所谓，因为教室这种书声——读书声，那种讲课的氛围，是能够让人自己的心灵静下来的一个重要的方式。我们经常说"我心不安"，就处在这种焦躁状态，狂躁的一种摇摆的状态。所以我们叫安心。人这一辈子就是求心安，有了能够让我们安静下来、宁静下来的地方，就是我们安心立命的地方。所以我们说"孰能浊以止"，四个字是答案——"静之徐清"。人有了这个静，做事情，他就不会轻浮轻率。大家看第二十六章，我们只看开头这两句话"重为轻根，静为躁君"。我们做事稳重了，那就能够控制住内心的轻率轻浮——重为轻根，根本，根源。你怎么才能做到这一点？这个东西我们讲，"内圣才能外王"。这个东西表面的稳重，装出来的不算数，他得有心理基础，得有根本，重为轻根。我们的心理状态要具备的是"静为躁君"，拿我们安静、宁静、冷静来控制住我们的急躁、浮躁、暴躁。君，领导、控制、掌控，重为轻根，静为躁君。所以我们做事情不可以轻率、轻浮，可是这都是说起来容易，你得有因才有果，水到才能渠成。

所以静之徐清，这是我们要努力达到的一种修养，是我们要练的一种本事。我们经常讲某一类人泰山崩于前而不变色，不临大事而苟免——这些人能做大事。我们也知道，这是需要我们平常磨炼。第十五章我们现在是讲到了"孰能浊以止，静之徐清"。下面这句话，"孰能安已久"，你现在已经心安了，静下来了，怎么样才能够让你这种静下来的状态保持长久？小孩你给他规定好，坐五分钟，他能坐下来，但他心里是焦躁，老东张西望。坐着听课，坐下听一会儿就听不下去，感觉到焦躁不安。怎么样才能让心安持续呢？长久呢？安已久呢？你看又是一个反者，道之动的思维——"动之徐生"。你得在这种动态之中才能把你练出来的静的本事显现出来，磨炼出来。这个讲的是什么？你们不要干扰我，我要闭关了，我要静上三天，坏了，当你强行让自己静的时候，其实心里已经就是不静了。不是吗？明天要考试了，我静下来告诫自己，明天这事重要，我今天早点休息，你们都不要打扰我，我明天要考试了，坏事，躺在床上就睡不着了。你就跟平常一样，看不出来有什么特殊，这就是平常心，反而这平常心它就有这种日常持久的意思。怎么样才能够安以久呢？"动之徐生"。你要在这种动态下才能够使它生生不息。

我们这代人——还有比我们更小的,都有一个大的问题,什么问题呢?面临着中考也罢,高考也罢,家里边的大人就会把电视机声音关得很小,天也不聊了,话也不说了,看电视都没声音,在那儿看字幕。小孩在那儿学习呢,不能干扰。一有点声音小孩说别吵了,我明天考试考不好就怨你。把人吓得,是吧?家长都被绑架成这个程度了。坏事了。这样给他培养出来的读书的氛围,持久不了。为什么?因为他没有这个动态,没有在一种动态中、在一种噪声中宁静下来的本事。所以你看毛主席看书,他跑到车站去看书,周边都是人,是吧?周边忙忙乱乱的时候对我没有影响,你练出这种本事就不得了了,这个才叫"动之徐生"。所以南怀瑾先生说的一句话我是非常同意的,他说现在很多修道的人,太着重于这个形式,强行使自己在那儿坐禅,坐多长时间给自己先进行规定,其实这样往往很容易走火入魔。因为越是在这种静中练出的本事,它才不静,在动的时候练出来的这种静的本事才能长久。所以我们经常会说读书只是为你提供了一个条件,真正你要练出这样的一种良好的心理素质,一定得在事上磨。书里讲的道理,你不仅是知之,而且能够行之,知行才能合一。"孰能安已久,动之徐生"。后边还有几章也在讲这个事情。某一个重要问题,大家心里觉得这个问题讲得好,可是为什么到这个地方没有讲得多呢?别着急,其实整本书就讲了那么几条原则。可是如果一开始就把这几条原则列出来了,那就太枯燥了,孤零零的。你把这些章节读完了,你再一回想,原来这么多章讲的就是一个道理。你觉得这个事很重要,在后边还有章节会涉及,这都是一个循序渐进的过程,不用着急。

"保此道者不欲盈"。懂得这个道理的人,你看他都是这样的,讲一个相反相成的思维方式。所以现在你要是想让自己获得更多,你应该有一个什么样的认知呢?领悟了这个道有什么认知呢?"事勿求满"——不要求全责备,不要求完满。我们在第九章里边讲过,"持而盈之不如其已"。"盈"就是满。懂得这个道理的人，有收获的时候就高兴，不要今天听完课说，我原来设想我应该收获这么多，现在才收获这么点，这老师不是胡来吗？可是有的人不这样，有的人在听完之后，他只说这一句话，我觉得太好了，这就是今天我有了大的收获——"保此道者不欲盈，夫唯不盈，故能蔽不新成"。这个"不"，不是"不"，是"而"字。以前的书，不管是拿毛笔抄，还是拿这个刀在竹简上刻，有些字，别人往下抄的时候，因为字形相似就出了问题。

以前"而"和"不"很像，这个地方，正确的文字是"蔽而新成"。保此道者不欲盈，所以有的事情你得到了，但是你觉得这个东西该舍掉了，为什么？要腾出更多的空间。虽然我们说人的心像大海一样，但是大海你把什么东西都塞到那里边，它也受不了。有的东西过了，把它舍掉。蔽而求新，舍蔽而求新。你不欲盈嘛，没有被塞满它就好办，我们余出来空间才能装更多的。所以我们经常说我这心里被堵得满满的，这是我们经常用的词。你看现在我的心里一点都不透亮，一点空隙没有，你看讲的都是这个意思。所以越不欲盈，越不求多，少则得多则惑，这样才能蔽而新成。很多旧的东西才能换新的，用《易经》的鼎卦的意思来讲就叫"革故鼎新"。

十六

致虚极，守静笃，万物并作，吾以观复。夫物芸芸，各复归其根。归根曰静，是谓复命。复命曰常，知常曰明。不知常，妄作，凶。知常容，容乃公，公乃王，王乃天，天乃道，道乃久。没身不殆。

——《道德经》

译文：

尽力使心灵的谦虚达到极点，使生活清静坚守不变。万物都一齐蓬勃生长，有道之人在纷繁中考察其往复的道理。万事万物纷纷芸芸，各自返回它的本根。返回到它的本根就是清静，清静就能使生命复归而再次续命；复命续命就是自然，认识了自然规律就叫作明智，不认识自然规律的轻妄举止，往往会出乱子和灾凶。认识自然规律的人是宽容的，宽容才会坦然公正，公正才能内圣外王，内圣外王才能符合自然的"道"，符合自然的道才能长久，终生不会遭到危险。

现在来讲第十六章。第十五章告诉大家什么呢？其中有一件事情他要拿出来进一步说。因为老子原来这个书是没有分章的，都是这样顺下来写的，写的时候恐怕会一气呵成，所以前面他觉得讲完这个事，还没有把他重要的事情说透，就在第十六章再继续讲。前面讲到了两个事，一个叫"旷兮其若谷"，一个叫"孰能浊以止，静之徐清"。现在开头这六个字，大家看就把这个内容提出来，再继续深入说明。所以我一直跟大家讲，哪一章读完之后，你觉得哪一章非常感兴趣，你觉得还没有听过瘾，没有说得透彻，别着急，下面就来了。"致虚极，守静笃"。前面不是讲了旷兮其若谷，讲虚怀若谷，你能不能做到这一点，这个世界虚到了极点可就大象无形了，那就跟道一样了，你的胸怀能不能这样？到了这个状态的时候，当然就能宽容很多，也能够静下来思考问题了。

致虚极。太极的极，无极的极；守静笃，笃就是非常。到了虚极的时候，也就是静到极点的时候，真的，这个静到极点，不是说枯木死灰，它是指心灵状态，哪怕这个人还在这儿手舞足蹈的，但他心灵可能是宁静的，所以真正地到达一个安静。这个"安"用得好，心非常安稳，那么进入这样一个非常宁静的状态。"致虚极，守静笃，万物并作，吾以观复"。万事万物一起生长，这个世界，万事万物这么纷繁，怎么观察？乱花渐欲迷人眼，怎么观察呀？一个字，复，复就是反复不断。所以大家知道《易经》里边就有复卦，就一个阳爻，其他都是阴爻，这就是我们经常讲的一阳来复。农历一年十二个月，开端叫子月即十一月，一般在历史上这个阶段，阳气渐升，慢慢地就开始多了，在注解"复"的时候，有一句话非常有名叫："复，其见天地之心乎"。我们不知道天的心是怎么长的，天有心吗？如果有，天心是怎么长的？怎么去了解？这个人就讲，就拿这个复，能看到世界变化的最根本的规律。这个世界变化的规律就是复归。所以我们经常说，其实人来源于尘土，复归于尘土。你看用的是"复归"。"鬼"这个字原来并没有贬义，鬼的原意，就是"归"的意思，归去的意思。"生者为过客，死者为归人"——死了就是回家了，复归于原来的地方，来源于尘土复归于尘土，从这个角度你来观察这个世界最深层的奥妙，所以，"万物并作，吾以观复"。规律是怎么观察出来的呢？就认为它有重复性，它反复不断地出现，那个因素一具备的时候，这种情况就出现了。所以人怎么认识自己，你看这些东西出现的时候，我就开始出现情绪反常，我得把这些因素给避免掉。我就知道怎么样来掌控它，怎么样认识它之后来利用它，那好的方面我怎么样让这些条件具备，让我这高昂的状态、积极的心态能够得以恢复。所以我们经常用这个词就叫恢复。万物并作，吾以观复。

下面这个话讲得可太棒了，"夫物芸芸，各复归其根"。我们经常用一个词，大家觉得好像是贬义，叫"芸芸众生"。我们大家都像芸芸众生一样，大家有没有看到"芸"字怎么写？上面是个草字头，这芸芸众生就讲生命都像草一样。你看这个草怎么反复的，到了冬天的时候就干枯了，在地上被雪覆盖了，到了春天，发芽了，绿了，重新生长。一年一年皆是如此。草之生也柔弱，其死也枯槁。等它反复不了的时候，那就已经是结束了。所以我们经常讲一句话叫"天涯何处无芳草"——生命力太强了，一年一年反复。所以我们说树也叫"年轮"，一轮一轮这样地生长，树的生存的状态是曲线状态，所以它有一个反复不断，就像我们经常讲的叫螺旋式上升，波浪式前进，仿佛回到出发点的运动。大家想一下，不是这个道理吗？不管我们在这世界上拥有多少，最后都跟计算器一样，一按又归零了。我要早想通这个问题，反正人到最后也皆是如此，最后都归零了，前面要这些干吗？这个奋斗都没有意义了，不！大家知道重要的是过程，哪怕最后结局是这样，但这个螺旋式的波浪式的奋进的过程，就是人生的意义。

所以你看下边这话，"各复归其根"。这个"根"很多人为什么不能理解，就是因为他没有看到前边芸芸这个词，大家生命都像草一样，到最后都复归到草根上。哪怕今年长的这些绿的东西最后都没了，可是根在。"野火烧不尽，春风吹又生"。我们认识这个草是认识它的外表吗？是认识它那个根，这个根在，生命就在，生命力就在，这才是它生命的本心。复归到这个事情里去了解，所有的事情不要只被它外在的表象所迷惑，我们要复归它这个根本。所以现在有一个词大家经常用，叫"草根"，不仅形容它比较低，而且还有一点——生命力旺盛。怎么样它都保持它的顽强的生命力。

"夫物芸芸，各复归其根，归根曰静"。这有两层含义，一个就是事物归到它根本的状态，它就找到了它的本来，它就宁静下来了。所以禅宗里边经常讲，我们的本来面目是什么？为什么？因为有的人后来膨胀的时候就忘了自己的根。大家不都跟草一样吗？长得多了一点了，就丰满一点了，旺盛一点了，就好像觉得自己不在此列了。我是个大树，我这怎么怎么样，无限膨胀。这样就静不下来了。你说这一个人整天端着架子，整天老觉得自己比别人高多少，自己也得累死，别人也得累死。所以你看一归到根本的时候，就静下来了，归根曰"静"。

另外一层意思是什么？我们要懂得这样看问题的一个方式，就是静观。这两个字太好了。"万物静观尤自得"。万事万物你静观的时候，你能看到它的本质，出了问题的时候，静下来看，能找到解决问题的方法。所以"归根曰静"，不管是认识的方法，还是生命的本来的状态都是这样。下句话是什么？"是谓复命"。这个话的深层的含义是什么？就回到了种子状态。其实草有草籽，庄稼也都有种子。你说我们的本来面目是什么？其实很伟大的生命，都来源于那微小的不起眼的种子——真正能想到这一层的时候，我们很多问题也就想得清楚了。比如说有的人劝那些想要放弃生命的人，这个世界那么多的生物，那么多的物质，我们能有生命，这已经是多艰难的事情了，多不得了的事情。这么多生命中，我们又能托生为人——这更伟大，更应该珍惜。其实人走的每一步也都非常艰难，让我们的生命能够走到十几岁、二十几岁、三十几岁、四十几岁，你想这得是多伟大多不得了的事情。怎么去想呢？你看我们最早都来源于那么微小的命运的本来状态，就像一粒种子一样，是谓复命。了解这一点，我们在看问题的时候，很多问题就会豁然开朗。

所以老子把问题给我们说到了极点的时候，他就说，你了解到这一点，就了解了事物的常态，也就了解了事物的规律。大家知道在《道德经》里边排在前三位用的字是什么？"道""德""常"，经常的常。这个"常"字在咱们文化里边很早就进入哲学领域，荀子有一篇哲学论文写得非常棒，就叫《天论》。开头的第一句话就是："天行有常，不为尧存，不为桀亡。"这个世界有它自己的规律，它不认为尧很善良就为他而存在，也不认为夏桀很残暴，就为他而灭亡。不为尧存，不为桀亡。你看现在我们用的"新常态"也是这个常，所以这个常它代表着日常，也代表着经常。日常它就跟我们很近，经常它就是规律。所以这个"常"就是常态也是规律的意思。你了解了"归根曰静，是谓复命"，了解了"复命曰常"。你了解到这个事，我们这样面对面坐着，你要这样想：你说这个人最初是什么样子呢？真的就像种草一样来源于一粒微小的草籽。这个人现在能把自己创造成这个样子，不管别人说什么，都是多伟大、多不得了的事情。

既知道它伟大又知道这是一个常态。了解了这一点，"复命曰常"，复归到那个时候我们才能看清楚这一点。了解了这个规律，我们就是明智的，就是明眼人，"知常曰明"。了解这一点，那就是明眼人、聪明智慧的人，就是会有生存的伟大动力的人。

了解了这一点，我们就了解了天地万物的伟大，了解了这个道。原来我们都是在道的呵护下这样不断地生长，"复命曰常"，"知常曰明"，明智。了解到这一点的时候,大家看后边这一段话的推论。我现在看这些字没有什么生僻的字,其实这个"不知常,妄作,凶",不属于这后边的推论,但是我觉得这一段让大家读一下,因为我觉得这六个字对我们来说是一种警语。我们不了解这个事物发展的常理,不了解它的规律,瞎折腾、胡折腾,结果是非常糟糕的。我这人很有激情,我这人很有热情,我想做大事情,我天天都在忙。别着急,先静下来想,我们做这个事情符合不符合规律规则,因为磨刀不误砍柴工,我们了解了这个"常",我们做事情才能取得真正的成功。

顺理而为,顺势而为。你看我们中国人讲这个道理,这个"理"字大家有没有发现是怎么写?它是一个玉字旁。你改玉的时候,琢这个玉的时候要顺着玉的纹理来。顺理而行。不了解这个,"妄作",结果就是非常糟糕的。我们有一个非常有名的话叫"人定胜天"——不能否认,这在一定条件下它是有其合理性的。可是在根本的条件下,大家要警惕它带来的巨大负面作用。人定胜天忽略了一点——如果我们对天的胜利是违背了它的规律、规则的,是违背了常的基础之上的——不知常,妄作。我们对自然界的每一次胜利,自然界都会以更大的惩罚报复人类。我们经常在讲要保护环境、保护地球,它用你保护吗?你要保护的是你人类,你保护它干吗?它根本不需要。是你人类违背了它的规律,你最后会导致它的惩罚,你把它破坏了,对它来讲,它无所谓,倒霉的是人类自己。是你"不知常,妄作,凶"。对于人类来讲,不单是人和自然的关系应该和谐,人类社会本身很多的妄作也会带来这样的一种结果。

下边这一段推论太妙了!下边这段推论在讲什么?这里面核心的一个字就是"王"。有的也把它注音叫"旺"。就是你这样做,你事业才能够旺盛发展。因为大家注意士再往上努力一层的话,士上边再加一横就是王。你要想做到这样的一个高的位置的时候,那要求就更高了。所以大家看下面这一段是一种连续的推理。你知道这个最后事情能够达到一种什么样的结果呢？"知常容"。你了解了事物的规律、规则，你就胸怀宽广了，就旷达了，你就宽容了。很多的事情也就想得通了。风吹到墙那它是过不去的，就堵在那地方就流风回雪。但是在山谷里边就没有问题，它容纳得了，有这样非常宽阔的旷达的胸怀，它一吹可以就过去了，它能容很多东西。"知常容"。有的人这个"容"是假的，为什么？有的人不是胸怀广，他是要装着旷达，有的人心里天天很委屈，心里天天在落泪，可是还要装作有笑容。坏事也，最后不出现问题才怪。真正的旷达，这个笑容，这个心里的坦荡是自然而然的。是对事物的规律、规则、常理的了解，对规律、规则、常理、常态的了解，所以"知常容，容乃公"。你有这样的一种旷达，什么事情也能够容人、容事、容言，做事情才公平正义。所以这是对个人来讲，知常容，容乃公，公乃王。有了这种做事的公平正义，你才能成为一个真正的好的领导者，或者说你把它解释成"旺"也行——这样你的事业才能够更加兴旺发达，按照这种方式做事，才能符合天道。"王乃天，天乃道"。你这样就跟天的精神世界相衔接了，所以我们中国人经常会讲，人生于天地之间，或者如第二十五章所言，人法地，地法天，不都在讲这个意思吗？

其实世界上的大的道理已经在天地之间包含了。地的道理是什么——厚德载物；天的道理是什么——自强不息。所以你按照这样的一个做法，就符合了天的精神，符合了天道。"王乃天，天乃道"。符合道了，做事情就可以长久、持久，就可以保持，道乃久。道乃久是什么意思？我们在上次讲课的时候曾经说过，在老子之前一百多年，还有一位在中国历史上很有名的人物叫"管仲"。管仲在《管子》这个著作里边就讲到，其实我们做事情也是这样，顺天道者虽小必大。符合天道的，哪怕一开始事情做得很小，但是这个事业会越做越大，逆天道者虽成必败。不符合这个道理，哪怕是你做成了，把事业做得很大，它也会在瞬间垮台。为什么让你做得那么大？你说有的人那么坏，运用那么多的丑陋的方式，不择手段做到那么大，做那么大干吗？是等他从那高处跌下来，不符合天道者虽成必败，等你把事情做大，从那高处跌下来，这一下子就彻底万念俱灰了。所以这个大家做的事情觉得心里坦然坦荡，顺应天道、顺应这个天理、顺应这个常，虽小必大。哪怕你一直觉得这自己事业很小，但是起码在心里边留下那样一种安静，那样一种安然，那样一种安心。这就是大的事业。

所以，庄子在《人间世》里边曾经讲过一句话，叫"绝迹易，无行地难"。迹象的迹，你做了什么事情，你把这迹象都擦掉很容易。就像小偷偷东西戴着手套一样，所有痕迹都没留下，指纹没留下，但是在心里这个痕迹你能去掉吗？你做了好事情心里是那种坦然坦荡，那种安静愉悦。别人做了坏事情的时候，你看他心里边那种对自我的谴责，在心田上留下的那种痕迹能够绝掉吗？"绝迹易，无行地难"，这个"地"就是心田。我们经常说心田，你在心里边觉得真的很难。所以这段话里边是一个连续的推理，说你怎么样才能做到这一点。从这个句式里边你也可以知道，老子讲话的逻辑，你要把他的逻辑理清楚了，你觉得他是一环扣一环，"知常容，容乃公，公乃王，王乃天，天乃道，道乃久，没身不殆"——终生不会遇到危险失败。要的就是这句话。我没有做成什么事情，没有像人家做出那么大的事业，无所谓。按照这个去做了，虽小必大，小也是大，没身不殆，不会遇到这种危险失败。所以我们觉得第十六章，从前边草的形象到后来这个王字，到后来没身不殆，我觉得写这个的时候他肯定是感情很充沛的。因为像我们搞辩论的都知道，这种连续的推理，这个非常有力量。

十七

太上，下知有之。其次，亲而誉之。其次，畏之。其次，侮之。信不足焉，有不信焉。悠兮其贵言。功成事遂，百姓皆谓"我自然"。

——《道德经》

译文：

最有领导智慧的叫"太上"，他做到上无为而下有为，下面就知道有这个人一切顺理成章；第二等的有为担当，得到了下面的喜欢赞誉；第三等的是严厉严酷，让大家害怕；最差的领导者最后的结局是大家一起反对之、羞辱之。所以领导者应该用人不疑，疑人不用。自己做得很轻松，也很少发号施令，该做的事业做成了，像道一样把自己隐于功劳的背后，让百姓都说是我们一起同心协力，一起把事业做成的。

第十七章好，为什么好呢？因为我前面讲的事大家未必认同，你说《道德经》，针对的一大类人叫作"士"，领导这些做事的人叫作"王"，是主要领导者管理者，家里边也一样，谁是家里边真正的家长，家里的王嘛。那么对这类人讲话有一个问题一定要给交代，什么情况下才是做得最好的？比如说这国家的领导人，我们怎么样判断国家的领导人，他做的事在领导者的境界中、智慧高低的评判中在哪一层呢？对吧，练"乾坤大挪移"还有好几层呢，练到哪一层境界了呢？达到哪一个水平了呢？这个事他既然是给这些人讲的，肯定得告知，怎么样才算做得最好？我到底是学霸还是学渣，怎么来评判这个层次，第十七章就这点讲得妙。第十七章讲什么呢？就是讲领导者的层次与境界。士也罢，王也罢，讲这个境界做到最好是什么样的程度。

所以这章劈头盖脸一开始就讲"太上"——水平最高的。大家想，"太上"是不是一个非常高大上的词？太上皇，都是被这个词给拐带了。咱们中国的很多词大家不能这样望文生义，大家理解的一个秘诀是什么？就是你要把这字拆开，你看咱们中国人最会组合，把什么东西都能组合到一块。你看人家西方人吃猪蹄、青菜，猪蹄是猪蹄，青菜是青菜，然后把它们放到一块端上来——咱们中国人可不这样。咱们中国人要把很多菜，把各种各样的东西都给放到一起组合在一起。文字也是这样，好多字它都组合到一块的，所以大家把这个"太上"拆开，这就是一个逻辑叫"太上"。怎么样才能"上"，你得先了解这个"太"。在咱们中国的文字中，"大"已经就不得了，伟大、壮大、强大，反正大已经就不得了了。可是大家有没有发现比这个大多一点的，更有力量的，比它还强一点的，就是这个"太"。不过你要注意，只有把这一点放在下面才能称其为太，放到上面就叫犬。所以这个告诉我们一个什么道理呢？善于处"下"，越是位置高的人，越要懂得处下，越要谦逊、谦让、谦虚。它讲的是这样——你善于处下才能真正居上。所以在咱们中国文字中，从古到今有两个字，我觉得没有哪两个字比这两个字对咱们原来文化智慧继承得更多了。这两个字就叫"太太"。怎么做太太才能在家里真正居于领导者的位置，抢是抢不来的，硬抢来也不算，太太善于处下。不是用那种呼三喝四强硬的态度才能做好这个位置。所以善于处下才能真正居上，这是先给这些领导者讲的，坐这个位置先讲的，太上。

比如说有一类领导叫"处长"，大家有没有琢磨过这个"处"是什么意思？善于处下的位置才能真正地往上走，所以善于处下才能居上。那么到了上的位置了，你看又往下走了，最好的领导做到什么程度——"下知有之"。下面就知道有你这个人，你名气没那么大。为什么？因为你不是什么事都管，你不越自己的边界，你只把你该坐那个位置的事情做得非常好。我们前面讲过道落实到现实中的含义，方向、目标、规则、境界、边界、底线，把这些重要的问题给大家弄清楚——方向目标，大的问题制定好规定好，规则制定好，底线告诉大家，其他的事不该你管的，你不是什么事都插手。有的人就经常这样讲，我这单位没我不行，一定垮台，根本没那个事。你把自己看得太重要了，而且你这样做会把自己累死。因为很多的事情，到你这个位置的时候，有些问题你不去管比你去管反而更好。

太上，下知有之——这就是道家讲的无为而治。该为的部分你为，不该为的部分你不什么事都管，什么事都插手，没你不成。我有一学生在麦肯锡，有一次他就跟我讲，他说我们根本就不知道麦肯锡的那个头是谁，反正他制度什么的都规定好了。一切都是这样。谁上来谁下来，问题不大，顺理成章。所以太上做领导做到这个位置就是这样。你在不在都一样，一切顺理成章。这事挺妙。怎么样才能做到这一点，这只是个概括，后边有没有对这个问题的进一步说明？因为大家很想了解一下，这样做领导多好，这样做家长多好。在不在都一样，一切顺理成章，那不是没了我就不行的，是吧？你自己做得那么轻松，别人也感觉到不累，压力不大。怎么样才能做到这一点？

第六十四章里边有一段话，我们大家都非常熟，叫"合抱之木，生于毫末，九层之台，起于累土，千里之行，始于足下"。我们要的那两句话在这段的前面。大家看这两句话，第一句话叫"为之于未有"。你不能等事情出来才仓促应付，做事情得有预见性，我们把它叫作未雨绸缪，凡事预则立，不预则废。做事情的时候，事情还没有出现，你能够预见出来，而且你还能够知道怎么去应对，"凡事预则立，不预则废"，所以"为之于未有"。这个事情还没出现，你已经开始对这个事情有防范有作为了，该帮助的帮助，该防范的防范——"为之于未有"。这句话再往后推，是我们关心的叫"治之于未乱"。韩非子在解读这句话的时候讲了一个成语，他讲的这句话后来成为我们的一个成语，叫"千里之堤溃于蚁穴"。大家想，为什么不早点把那蚂蚁窝堵上，否则何至于酿成以后那种崩溃的结果，决堤的结果？可是大家注意这个地方，我要讲的是什么呢？把蚂蚁窝堵上的那个人，没有多少人感谢他的，大家都不知道这个事。你看要发大水的时候，河决堤的时候，谁上去英勇救人，大家对那人印象深。至于堵蚂蚁窝那个人大家不在意，不注意，可是有没有发现，这个才是真正有智慧的——"为之于未有"。就像我们说，早点把这苍蝇消灭掉，你现在消灭一个，等于夏天的时候消灭"一盆"，这个祸患从很小的时候你就把它去掉，后边哪有那么大的危机和结果？"治之于未乱"，真正乱起来，它治起来就麻烦了。

两个例证再给大家说明一下"下知有之"，有的本子干脆叫作"不知有之"。大家就在这争论到底是"下"还是"不"，这两个到底有什么差别？没什么差别，它讲的意思都是一样的，管你是下知有之还是不知有之，它讲的意思都是一样。

两个例证。第一个例证是晏子。原来齐国的小个儿宰相晏婴，有一次晏婴出行，赶上发大水，把他们齐国的桥梁给冲垮了，晏婴就把自己的船让给了灾民，大家都赞扬他，晏子太不得了，他这人太有爱心了。结果齐国有一高人就批评晏子，说晏子你这人失职，你作为齐国的宰相，连发大水能把桥冲断这个事你都没有预见出来，你都没有提前做防范，你失职。这个批评太深刻了。等到乱的时候，你做这样的事情，其实跟你的位置是不相吻合的，你应该自我检讨自我批评。

第二个例证就是大家熟悉的秦越人，中国古代著名的四大医圣之一的扁鹊。我们就不说了，病入膏肓那个例子，这个故事大家都知道。所以在有病的时候，开始的时候，那很好治，到最后病入膏肓的时候，那就麻烦了，已经乱了就难治了。我说的是他另外一个例证。有一次扁鹊的领导问扁鹊说，扁鹊，你看你的名气也太大了，你是不是天下医术最高的？扁鹊说不是，起码我大哥我二哥比我的医术要高得多。这个领导觉得很奇怪，说你大哥、你二哥是谁？他如果医术高怎么我都不知道。扁鹊说你看，我大哥我二哥名气不大，是因为他们治病的方法。我大哥怎么治病的，人家还没病，他告诉人家怎么预防不得病。是不是"为之于未有"？不得病，当然这样的人没多少人感谢他，大家没有得病也不认为是他的功劳。实际上是预防为主——"为之于未有"。我二哥怎么治病呢？他医术稍差一点，他看人有一点小病，马上就把他的病治好了，不让他酿成大病——"治之于未乱"。我名气为什么大？找我来看病的人都是病得快死的了，我治了几个不就名满天下了，可实际上我大哥我二哥比我医术要高得多。实际上讲的这个道理都是一样的，所以你看最好的位置，"太上，下知有之"，或者干脆叫"不知有之"，都没什么差别。

那第二等的是什么样？"亲而誉之"。这个大家知道，你要想大家赞扬你，觉得你很亲切，那你得走到大家身边来吧？你得身先士卒吧？你得对大家非常好，对大家非常人性化吧？大家才能亲而誉之——经常被赞颂的一类领导。亲而誉之，也不得了了，就现在来讲也是个奢侈品。但道家认为这已经是第二层了，为什么呢？因为你这样把你有的精力分散了，很多你自己该为的事情，主要该为的事情，你没有充分的时间去做。最可惜的是，这类人经常提前让自己鞠躬尽瘁了，夜以继日，废寝忘食。你看这些词都连到一块。所以道家觉得这个也不好，那也是一个巨大的损失，所以第二等亲而誉之。

第三等的是什么样呢？"畏之"。反正也没别的办法控制，我给制定严刑重罚，我坐这个位置是不是你们都不服啊？但是权力在我手上，我给你们制定严刑重罚，我才不管它合理不合理，那又怎么样？历史上还有比秦国法律更严酷的吗？满大街都是被砍断手脚的人。咱们拍的电视剧对大秦帝国潜意识里边颂扬的成分多了。秦国当时建立的法是恶法，稍微犯一点小错误，那惩罚无比严酷。你想想秦国当年才多少人？修秦皇陵的时候五十万人，五十万囚徒，你看那么严酷不也才维持了十几年吗？你单纯靠这种严刑重罚，又不管它合理不合理，只一味地高压，除了让大家害怕，没有别的，畏之。

最糟糕的就是"侮之"，第四等的侮之。什么也不管，什么也不顾，胡作非为，最后大家起来把他推倒，推翻，侮之。就像商纣王一样，最后在鹿台自焚了。这是四个层次。

事情成了，大家都怎么说？比如说一个领导者领着大家把事情做成了，我们要不要说，是你领导我们获得了伟大的胜利？谁这样讲，谁就没有真正领悟到领导的秘诀。它应该这样，"功成事遂"。百姓都说是我自然而然把这事情做成的，是我们的功劳，不是你指导的结果，不是你干预的结果。我觉得这个事情太妙了，就说，大家效仿天道是"功成而弗居，万物作焉而不辞"，不说三道四，该我承担的承担，但是事情成了我却不居功，是你们大家努力做成的，功劳是属于你们的——"功成事遂，百姓皆谓我自然"。怎么做妈妈爸爸不也一样的道理吗？小孩做成事了，不要说你看没我指导你不行吧，你这个笨蛋，还得靠妈妈，还得靠爸爸，坏事了,这小孩越来越没自信。做事,虽然有你的领导之功,可要说:这是大家的功劳啊!是你们自然做成的。所以我跟大家说,其实很多的东西说一千道一万,它真正核心的哲学道理,也可能就是那么一两句话。

这个是第十七章,第十五、十六、十七,这三章里边第十五章比较长,第十六章比较深刻,第十七章讲的智慧,对我们大家来讲比较有针对性。因为这个地方不单指做什么,所谓领导者不单指国家、单位。其实对一个家庭来讲,恐怕这个事情表现得更明显,对一个老师来讲也是如此。现在很多人都喜欢居功自傲,不管谁做成一点什么事,都希望人表扬一下自己,觉得这个事情是由他来主宰,你看没有我不成吧?我见过很多这样的人:你看那谁谁谁是我推荐的吧?你看那谁没有我当年起不来吧?你看那都是我学生吧?你看我不叫你,你不会来吧?你看这个事都是我组织起来的吧……我的天,这个场合里边也是别人都不能讲,就只能他一个人在说。行,这次大家来了,下次你再这样,大家来,大家一听说你在都头疼。"吾不敢为主而为客"——第六十九章这句话其实也是对这个观点的深入说明。"不敢进寸而退尺",以退为进,善于处下,方能居上。"悠兮其贵言,功成事遂,百姓皆谓我自然",把这个"我自然"加上引号,讲的就是百姓皆谓"我自然",就说他们自然而然把自己这个事情做成了。

十八 十九

大道废，有仁义；慧智出，有大伪；六亲不和，有孝慈；国家昏乱，有忠臣。

经典本：

绝圣弃智，民利百倍；绝仁弃义，民复孝慈；绝巧弃利，盗贼无有。此三者以为文不足，故令有所属：见素抱朴，少私寡欲。

楚简本：

绝智弃辩，民利百倍；绝巧弃利，盗贼无有；绝化弃虑，民复季子。三言以为文不足，故命之有所嘱。视素保朴，少私寡欲。

——《道德经》

译文：

大道荒废了，就有人站出来提倡仁和义；智慧、谋略、心机被推崇，就会有大奸大伪；六亲不和睦了，才会看出慈父孝子；国家昏乱之时，才会看出谁忠谁奸！

（为政者）弃绝智谋算计和巧言令色，对百姓是有百倍之利；弃绝投机取巧和功利之心，那么也就没有盗贼之行；弃绝虚伪和焦虑，百姓方能复归于孩童般真实。当然，仅仅以这三个方面作为规定条文还不够，还要经常有师来耳提面命地嘱托为政者：要内怀纯朴、表里如一，要减少自己的私欲清静为政。

*十九章系后学者借老子之名攻击儒家之语，属于窜入，故按楚简本重新梳理，正本清源。

现在来看第十八章。当年老子写《道德经》的时候，是用楚国的文字刻成的。这本书当时没名字，也没分章，是后人把它分成九九八十一章。所以大家一听就知道，这为了应九九归一，九九八十一。所以有的本来是一章的内容，比如说第十八章、第十九章是一章的内容，第二十章开头这四个字"绝学无忧"是第十九章里边的内容。河上公，汉初的时候，这个人年纪就蛮大了，这个人把它分章的时候，为了应"九九八十一"，第十八章、第十九章一章的内容他强行拆成两章，而且本来明确属于这一章的内容"绝学无忧"，他又给放到了第二十章。所以这本书，尽管我们选的是经典本，但它本身也有这种字数，有这种碎片化的倾向，大家要注意。所以，后来清朝的启蒙思想家魏源就把它分成六十八章，像这个都是合并到一块的。我们现在虽然用八十一章的本子讲，但要明确是一章的内容，我们在讲的时候也把它合并到一起。

这几章讲的事情是什么呢？大家知道老子讲两个字"道"和"德"，这两个字是有历史顺序的，因为按照老子的理论是，有"道"的时候，"德"就可以不用去管它，"道"没有了就得提倡"德"了，"德"没有了就得用"法"了。他说这是一个历史发展的进程，因为在当时老子就已经看出来了，叫"大道废，有仁义"。大道没有了，大家就起来提倡仁义了。道家对儒家的仁义之说，还是有看法的，但也不是绝对反对，为什么呢？没办法。越缺什么越提倡什么，这就是这两章的核心的逻辑。一个社会天天提倡道德的时候，证明什么？证明它道德已经滑坡了。一个社会天天讲要关爱妇女的时候，就证明妇女的地位出问题。什么时候三八妇女节取消了，那就说明妇女的地位真的提升了一步，什么时候教师节没有了，证明教师地位真正提高了。现在每年都过三八妇女节，每年都过教师节，就证明现在你还处在弱势群体。所以这个是老子的逻辑，就是说，按照历史发展来讲，有道的时候就不需要德，有德的时候就不需要法。这个德就是儒家的仁义，儒家的用法。你看不就是这样嘛，在战国时期大家都敬于气力，所以韩非子讲中古敬于仁义，就是春秋时候大家还讲仁义，现在敬于气力，就开始用法了，谁力量强，谁孔武有力，谁个儿大，那天下就是谁的。

这不就是一个逐渐衰落的过程嘛。西方有一种理论叫"黄金时代""白银时代""青铜时代""黑铁时代"。它是在讲历史发展的进程，一代不如一代，越来越衰落。老子的感慨也是这样，以前有道的时候不需要，现在大道废，有仁义，大道被废止了，没有了，所以大家开始提倡仁义。孔孟的仁义不行了，韩非子就提倡法，这是这个里边真正要表达的意思。所以"大道废，有仁义；慧智出，有大伪"。大家都讲智慧就是巧智，是挺好的，可是大家知道这人一有了智慧，觉得自己智慧高了，心眼多了，就开始想骗别人了，就开始琢磨别人了。很多懂得运用智慧来骗人的人，就成了最大的伪君子，包括历史上像王莽那样的，后人感慨："周公恐惧流言日，王莽谦恭未篡时。向使当初身便死，一生真伪复谁知。"现在我们说周公吐哺天下归心，当时很多人认为他就是抢周成王的位置嘛，就是奸臣。假使当时大家都骂他的时候，他没了，谁知道他是忠是奸。王莽当初未篡的时候，礼贤下士，所有的事情做得都非常的妥当，结果篡完权大家才知道他是一个什么人。所以这个事情"慧智出，有大伪"。这就是老子讲问题的方式，他说任何一件事情都有它的两面，你千万不敢说这件事情绝对好，或者绝对不好。就智慧这个事。大家都在努力地培养，让我们更有智慧，可是智慧的另一面不就是欺骗嘛。想骗人的人不都是认为自己智慧高超、能力超强嘛。慧智出，有大伪。

下边讲的这个就跟我们日常的关联比较密切了。"六亲不和，有孝慈"。如果大家原来在家里对长辈很好，对父母很好，都很孝，那提倡什么孝？大家都孝，提倡它干吗？就像我们经常说那句话叫什么？这是我应该做的，我们都应该这样。现在为什么提倡孝？为什么提倡慈？因为有的人他就不是慈父慈母，有的他就不是孝子，乱了套了，家里父母、夫妇、兄弟，六亲不和，才有孝、有慈这回事。"国家昏乱，有忠臣"，你看我们历史上那些忠臣，包括像岳飞，他们这些人，不都是在国家混乱的状态下显示出来的吗？天下和平的时候看得出谁忠谁奸呢？我们经常讲，你这黄金得靠火炼，这才显示出来的。重要的是他要讲的前面那两句。"大道废，有仁义"，如果真的大家回归大道了，仁义都是大家做的正常的事情，不用提倡，大家都是这样。"慧智出，有大伪"，大家都返璞归真的时候，互相以诚相待的时候，没有那么多的虚与委蛇，也没那么多的伪事了。

所以应该怎么做呢？绝圣弃智。大家知道三绝，在禅宗的话语里叫截断众流，这就是开头。就像霹雳闪电一样，我们大家觉得我们都应该向圣靠拢，向智者靠拢，向仁义靠拢，可你看这章的"三绝"：第一条"绝圣弃智"，把这些什么圣、智，这些他们提倡的东西，都去掉，大家不需要这个。"民利百倍"——真能做到这一点的时候，对人民来讲是最大的福音。"绝圣弃智，民利百倍。"第二条"绝仁弃义，民复孝慈"——不要提倡仁义。你一提倡大家觉得那个东西做起来很难，太高了，这是大家应该做的，日常就该为的事情，没有什么特殊的，这就是自然而然的事情。"绝仁弃义，民复孝慈"。他做到孝慈了他自己都不知道。这个就是日常应该做的事情嘛，大家都应该这样，不这样才不正常。正常现象，你一提倡不就是不正常了吗？正常现象，不这样做才是不正常的。又复归到了有道的时候，那种孝慈的状态。第三条"绝巧弃利，盗贼无有"——大家都不追名逐利，当然这是个理想状态了。让投机取巧之人无以可为，就像我们前面第三章里面讲的内容一样。你这样"使夫智者不敢为，则无不治"，现在绝巧弃智，让大家都不把这个当作一个该追求的目标，大家都不愿意这样做，这样做的人也没有立足之地。"绝巧弃智，民利百倍"。

有些话我们叫"惊人之语"。听了就觉得这个简直就是我们没有想到的。这在禅宗里边就叫"截断众流"。所以"此三者以为文不足"。这三者是:"绝圣弃智""绝仁弃义""绝巧弃利",是说这三者作为制度章程来讲还是不足以治国,因为这只是"破"。把这个仁义破掉,把三者破掉还不足,不足以治国,以为文则不足。我们讲以前这法令它是公布的,以为文则不足,还应该怎么样呢?"令有所属",还得找到正确的方向,让大家思想精神有个归宿。大家发微信时经常说,唉!心"哈"了。陕西人的这个"哈",就是"坏"的意思。"心坏"了——什么制度都没用了。所以先思想有所属,这是老子给提出来的正确的方向,后边这个是他针对上边提的内容,他给我们令有所属的方向,应该"见素抱朴"。

有个作家叫张炜,他的小说《古船》后来拍成了电视剧。《古船》里边有个人物,喜欢道家的思想,给他两个儿子起名就是"隋见素""隋抱朴"。魏晋南北朝的时候,道教里边的一个重要的人物葛洪,在杭州,自号抱朴子,他的著作也是《抱朴子》。屠呦呦,青蒿素的发现者,她就是从这《抱朴子》里边得到的启发。"见素抱朴"——很多人喜欢用这个来作为自己的座右铭,作自己的名字,你让大家回归到这种敦厚朴素之心,不要有巧智,不要很多花哨的东西,最后返璞归真,这是让大家另有归宿的两点,"见素抱朴,少私寡欲"。

道家是不是禁欲思想?不。道家是说现在我们其实欲望太多了,私心太重了。人都有私心,有欲望,但是不要欲望膨胀,不要欲壑难填,不要私利,什么事情都只考虑到自己的私心私利,所以少私寡欲。说白了,人生两种方式,要么你做加法,不停地增加增长,要么做减法。其实有时候我们的欲望少一分,私心减一分,幸福也多一分,它两个是殊途同归的。所以一个就是"见素抱朴",一个是"少私寡欲",还有一个"绝学无忧"。这不是已经讲了吗?绝仁去义,绝巧弃智,把这些东西去掉。前边讲的此三者,圣智、仁义、巧利,把这些东西去掉,那么就是令有所属,说白了就一句话，返璞归真，让大家心都回归简单而朴素。

这个问题，如果大家觉得讲半天还不是很透彻的话，我给大家说一个咱们关学的人对这个问题的领悟。陕西西安这一带的学问在历史上就属于关学。我们在历史上相当长一段时间是处在四关之中的，所以叫"关学"！函谷关，武关，萧关，大散关，处在关中。关学里边三个重要的人物，一个是宋朝的张载，字子厚；一个是明朝的冯从吾，冯少墟；一个是清朝的李颙，李二曲。张载讲的理论就不说了，大家都知道，"横渠四句"——"为天地立心，为生民立命，为往圣继绝学，为万世开太平"。张载认为天地其实都是一体的，所以"民，吾同胞；物，吾与也"。大家都是同胞，万物都是朋友，都是平等的。这是张载。

那么跟这章关联最密切的关学人物，就是明朝时候的御史冯从吾，他就在关中书院教学。关中书院是冯从吾建的。原来这地方是个寺院，就是现在西安南门文化一条街那个地方。现在门口不还是关中书院嘛，他就在宝庆寺讲课。你别看陕西人外表挺粗糙，但陕西人有一点——对知识很尊重，这是文化传统。所以冯从吾在宝庆寺讲学的时候，听者千人，后来这寺院装不下了。好朋友们和官府给他修了一个关中书院，在此讲课。冯先生对中国文化的领悟只概括为一百〇八个字，而这一百〇八个字，最后就剩下三句话了。冯先生认为古往今来的大学问，其实都不出乎这三句话。第一句话，"做个好人"。第二句话，"存点好心"。第三句话，"行些好事"。大家看，这里边没什么仁和义吧，没什么巧和智吧？这就是大家应该做的，你做个好人，身正心安魂梦稳。行些好事，天知地鉴鬼神钦。存点好心，行些好事。你看不就归到最原初的人的心灵状态，"见素抱朴"——朴素，"少私寡欲"。"绝学无忧"——不要学那么多，天天学这些东西，倒把人搞乱了！道家认为人的本心便是真心，人的真心便是朴素之心，人的朴素之心便是少私寡欲。这个是最大的学问，不要为外在的花花绿绿的、纷纷繁繁的那些学问所蒙蔽。

所以为什么大家读的书，到最后会"由博返约"，越读越少，其实到最后伴随着我们人生的也许只是那一两本书，也可能到最后只剩下一篇文章，也可能一生最后只剩下一两句话。真传一句话，假传才万卷书。所以我在前面说，不管这古代的先贤哪一句话打动了你的心灵，拨动了你的心弦，令你想要击节赞赏，深得吾心，一定要持而保之，那可能才是你一生与之相伴的、真正有智慧的、有价值的、有内涵的寓言。

二十

绝学无忧。唯之与阿，相去几何？善之与恶，相去若何？人之所畏，不可不畏。荒兮其未央哉！众人熙熙，如享太牢，如春登台。我独泊兮其未兆，如婴儿之未孩。儽儽兮若无所归。众人皆有余，而我独若遗。我愚人之心也哉！沌沌兮！俗人昭昭，我独昏昏；俗人察察，我独闷闷。澹兮其若海，飂兮若无止。众人皆有以，而我独顽似鄙。我独异于人，而贵食母。

——《道德经》

译文：

懂得道的学问就不会有那么多的忧烦了。真心同意与阿谀奉承，外表看起来能有多少差别呢？行善行恶又怎么能明确辨别呢？大家都敬畏的不能不去敬畏！这里面的智慧简直是没有边际啊！

宫廷里的人啊，都高高兴兴地去参加盛宴，去登春台赏景，我却独自淡泊没有一丝征兆，就像婴儿还不知道笑一样。风骨刚健地独自站立而不站到任何一队。众人都有可夸耀的富有，可我却感到自己有那么多不足。我是多么愚而笨啊！世俗中人都明察秋毫、斤斤计较，而我总是闷声不响、吃亏似无所知，淡定从容就像平静的大海，力量无尽就像无形的长风。俗人都好像知其所以，而我却似冥顽鄙陋的乡下人。我总和这些人不一样啊，我把奉养大道看作最珍贵的行为。

我们下面就来讲第二十章，得道者的自画像，或者明确地说，就是这位老先生的自画像。大家了解这一点，很多东西解释起来就相对来讲容易点，要不谁也不知道这一章在讲什么。先讲这是"绝学"，也就是高级的学问，绝学无忧，了解这个学问则是智者，智者无忧。按道家的说法则是有道者不忧。接着老子在这个地方讲说，"唯之与阿，相去几何！"我很认真地听，你讲得对。你讲得太好了，老师你简直就是大师。这个能听出来是真心钦佩还是阿谀奉承吗？语气都是一样，讲的话都一样，相去几何，这差别到底有多大？谁能够鉴别出来呢？"唯之与阿，相去几何。善之与恶，相去若何？"这个我们大家都知道，善恶，我们经常讲惩恶扬善，老子就讲善和恶这个事不也是这样吗？"相去若何"，也是想说"几"的意思，换了一个字意思都一样，这两者之间到底有多大差别？

我们以为自己做了一个善事：我看一个人走路跟跟跄跄的，浑身是血，帮他到医院了，然后这人走的时候我们还给人叫辆车，结果这个人是逃犯——我到底做的好事还是坏事？现在大家在街上开车，有很多人拿着布啪啪啪给你擦两下，然后跟你要钱，给，人得行善嘛，好家伙，每次都有人给他，他天天在开车的地方要，哪一天出车祸了，你做的好事还是恶事？这个东西你能够鉴别吗？你以为做了好事，也可能是祸事，那这事到底怎么办？你看一个人如果这样给大家讲，这样的人我们觉得很讨厌。说我今天做了个善事。你怎么知道是善事。我帮了一个人。你帮的那是好人还是坏人，你知道吗？

对于这个问题，老子给出的答案是"人之所畏，不可不畏"，这个社会有它一些规则，这是大家公认的规则，大家都按照规则做，你就按照规则去做。大家都说是黑的，那个东西是黑的，你非得说白的，你非得跟大家反着来，别人说什么你都好像高人一头一样，跟大家强辩，这样的人其实就不好了！所以我们经常讲顺应，叫作"外圆而内方"，叫作"与世推移"，"人之所畏，不可不畏"。大家都公认的事情，都遵守的事情，你为什么不遵守？我课堂上为什么要遵守纪律，你在这儿讲课，我在这儿玩了咋了，我自由我愿意。"人之所畏，不可不畏"——为什么要敬重父母，有什么可敬重的，父母照顾我们是应该的，我还不愿来到这个世界，让我来到这个世界受苦，我还尊重他，我不骂他一顿就好了。你这人不对吧。人之所畏，不可不畏。连这么一个思想高深的人，最后给大家的解决的答案都是这个，那你也就知道再没有更好的解决的答案了，不要老在这个事情上纠结，按照公认的规则来，你管他是好人是坏人。你觉得做了一件好事，当你不知道的情况下，你已经把善事做了，你的心里无愧嘛。

我觉得有一个故事对我影响很大。一个人走在路上的时候碰见要饭的，就施舍给他钱，旁边人说给他干吗，那是个骗子！然后这人说他是不是骗子，与我何干？我把我的事情做了。这是我的心里边散发出的一种善，一种能量。我做了，去追究那个有什么意义？

我们很多人做了善事之后还去"追究"。甚至有人没做，为了平衡自己，也要追究人家，去追究人家种种不足，种种不好、欺骗的行为，诸如此类。其实，这个做法不敢说不正确，起码是不厚道的。"人之所畏，不可不畏，荒兮其未央哉"。对吧？这个道理无边无际，没有尽头。不敬畏大家公认的划出的道。一直探讨下去，这个道理可是无边无际，也就是荒兮其未央哉！

所以有些事情我们要顺应常理，下边该讲他的自画像了，既然是这样的，那大家怎么做？我怎么做？"众人熙熙，如享太牢，如登春台"。"熙熙"就是欢乐的样子。大家都很欢乐，很高兴，像春天来的时候登台旅游一样，郊游一样，像享受盛宴一样。"太牢"——以前请客宴客的时候把那牛羊都关在那个圈里，关在太牢里，等祭祀的时候用，这个时候大家享受这个盛宴，别人都是这个样子，就像去赴宴一样，像登在高台上享受和煦的春风一样。大家注意，这个"熙"字非常有奥妙。本来这个熙字大家直接看了，好像是一个非常好的字，可是在中国文字里边，大家还知道一个词叫"熙熙攘攘"，"天下熙熙皆为利来，天下攘攘皆为利往"。在中国的文字里，这个字是吉凶各半，这并不是一个完全好的字眼。老子用这个字其实两边的意思都在，如享太牢，如登春台，我却非常淡泊，其未兆。兆就是兆头，我就淡泊，没有这个方面的表现，大家都很高兴，我没觉得高兴。哪怕他说他不去参加盛宴，没有跟大家一起登高台，其实隐含的更深意思是"其未兆"。我哪怕去了，我也没有这个样子，我也不会感觉特别高兴。我也不觉得这个是特别兴奋的事情。我感觉是非常平和、平稳、淡泊。

就是把自己跟别人做区分，像什么样呢？"如婴儿之未孩"，你不要说还没有婴儿没有变成小孩，这就成了鬼话。这个"孩"就是笑声，就像这婴儿还不知道笑一样，不知道笑，没有征兆，按理说大家高兴的时候，这么好的事情，大家都觉得很好的，不去了那就悲伤了。我不去也不悲伤，人家不叫我，不叫就不叫，独处也是一种智慧。那叫我去了，我也不会感觉到特别高兴、一副受宠若惊的样子。

比如那个人叫大家吃饭，遇见熟人都不敢问，你这一问就出事了。你也去，咱们一起走。你去干啥？那谁吃饭没叫你吗？坏事了。你这就不厚道了，真没叫的话，那边人也怨你，这个人还怨你。所以我觉得有的人就是这样，你看吃饭他也不想去，但是不叫他心里不舒服，就觉得被冷落了，老子就讲你不叫我，我也没什么悲伤的，你叫我去，我也没特别高兴。如果内心保持这样的一份淡然、一份淡泊，"儽儽兮若无所归"。这个儽字太难认了，用"磊"也可通假，就是我好像很闲散的样子，好像是无家可归，"儽儽兮若无所归"。为什么？因为有道的人以天地为家，觉得到哪儿都很好。就像当年魏王看庄子那个样子，觉得他穷困潦倒，他自己不觉得这样。好像又不是，好像无所归，其实心里边对这个事情不在意。这个事情怎么解释最好呢？夏丏尊评价李叔同，弘一法师。说这个人是个什么人呢？好。什么他都说好。穿着草鞋，他说好；吃着咸菜，又咸又苦的咸菜，他说好；吃着不好的东西走着不好的路，住着什么不好的房子，都说好。他觉得无比有滋味，就是这样。别人觉得好像你无家可归的样子、没人喜欢的样子、没人照料穷困潦倒的样子，但是自己内心却觉得很坦然。

老子在努力地给自己画像，或者说在给得道者画像。"众人皆有余"，大家都觉得东西很多，都好像有剩余一样，"而我独若遗"。很多版本注音为遗留的"遗"是不对的，它音义都同"匮"，也就是缺少，而我独若亏，大家都好像东西很多，知识很多，我就好像不足一样，每个人都觉得自己不得了，自己什么东西都可以给别人，好为人师，什么东西都教导别人。我不行，我到哪儿都向别人学。你看聪明人是这样，到哪儿都听人讲，讲完之后哪一点不明白，说我问一下我请教一下，每次他都有进步。

有的人别人在讨论问题的时候他都给人打断，你们俩不要讲了，要听我讲，不听我讲你不会成功的。好多人不都是这样吗？这不是"有余"吗？他的东西多，他老想往外输出，而真正聪明的有智慧的人，"而我独若遗"。这又是一个鲜明的比较。"我愚人之心也哉"，是不是我的心就这样很愚笨？其实这个画成一个问号倒更好了。我是不是这样？其实一个叹号也行，就是一个肯定了，就这样淡然笑了，我这人就是这样愚人之心！我这人就是这样愚笨！我这人就是这样不开窍！自己调侃自己，开自己的玩笑，其实是冷眼看世界，其实对自己还是充满自信的，甚至要被自己感动。往后边看，大家就清楚了，"沌沌兮"——因为我愚人之心也在，就是这样混沌。你看这个混沌就是不区别，不要老分人家高我低，人家有我没有。我自己把这个说出来，证明我对这个东西是持有一种调侃的态度，你认为你有愚，我还认为我有愚。沌沌兮，我不去分辨这些事情。这个"混沌"最后到了庄子那里，就成了一个非常重要的形象。因为庄子在讲"应帝王"的时候就讲，南方之帝为儵，北方之帝为忽，中央之帝为混沌。这两个人觉得这混沌对他们很好，后来要帮助他给凿出七窍，结果七窍凿完了，这混沌就死了。刚才讲的其实是一个得道者不妄加分别的一个状态，我们用的这词叫什么？叫无差别。老子是在自我调侃往低了说，我们给他往高里拔，是他真正要表达的意思。

你看下边转过来了——"俗人昭昭"。一下子这个问题就锋芒一转，这些平常人，这些看不懂、不得道之人，不了解道的人，他们什么都认为自己知道，认为自己都很聪明。我们经常用那个成语叫"以其昏昏，使人昭昭"。什么都明白。俗人才认为自己无所不懂，无所不知！"我独昏昏"，得道之人是这样。有道之人是这样迷迷糊糊，不是那样精明的样子。"俗人察察，我独闷闷"，"闷闷"就是朴素的样子，纯朴的样子。你看那精明的人，什么事情都能明察秋毫，吃一点小亏，都能看得出来，都不干。所以钱锺书讲了，人有时候对小的东西，你度量得太准确，你就失之大矣。锱铢必较必失之尺寸，就一点点都很计较，看不准远大的东西，所以老子把它叫"俗人察察"。一切明察我独闷闷，我就是那种很敦厚朴素的。

"澹兮其若海"——广博深远，像大海一样。现在老子开始不客气了。这得道的人可不是原来的那个样子，你看现在是拿大海来比喻自己了。"飂兮若无止"，"飂"很多本子注音为"留"，这个是不对的。因为这个字还有另外一个写法，就是"飉"，飉花那个"飉"，它是指风，风是大象无形。其实我们讲道家的大象无形，最好的形象就是这个风。没人看见过风，但大家都知道风是客观存在，我们可以从麦浪的翻滚、柳梢的摆动、河面上的波纹，知道风是存在的。风到底向哪一个方向吹？你是没办法去约束它的。其无止。

其实这个东西用什么东西来比喻最好？后来庄子讲的一个形象。因为老子的很多东西包括"混沌"这个形象在庄子那里人格化了，还有无止。

你没有办法把它掌控住，没办法把它约束住。庄子讲的一个形象叫"不系之舟"。系就是系住那个系——不系之舟。这个不系之舟有人理解为我们躺在舟里不系缰绳，让它随流而去，而不知其所止。其实不是，其实就是指着一条船，船上也没人，你看船，水怎么走它就往哪个方向——自由自在。庄子讲的不系之舟是自由自在。于是大家要知道，《道德经》里边的任何一句话，我们都不可轻易放过，就包括"飂兮若无止"。它里边就会演化出很多后来我们可能读过的名篇名句。你看，"春潮带雨晚来急，野渡无人舟自横"，这不是在讲不系之舟？如果你不知道这个的话，那么你解读这个"独怜幽草涧边生"，这是在讲隐士吧？"上有黄鹂深树鸣，春潮带雨晚来急，野渡无人舟自横。"就像没人渡河，艄公在船里边，然后等待有人过？完全不是这么回事。野渡无人舟自横，讲的就是船上没人，这个船随着水顺波逐流而不知其所止，讲的就是这种自由自在的状态，不受拘束的状态。

　　大家读的另外一个名篇，苏轼的《前赤壁赋》。大家有没有注意，这里边有这一句，"苏子与客泛舟游于赤壁之下，清风徐来，水波不兴，举酒属客，诵明月之诗，歌窈窕之章"，讲的这样一种状态。"少焉，月出于东山之上，徘徊于斗牛之间。白露横江，水光接天"，大家开始干吗呢，"浩浩乎如冯虚御风，而不知其所止"。"冯"就是"凭"的意思，就像是乘风一样。这船就像乘风，到处走，不知道哪个地方，反正也没划。"浩浩乎如凭虚御风，而不知其所止。飘飘乎如遗世独立，羽化而登仙"。你看这里边，如果你单纯地说"而不知其所止"，就把他的"止"理解为不知道停在哪里。可是就这样的一句话，这个出处就可以上升到《道德经》里边，包括我们讲的"春潮带雨晚来急，野渡无人舟自横"。所以我们说老子在这儿给自己或者说给得道者的画像——像大海一样深远，像风一样自由闲散，不受那么多东西所累。因为我们生活在世界上被所累的东西太多了，人渴望像风一样自由，却做不到。

我看过一个日本电影《寅次郎的故事》,我非常喜欢里面的主角寅次郎,因为他有一个做法令人感觉太好了。他每次出去做买卖,带一点小东西出去卖,旅行,出去之后就试一下风向哪一个方向吹,然后就向哪个方向走。我觉得这个很符合道家的这种思想——"飂兮若无止"。"众人皆有以"——大家都有归宿。"而我独顽似鄙"。大家都觉得自己有故事,都觉得自己聪明,都自以为是,自以为很聪明,自以为有归宿,自以为活得很好。可是我还是坚持我这个样子,我那样的顽皮在别人看来好像很粗俗的样子,不高雅。很多人自命高雅,这高雅是要从内心散发出来的。如果人的内心是另外一种状态,自由的这种状态,你觉得那种状态是你的本真,也就没有必要过多装了。都城的"都"和"郭"都是城郭,都是耳朵旁,都是代表城池的,"鄙"代表乡下,"郭"代表城里。我就这样顽皮,像一个来自乡下不大懂事的乡下人一样。下边这个被自己感动了,"我独异于人,而贵食母"。我跟大家不一样,跟这些人不一样,因为我是按照道来做的。我在前面给大家讲过,其实我觉得小孩应该读《道德经》的有些章节,是因为这些章节里边母亲的母,每次都用它来概括一个高大上的事情,高大、伟大的事情。你看这"而贵食母",食母就代表守道,用母亲的母来代表道。大家那样做,都把这些枝节末叶的东西当作自己追逐的目标,我呢,却是按照道来做的,按照道来做人,最后化成了这个样子。画像就是这个样子。

"我独异于人",我跟这些人不一样。因为我是按照道来做的——"而贵食母",最后老子这句话是不是会把自己都感动得哭了呢?你看写的这种"得道"的人。因为不是出自内心的、很多的伪善伪饰,其实是"余行",叫"余食赘形",剩余的饭、多余的肉,装成那个样子也没有什么用。在历史上有很多在当时被认为跟大家格格不入的人,独异于人的人,他只是跟很多人追逐的目标不一样,而追逐的目标不一样,是因为他境界不同,他把这些东西看得很清楚,表面上是愚,实际上是大智若愚,所以独异于人。

我们大家最熟悉的两个人，一个是庄子，一个是嵇康，在历史上跟当时的很多人追逐的目标非常不一样。楚威王来找庄子，让他去楚国为相。庄子这个人可能是有楚国的背景，可能是吴起变法出了问题以后，他们家遭受了追杀，迁到宋国，所以他跟楚国的宫廷有着千丝万缕的联系。楚威王来找他的时候想拜他做相，多好的事。庄子不去，庄子就给人家讲故事，说你看见那个龟了吗？楚国有大龟活了三千多年，然后被逮到了，把它杀掉，蒙上红布，放那儿祭祀灵龟。你看乌龟在泥塘里边打滚，"曳尾于涂中"，在泥里摇晃着尾巴。然后他就问那个使者，你说你想做哪一个？使者当然说我要做第二个，别看它在泥塘里边打滚很脏，但是它还活着。庄子说，那你回去吧。庄子认为在当时那种条件下，去做官，就等于把自己的命给搭上了，他干这个又没有自由，所以他不干，他所追求的这种状态，跟很多人都非常不一样。所以我们说庄子这个人，他的精神境界是独异于人的，而他天天讲的这个事情，最后落脚点都归于这一个字——道。所以我们说在历史上道家有很多人物，为什么最后认为道家真正的代表人物在那个时代就老子和庄子两个人？因为这两个人追求的、想要得到的东西跟当时很多人不一样，恰恰是他们给我们人生留下了更广阔的一个空间。我们不一定去追求外物，内心的追求也可得到一种更高意义上的愉悦，所以人可以悦智，也可以悦心，也可以悦神。到了这样一个境界的时候，他可以是独异于人，是按照道来做这种事情。

魏晋南北朝时候的嵇康，我为什么要讲他呢？因为嵇康讲他的精神境界和追求的目标是什么？是从庄子一个故事演化来的。庄子讲，鲁王得到了一只大鸟，这大鸟太漂亮，鲁王把他关到金笼子里边给它喂好吃的，一看这鸟不高兴，给它来个乐队奏乐，结果把这鸟吓死了。然后庄子就讲，你就是把自己的喜欢强加在别人身上。对于鸟来讲，它所喜欢的不是这个，它有它的追求，它有跟你这个人相异的东西。我觉得这个故事虽然好但是讲得不美。因为这个鸟、海上的鸟到底什么样大家想象不出来。在这篇文章里边——《与山巨源绝交书》，嵇康讲了这样一个故事，说你看那个鹿。鹿这个形象好，大家看美丽的丽，繁体字的"麗"，上边是个丽，底下不就是个鹿吗？这个就是美丽的"丽"的形象。现在我们叫"伉俪"，你看伉俪的俪，来源就是两头鹿并肩奔跑。所以嵇康就讲，说你看这个鹿，它喜欢什么？它喜欢在原野里边、绿草上面自由地奔跑，这是它喜欢的竞技。你把这个鹿逮到了，你给它关到金笼子里边，"饰以金镳"，喂以饱腹，你给它喂肉，戴上金铃铛，但它不高兴，不喜欢。因为它丧失了自由，丧失了本性。所以"愈思其长林而志在丰草也"。长短的长，丰收的丰，长林丰草也。所以我觉得历史上的"道家"和"新道家"这些人——魏晋南北朝那时候算"新道家"了，"道家"和"新道家"的人物在不停地重复这个观点。

其实讲的道理都是一样的。有的人可以有他自己追寻的目标。他们认为自己很聪明，认为自己有归宿，认为自己有余，但是真正得道的人也许跟他们正相反，觉得自己有缺，觉得自己没有归宿，这样反而会更加自由自在。可能让别人觉得自己顽似鄙，但是自己却感觉到很快乐。因为什么？因为他觉得这是按照自然之道，在做人，在做事，在行走。所以他们认为自己是得道者，是按照道来做的，他觉得同于道者，按照道去做的人，道也会成就他，每天在道的这条路上会不停地进步。这是我们后边要了解的话，"同于道者，道亦乐得之"，也想去成就他。"同于德者，德亦乐得之"。当然今天我们只讲三章的内容，本来觉得这一章我们也会讲到的，既然讲不到，大家回去的时候，把后边我们要讲的这些内容也预习一下，希望下次我们再有机会来读这本书的时候，大家提前按照注音版把这个内容读一下。既然是读书会，就不能只是看，也应该有读。书声琅琅才是读书会应有的声音，也才是读书会的乐曲。

二一

孔德之容,惟道是从。道之为物,惟恍惟惚。惚兮恍兮,其中有象;恍兮惚兮,其中有物。窈兮冥兮,其中有精;其精甚真,其中有信。自古及今,其名不去,以阅众甫。吾何以知众甫之状哉?以此。

——《道德经》

译文:

  有大德气质和形象的人,是会坚定地按照大道来行事。道这个东西啊,是迷离恍惚难知的,但迷离恍惚中有征兆显现、有东西存在。它广博深远,其中有精质,这个精质是非常真实的,是可以验证的。从以前到现在,道都是一直真实存在的。从大道角度可以审阅出历史上那些伟大的领导者。得道的人怎么知道他们的行为是符合道的呢?因为道者同于道,有共同的特点啊!

大家刚才都看见了第二十一章的内容，第二十一章开头这八个字，大家要认真品味。"孔德之容，惟道是从"，"孔"就是大。我们现在也经常用这个词叫"高僧大德"。那么什么样的人有大德的形象？就是坚定地、坚持地按照道去做的人——"惟道是从"。"道之为物，惟恍惟惚"。这个"物"我们不要把它当作物质来理解，它相当于我们现在经常用的一个词叫"东西"，或者是我们用的一个比较科学的词叫"信息"，说"道"这个东西，惟恍惟惚。注意，这里边"恍惚"这个词，我们不能用现在的恍恍惚惚那个意思去理解，大家注意这两个字的写法。竖心旁加个光，心里有光，心里忽然对这个问题有一种感悟和理解，也就是"恍惚"，他表示我们现在经常使用的禅宗的一个词叫"顿悟"。顿悟之后内心一片光明，一旦道进入心中，我们就感到内心的世界一片光明。

"道之为物，惟恍惟惚，惚兮恍兮，其中有象"。这个"象"指的是一种境界。比如说第四十一章里边讲的"大象无形"就是指大的境界。它是没有形状的，所以道进入人的心里，它就在人心里构造了一种境界。"其中有象，恍兮惚兮，其中有物"。"物"就是我们上面说的东西的那个意思，"其中有物。窈兮冥兮，其中有精"。"精"是精神的意思，"窈兮冥兮"指的是深和远。道的存在是广博的，深远的。"窈兮冥兮，其中有精，其精甚真"——与此同时，老子在这个地方给大家强调，道这个东西不是虚幻，其实它是一种真实的存在，哪怕是作为精神世界也是这样。"其精甚真，其中有信"——道是可以验证的，我们对道内心应该充满了一种信任，不应该去怀疑它的存在。"其中有信。自古及今，其名不去。"从时间上来看，从古到今这个道就是一直存在的。你看第四十二章里边讲"道生一，一生二，二生三，三生万物"，它是事物的本源，它是万物的规律，它也是人生的境界。这个地方主要在讲人生的一种境界。所以,"自古及今,其名不去,以阅众甫"。甫,在古汉语里边一般指男性,父辈,这个地方指的是历史上的"圣人"。这个道来观察这些人,他们都有共同的特征,看看他们存在的状态,得道的状态——"知众甫之状哉,以此",我就是拿这个道来判断它。听起来似乎有些迷惑,其实很简单。

我们在第一章里边就给大家说,老子在一开始的时候就强调,我这本书最大的特点是什么?强调的是"无"的作用。任何事物都有"有"和"无"两个方面,"此二者同出而异名"。他就统计在一个事物之中,你了解了无的作用,那就是"玄之又玄,众妙之门"。老子在这儿就告诉大家,这个道虽然你看不见,摸不到,但它就存在于我们的世界之中。人有了这样的精神世界,才能有良好的存在的状态。离开了道,我们也就变成了无源之水,无本之木。

二二

曲则全：枉则直，洼则盈，敝则新，少则得，多则惑。是以圣人抱一，为天下式。不自见故明，不自是故彰，不自伐故有功，不自矜故长。夫唯不争，故天下莫能与之争。古之所谓曲则全者，岂虚言哉！诚全而归之。

——《道德经》

译文：

曲成万物是大道，懂得这个道理才能得到圆满的结果。具体表现为：像水一样懂得委婉迂回比直线更早地到达目的地，像水一样在低洼处先充盈灌满；认为自己知道的少才能不断努力进步，才能有所得；总以为自己无所不知则会迷惑。所以圣人以阴阳相辅相成、相互统一这种整体的思维范式来知与行。不自我表现所以明智，不自以为是所以美德彰显，不攻击别人以抬高自己所以功德无量，不骄矜自负、自夸，所以能不断成长。正因为有不争之道，所以能曲成万物，反而天下没人能争得过他。古往今来讲的曲则全的道理哪里是一句假话虚言啊！实在是能把好的、圆满的结果归到我们这儿来，让我们得到啊。

第二十二章一开头就交代了这一章的主旨！"曲则全，枉则直"，懂得委婉迂回处理问题，才会有更全面的、更圆满的结局。枉则直，这个"枉"我们不妨把它读成"弯"，就像水一样，懂得委婉迂回地流淌，才能更好地达到自己的既定目标。曲则全，枉则直。大家不管从地图上看，从飞机上看，世界上都没有一条河流是笔直的，都是曲曲折折的，如果谁只懂得直线流淌，那它永远也达不到自己的既定目标。过不去的地方，要懂得迂回，懂得转折，这样才能有更好的结局和效果。

"洼则盈，敝则新"。"洼则盈"很好理解。水流的时候，哪个地方是低洼的，先充盈灌满，这是《道德经》里边非常强调的一种思想。越是善于处下，才能更多地获得。洼则盈，所以我们要谦逊，谦下。"江海所以能为百谷王者，以其善下之，故能为百谷王。"第六十六章里边这一段就是对这个的进一步说明。"敝则新"，它强调的是这个世界宇宙中生生不息的一种变化的规律！如果任何事物都长久存在，没有更替，这个世界也就不能够生生不已。就像我们经常讲黑洞一样，很多东西进入黑洞里就不知所终，但是它能量充满的时候再释放出来，便是一个新的世界，正因为这个世界有生有灭，所以这个世界才生生不息。

"少则得，多则惑"，按照字面的意思来理解的话，就说贪多嚼不烂。我们的学习方式不也是这样吗？认真地抓住一本经典来学习，比泛泛地听很多东西，那要有效果、有益得多。但是进一步理解的话，它还有更深的内容，知道自己知道得少，才能不断地努力，不断地学习，骄傲自大，自然也就使人落后、进步变得迟缓。所以"少则得，多则惑"，对于现代社会的我们来讲，这个意义大家大概更加清楚。现在世界上的很多人不是饿死的，而是撑死的。什么都想得，什么都想要，做个生意也是这样，所谓多头发展，最后折腾来折腾去反而一无所有。所以这是在讲一种人生的态度——"曲则全，枉则直，洼则盈，敝则新，少则得，多则惑。"

这些例证讲完了，那么下面一个重要的命题就出现了，就是"抱一为天下式"。《道德经》里边"一"的理解是至为关键的，"一"讲的内容就是统一。什么统一？阴阳两者的相辅相成、相互统一，形成一个整体，所谓"一阴一阳之谓道"。太极图——大家都看见过，阴和阳两者就结合在一个统一的图形里边，所以你理解问题不能有所偏颇。你看我们前边讲的这些曲和全，弯和直，洼和盈，敝和新，少和多。这不都是对立的两面，所以我们理解问题的时候要把这两者统一理解，这样我们对事物的本质才能有更深刻的理解。

这个问题我再给大家延伸一下，第四十二章里边讲的是世界产生的过程与图示：道生一——"一"就是阴阳。一生二——阴阳两者相辅相成。二生三——这个三就是"参"的意思。阴阳两者相互作用，它产生万事万物，所以回过头来看，也是"万物负阴而抱阳"——万事万物都有阴阳两个方面，所以大家理解的时候不能够偏颇，要把两者统一起来，来理解这个世界。"抱一为天下式"，这就是我们讲的。讲到这里，理解《道德经》的一个关键的思维方式，也就清楚了。既然这样理解，我们沿着这个思路，对人的正确做法的评价也就自然显现。所以"不自见故名"——不自我表现，有了一点什么成就，有了一点本事，老是自以为是，老是固执己见，这样就阻挡了我们前进的道路。

"不自见故明，不自是故彰，"不自以为是，我们做的这个事情才能够更好地彰显。"不自伐故有功，"不自伐，就是不自我表扬，自我吹嘘。不自我表扬，不自我吹嘘，我们做的这个事情才能更好地呈现给大家。不自伐故有功。就像前面讲的，"功成而弗居，夫唯弗居，是以不去"，一样的道理。

"不自矜故长"。"矜"就是矜持，或者用一个词叫"骄矜"。做了一点事情，扬扬得意，自己感觉自己了不起，就是自矜。不自矜，故长，我们才能够不断地成长。"夫唯不争，故天下莫能与之争"。正是在前面那些事情上，你都"不自见"，"不自是"，"不自伐"，"不自矜"，这不就是不争的表现吗？对一些事情淡定从容，不自争——"夫唯不争，故天下莫能与之争。"你在这些方面都表现得自然而然，宠辱不惊，也就不在这种不断争功、争名、争斗中耗费自己的精力，保持自己精神的一种全性。"夫唯不争，故天下莫能与之争"——在《道德经》里边，其实翻来覆去讲的就那么几个主要的原则，我们怎么看出来？那是因为老子在这个地方不断地强调——他反复强调的就是非常重要的思想与智慧。比如说我们在前面曾经读到过两次"生而不有，为而不恃，长而不宰"。第二章、第十章，其实在第五十一章里边还有，这就是在用重复的方法强调。

　　还有一种强调的方法，就是你看开头讲了这个意思，到最后把这个意思再强调一下——本章就是这样的一个代表。这一章开头就讲"曲则全，枉则直"。到最后又告诉大家："古之所谓曲则全者，岂虚言哉"。古往今来，大家都谈的"曲则全"的道理，哪里是一句假话虚话——"古之所谓曲则全者，岂虚言哉？诚全而归之"。这个"诚"就是实实在在，也就是确实。"归"就是得到。老子说懂得"曲则全"的处理问题的方法，实在是能把好的、全面的、圆满的结果归到我们这儿来。"曲则全，枉则直，洼则盈，敝则新，少则得，多则惑"，这些古往今来都强调的道理，哪里是一句虚话，诚全而归之。

二三

希言自然。故飘风不终朝,骤雨不终日。孰为此者?天地。天地尚不能久,而况于人乎?故从事于道者,道者同于道,德者同于德,失者同于失。同于道者,道亦乐得之;同于德者,德亦乐得之;同于失者,失亦乐得之。信不足焉,有不信焉。

——《道德经》

译文:

少说话、不要强行发号施令,这样才是合乎自然的。比如台风不会狂吹一晨,大暴雨也不会狂下一日,谁造成这狂风暴雨的?是天地啊!天地因狂暴而形成的狂风暴雨都不能长久,何况人类呢?所以说,遵从道的人,会成为同道中人;遵从德的人会是同德之人,而失道失德之人,也会物以类聚凑到一起的。遵从道的人,道也乐得与之相伴,喜欢德的人,德也乐得与之相伴,而失道失德之人,各种损失也乐得与之相伴,因为失道失德的人诚信不足,大家都不信任他们了。

今天我们要讲的是第二十三章，第二十三章一开始就在跟大家讲"希言自然"，这四个字要分开来理解：希言，自然。"希"就是珍惜，要珍惜自己的话，少讲，这样才是一个自然而然的规律和规则。我们讲话本来就应该如此，不要废话连篇啰里啰唆。"故飘风不终朝，骤雨不终日"，这两句话非常有诗意，告诉大家整个宇宙的状况是什么样的？飘风骤雨——大风大雨，大风大雨不会长久地在那儿刮在那儿下。不终朝——不终日，就像台风一样，刮一段时间就过去了。"故飘风不终朝，骤雨不终日，孰为此者？天地。"谁刮的大风，下的大雨呢？天地。"天地尚不能久，而况于人乎？"这句话要正确地理解，不是指天地不能长久。它是说天地鼓捣出来的大风大雨，并不能够长久。大风大雨是什么？天地发脾气了。所以人暴躁的时候，情绪急躁的时候，也不能够长久，也不应该是长久的。

"天地尚不能久，而况于人乎"。所以，人要经常让自己的情绪平和，长久地处在这样的一种飘风骤雨的状态，也就是急风暴雨的情绪状态，那个结果就很糟糕了——"飘风不终朝，骤雨不终日"。所以下边讲的道理就是说，按照这样的道来做的这个事情，"故从事于道者，道者同于道"。你喜欢研究这个道，坚定地按照这个道去做，那你也会得道。"故从事于道者，道者同于道，德者同于德，失者同于失。""德者同于德"，喜欢德，当然你也就得到了德。比如，说孔子讲求仁得仁。喜欢道，那么就得道。喜欢德，就得到德。"失者同于失"，你这做事情一连串的缺点，又不改正，最后不就让自己浑身毛病——"同于失者，失亦乐得之"。下边这段话非常有意思，"同于道者，道亦乐得之"。我们经常说一句话叫"同道中人"。大家都喜欢"道"，"道亦乐得之"，大家喜欢与得道的、境界高的人在一块，他对我们境界的提高，非常地有帮助。

"同于德者，德亦乐得之"，我们经常喜欢讲《论语》里边的六个字：德不孤，必有邻。喜欢德的人在一块，谈的也是这些事情。就像我们说，芝兰之室一样，与这个境界高的人在一块，久而不闻其香，则与之化矣。"同于德者，德亦乐得之，同于失者，失亦乐得之。"人倒霉的时候，或者是喜欢的这个事情，不是什么好事情的时候，周边聚集的也差不多都是这类人了。俗语说，鱼找鱼，虾找虾，那么"同于失者，失亦乐得之"。所以，老子在这里也是分层次的。

"同于道者，道亦乐得之，同于德者，德亦乐得之。同于失者，失亦乐得之，信不足焉，有不信焉。"很多人不信这个，正因为你不信，所以出现的结果也实在是让人无可奈何。所以，二十三章一开始就讲"希言自然"，话要少说，大道至简，其他事也是如此。天地做一些事情，让我们也能领悟这样的一个道理。它发脾气的时候也是非常短暂的，"飘风不终朝，骤雨不终日"。所以不能让我们的情绪长久地处在这种急躁、浮躁、暴躁的状态之中。下边这些话好像是在同语反复，其实是告诉大家，是不断地苦口婆心地劝告大家：你喜欢道，你周边自然也就聚集这样的人；喜欢德，周边聚集的是有德的人；喜欢不断地犯错误，固执己见，总也不改。你周边自然聚集的也是这样的人。所以，这样的话是在告诫我们，我们境界的不断提高，我们身边交的这些人和大家一起同行的人，都是这种有道有德的人，我们才能更好地避免自己的失误和缺点。人不可能没有失误，没有缺点，但是要勇于改正。它的前提是我们得知道，再勇于改正。如果不这样的话，那就"信不足焉，有不信焉"。路是自己走出来的。到了这一步，我们也无可奈何。

二四

企者不立,跨者不行,自见者不明,自是者不彰,自伐者无功,自矜者不长。其在道也,曰余食赘行。物或恶之,故有道者不处。

——《道德经》

译文:

踮起脚尖是站不长久的,要脚踏实地;大步跨越而跑是不能持久的,稳定才能致远。所以说,喜欢自我表现的人是不明智的,喜欢自以为是的人不能彰显美德,喜欢吹嘘自己攻击别人的人是不会有真正功德的,喜欢自负自夸的人难以成长。上述这些做法,就像吃饱饭还继续吃等多余而有害的行为,有道的人是不会这样做的。

这章一开始就讲，"企者不立"，"企"就是踮起脚尖，一个人踮起脚尖能站多久？立不长久！所以它强调的是一种稳定，做事情要平稳，"企者不立，跨者不行"。"跨"就是跨越，老是大步往前跨越行走，一会儿就累得不行了。这个能跨多远？稳定才能致远。所以我们经常讲，企业家企望前行当然很好，但不能冒进，跨越式的发展也不是一个长久之计。"自见者不明"，老是固执己见的人不明智。我们经常讲要听得进别人的意见，兼听则明，偏信则暗。老是固执己见，一意孤行，这也不是一种有智慧的表现。"自是者不彰"，自以为是，行为、品德，包括功德，都不能够很好地彰显。"自伐者无功"。"伐"，攻伐。自伐，自我表扬且攻伐别人。老是攻击别人、自我吹嘘、自我表扬，这反而会把他自己的功德给送掉。所以"功成而弗居，夫唯弗居，是以不去"。第二章讲的不也是这样的一个道理吗？所以我前面给大家说过，解读《道德经》最好的方式就是"以经解经"，拿其他章节来解读这一章的内容，两者相互彰显。谁的解释也不如他本人的解释最符合他的本意。"自矜者不长"，"不长"就是不能成长。老是自我骄矜，有的时候为了这种虚荣和自尊心，放弃了自己成长锻炼的这种机会，所以"自矜者不长"。

上面这些事，自见、自是、自伐、自矜，《道德经》把它们叫什么？"余食赘形"，"余"就是多余了，都已经吃饱了，继续吃，很多人撑死不就是这种情况吗？吃饱了之后再吃东西就变成了一种惩罚了。这些东西就像我们身上长了一个多余的东西，我们叫赘物。这就是多余的行为。"故有道者不处"，所以真正有道的人是不这样去做的。听起来好像只是泛泛而谈。实际上这都是历史的经验教训的总结。在历史上这些自矜者、自伐者、自是者，比比皆是。自己骄傲自大，最后功败垂成。比如说项羽。"力拔山兮气盖世"，最后落得一个"自刎乌江"的下场。很多人不也替他惋惜吗？如果能够听取别人的意见，能够从头再来。"江东子弟多才俊，卷土重来未可知"。过于自我骄矜，过于狂妄，最后就是这种下场。历史上这类的事例很多，值得我们警醒。其实历史上很多的智者，在他们的思想达到高点的时候，往往都是相互重合的。

孔子也讲过四毋：毋意，毋必，毋固，毋我。四毋，不瞎猜，不独断，不太固执己见，不要太自我。佛教里边也讲，无人相，无我相。无众生相，无寿者相。其实讲的意思几乎都是相同的，而且也是以"四"为一个标志。这些思想相辅相成，相对比来看，就会明白。你看他们总结出来的这些为人处世的智慧，有些是惊人的一致，也就说明这是这些智者共同想要传达给我们的思想和智慧，值得我们认真地学习、领会和领悟。

关于第二十四章，我们也要仔细地品味，"企者不立，跨者不行。"所以，我们做事情的时候应该"不自是""不自见""不自伐""不自矜"，这样我们才能够不断地进步，不断地成长。

二五

有物混成，先天地生，寂兮寥兮，独立不改，周行而不殆，可以为天下母。吾不知其名，字之曰道，强为之名曰大。大曰逝，逝曰远，远曰反。故道大，天大，地大，王亦大。域中有四大，而王居其一焉。人法地，地法天，天法道，道法自然。

——《道德经》

译文：

有一个东西，在天地之前就存在了。它无声无形，它独立运动不受其他东西左右，它运动的轨迹是圆周运动，它永不停止。我不知它叫什么名字，勉强给它起个名叫无边无际的大。

无边无际就要换位运动，离开自己原来的位置，渐行渐远，最后又会回到自己的出发点。所以道重大，天重大，地重大，王也重大。宇宙之中有四种最重大的东西，而王是其中之一。所以，人要效法学习大地的精神，要厚德载物；人也要效法学习天的精神，要自强不息；人也应效法天道，敬畏天道；道效法自己本来就该是的样子。

第二十五章的字数多了一点，我们解读的速度也就舒缓一点。第二十五章也是《道德经》里面非常重要的一章。因为老子在这个"道"的形象里边，概括进了一个非常深刻的哲学内容，把道看作万事万物的本源。所以第二十五章一开始就讲，"有物混成，先天地生"，道这个东西，它是在天地之前就浑然产生的。"寂兮寥兮"，你看这个"寂寥"，佛家叫作"空"，道家叫作"无"，或者说叫作"寂寥"，都是在讲一个意思。天地产生在这个世界存在之前，有一个混沌的、无边无际的、不可以名状的存在的状态，所以叫"有生于无"。现在从根本上来讲，道是这样一种不受任何东西左右的，"寂兮寥兮，独立不改"。它自己运动不受其他东西的左右，它有自己的轨道，有自己的规律，"独立不改，周行而不殆"。

道的运动轨迹是什么样的呢？是圆周运动。所以我们经常讲"圆"是世界上最神秘的一个存在。老子讲道的运动的轨迹是"圆周运动"，讲这个世界"曲成万物而不遗"。"周行而不殆"，"殆"就是失败。道一直这样，"独立不改，周行而不殆"。"吾不知其名"，是说不是先有道这个概念存在，而是先有这样的一个东西存在，它"独立不改，周行而不殆"。它"寂兮寥兮"，无声无形，是天地万物的本源。我老子不知道这个东西叫什么名字，"字之曰道"，我勉强把它叫作"道"。"强为之名曰大"，是说大道泛兮若汪洋，大象无形，这不都是在描绘道吗？这个"大"是无边无际，是说道的存在是无边无际的。"强为之名曰大，大曰逝"，是说道就是"大"，道离开出发点开始运动起来，离出发点越来越远，所以"逝曰远"。我们以为这个道离我们越来越远。有的时候，我们经常会这样感觉——这个好事情为什么离我们越来越远？我要了解的事情怎么觉得好像越深究，越迷茫。这是一种正常的状态，是"大曰逝，逝曰远"。就像我们练毛笔字一样,刚开始觉得进步很快,可是,练着练着就觉得自己怎么也写不好了。

比如说我们经常讲一个事,叫"天人合一",不要以为这个"天"离我们很远,其实"天"就在我们身边,远在天边,近在眼前嘛。什么叫"天人合一"?用哲学家的话说,人也是一个合规律合目的的一种存在,每一个人本身其实都是一个"天人合一"的小的宇宙。我们看到这个世界,哪怕是一个动物、一个植物,其实都体现了这样的一个大的道理。远在天边,近在眼前,"大曰逝,逝曰远,远曰反"。

有这样的一则故事,一个小孩老觉得父母对她的爱不够,要离家去寻找爱。经历了千辛万苦之后,某一天,不知不觉地又回到了家,看到母亲在那儿倚门等待,此时春晖尽在母亲的眼睛里面。很多人老是以为走得远才能寻找到的东西,其实不就是在身边吗?"大曰逝,逝曰远,远曰反。"所以哲学家经常讲这个叫"否定之否定规律",事物的运动都是仿佛回到出发点的运动。你看在两千多年前,在《道德经》里边用这九个字阐述的就是这样一个深刻的道理——"大曰逝,逝曰远,远曰反"。

域中有四大——宇宙之中有四件东西最宝贵,"天大,地大,道大,王亦大"。所以,我们说《道德经》里面充满了人文的色彩,把人和天、地、道并列。天大、地大,所以我们首先要敬天畏地。"人法地,地法天,天法道"。下面这段话是我们每个中国人都应该耳熟能详的。"人法地,地法天,天法道,道法自然。"前面这九个字,是一种搭天梯的语法,出发点都是人。首先人要效法大地的精神,大地的精神是什么?你看咱们中国人一提到这个"地",就把"大"字送给它了,这个"大"就代表着我们对它的敬畏,对它的感恩,因为包括你我在内,多少沉重的东西都压在这大地上,它都能够担当起来,承载起来。所以咱们中国人不管哪一个思想流派,概括起大地的精神都是一样的,四个字——厚德载物。它的担当与承载就是它对我们的最宽厚的品德。

"人法地",人首先要效法学习大地的精神,厚德载物。所以你看咱们中国人长辈教导晚辈的时候,常用的两句话:第一句话,你做人要厚道——厚德载物。第二句话,你做人要地道——厚德载物。

"地法天",我再强调一遍,前边这九个字出发点都是人,过渡一下就可以了。人也要效法学习天的精神。天的精神多种多样,哪一个是最主要的呢?你看这天体日夜不停地进取,不断地运动,不断地努力,可咱们中国人认为并没有神秘的外在力量推动它,而是它内部阴阳两种力量相互作用的结果。一阴一阳之谓道,这几乎就是咱们中国哲学的最高的命题了。太极图大家都看见过,阴阳两者就结合在一个统一的图形里面。既然是内部力量的运动,不是外部力量的左右,所以叫"自强"。日夜不停,不断地进取,不断地努力,所以叫"不息"。咱们中国人把"天"的最主要的精神也概括为四个字:自强不息。大家当然有疑问了,尤其是读过一些经典的人就更会提出这个问题,"天行健,君子以自强不息;地势坤,君子以厚德载物。"这不是出自《易经》吗?和《道德经》有什么关系?这话讲得不对,《易经》是咱们中国的文化之源、众经之首,它是咱们文化的开端,而《易传》是对《易经》的解释,它成书于战国时期,还在《道德经》之后。"天行健,君子以自强不息;地势坤,君子以厚德载物。"这两句话出自《易传·象传》,而不是出自《易经》的。所以在《道德经》之前,这六个字虽然没有明说,可是它的指向就是"自强不息,厚德载物"。

大家的第二个疑问也许是——人家说都是儒家强调"自强不息",道家也强调"自强不息"?不会吧?有些事我们不能人云亦云,我们要看原文。谁说道家不强调自强不息?他不强调,这句话还能是我们的民族精神吗?"自强不息,厚德载物"是我们的民族精神,中国历史上哪一个思想流派,对这个不都有所强调吗?这段话大家熟,"合抱之木,生于毫末,九层之台,起于累土,千里之行,始于足下"。这不就是《道德经》第六十四章的原文吗？这不就是自强不息的具体表达吗？所以我还是开头那句话，大家不要人云亦云，要以原典原文为依据，"人法地，地法天。"

"天法道"是什么意思呢？人也应该效法天道，敬畏天道。谁说中国人没有信仰？在传统文化里，我们中国人的信仰不就是这两个字吗？"天道"，也叫作天理，落到心里就叫作"良知"。信仰是什么？信仰就是做事情的终极依据。你为什么要这样做事？我不能违背天道，不能违背天理。因为人在做，天在看。

一个成语大家很熟，叫半斤八两。你说咱们中国人是啰唆，十两作为一斤的计量单位不是很整齐吗？为什么非得十六两？半斤不就八两了吗？如果大家见过十六两的秤——一般情况下都很大。秤杆上的计量单位叫作"星"，一星、两星……十六星，一斤了。这十六星是怎么来的？天上的北斗七星，南斗六星，这加一起不就十三星了吗？再加上三星放在最前面，福禄寿三星，十六星。你说用这种东西称东西我们就方便了。不要给我缺斤短两，缺一两减福，缺二两减禄，缺三两减寿。人在做，天在看，谁能为了几两的事受这种心理的折磨呢？

还有一个俗语大家更熟，"天网恢恢，疏而不漏"。这话的原典也是出自《道德经》的。《道德经》第七十三章，最后八个字，"天网恢恢，疏而不失"。咱们中国人读失去的失，总觉得有点绕口，换了一个字，意思都是一模一样的。为人别做亏心事，古往今来放过谁，天网恢恢，疏而不漏。道家的第二号人物叫庄子，也讲了这样的一段话，一个人做了亏心事之后，把客观世界的痕迹抹掉很容易。你能把心里的痕迹抹掉吗？就是不受这客观世界的惩罚，不也得受精神世界的折磨与惩罚，受到良知的惩罚吗？天网恢恢，疏而不漏。

为了让大家更深刻地理解天道这两个字在这本书里至高无上的位置，我们来看一下最后一章最后这两句话。这几乎就是对全书的总结概括了，只有两句话，你看一下它表达的格式。"天之道，利而不害"——先把信仰摆在这儿，根据摆在这儿，天道如此。第二句话讲人道："圣人之道，为而不争"。只有两句话，表达的格式都是这样，这是《道德经》最常见的表达方式。人道应该效法天道，敬畏天道。那么这九个字加一起叫什么？"人法地，地法天，天法道"，这九个字加一起就叫作"道法自然"。自就是本该，然就是如此。道本来就应该是这个样子。所以我们把外面这个世界叫"大自然"，它本来就应该是这个样子。"人法地，地法天，天法道"——道本来就应该是这个样子。所以各位学《道德经》，学国学，有一个重要的使命，其实就是要找回在一次又一次的文化运动中，逐渐湮灭掉的我们本民族的文化信仰、天道、天理、良知。这样做才能够和这个世界和天地和谐相处。

"人法地，地法天，天法道，道法自然。"

二六

重为轻根,静为躁君,是以圣人终日行不离辎重。虽有荣观,燕处超然。奈何万乘之主,而以身轻天下?轻则失本,躁则失君。

——《道德经》

译文:

  稳重是轻率的制衡,安静是急躁的掌控。圣人每天总是保持稳重,如同军队离不开辎重。虽然走进富丽堂皇的建筑,也像燕子一样安居,泰然自若。可为什么这些万乘之主却轻率、轻浮地治理天下呢?轻率就失去了制衡,急躁、浮躁就失去了掌控!

第二十六章字数不多，但分量比较重，因为这一章讲的一个核心的内容就是"轻"和"重"的关系。"重为轻根"。"重"，稳重。"轻"，轻率。稳重是轻率的根本，也就是我们做事情的时候，要拿我们的稳重来掌控住我们的轻率，不让它轻易地表露出来，不让它轻易地掌控我们。物理世界这种情况比比皆是，气球飞的时候你要把它用重物悬住，它才能够稳定在那里。以重御轻嘛，"重为轻根"。

"静为躁君"，要拿我们的稳重来掌控住我们的轻率需要的心理前提是什么呢？那就要用我们的宁静控制住我们的急躁、浮躁。"静为躁君"，宁静以致远，这个大家都清楚。任何一个人不管职位多高，职称多高，在浮躁、急躁、暴躁、狂躁的心理状态下都谈不上智慧，想要有远大的智慧，那就要用我们的安静、宁静、冷静，控制住掌控住我们的急躁、浮躁、暴躁、狂躁，"重为轻根，静为躁君"。

"是以圣人终日行不离辎重"。"辎重"是个军事术语，粮草辎重。可是在这个地方它是一个比方，所以你看，一个有修养的人，就要经常用稳重来掌控住自己的这种轻率。我们看到很多人，包括有的老师手中总要拿一点什么东西，比如说拿个杯子，为什么呢？这手中空空无物的时候，他就感觉到这手不知道往哪儿放，他就觉得走起来不自然。"君子终日行不离辎重"。在精神世界，其实这也是成立的！

"虽有荣观，燕处超然"。"荣观"，大的美的、高大的、美丽的、堂皇的建筑，指的是外在的诱惑。虽然有各种各样的诱惑，但是面对它的时候都能够泰然自若。燕处超然。所以，有的人不管外在是什么样，哪怕是在一个很繁华的世界之中，他依然能够保持自己的安静的、宁静的本性。"虽有荣观，燕处超然"，这是正面，那反面呢？"奈何万乘之主，而以身轻天下？"可是有的人做到了蛮高的位置——以前诸侯国有个千辆乘、千辆战车，已经就算有一定的规模了，万乘之主更不得了。所以老子说你看，都这个样子了，为什么做事这么轻率、轻佻、轻浮，"奈何万乘之主，以身轻天下。"

下边这两句话概括得非常深刻，"轻则失本"，轻率轻浮就失去了根本，失去了控制。所以你看在古人的诗中，比如说"飘蓬"，没根，风一吹，随之而去。比如说"浮萍"，你没有这个根本了！也就稳定、稳重不了了，"轻则失本"！一轻率轻浮，就失去了做人、做君子的根本。"躁则失君"，浮躁、急躁、暴躁、狂躁，我们就没有办法掌控我们自己了，"君"，领导控制。

各位都知道，我们现在生活在一个浮躁的时代，浮躁、急躁、暴躁、狂躁，这些状态比比皆是。比如说我们有一个词——"路怒客"，在街上开车的时候，偶然双方有一点小的摩擦，粗口相向，到最后甚至拔拳、拔刀相对，酿成大的祸端。所以在这种情况下，我们要懂得掌控自己的情绪。动手之前能不能问自己几个问题：我要不要动手？动手的后果是什么？还有没有别的解决问题的方式？也许只有几秒钟的时间，结果就会完全不同。

这一章你别看字数不多，可是开头这八个字和后边八个字却是至理名言。"重为轻根，静为躁君"。"轻则失本，躁则失君"。所以这一章也值得我们认真地品味。

二七

善行无辙迹，善言无瑕谪，善数不用筹策，善闭无关楗而不可开，善结无绳约而不可解。是以圣人常善救人，故无弃人；常善救物，故无弃物，是谓袭明。故善人者，不善人之师；不善人者，善人之资。不贵其师，不爱其资，虽智大迷，是谓要妙。

——《道德经》

译文：

善于行走的人是不留下痕迹的，所以善行无迹；善于言说的人要言不烦，所以没有瑕疵，不被责备；善于计算的人不用筹策一类的运算工具。善于关门的人不用门闩而不可开，善于绑缚的人不用绳索却没人能解开。所以圣人懂规律，按规律用人、拯救人，所以没有该被弃置不用的人；按规律去利用万物，所以没有没用的东西，这就是被掩盖的智慧。所以擅长做某些事的人，是不擅长做这些事的人的老师；不擅长的人，又是这些擅长的人的资源。不贵重可以做老师的人，不爱可以做学生的人，虽然看起来很有智慧，其实是进入迷途。这是道的精要奥妙。

第二十七章讲得非常有趣，一开始就讲"善行无辙迹"。善行嘛，有德的行为。就像我们经常说的——做好事。如果一个人做了好事，留下痕迹，这其实从道的角度来讲不算什么好事，尤其是做好事为了留痕迹，为了留名，为了作秀，为了求人表扬，这就更走到它的反面，有意为之，就不算有善行的表现了，"善行无辙迹"。所以第三十八章就讲"上德不德"，真正有德的事情，不把它当作一个有德的事情，做完了，过去了。自然而然，风吹云卷，"善行无辙迹"。

"善言无瑕谪"，"瑕"就是瑕疵，"谪"就是指责。如果我们的语言表达得很好的话，没有瑕疵的，别人挑不出来毛病的，可问题就来了，只要你讲话，别人就能挑得出来毛病。所以道家强调，"大音希声"——少说。关键的时候用无言的方式，反而效果更好，无声胜有声嘛！在语言表达上有时候也是这样。"善言无瑕谪"。

"善数不用筹策"。"筹策""策"，运算用的工具。算盘也算是筹策的一种筹码。真正善于运算的人不用这些东西。为什么？其实世界上的很多事情越算计越没劲，越算计反而越被人算计进去。厚道是最高的聪明，有些事情不需要算计，反而结果自然而然，这才是他要表达的真正的意思。

"善闭无关楗而不可开"。要关门的话，不用门闩，不用门锁。没有门闩，没有门锁，你怎么开？就像我们经常讲的无招胜有招一样。他没招，你拿什么去破他？比如说我们讲心门已经上锁，心门的锁你用什么去打开？你根本找不到锁在哪里，你怎么去开它？

"善结无绳约而不可解"。拿绳子捆绑东西，看不见捆的地方在哪里，你当然也就无法解开。这些句子都在讲什么呢？我们以最后一个为例，比如我们经常讲情丝情网，这不也是绳状的吗？看似无形，实际上走到天边也逃不开。你怎么去解开？精神的力量到底有多强大、多巨大，有道的人才能找到答案。

下边换成另外一个意思——"圣人善救人，故无弃人"。一个有修养、有智慧、有品德的人，善于拯救别人，故无弃人。在有智慧、有修养、有品德、有境界的人看来，这个世界上没有哪一个人是应该被抛弃掉的。你说他没用，那是因为你没有看见他的用处。所以庄子后来也把道家的这种思想发扬到一个更高的高度——"无用方为大用"。这世界上不都是这样吗？很多事情你认为它是无用，其实是你没有看见它的用处。宝剑，你非得用来缝衣服，它能跟缝衣针比吗？你说它没用，那是你没有找到正确的用途。所以千万不要说自己的儿女、自己身边的人、自己的属下没有用，你没有找到他合适用的地方。"圣人善救人，故无弃人"。

"常善救物，故无弃物。"懂得规则规律的人，会看到这个世界上其实没什么东西是没用的。垃圾你学会合理分类，它都能化废为宝。你认为没用之物，其实也是没有看见它的用处。比如说现在你坐在这儿，你可不可以跟大家吹牛说："你看我在这个世界上，我所占的地方有多狭小，就这么一点点的地方——凳子下桌子下这点地方。"这只是你自己的看法，你没有发现你周边存在的意义和价值。你不说你这么点地方就够了吗？我把你周边都挖掉，一直挖到黄泉，把你这儿挖得跟钉子户的房子一样，你再坐一下试试——一会儿就掉下去了。这就像我们在马路上行走一样，我们走的路线并不宽，但把这个宽度放到山梁上，你走走试试。这不都是这样的道理吗？"常善救物，故无弃物。"这个叫什么呢？这个就叫"袭明"，袭是遮盖的意思，袭明就是被遮盖的智慧。我们的思维智慧有时候太狭窄了，只看到眼前一点，所以常常会进入这样的一种误区之中，"是谓袭明"。

沿着这个思路，《道德经》告诉了我们一个生活中经常困惑的问题：好人和坏人到底谁更有意义？"故善人者，不善人之师"，好人对那些不善人、坏人来讲，他是好的老师，人家有好的品行、好的德行，我们向人家学习。"故善人者，不善人之师"——这个大家都好理解。"不善人者，善人之资"。不善人也有他的意义和价值——反面教材。他的经历为我们提供教训，大家别这样做，不也为我们人类提供了一种资料吗？"不善人者，善人之资。""不贵其师"——不向好的人学习，不向善良的人学习；"不爱其资"——不把不善的人当作一种教训，认真地总结教训，以免再犯。"虽智大迷"——表面上看有智慧，其实是大的迷惑。你看我能区分出好人坏人，区分完了没事了，你不向好人学习，你不把不好的人当作一种避免自己犯错误的警告警戒，你把它区分出来有什么用？你没有进一步地研习延伸，"虽智大迷，是谓要妙"，懂得这样的道理，才是我们了解道的枢要，了解它最奥妙的地方。

第二十七章，"善人者，不善人之师；不善人者，善人之资"。所以，现在经常讲"师资"这个词，我们要真正地理解它的含义。有的学生老跟老师作对，你看那个老师那点做得不对，他不配做我的老师。理解太狭隘了，其实这个世界上没有圣人，他犯了错误，在这个方面犯错误，可以作为你的一个警示，作为一个教训。可是人家好的方面，你还得认真学习吧？不要因为这一点点瑕疵，你就毁掉了整个的玉，瑕不掩瑜。这样我们对事物的理解才能更全面，更有智慧。

二八

知其雄,守其雌,为天下谿。为天下谿,常德不离,复归于婴儿。知其白,守其黑,为天下式。为天下式,常德不忒,复归于无极。知其荣,守其辱,为天下谷。为天下谷,常德乃足,复归于朴。朴散则为器,圣人用之则为官长,故大制不割。

——《道德经》

译文:

越是自己雄强刚猛,越是要守得住雌柔安静,就像山间低凹的溪水一样。像溪水一样,那规律性的德就不会失去,就像复归于婴儿的品德。越是内心有光明和信念,就越能不在乎别人黑自己或是自黑,这就是能领导天下的支点。有这个支点,那最高的品德就不会出现偏差、错误,复归于无穷无尽的智慧。越是懂得自己的荣誉,被羞辱时就越能守得住,就像善于处下的山谷一样。像山谷一样,那德就会越充足,就像返璞归真一样。像圆木分散则成为各种器物,圣人善用各种器物所以成为百官之长。懂得大制作的人,不会去把原材料分割成细细碎碎的,所以说,最好的政治体制是统一的,不是割裂的。

我们在第二十二章讲过本书的一个重要的思维方法，就是"抱一为天下式"。任何事情我们不能够只站在一个方面一个角度去看，不能这样偏颇。阴和阳两种力量，我们要相辅相成，这样我们对事情的了解才能达到一个新的高点。第二十八章完全可以把它作为"抱一为天下式"的具体的例证。其实很多人不大知道《道德经》里边的老子的思维方式到底是什么？这一章可以作为例证，就像我们数学上的例题一样，你把这一章的例题做会了，很多的内容，你也会得到一个理解。

第二十八章一开始就讲，"知其雄，守其雌，为天下谿"。"雄"是指强大，比如说我认为我武功高强，我力量强大，千万不要以此自傲，知道自己力量强大，反而能"守雌守柔"，这才是一种有更高智慧的表现。像什么样子呢？"为天下谿"——你看天下的溪水处在一个很低的位置，所以很多水就汇到它这儿来了。它可以畅快地奔腾，自由地唱歌。其实在前面也给大家说过，善于处下是《道德经》里边非常强调的一种思想和智慧。小溪虽然不大，显示的是雌柔，但它可以源远流长。

"复归于婴儿"。历史上的一些智者，包括像孔子、老子这样的人，都把婴儿的状态看作一个很高的境界和智慧的表现。你看婴儿，身体柔软，但是他呼吸那么均匀，给人的感觉像什么呢？有一个词叫赤子之心，其实出生的婴儿就是赤子。我们经常用这个词，有没有琢磨过，历史上很多有智慧的人为什么都把婴儿的状态作为一个得道者的表现呢？

有一次孔子带着学生出游的时候，看见了一个小孩，孔子就对这赶车的讲，"趣驱之"——赶快转过头来跟上去，要看婴儿的眼睛。因为他觉得婴儿的眼睛天真无邪，一汪清水一样，如韶乐将作，就像他最欣赏的，让他"不知肉味、不知水味"的韶乐一样。老子更是如此，在《道德经》里多处讲过，把"复归于婴儿"当作一个得道者的状态。不计较，不思虑，天真无邪，"复归于婴儿"。

"知其雄，守其雌"。我们在讲这六个字的时候，可以把它再深入地理解一下。我们看电影《叶问》，黄晓明演甄子丹的徒弟，也就是叶问的徒弟。他找到师父说，你看那个人又来挑战了，又来捣乱了，我们怎么办？甄子丹说——跑。徒弟不解，我们几下就可以把他打倒。叶问说，既然你自己都知道几下就把他打倒了，你为什么要跟他较量？一较量不就落于痕迹，就落入低了。"知其雄，守其雌，为天下谿"，"复归于婴儿。"

下面来说第二层，"知其白，守其黑，为天下式。为天下式，常德不忒，复归于无极"。先给大家说一下"无极"。西安有一个寺院叫罔极寺，是当年太平公主给她的母亲武则天建的。"罔极"出自《诗经》"昊天罔极"，无边无际。其实这跟"无极"的意思是一样的。老子给我们讲的无边无际的智慧，前面的内容是什么呢？"知其白，守其黑"。许多人都下过围棋，下围棋分配给我黑子的时候，我只看黑子不看白子，能把这黑的守住吗？总得两方面都了解，才能了解战场的形势。"知其白，守其黑"，"白"是什么？白就是内心的光明和信念！内心有光明信念和远大抱负，你才能守得住这个黑，不管是别人黑你，还是你自黑，别人黑你的时候淡然一笑，自黑是因为有远大的目标、远大的抱负，内心有着光明的信念。

陕西富平，历史上有过一位著名的将军叫王翦。你看秦王灭六国，除了韩国之外，其他五国都是王翦带着儿子灭掉的。王翦这个人和秦国的另外一位名将白起还不一样。白起这人好杀，四十万军队说给人"坑"就"坑"了。王翦这个人相对来讲还比较平和，所以当年秦王要灭楚国的时候，最先找到的就是王翦。王翦说你给我六十万军队，否则这事弄不成。秦王不敢给啊，六十万？国家才有多少军队，六十万你带着跑了怎么办？你另立一个国家怎么办？不放心的。历史上任何一位王对自己手下的将军大概都是这样一种心态。另外一位将军说,我要二十万就够了,结果被打得抱头鼠窜。秦王又去找王翦,王翦说我还得要六十万,否则这事还是做不成。但是他马上就开始"自黑"——你得给我赏赐,给我土地,给我金银财宝,否则我不去。这一要秦王就放心了——可王翦还不放心,每走到一个地方扎营的时候,接着要,一连要了五六次。最终,把秦王最后一点疑心也给要没了。手下有的将领不明白怎么回事,找到王翦跟他讲,将军你不是这么贪的人啊?王翦就笑了,这样主公不就放心了,要的东西,土地金银财宝不都在秦国吗?都在老家吗?估计不会跑了。所以我们说"知白守黑"是历史上很多人都知道,但是未必能做到的一种思想与智慧,了解这一点就不会有偏差了。"知其白,守其黑,为天下式"。式,同"轼",扶手、支点。"为天下式,常德不忒","忒"就是偏差。按照这样的道去做的话,就不会有偏离,不会有偏差。"复归于无极"。"知白守黑"的智慧在《道德经》里被抬到了一个这么高的程度。这是第二层。

第三层,"知其荣,守其辱,为天下谷,为天下谷,常德乃足"。《道德经》里面,非常强调善于处下的智慧,老拿什么东西来打比方呢?处在下方的溪水、山谷,虚怀若谷,这都是善于处下的很好的形象。雨下来的时候也最先倾注低洼的地方,位置高得到的就少了,凸显自己,问题就大了。所以"为天下谷"。"为天下谷,常德乃足"。"足"和我们前面讲的"全"是一个意思,全面、完整、圆满——"常德乃足"。

说到"知其荣,守其辱",我得给大家多说几句。其实,这一段里边,大家能够记得住的是这样十八个字,"知其雄,守其雌,知其白,守其黑,知其荣,守其辱",什么意思?知其雄,你才能守其雌;知其白,才能守其黑;知其荣,才能守其辱。比如做领导,我知道自己的事情做得很好。有一个下属过来骂我,你这个人我看你什么都不是,你这个笨蛋,你干脆回去算了。我要不要跟他争辩?我说你胡说,你看我做的这些业绩。你这样一说就笨了。既然你做得很好，大家也知道，淡然一笑就完了，你跟他争论这干吗？有"荣"还守不住这个"辱"吗？不过这个事情我想重点说的是另一面，没有这个"荣"，你想守这个"辱"你也守不住，那就真的变成一种羞辱和屈辱。本来你就什么都不是、什么都没做好，人家来批评你的时候，你还得意扬扬，你跟人在这里狡辩，那不就真成了羞辱和屈辱了。有这个"荣"我们才能守得这个"辱"。现在很多心灵鸡汤的文章，告诉大家，大家要先练心态，只要把心态练好了，什么都没问题了。这纯粹是胡说！你到了这个年龄，既没有和这个年龄相应的位置，也没有相应的才干和能力，什么都没有，你还想守得住那个"辱"？同学聚会的时候，别人几句话你就崩溃了。有这个"荣"你才有资格守这个"辱"。

如果大家对我讲的这个问题的指向还没有很清楚的话，我再给大家说一个比较通俗的例证。比如说我们现在经常讲一个词叫"低调"，现在连小孩都开始讲低调。低调那么容易讲的吗？讲低调你得有资本，你得先有高才能去讲低，你本来就很低了，你还低调什么。所以大家知道《道德经》里边讲的这个东西妙就妙在这个地方，它总是"抱一为天下式"，统一两个方面。有"雄"，你才有资格去谈"守雌"，就像叶问那样。有"白"，你才有资格去谈"守其黑"，否则就成了真黑了。有"荣"，才有资格谈"守辱"。所以，第二十八章讲的道理，我最后把它概括为十八个字："知其雄，守其雌，知其白，守其黑，知其荣，守其辱"。是这一段里边最核心的部分。

这一段和我们上边讲的"抱一为天下式"的思维方式完全可以相互印证。你拿这个作为例证。就像前面说数学的例题一样，你也就明白老子的《道德经》的思维方式了。各位想，像老子这样的人能不知道"强"的作用吗？能不知道"争"的作用吗？能不知道"进"的作用？为什么这些事他不强调？这些事你们大家不都知道吗？天天在这儿讲要争、要进、要强。可是按照"抱一为天下式"这种思维方式,另外一面——弱、退、不争,拥有同样的智慧和力量,却被大家给忘记了,抛弃掉了。所以老子在《道德经》里边要把这一点给大家强调出来——不惜矫枉过正。所以,第二十八章前面这些内容,大家再仔细品味一下的话,就会发现,老子的思维方式绝不是像很多人认为的那样,是片面的,只是因为那一面大家都知道,不说而已。大家忽略掉的、扔掉的那个部分,他要给大家强调出来。

"常德乃足,复归于朴"。"朴"是什么?朴就是原木。老子非常喜欢用原木来形容朴实厚道,敦实厚道。所以一个人德性充盈,按照道去做,那么就复归于朴。我们经常讲一个词,用到艺术里边、人格里边也是这样,叫"既雕既琢,复归于朴"。返璞归真嘛,复归于朴。朴是原木,所以可以拿它来说事。"朴散则为器"——一个原木把它截断,做成各种各样的器皿。"圣人用之则为官长"。一个原木切割成各种各样的器皿,那么它在做成的器皿里发挥作用。可是你别忘了,它的根本是这个朴,叫"复归于朴"。"故大制不割","大制不割"直观的含义就讲一个懂得制作大的器皿的人,不要老把它分割成细细碎碎的,你看分成各种各样的,它原来的那种气势、气质,虽然还有,但是已经跟原来的没法相比了。你看我们裁剪也一样,平面裁剪、立体裁剪。不是剪裁得越来越少?所以说大家认为就服装而言,世界上最高水平的服装是什么样?就像印度纱丽那样,左缠一下右缠一下,一件衣服,根本就不用裁剪,不用分割。

所以,有些事情把它裁剪分割再复归于朴就比较困难了。其实老子后边这段话是在讲一种政治体制,里边最高的政治体制,就像原木一样复归于朴。即便把它分割成各种各样的职位,但是不要忘了它的根本——"既雕既琢,复归于朴"。"朴"是道的重要属性,在它分割以后,它的属性就被减弱了,所以不要忘了它的根本。人也一样,不管我们训练了多少的聪明技巧,其实厚道是最高的聪明。所以你看"大制不割,复归于朴"。

我们把这个问题再延展一下，你就会发现我们经常讲的话和这一段密切关联。中国园林的最高境界是什么？"虽由人作宛自天开"，看不出一点人工雕琢的痕迹，像从自然中生长出来的一样，水平最高。

中国诗歌的最高境界是什么？"清水出芙蓉，天然去雕饰。"写诗写得时间久了，把技巧都忘掉了，写出那诗就像随口吟出一样，自然而然、不露痕迹，这才是好诗。就像王维那两句诗，"大漠孤烟直，长河落日圆"，根本看不出雕琢的痕迹。就两个几何图形，一个直一个圆，画面就清晰浮现在我们眼前。所以我看现在很多人写诗，我就想劝他不要写了，天天在那儿憋，写出的诗完全违背了诗的本质。这样的人成不了诗人。我觉得那些"苦吟的诗人"还不如去搬搬砖头，把自己害得不轻，把诗也害得不轻，对诗和自己都是一种伤害。

书法的最高境界是什么？大书法家，书法写得很漂亮，越写到最后越写得拙笨，这才是真正的向高一层次的发展。既雕既琢，复归于朴。一个大书法家后来把自己书法写得越来越像小孩一样，水平最高了，写成了"孩儿体"。就像我们说成都书法家谢无量一样——孩儿体。人也一样，到最后最高的人格，其实就是回归这种朴的、大制不割的人格。既雕既琢，复归于朴，返璞归真。大家注意这其中的道理没有？没有那个巧，也就不会有最后的拙。这不就和雄跟雌是一样的。现在的很多书法家，一开始就写得很丑，他还给人家说这叫"返璞归真"，这叫"大巧若拙"。这不是胡来吗？你根本没有经过巧的阶段，你怎么去返呢？你还在初级阶段，你怎么去返？圣人复归于婴儿，他成为圣人以后，他可以复归婴儿，你本来就是个婴儿，你还复归什么？

第二十八章非常重要，我花多一点时间给大家解释，这章里蕴含着《道德经》最重要的一种思维方式。这十八个字是我们应该牢记的："知其雄，守其雌，知其白，守其黑，知其荣，守其辱"。第二十八章的内容我们就说到这里。

二九

将欲取天下而为之,吾见其不得已。天下神器,不可为也。为者败之,执者失之。故物或行或随,或歔或吹,或强或羸,或挫或隳。是以圣人去甚,去奢,去泰。

——《道德经》

译文:

　　想要用暴力强为的方式夺来天下自己治理,我认为这样得不到自己想要的结果。天下、百姓是神圣的,不可强取,不可强为,强取强为只能是失去、失败。天下的事物啊总是有那么多对立统一:有的在前领行,有的在后跟随;有的是轻嘘,有的是猛吹;有的很强壮,有的很羸弱;有的像托起来,有的像扔下去。所以圣人要去掉过分的方式,去掉奢靡行为,去除太过极端的做法。

第二十九章大家都看到了，字不多，但是生字比较多，理解起来很难，为什么呢？因为你必须顺着上边的思维方式，才能理解这一章对立统一的具体内容。理解这章，也要了解当时的时代背景。春秋末年，诸侯争霸，生灵涂炭，老子认为这不是顺应天道的事。所以老子提出了"小国寡民"的设想。第二十九章在讲什么？"事不可强为，天下不可强取"。不该你得到的，得到了你得给人还回去。"将欲取天下而为之。吾见其不得已。"老子就讲有的人要用暴力夺得天下——"将欲取天下"。因为道家推崇"无为"，所以这个"为"和"有为"在这儿就变成了"无为"对立面的一个词——"强为"。我要用强力、用武力把这天下夺回来，我来自己掌握天下。老子说这事我看不行，那不可为。

下边这句话大家要注意它的正确的断句——"天下神器"。这句话应该在中间加上一个字，"天下者神器"。天下国家，这个东西是非常神圣的。"天下神器，不可为也。为者败之，执者失之。"谁要强行去掌握它，强行夺它，那最后的结果就是失败。"执者失之"——你以为抓在自己的手上，最后不还得失去吗？你看我们历史上的天下，一朝一朝，一代一代，刘姓、李姓、赵姓，天下现在在谁手上？在他们手上吗？不就是"为者败之，执者失之"，从这个意义上讲，老子其实反对的是什么呢？历史上一代一代揭竿而起，殊死抗争，到最后就两种结果：要么就是得到天下的人"变质"；要么就是天下又被人家给夺去了。老子之后，已经过了两千多年，历史上的封建社会，大概也没有逃出这样的逻辑，这样的规则。大家仔细品味，这些话里充满了一种沉痛感。"将欲取天下而为之，吾见其不得已。天下神器，不可为也。为者败之，执者失之。"

下面这一段话，其实大家从整体上理解一下就行了。他就是在讲事情的对立面。"或行或随"——这不是对立的两方吗？所以这里边的事情，

"物或行或随，或歔或吹"。这不是讲我们呼吸吗？吸一口气，吹出一口气，那个字很难认，干脆我就直接用白话给大家说就比较容易了。或吸或呼，这不也是吐纳，这不也是对立的两方吗？老子举了这么多的内容，就说任何一件事情都会有它的对立面的。你不可以单一地去理解这问题，有成就有败。你把江山夺了，那就得还回去，有别人再拿到。想为就败，想抓在手上不放，最后就会失去……还有比这位老者对我们这个世界了解更清楚的人吗？如果这个事情站在对立统一角度，站在"抱一为天下式"的角度来理解，"有生必有灭，有成必有毁"。这就是"道"的规律，万事万物的规律。当然你可能会认为，老师你在讲这个是不是有点悲观了，不是，我们也应该向老子学习，把事情看得很清楚，依然对生活充满热爱。别了解了之后，就把自己送到一个非常颓废的心理状态就不好了。人总是要追根究底的，有些事情你越拦他，你不让他去做，告诉他这事干脆别想，还不如不说，你越说不让想，他非得想。

我不知道有没有女同胞学哲学的？哲学家不是告诉过你们吗？学哲学对女性和哲学都是一种伤害，可是我看我们的哲学系里边，女生比男生要多得多！越不让她学，她越学；越不让她追究，她越追究，所以这个事情挡不住的。我的逻辑还是那句话，对事情看清楚了，也要对生活充满热爱。所以你看下边，"或挫或隳"，"挫"，同"撮"，意思是撮起。也就是扶、保、帮助。而"隳"，大家应该在中学课本里见过这个字。《捕蛇者说》——"叫嚣乎东西，隳突乎南北"。"隳"，就是灭掉，就是毁灭。有人成人之美，有人则损伤毁灭。这二者也是相伴而行的。

其实，这些话有时候大家不必逐一地去理解，因为他举这些例子是为了强化，为了告诉大家——这本书最重要的是教大家把握思维方式——对立面相比较而存在。有时候，要达到这一面的时候，反而是从另一面才能够把那个事情做得更好。就像我们前边说的：你想要"巧"，反而是"拙"更能达到它的境界。一样的道理，两极相通嘛，"否极泰来"嘛，相反相成的道理。既然理解这个，我们中国人的一个重要的特点就出来了，中国人这个"中"是什么意思？就是"以中为用"。"中庸"就是以中为用，恰到好处最好。

中国人这个"中庸"最大的一个智慧就是别走极端。下边这三个都是走极端的。一个有智慧、有修养的人要去掉"甚"。这话容易引起误解，"甚"就是过分，去掉过分。"泰"，这个"泰"就是骄狂，去掉自己过分的这个东西，去掉自己骄狂的东西。"去奢"，奢靡本来就不是一件好事，本来就是一种骄狂过分的表现。这个地方太偏颇了，太过分了，太奢靡了，这到最后会给自己惹下无尽的祸端，所以，你要把这些东西去掉，就会趋于均衡。当然按照这本书本意，"圣人"指的是好的领导者。一个好的领导者，首先要节制，不要走极端，也要带领这个国家的人民培养出恰到好处的节俭节制之风。

这章和前面那章是延续的。我们有一个说法叫"一通百通"，你理解了他的这种思维方式，你就理解这位老先生为什么非得列出那个部分。对面那个部分就告诉大家，两极相通。千万不要像乘船一样，大家都坐在一边，这样船不就翻了吗？要均衡，要恰到好处。

你不要以为只有儒家讲"中庸"，《道德经》里面讲的"抱一为天下式"，不就是两者相互中和、全面来看问题的思维方式吗？所以从第二十八章里边的"知其雄，守其雌，知其白，守其黑，知其荣，守其辱"，到第二十九章，"去甚，去奢，去泰"，都在讲别走极端，适可而止，恰到好处，以中为用。如果大家觉得我说这话是有点牵强，把人家儒家的"中庸"思想用到道家思想来理解，我再给大家举一个例证——第四十二章。再重申一下这段话："道生一，一生二，二生三。""三"就是"参"，阴阳两者相互作用，相辅相成，达到一个和谐的、良好的状态。"三生万物"——阴阳两者相互作用产生万事万物。再回来，"万物负阴而抱阳"——万事万物都有阴阳两个方面、两种力量。大到宇宙，小到一个粒子内部都有这样的两种力量。它不是单一的,"万物负阴而抱阳,冲气以为和"。大家注意,我要的这个字出来了。这个"冲"你就可以把它读成"中",一下子意思就清楚了。我让大家注意的是什么?大家注意"冲"的写法。那两点代表什么?就代表阴阳。中就是"中和"。阴阳两者相辅相成、相互中和,"冲气以为和",也可以把它读为"中气以为和"。不是吗?谁说道家不讲"以中为用"的思维方式?只是说大家没有正确地理解这个"冲"的含义,还以为它只是像风、像水一样。其实那只是它的"用"的方面。它的"体"的方面是什么?"体用无二"——"体"的方面的核心部分是什么?就是这个"中"。

第二十八章、第二十九章这两章,在思维方式上,我们都可以用这样的一种思维来理解。站在这个高度,这两章就没有什么疑难的问题了。

三十

以道佐人主者，不以兵强天下，其事好还。师之所处，荆棘生焉。大军之后，必有凶年。善有果而已，不敢以取强。果而勿矜，果而勿伐，果而勿骄，果而不得已，果而勿强。物壮则老，是谓不道，不道早已。

——《道德经》

译文：

　　以大道来辅佐王的人，不该以依赖战争来征服天下，以战争来征服天下，这件事一定会遭到报应的。打过仗的地方，一片衰草枯杨、断壁残垣。战争过了之后，灾荒、瘟疫什么都来了。真正善于用兵的人，有成果就该战胜而止。就是战胜了也不骄矜，也不夸耀吹嘘，也不要骄纵骄狂，打仗取胜是出于不得已，不要好勇斗狠。

　　天下万物皆是如此，发展至顶点就开始走下坡路。追求满、盈、顶点，这是不合于道的。违反道，则很快地结束、灭亡。

在讲第三十章之前,我先给大家说一件事。大家知道在很多的场合下,我们国家的领导人都强调,我们中华民族是一个温和的、热爱和平的民族。话说得太有道理了。但是我们在相当长的时间里边,向人传播的是我们文化中的什么?四大名著。《西游记》很好,但是他也得能读得懂,得认真读你才能明白《西游记》里边讲的个人战胜自己心魔的历程。他看不懂,所以,有外国的朋友看完之后,就问我们:这个就是你们中国人崇拜的偶像?就这个不讲规则的猴子?他们又不知道什么"齐天大圣"。他们觉得你们崇拜的人如此不讲规则,他就觉得很害怕。当然《红楼梦》他们就更看不懂了。

那么我们应该给别人看什么呢?应该看像《道德经》这样,真正能够代表我们文化的经典。

大家看第三十章,老子是不是反对战争?是。但他也不是绝对的,因为有的时候,他觉得这个战争是不得已。被侵略——那你要奋起反抗。问题是"春秋无义战",那时候没有一场战争是正义的。老子看惯了这种杀人盈野、白骨累累的状态。所以,在这一章里,他表达了他对战争的痛恨,也表达了他对和平的一种热爱。

"以道佐人主者,不以兵强天下"。真正有道的人,帮助这些王建功立业,不要天天喊打喊杀,不以兵强天下。为什么?"其事好还",这个事是有报应的。你打人用多重的力量,他反过来也就是多重的力量。世上事都是有因果的。"师之所处,荆棘生焉,大军之后,必有凶年"。我觉得历史上,对于战争理性的总结概括、蕴含沉重力量的,大概无出乎这十六个字。"师之所处,荆棘生焉"——打过仗的地方,一片衰草枯杨、断壁残垣。

我现在讲课的地方在西安,古长安。古长安有多少伟大的文明建筑,大明宫哪儿去了？一片战火焚烧至尽。朱温、朱全忠，推翻唐朝江山以后，一片大火把这大明宫烧到什么程度？宫墙都烧得通红。现在，西安北郊还有一个地名就叫"红埠巷"，蚌埠的"埠"。这个名字从唐朝一直留到现在。人类历史上多少文明、多少生命都毁于战火。"师之所处，荆棘生焉"。有一次，我们去湖北荆州开会，主办方给我们安排的参观景点是城墙。我们到上边一看，城墙太小了，跟西安比没什么好看的，下来了。底下是另外的一个景点——"张居正故居"。我们接着又参观了一下，这时间还早，下面到哪儿去呢？我知道荆州这个地方是楚国的原来的都城"郢城"。于是，我就问楚国的都城现在有没有什么遗迹？人家导游说没有了——好像只有一块碑。我们就开车过去了。果然，一片衰草枯杨，只立着一块石碑。

大家想，站在这样的地方，你再来回顾历史，你觉得人类历史上一次一次的战争给我们留下多少血腥？多少苦难呢？自然界里，狼和狼进行争斗，一个狼觉得自己打败的时候，把最致命的地方暴露给对方，对方就停下来不打了，很多动物都是这样。只有人，自己杀害自己的同类。有句话我是在电影《战争风云》里听到的。他说，我们人类弄了成吨的钢铁，倾泻在自己同伴的头上……所以，"师之所处，荆棘生焉"，太沉痛了。

"大军之后，必有凶年"，你以为打仗那么好玩吗？这战争过了之后，灾荒、瘟疫什么都来了。所以有人说老子是一个"狡猾的和平主义者"。我倒不这样认为，我觉得老子是一个真正的热爱和平的人，否则写不出来这样的文字。"师之所处，荆棘生焉，大军之后，必有凶年"。

既然这样的话，对待战争的真正的理性的态度是什么呢？下面这一段给了我们这个答案。"善有果而已"。"果"，我们叫成果，也叫成功。所以这个善良的人，要看到这个事情的后果和结果，你再来看你应不应该采取这样的行动。有些事情要做这种权衡，虽然战争会夺得自己要的土地，但是你也让很多的生命付诸无形。"善有果而已，不敢以取强"，不应该用那种强暴的方式来获得，夺得。他也不是说你完全不应该。反抗敌人的时候，有的时候这种正义的战争还是值得赞许的，但是，不应该用这种强暴的方式。"果而勿骄"——成功了，打胜了，不要那么骄狂，以为自己不得了了，猖狂于天下。不要觉得，天下都掌握在我的兵器之中，都在我的血流漂杵之中，让大家臣服。"果而勿骄，果而勿伐"。"伐"就是自我表扬，前边也用过这个词，成功了，不要自我张狂、表扬、吹嘘。"果而勿矜"，骄矜、矜持。

这一段里讲战争胜利后的态度，具体来讲分两个层次：首先最好不这样做，不战为好；退而求其次呢，是战争目的达到、有成果以后，要胜而不美，这样才有点符合道了。对于一些刽子手、好战分子、嗜血狂魔来讲，你阻挡不了他的。但是，就退而求其次接着劝他们，"善有果而已"，你要是还有一点善心，事情做成了，有了结果，要懂得反思，不敢以逞强斗狠。"果而勿骄，果而勿矜，果而勿伐"！不管这里边这几个怎么排序，但是这几个的意思，可以被当作一个并列的句式来理解。不要胜利了之后得意忘形，不要自我吹嘘，不要骄傲，扬扬得意。

我们都知道这样一句话："胜而不美，而美之者，是乐杀人"，出自第三十一章。我们现在还没有讲到第三十一章，先把这几句话拿出来作为这句话的一个背景。胜利之后不要得意扬扬！如果胜利之后得意扬扬，那就是乐于杀人。成功了以后，"果而不得已"，事情成了以后，战争取获胜了，你要自知，战争是残酷的，是不得已而为之，这样还算有一点良心、良知。"果而不得已，果而勿强"，还是在强调这个，不要以为战争就是一个真正强大的、正确的途径。

下边讲了《道德经》里边"物极必反"的一个很好的例证，叫"物壮则老"。我们讲任何事物都有它的萌芽、生长、壮大、衰亡的过程。任何事物发展到"壮"的时候，就开始向"老"的方面发展。"如日中天"

嘛，如日中天之后，接着就往衰落的方面走了。"物壮则老"——哪个国家也不要以为自己会一直强大。发展到最强大之时，便是由盛而衰之日，这是事物内部力量决定的。这就是事物发展的必然过程。这就是"道"，"物壮则老"讲的就是规律、规则。如果你要像前边讲的——逞强用强，那就叫作"不道"。

战争是非常残忍的，打过仗的地方，一片衰草枯杨，断壁残垣。"大军之后，必有凶年"，所以打仗的那些人，介入战争的那些人，你要明白，哪怕你打胜了，你也不要去骄狂，不要吹嘘，你要明白战争是"不得已"而为之。如果不这样，那就叫"不道"。老子讲"不道"之前，把"物壮则老"这个词先放在了前面。因为，这是事物的规律、规则。谁要认为自己可以一直强大，一直可以用强，一直可以强暴别人，一直可以居高临下、肆无忌惮，那就"不道早已"。"已"就是结束，不符合道的，迟早是要结束的，是要败的。

这一章里的核心内容，我再给大家强调一下三句话："师之所处，荆棘生焉。""大军之后，必有凶年。"两句，最后要再加上这一句"物壮则老"。

有一位文学家就建议，《道德经》的第三十章和第三十一章应该进入小学课本，为什么？让我们小孩从小就学习这样的文章，热爱和平的种子就会在他们心里萌芽。我们不要去鼓吹战争，别以为战争是多好玩的事情。真的打起仗来你就知道了。不可轻易言战！对待战争的态度，那就是我们对待自己同胞的态度。陕西有一位大儒，叫张载（张子厚），就讲到"民吾同胞，物吾与也"。我们都是同胞嘛，我们和这万事万物都是平等的，有这样一种情怀，我们才能真正地热爱人类，热爱和平。

三一

夫佳兵者，不祥之器。物或恶之，故有道者不处。君子居则贵左，用兵则贵右。兵者，不祥之器，非君子之器，不得已而用之。恬淡为上，胜而不美。而美之者，是乐杀人。夫乐杀人者，则不可以得志于天下矣。吉事尚左，凶事尚右。偏将军居左，上将军居右，言以丧礼处之。杀人之众，以哀悲泣之。战胜，以丧礼处之。

——《道德经》

译文：

　　战争这事啊，乃是不吉祥的东西。这个东西是很令人厌恶的。所以君子平常起居以左边为尊为贵，用兵时则以右边为尊为贵。就是因为"兵者，不祥之器，非君子之器"，不到万不得已是不会用战争这种手段的。所以要心平气和，淡然处之。就是胜利了也不要得意扬扬、大肆庆祝。一得胜就大肆庆祝，是把杀人看作一种快乐的事，这样的人是不应该得到天下的。吉祥的事以左面为尊为大，而丧事和战争都是以右边为尊为大，所以偏将在左边，上将在右边，这就是把战争当作丧礼一样对待啊！战争杀人太多了，所以要以哀伤悲泣来对待它，用丧礼的方式来处理它。

有文学家建议，应该把第三十章、第三十一章纳入小学课本。因为这两章包含了我们中国人对待战争的痛恨，对和平的热爱。第三十章我们说过了，现在来说一下第三十一章。

第三十一章讲什么呢？中国古代的礼仪中有左右之分。以左为尊、为贵，"君子居则贵左"。可是为什么打仗的时候不是这样呢？那么我们来慢慢地揭开这个答案。

"夫佳兵者，不祥之器"。有人考证过，这个"佳"其实是个唯，语气助词。这个佳前边少了一个口字。"夫唯兵者，不祥之器"，就是说战争是不祥之物，"不祥之器"。"物或恶之"，这个"物"我们不要把它理解为物质，那就不好理解了。"物"就是东西，它代表很多，这里代表大家很讨厌的事情。

"君子居则贵左，用兵则贵右"。平常大家坐的时候，以左为尊为贵。后来朝廷里边很长时间也是这样，列班的时候，文官在左，武官在右，文官比武官的地位高。可是，用兵的时候情况恰恰相反，右将军比左将军的地位高。为什么要这样？大家看老子后边给大家解读的这一段话，非常深刻。"兵者不祥之器，非君子之器"。战争、兵器，不祥之物，不应该是君子经常用的，不要动不动就说打说杀的，前边讲"居则贵左，用兵则贵右"，现在讲"兵者不祥之器，非君子之器"。这是在讲战争的凶残，不要轻易地采用这样的方式，"不得已而用之"——不到万不得已的时候，不要用这样的一种方式。所以大家注意，有人说老子磨灭人的斗志，其实老子根本不是这样，"不得已而用之"，并不是说完全不可以用。敌人来侵犯的时候，大家要奋起反抗的。不同的是，它强调不要轻易用这种方式。战争是要死人的——杀人盈野，非君子之器。

"恬淡为上，胜而不美"。你看，人性情平和的时候，当然不会动不动就喊打喊杀的,恬淡为上。下边这句话我觉得太重要了,"胜而不美"。上一章讲的"善有果而已,不敢以取强,果而勿矜,果而勿伐,果而勿骄,果而不得已",不也是这个意思吗?"恬淡为上,胜而不美"。战争胜利以后,第一件事不应该去放肆地庆祝,而应该祭奠战争中双方的死者,毕竟都是生命。"而美之者,是乐杀人",这里培养出的是一种乐于杀人的习惯和风气,这个不好。这一段里边,很多人讲话也经常引用。"恬淡为上",从容、恬然、淡定、平和,"胜而不美,而美之者,是乐杀人"。

其实我在读这一段的时候,老浮现一种画面:有的国家发生了枪击事件,枪击别人的人也饮弹自杀。可是有一件事我一开始还真的理解不了,为什么枪击别人后饮弹自杀的人也有人给他献花呢?按我们很多人的理解,这人罪该万死,死有余辜!后来,我理解了,即使他罪大恶极,也是生命!战争中是敌我双方,战争结束以后,应该做的是,祭奠双方死掉的人。如果放肆地庆祝,就把对生命的敬畏给过滤掉了。

"恬淡为上,胜而不美。而美之者,是乐杀人"。我们新中国成立后,举行的第一个仪式就是建"人民英雄纪念碑",纪念为国家牺牲的人、献出生命的人,大家得去牢记他们,把他们忘记了,那就太不厚道了!

我在前面说过,这一章里几处都讲到"左右"的问题,看来老子对这个东西的划分还是非常在意的。"夫乐杀人者,则不可以得志于天下矣。"你看历史上很多刽子手、军国主义者、战争狂魔,以为自己力量强大了可以掌控天下,最后不都是被历史淘汰吗?"不可以得志于天下矣。"这里边你可以把"不可以"理解为"不应该"。其实表达得更深的意思就是"根本不能","不能"得志于天下。很多人都被钉在历史的耻辱柱上,就像日本那些战争罪犯一样。

那么下面又在谈左右的问题,前边讲"君子居则贵左,用兵则贵右",下边的"左右"是讲什么事情呢?更大的一件事情——"死人"。"吉事尚左,凶事尚右。"所以老子就讲,你看人去世的时候右边为尊为大,尤其是死者,棺木摆放的地方放在右面。"吉事尚左"如果这件事情是很吉祥的,那么排列顺序,左边为尊为贵,可是丧礼跟它正好相反,吉事尚左,凶事尚右。后边不用说,大家应该能估测出来,你看老子拿了两件事来说明。一个平常以左为尊为大,战争的时候,以右边为尊为大。再引申一下,吉祥事情的时候,以左边为尊为大,可是死人的时候右边为尊为大。那么大家可以"画等号"了,我们中国的文化中,把什么东西归到跟战争相等的位置呢?——死人。

在中国的文化中,两件事以右边为尊为大,一件事就是战争,另外一件事就是死人,把战争当作丧礼一样对待,这个结论不是很清楚的吗?在这个基础上,大家再看后边这一段不就是很容易了吗?"偏将军居左,上将军居右"。因为我前面给大家说过,打仗的时候,右将军比左将军的地位高。所以偏将在左边,上将在右边。前边讲了一次战争是这样的,后边又讲了一次,但是在后边讲的时候,是把丧礼这件事揉进去了,跟它做对比。把战争当作丧礼一样对待,所以,读后边这句话大家可以一气呵成——"言以丧礼处之,杀人之众,以哀悲泣之,战胜,以丧礼处之。"老子把这件事列出来,是想让大家感受到什么呢?中国人把战争当作丧礼一样对待,战争是要死人的,所以打仗之前,"以哀悲泣之",战胜之后要"胜而不美","以丧礼处之"。所以,我一开始就说,这打仗胜利之后第一件事要祭奠双方的死者,这不是丧礼吗?"以丧礼处之"。整个这一段话,它最核心的内容就讲了这样的一个逻辑:国人把战争当作丧礼一样对待,以哀悲泣之,战胜之后以丧礼处之。如果大家都能以这样的一种态度看待战争,都知道战争的这种后果,那么在心里边对这个东西就会有一种抵触,有一种反思。在真的动用军队之前,双方在交战的时候就应该慎之又慎,以哀悲泣之,战胜以丧礼处之,不要培养那样一种习惯,胜利之后就狂妄地庆祝——"胜而不美，而美之者，是乐杀人"。这是天道，也是人道。

　　所以我觉得那位文学家讲得有道理。第三十章、第三十一章应该进入小学课本，让人家多读我们《道德经》，这是我们中国人对待战争的真正的态度。这本书在我们文化里影响巨大，被称为"万经之王"，应该每个人都读一下。中华民族的确是温和的、热爱和平的民族，我们介入战争也是不得已，我们不惹事，但是也不怕事，有充分的准备，但是不会首先挑起战争。了解了这一点，让我们中国人热爱和平，又不惧怕敌人侵略的这种形象，在全世界人的面前清晰起来。这对我们树立中国人的真正的形象，让人了解我们这个民族，是非常有帮助的。第三十章、第三十一章，两章的内容，把我们中国人对待战争的态度，对待和平的热爱，说得清晰又深刻，值得大家认真地学习研究，反复地揣摩，并且讲给别人听。我们学一本经典，学到经典里边的一些精彩的内容，再把它讲给别人听，这本身就是一种对我们文化的传承，"为往圣继绝学"嘛！你说咱们自己的文化大家都不学，都不去传承，我们的文化不就断绝了吗？

三二

道常无名,朴虽小,天下莫能臣也。侯王若能守之,万物将自宾。天地相合以降甘露,民莫之令而自均。始制有名,名亦既有,夫亦将知止,知止可以不殆。譬道之在天下,犹川谷之于江海。

——《道德经》

译文:

道的特质是隐而无名,它朴素而不张扬。它虽然不起眼,却是天下最有力量的。侯王若能坚守朴实无华的道,才能得到大家真正的信任、支持。天地相互作用产生及时雨,没有人布置它却下得很均匀。人类社会自原始状态慢慢出现了文明、制度,各种各样的名称、名分。这制度、名分有它存在的道理,但是一定要知道其作用的边界、限度,知道这些制度、名分的边界,才能没有危险、失败。道如同大江大海,善于处下,不辞小流,故泽被万物,天下归之。

这一章在讲，道虽然不好去命名。但它有一个重要的属性，就是朴实厚道。"朴"为原木，中国人喜欢拿原木来比喻朴实厚道和"大制不割"。完整的东西，你一割它就离散了。老子以此来讲他对制度的评价和看法。我们一句一句来说。

"道常无名"。"常"就是规律，而规律是永恒的，不能用语言来描述它。它是没有一个确定的名称的，它变化不居。"朴虽小，天下莫能臣"。"朴"是道的重要特质，朴实厚道这件事情虽然看似不起眼，但它的力量是巨大的。"天下莫能臣"——没有什么能让它臣服，意思也就是说按照"朴"去做，就是走在大道上，就拥有非常强大的让人臣服的力量。"侯王若能守之，万物将自宾。"在前面我们说过，其实《道德经》本质上也是对话体，对面是坐着人的。现在坐在老子对面的就是侯王。所以老子对侯王讲，你要能够坚守朴实厚道、公平的理念，大家最后都会支持你、服从你。"朴虽小，天下莫能臣也。侯王若能守之，万物将自宾。"宾，支持服从。

下面老子谈到他对人类文明发展，对侯王用制度管理国家的看法。谈这个看法之前，老子采用一种习惯的表达方式，就是拿天地来说事。因为天地代表自然，代表着"本该如此"的规律。"天地相合以降甘露"。天属阳，地属阴，天地相合也代表了阴阳相合的意思。天地相合，降甘露雨水。"民莫之令而自均"——并没有人去强行命令它，让它这样。你把甘露下到这里，你把甘露下到那里，没人命令它，但它是雨露均匀，"民莫之令而自均"。

把这个道理讲完了，所以老子就接着讲，"始制有名"。人类社会开始的时候，是一种原始的状态，然后慢慢出现了文明，出现了制度，出现了各种各样的名称——"始制有名"。这当然是有其合理性的。但老子接着警告这些领导者,"名亦既有,夫亦将知止"。有了这些制度名分规定,要知道它的边界在哪里,不能把这个事情做得过分,不能制度崇拜、名分崇拜,认为这些可以解决一切问题,这样就走到了它的反面。所以"名亦既有,夫亦将知止""知止可以不殆","殆"就是危险失败!知道边界在哪里,知道它作用的限度,这样这个事情才能够发挥它合理的作用,把事情做得过分了,就走到了它的反面。所谓两极相通,物极必反,知止可以不殆。这个地方有一件事情我还要给大家强调一下,别看《道德经》有五千字之多,可它翻来覆去也就讲了那么几条原则。我们怎么知道这是老子最强调的重要的思想呢?他强调的时候一般用两种方法,一种方法就是"重复"。比如说"生而不有,为而不恃,长而不宰",这十二个字被周恩来认为是《道德经》里边的核心和精华部分。这一段话的意思,在第二章、第十章、第三十四章、第五十一章都重复出现,这也不是排版排错了,这是有意识的强调。所以大家一看,在很多地方都出现了同一个意思。你就知道,这就是老子在强调他重要的思想和智慧。另外一个强调的方法,是在每一章开始的时候讲的这个观点,到结尾的时候,再一次把它当作重点强调一下。比如,我们前面讲到的第二十二章,开头讲"曲则全,枉则直",结尾的时候说,"古之所谓曲则全者,岂虚言哉"。这哪里是一句假话,是一句虚话。"诚全而归之"——实在是能把好的结果、圆满的结果归到我们这儿来。大家注意这个地方我们讲到的"知止不殆",知道边界底线在哪里,到这儿不能再过分了,不能再往前走了,不能超越这个边界去强为,这样才能没有危险,没有失败。其实,这个意思不仅在这一章出现,第四十四章又一次出现了,"知足不辱,知止不殆,可以长久"。你看,原文在这个地方就出现两次,我们很明显可以感觉到,这是老子重点强调的一个思想和智慧。

话讲完了,老子又来打一个比方,让我们来更清楚地明白这一点。"譬道之在天下",这就像道在天下发挥作用。像什么样子?"犹川谷之于江海"。中国古代相当长的时间里,称江就是指长江,最大的江。有一些小的河流水系都汇到大江大海来了——为什么汇到它这儿来?因为它地势低。你做事朴实厚道,不就是把自己放在一个谦下的位置吗?你这样做,就像川谷之于江海,那些小的河流,大大小小的水系就都汇到它这个地方来。这是一种自然而然的过程,不是强迫。你看前面讲"民莫之令而自均",没谁强迫,你做事朴实厚道、公平,大家自然宾服你,臣服你,这也是一种自然而然的过程。不需要强为。自然无为,自然而然,道之在天下,犹川谷之于江海。所以这一章从哲学上说就是,任何事物都是两极相通,物极必反的,人类文明的发展也是一样,很多制度的规定有它的合理性,但是把这个事情过于强调,做到了过分的程度,事物就走到了它的反面。

所以我们经常讲,老子《道德经》里的话,跟我们平常讲话的区别就在于,他也喜欢用一些比喻的方式、类比的方式、格言的方式。但是他有机会的时候,总是把它上升到理论的高度,上升到理论的高度就有了普遍性,也就有了深刻的智慧。这是我们在学这一章的时候需要认真体会和品味的。

三三

知人者智,自知者明。胜人者有力,自胜者强。知足者富,强行者有志。不失其所者久,死而不亡者寿。

——《道德经》

译文:

了解别人的人,是有智慧的;能了解自己的,是明智的。能战胜别人则证明有力量,能战胜自己的人是强大的。知足是真正的富有,坚持按照道去做才是有远大志向的。不失掉自己的精神家园才能让自己的存在更为长久。身体殁了但精神永存的人才是真正的寿命长久。

第三十三章是非常有趣的一章，这一章里有些话在我们文化中已经演变成大家耳熟能详的成语。这一章在讲什么呢？其实，这一章是说，我们要了解别人，这是很有智慧的表现，但是了解自己更难。人贵有自知之明，知人者智。

其实，我们了解别人也不是一件容易的事情，所以有的哲学家说，我们每个人都无法了解另外一个人的精神世界。你看有的人经常发感慨说——有一个懂我的人多好！什么也不如别人懂我啊。由此，我们可以充分地看到，了解别人不是一件容易的事情。"知人者智"。因为老子很多话是对这个"士""土"的阶层讲，对十一个领导者来讲——了解自己的下属，也不是一件容易的事情。有人就给领导者出主意：你怎么了解自己的下属呢？你让他在你身边，看他谄佞不谄佞；把他放到远的地方工作，看他对你忠诚不忠诚；你让他喝醉了，看他是不是酒后失态；你让他管钱，看他贪不贪……多少心思啊！能够了解别人的人是有智慧的。"知人知面不知心"，"路遥知马力，日久见人心"，诸如此类的话都在讲"知人"的难度，所以，了解别人是有智慧的！

可是，下面语锋一转，"自知者明"，比了解别人更难的是了解我们自己。我们自己像什么？就像眉毛，我们眼睛可以看到远方，但是看不到自己的眉毛。我们人类认为自己对自己了解最多，实际上我们最缺乏的就是对自己的认知和了解。所以，能够了解自己的人，是有大智慧的！人贵有自知之明，大家注意"自知之明"，这个成语就是出自《道德经》的第三十三章，"知人者智，自知者明"。

下面这句话大家要认真品味，"胜人者有力"，你是不是不服我，经常在领导背后给我打小报告？那你过来，过来咱俩打一架，我把你打倒了以后，你少这样做。问题在于，你把别人打倒了，能证明什么？除了证明你比别人有力量,其他什么也证明不了,胜人者只是"有力"。说到这里,我得把这个事情延伸一下。这世界上很多国家,他们的思维逻辑是什么?喜欢强加于人——把自己的理念、思想强加给别人。你不服,我就用武力来征服你。这不是只强调"胜人者有力"吗?这能说明什么?除了证明他有点力量外,智慧方面,什么也证明不了!

我们中国文化讲究的是"各美其美,美人之美"。不强加于别人,大家和平共处。所以,我们的领导人到国际上讲话的时候,经常会讲,我们中国是一个温和的、热爱和平的民族。我们不把自己的理念强加给别人,当然你也不要把你的强加于我。

胜人者只是有力,那什么样的人是强大的呢?自胜者强,能够战胜自己、超越自己的人,才是真正强大的。所以我们经常说,这世界上唯一的敌人,就是我自己。我们战胜了自己,超越了自己,也就战胜了一切,超越了一切。前面这一段讲得非常明了,其实这几句理解起来除了"胜人者有力",语锋要转一下,其他的没有什么难以理解的。

"知足者富",什么是"富"?我们不能把它只归于一个物质的标准。其实在《道德经》第一章就讲,有和无是相互统一的,有形的和无形的是相互统一的,物质和精神两者不可或缺,富不只指物质,更指精神。富有止境吗?所以我们经常说钱是赚不完的,它没有边界,没有止境。我们知足,这样才是一种真正的富。是谓"知足者富",反之,欲壑难填,有多少我们都感觉不够。这就是一种"不知足"的表现。

"强行者有志","强"就是坚持不懈,了解了"道"并坚持不懈地按照它去做,这才是有远大志向的。在解释书名的时候,我就给大家讲,"道"在前而"德"在后,了解了"道"并坚定不移地按照"道"去做,这样才能有"德"。所以,了解了"道",坚持不懈地按照它去做,就属于"强行者",有远大志向。

"不失其所者久"。前面的内容不要扔掉,你才能真正理解这个

"所"。我们经常讲"死得其所",这个"所"就是归宿的意思。人类的归宿是什么?人类伟大的归宿是"精神",这个"所"就是我们精神的寄居之所。换句话说就是我们现在经常用的这个词叫"精神家园"。"不失其所"就是不脱离自己的精神家园,不失掉我们的精神家园,不让我们的精神家园在物质财富的发展过程中"花果飘零"!这样,我们才能让自己存在得更为长久。这不仅针对我们个人,也针对我们整个人类。紧接着,这个意思就更好理解了。"死而不亡者寿",人死了、殁了、没了、消失了,但是精神永存。这样的人才是真正伟大的、寿命长久的人。

第三十三章我觉得大家完全可以把它当作一种哲理诗来读。这样我们既可以欣赏到中国诗的韵味,也可以领悟语言中富有的哲理和智慧。

三四

大道汜兮，其可左右。万物恃之而生而不辞，功成不名有，衣养万物而不为主。常无欲，可名于小；万物归焉而不为主，可名为大。以其终不自为大，故能成其大。

——《道德经》

译文：

　　大道如江河无处不在。万物倚仗它生养它却从不推辞，泽被苍生而不将自己视为主宰者。它无欲而静，隐微虚无，发挥作用时往往不被注意，所以可以称它为"小"；万物最后都归于道，它却不自以为能主宰万物。所以可称其为伟大。也正是道不自以为伟大，不眼高手低，从小处着眼，从细处做起，才能一步步成就伟大。

前面我们讲了第三十三章,现在接着讲第三十四章,第三十四章一开始就用了一个类比,或者一个形象:"大道氾兮,其可左右",这个"左右"不是掌握的意思,这个左右是指方位——上下左右。这句意思就是说,道左右逢源无处不在,就像水滋润万物一样。其实我觉得"大道氾兮"还不如第四十一章讲的"大象无形"更准确。道就像风一样,你看不见,但是无处不在。所以后来道家的第二号人物庄子就讲,道无在无不在。你看不见,但它无处不在,它是万事万物生长的决定性的力量,所以"大道氾兮,其可左右"。

"万物恃之而生而不辞"。"恃"就是倚仗、倚靠,万事万物都离不开道。所以万事万物依赖它生长发展而不辞,道不推辞,不推三阻四,该我完成的使命和任务,我就自然而然地完成。

"衣养万物而不为主","衣"就是覆盖。所以我们经常说一个词——"衣养万物,泽被苍生"。当然有人也把它读成"披",意思是一样的,就像衣被遮体覆盖于寒冷下起保护作用一样,道也保护万事万物,这自然是有恩德的表现。所以,这个道啊,"衣养万物而不为主",虽然,它对万事万物的恩德很广,但是它却不是以一种主宰者的身份出现。它不是说,你们的生命都靠我,我是你们万事万物的主宰,你们应该感谢我。应该对我感恩戴德!不是这样。"衣养万物而不为主"——不是以主宰者的身份出现!

"常无欲,可名于小","常"在这个地方也可以解释为"经常"。所以"道"经常的样子是"无欲",克制自己的欲望,不张扬、不主宰。既然是这样,那就是觉得"可名于小"——你会觉得道的作用是很小的。因为,很多事情你看不见。道既然是大象无形的,它发挥作用的时候,很多人不大注意,就像空气一样。我们其实不到呼吸不上来的时候,很少意识到空气的存在，但它其实是很重要的。所以，一方面"道"不主宰，没有这样"主宰者"的欲望，不是把自己看作一个"大人物"，所以可以把它叫作"小"，但反过来大家有注意到吗？"万物归焉而不为主"，"万物归焉"这不就是大吗？作用大也罢，你说他是一个"大人物"也罢，如果用拟人化的方法来说："万物归焉而不为主，可名其大"——"万物归焉"却不把自己当作一个主宰，这一点你就可以把它叫作"大"。道看不见，看不见它的欲望，看不见它的主宰者的样子，可名其小。可事实上却又有"万物归焉而不为主"的品格，真是伟大！

"以其终不自为大，故能成其大。"这句话讲的是一个量变质变的道理，大家学哲学时经常会提到，量的积累会达到一种质的变化。所以道的规则是怎么样的呢？一点一点从小事做起，不是经常强调远大的目标、伟大的抱负。想要成就伟大的事业吗？"终不自为大，故能成其大"。从小处着眼，从细处做起，一步一步地成就自己伟大的事业。

"合抱之木，生于毫末；九层之台，始于累土；千里之行，始于足下"。第六十四章这段话就是对这个问题的进一步解释。"天下难事，必作于易。天下大事，必作于细"，不要看不起那容易的事情，想要做好难的事情，先从容易的事情做起，要把容易的事情当作难的事情来做。这样，你就不会有什么难的事情了。为什么？你把容易的事情当作难的事情来做，你才能有充分的准备，才能一步一步做得非常到位。这样中间才不会出现什么问题，你对困难有充分的思想准备，这样事情才能够顺理成章。"天下难事，必作于易。天下大事，必作于细。""细"就是小，想要做好大的事情，从小处做起，一步一步成就自己的伟大，"以其终不自为大"。不是自高自大、自以为泽被苍生，不是把好高骛远的所谓伟大的目标当作自己唯一的寄托，而是虚怀若谷、脚踏实地、循序渐进，这样才能成其大。

三五

执大象,天下往;往而不害,安平太。乐与饵,过客止。道之出口,淡乎其无味,视之不足见,听之不足闻,用之不足既。

——《道德经》

译文:

掌握了大象无形的道,往来于天下。往来者皆不受到伤害,安详、平和、太平。音乐和美食,会吸引路人停下脚步。可道呢,却只是无声无味,看不见、听不见,用的时候自己还不知道。

第三十五章我们先来一句一句解释一下。"执大象,天下往"。"大象"就是道,就是无边无际的形象。第四十一章就有"大象无形"嘛。"大象无形"就是用来形容道的。所以"执大象"意思是掌握着这个道,了解了这个道。"天下往"——往来天下。"往而不害"——按照道去做,不管到哪里,其实都不会受到伤害。"安平太"——在我们的文化里,这三个字都是非常好的。中国人起名字也非常喜欢用三个字,"安详""平稳""太平"。

"执大象,天下往,往而不害",无往而不利。说完这个话题,语锋一转——有两种好东西,什么好东西?音乐与美食。"乐与饵,过客止"——一个制造美味的地方,大家经过的时候受不了这种诱惑。止,指停下了脚步,美好的音乐也能让人停下脚步。这个对人是有吸引力的。老子把这个讲完了,然后做一个比较,"道之出口,淡乎其无味",道和乐与饵不一样,道是淡而无味的,所以,我们经常讲返璞归真,经常讲平平淡淡才是真。其实都是我们中国人在有意无意地运用"道之出口,淡乎其无味"的道理。"出口",当然有拿美食来比喻的意思。我们大家都知道,饮食讲究清淡、少盐少油,"道之出口,淡乎其无味",这样对人的健康更有益。反过来讲也是一样。人的行为、语言,也像是"没有味道的道"一样,"道之出口淡乎其无味"。"视之不足见""听之不足闻"——看,看不见的,听也听不见。"用之不足既"——用的时候你自己还不知道。我们常说,"道"我们日常所用而不知。我们听过这样一句歌词:"灿烂星空,谁是真正的英雄?平凡的人们给我最多感动……"平凡、平淡才是真!其实都在讲这样一个道理,我们平常都在应用这个道。道无处不在,可是有时候我们用的时候却不自觉、不自知。

老子讲道就像大象无形的风一样,它弥漫于天地之间,无处不在。然后，又讲了道的另一个重要特点，"道之出口，淡乎其无味"。我们中国人讲到艺术境界的时候，经常也运用到这个道理。比如，说我们的诗歌"清水出芙蓉，天然去雕饰"；我们的雕塑、书法讲究返璞归真；我们的人格，最后追求返璞归真。我们年轻的时候都觉得自己会成为一个伟大的人物，其实成为伟大的人物，到最后才发现自己也就是一个平凡的人，只有把自己看得平凡了，这才是"重归于朴，重归于真，重归于道"。

三十五章是说，道大象无形，却力量无穷无尽，无处不在。

三六 三七

将欲歙之，必固张之；将欲弱之，必固强之；将欲废之，必固兴之；将欲夺之，必固与之，是谓微明。柔弱胜刚强。鱼不可脱于渊，国之利器不可以示人。

道常无为而无不为。侯王若能守之，万物将自化。化而欲作，吾将镇之以无名之朴。无名之朴，夫亦将无欲。不欲以静，天下将自定。

——《道德经》

译文：

想要收敛、合上，首先要打开、张开；想要减弱、削弱，则需先让它感觉强大；想要彻底废掉，则需让它登极高而跌极重；想要得到，则需先给予。这是微妙难察的智慧。怎么理解这柔弱胜刚强的道理呢？就像鱼生活在水中，水都有边界，越过边界跳到岸上便是自取灭亡。同样道理，国家最重要的领导权术、最锋利最尖端的武装力量，就像宝剑在鞘中是不可轻易脱鞘而出的。

道是一种永恒的规律、规则。能顺乎自然，不妄为、不多为、有所不为，这样，"无为"就能产生比"有为"更好的结果。诸侯王若能坚守这个道理，万事万物、人民百姓就能自我化育、自我成长。在这个过程中欲望、私心杂念膨胀时，得道的人将用朴实、厚道的理念来克制心中之贼。治理天下的人要做表率，少私寡欲，清静无为，天下自会安定。

第三十六章仍然是讲《道德经》最重要的思维方式，也就是相反相成的道理。

"将欲歙之，必固张之；将欲弱之，必固强之；将欲废之，必固兴之；将欲夺之，必固与之，是谓微明"。这是前边这一段。这一段也不难理解，它都是讲对立面的相反相成。你想要把这个东西打开，你得先把它合上，本来它就是打开的，你打开它干吗？"将欲合歙之，必固张之"，"歙"就是合，先把它打开，你才能把它合上。"将欲弱之，必固强之"，你要想削弱他的力量，先要把他吹捧得强大。你这人真不得了，天下没人能打过你。让他膨胀，这样再削弱起来就很容易了。"将欲废之，必固兴之"，想让它报废，你先把它往高举，举得越高，摔得越重。我们经常讲"捧杀"就是这个道理。关于这"捧杀"我得多说几句，因为这是我们很多人的通病，尤其是现在。捧杀的典故出自东汉应劭的《风俗通义》："长吏马肥，观者快之，乘者喜其言，驰驱不已，至于死。"蔡元培先生也引用并概括为"杀君马者道旁儿"，意思就是说杀你马的人就是在旁边那些给你马鼓掌的人，夸之者就是害之者，也就是捧杀。再如关羽在战场上威风八面，可过不了被人奉承这一关，结果最后一战走了麦城，兵败被杀。这种过分地夸奖或吹捧，使被吹捧者骄傲自满、停滞退步甚至导致堕落、失败。正是《道德经》所提醒的要警醒"将欲废之，必固兴之"的"捧杀"。鲁迅先生在《花边文学》中有一篇《骂杀与捧杀》的杂文，将捧杀之事概括得简练而明确，使捧杀一词大为流行，以至于而今仍成为网络热词。

我觉得现在很多年轻人没有意识到这个问题，尤其是现在一些所谓的"小鲜肉"，被人捧到那样的高度，什么时候掉下来，可就再也起不来了。"将欲夺之，必固与之"这个道理大家懂，钓鱼时的鱼饵，这不是

"与之"吗？咬上钩可就不能摆脱了。"将欲取之，必固与之"是一样的道理。

大家看《三国演义》这类的书，就会对这个问题认识得很清楚。你看《三国演义》里，两军对垒的时候，拿什么来搦战？让老弱残兵进行挑衅。你看着一帮老弱残兵，好家伙，你放松警惕了，以为很轻易就解决问题——追杀，强大的伏兵一拥而出，一下子就被人收拾掉了！"将欲夺之，必固与之"，打仗时敌人在逃跑的时候扔下了各种各样的辎重。这士兵在追杀的过程中一看敌人望风逃窜，留下了这么多好的东西，下马开始抢。好家伙，人家又反手杀了一个回马枪，又被收拾了。

这些道理非常有意思，这个叫什么？——"是谓微明"。"微"就是微妙，"明"就是智慧，这就是一种微妙的谋略与智慧。其实前面这一段讲的道理都是一样的，"将欲歙之，必固张之"，想把它合起来，先张开！"将欲弱之，必固强之"，想要削弱他，你让他变得强大，吹捧他强大！有的人一到了强大的时候，就临近灭亡了。"将欲废之，必固兴之"，往高举它，举得高，跌得重。"将欲夺之，必固与之"，我们平常讲这叫"将欲取之，必固与之"。所以这个要注意了，为什么有一个说法叫"糖衣炮弹"。别人给戴的高帽子、送的好东西，就像裹着糖衣的炮弹一样，非常危险。别人心里想的是"将欲取之，必固与之"。大家要全面地理解这里边的思想与智慧。

下句"柔弱胜刚强"，老子把要讲的主要问题强调出来了。有生命的东西，比如春天，看似柔弱，却有强大的生命力。柳丝非常细弱，但是它里边有水分，你很难把它折断，它有韧性。秋冬季节，你看那树枝气昂昂地挺在那里，看似坚硬，可是一折就断了。"柔弱胜刚强"，柔弱比刚强更有强大的生命力，更有长远的力量。所以人要懂得示弱，不逞强，这样才能够存在得更长久，更能够积蓄力量，最后战胜所谓的强大。古往今来，谁把道家的"柔弱胜刚强"的道理理解得最深刻呢？当然首先我们说到的还是老子本人。老子在讲水的时候不就说"天下莫柔弱于水，而攻坚强者莫之能胜"吗？第七十八章又是一个很好的形象，天下还有什么东西比水更柔弱呢？你拿什么容器装就是什么样，随方就圆的。天下还有什么东西比水的力量更强大呢，发挥作用的时候，攻无不克，战无不胜。石头怎么样？"水滴尚且石穿"；金属怎么样？切割金属的不是有水刀吗？"柔弱胜刚强"其实是告诉大家要懂得示弱，不妄自逞强，不自谓强大。这是一种能够使自己走得更远，获得更大胜利的思想与智慧。

按照这个道理，下边又讲了两条。第一条，"鱼不可脱于渊"。大家都知道，鱼是生活于水中的，任何水都是有边界的。水少的时候不要老在水里边自我炫耀：你过来，你看我跳得多高。什么时候跳到岸上，就自寻死路了。我们就像鱼一样，我们的能力、权力其实都是有边界的。我们自我炫耀，自我宣扬就像什么？就像鱼老是往高蹦，什么时候当我们蹦到岸上，那不就"脱于渊"了吗？别说鱼，就是龙也没戏了。第二条，"国之利器不可以示人"，这一条说到了关键点。"国之利器"可以有两种理解，一种解释是国家制度的力量。韩非认为赏和罚就是国家利器，称其为"国之二柄"。你不要经常把这个东西拿出来炫耀，国之利器不可以示人。这里边运用的奥妙，"存乎于一心"，不要经常拿出来向别人炫耀，显摆。第二个理解就是国家的最锋利、最尖端的武装力量。最尖利的兵器，不要老拿出来向别人炫耀。这些国之利器就像宝剑一样，一把宝剑藏在剑鞘里边，不单是为了保护它，更重要的是隐藏其光芒。我们中国人都知道一个词叫"韬晦"。"韬"就是宝剑的鞘，"晦"隐藏光芒。明晃晃的剑不在剑鞘里放着，有事没事老喜欢拔出来去威胁别人，大家第一反应是什么呢？一定要齐心协力把你这把剑折断，因为你威胁到我们大家了。所以，一把剑放到剑鞘里，不到关键的时候，不要脱鞘而出，脱鞘而出的时候就要保证一击必中。

古往今来，很多人都非常懂得这样的思想和智慧，这对我们个人，尤其是对一个国家来说具有重大的意义。我们现在还有很多弱势的领域，我们要懂得韬晦。韬晦才能够积蓄力量，才能够最后战胜所谓的刚强。"柔弱胜刚强。鱼不可脱于渊，国之利器不可示人。"

除了老子，还有谁把"柔弱胜刚强"的道理领悟得最深刻呢？游击战十六字令："敌进我退，敌驻我扰，敌疲我打，敌退我追。"大家注意这十六个字，非常有见地，有智慧。"敌进我退"打不过你，我跑，我不跟你争一城一地的得失。我以退为进，积小胜为大胜，以空间来换时间。"敌驻我扰，敌疲我打"这不就是集中优势力量吗？化弱为强，"敌疲我打"已经够狠了吧？事情还没完，最后一句话"敌退我追"——"宜将剩勇追穷寇"，真的到我们掌握了强大的力量的时候，有了话语权的时候，那属于我们东西自然都不放过。没到时机的时候，切不可妄自张扬，妄自狂妄，以为自己强大到无人能够战胜。这样做的后果是非常可怕的！"鱼不可脱于渊，国之利器不可以示人"。这就是柔弱胜刚强的具体的表现。

这一章讲明白了一个重要的思想与道理！就是"韬晦"。为什么在我们文化里边自古至今很多人都强调它，因为这也是一种"微明"，一种微妙的思想和智慧，需要我们认真地品味和体会。

第三十六章也在讲道的具体的运用。"反者道之动"："将欲歙之，必固张之。将欲弱之，必固强之。将欲废之，必固兴之，将欲夺之，必固予之。"这是道的具体应用。

第三十七章也是，不过这个应用进入了一个更高的层次。一开始就说"道常"。"常"代表规律、规则，也代表着永恒。荀子《天论》里边就讲，"天行有常，不为尧存，不为桀亡"。它是有它的规律规则，不认为尧很善良，就为它而存在，也不认为夏桀很残暴，就为它而灭亡。这一章一开始老子言明了主旨，讲道是一种永恒的规律规则。

下面我们来具体说第三十七章，也就是上一章的具体运用，按照"道"来做。"道常无为而无不为。侯王若能守之，万物将自化。"大家是否记得第三十二章就讲，"侯王若能守之，万物将自宾"，是说坐在我对面这个诸侯王，我给你讲个道理，你要能坚守的话，大家都会自觉地支持你、服从你。那么第三十七章，大家看语式是一样的，"侯王若能守之，万物将自化"，"化"就是自生自长，自我化育，自我成长。不是说你做王了，就什么事都管。你看这天地，它对万事万物不是什么事都管的，它只为万事万物提供条件，阳光、雨露、土壤，任其自然地生长。侯王也应该是一样。"侯王若能守之，万物将自化。"你按照这个方式来做，万事万物自我成长。

"道常无为而无不为，侯王若能守之，万物将自化。化而欲作，吾将镇之于无名之朴，无名之朴，夫亦将无欲。不欲以静，天下将自定。"这个结局目标可是大得不得了。怎么样才能让天下自然而然平稳安定呢？所以老子前边这一串的道理，最后得出这样一个结论。

我们一句一句来说，"道常无为而无不为"，"无为无不为"是什么意思？有些事你"无为"，结果反而是"无不为"。你不去做反而比你什么都做的效果更好。什么叫"无为"？大家有没有注意到《道德经》开头的第一章就讲，"常无，欲以观其妙，常有，欲以观其徼"。第一章就在强调"无"的重要意义。"无为"也就是老子讲的"无的作为"，这是道的一种属性，是道的作为。换句话说，就是按照道自然而然地作为，不要妄为、多为，而要有所不为。

关于"无为"，我们具体解释三条。

第一条，"不妄为"，狂妄的妄。《道德经》第十六章——"不知常，妄作，凶"，你不了解这个"常"，不了解道的规律、规则，瞎折腾胡折腾，最后的结果是非常糟糕的。不知常，妄作，凶。

第二条，"不多为"。做事情要抓住关键，要举重若轻，这样才能有更好的结果。如果以此来衡量诸葛亮，他并不是一个好的领导者。他的领导方式是什么呢？首先，事无巨细全都抓在自己手上。司马懿逮到一个蜀国的小兵就问他，你家丞相在干吗呀？这小兵说我家丞相可累了！二十军棍以上的事情全都抓在自己手上。司马懿就撂下一句话，"你家丞相这样岂能久乎？"统兵打仗的时候，将领出征前，他往往会给个锦囊，还强调——到什么什么时候再打开。这些将领打开的时候都是一句话，"丞相此计大妙。"很多事情，他都采用这种神秘的方式，因此，他底下的人并没有得到锻炼。大家都只靠他一个人。不把担子压给下属，不让他们得到锻炼，那诸葛亮完了，蜀国不也就完了吗？真是一个人都没有锻炼出来。我们评价一个领导者，不是只看其本人的能力，而是看他用什么样的人培养了什么人。"万物将自化"，应该让他们得到自我成长、自我化育。

第三条"有所不为"。人要想有所为，必须"有所不为"。比如，你现在在上课，脑子想别的事情，那两个事情都做不好。有的人一生都在忙忙碌碌，好像生活很丰富、很忙的样子，结果一事无成。做事应该抓住关键，想要有所得，你必须有所舍，懂得这个"舍"，我们才能有那个"得"。要有远大的抱负，就不要为了那些小事斤斤计较；想要成为大树，何必老与草争？反之，私心私利如果过于膨胀，什么都想得到，什么都不肯舍，必定是非常危险的结局。

老子讲了道的规律、规则，是要我们懂得"无为而无不为"的道理。我们后边讲《德经》的时候，还有一个重要的思想。说我这人品德很好，为什么？我喜欢做好事。一个人做完好事喜欢向别人宣扬，觉得自己不得了……这都不是"无为"，而是一种"有为"的态度。人做好事自然而然、顺其自然，这样才真正符合道的思想和境界。"道常无为而无不为"，想要"无不为"达到的结果，你得懂得"无为"的理念。说到这儿，我倒想给大家把这个问题延伸一下。我们的一位领导者在讲话的时候喜欢引这样的两句话，第一句话叫"我无事而民自富"，意思是：不多事，不扰民，不刁难，百姓自然就富起来了。不要天天老搞让大家证明"你是你"这样的烦琐的事情。第二句话，"我无为而民自化"。这不就是"道常无为而无不为"的进一步引申和运用吗？就像我们刚才解读的那样，我无为——不妄为、不多为、有所不为，百姓才能得到自我化育、自我成长。这两句话出自什么地方呢？第五十七章。第五十七章最后一段由四句话构成，这位领导引的是两句话，把顺序换了一下而已。

理解这一章，"无为"是一个非常关键的理念，我们多花一点时间来解读它。"道常无为而无不为，侯王若能守之，万物将自化"。当然，自我成长、自我化育也会有问题出现的。所以，领导经常放手的时候不放心。一放就乱——一乱就收——一收就死——这就成了一个恶循环。所以，"化而欲作"，你让万事万物，让人民百姓自我成长自我化育的时候，也会出现问题。什么问题出现了？欲望——人的欲望是无止境的，欲望一旦膨胀起来，很难遏制。你看现在我们用这个词——"作"。这个词是不是也有这种张扬膨胀的意思？化而欲作，现在欲望膨胀了。老子对这个问题是有清醒的认识的。他用什么来解决这个问题呢？"吾将镇之以无名之朴"——教导大家理解朴实厚道的重要意义。希望大家都能回归朴实、厚道、公平的心理状态，有这样的民风和精神境界，回到返璞归真的人格。那么"不欲以静"——欲望得到了节制，得到了减弱，我们的心里也就重归一种安静、宁静、冷静。因为有时候欲望迷惑了我们的双眼，遮挡了我们观察事物的视野，让我们在计较之中、纠结之中，有了一种"无谓的执着"。很多时候，就是想不开：这个东西就该我的，为什么不给我？评奖的时候，你凭什么不评我？我原来还是你的领导呢……天天都在纠结这些事情。等这些欲望得到减弱、节制的时候，我们心灵重归宁静、安静与冷静。其实人生说到底，生活的态度无非就是两种：一种是"做加法"，不停地累积叠加，有了还想有，多了还想多，要了还想要，无止境，欲壑难填嘛；另一种，就是"做减法"。我们的欲望减少一分，我们的幸福也就多一分，"知足者富"嘛。

"不欲以静"，做领导者的，尤其是做国家的领导者，心里没那么多欲望的纠缠、私利的膨胀，让自己安静、冷静、宁静下来。"不欲以静，天下将自定"，天下为什么乱？大家都争名夺利嘛。百姓为什么难以治理？你上面瞎折腾，把民心都折腾乱了，所以难以治理。上面的欲望小了，不妄为、不多为了——天下将自定。汉朝建朝七十年的治国方略是一位叫陆贾的讲给刘邦听的。天下刚定下来，百姓需要恢复生机，你不要老折腾他，清静无为，用这样的一种方式恢复生产，收拢民心。这才有后来的文景之治。所以，我们说这一章看似简单，其实讲的道理却不那么简单。

"道常无为而无不为。侯王若能守之……天下将自定"。越过中间的这些语句，到最后这句话我们会清楚地看到这样一个结论：自然而然的作为，不妄加干涉，妄加干扰，不刁难，这样天下一切才能顺理成章，这样才能让百姓得到自我化育、自我成长。在民风方面，提倡淳朴，返璞归真，让做事厚道的老实人不吃亏，有这样的指向与指引，那一切都会顺利成长。这是我们说的第三十七章的内容。

说到这儿有个问题还要给大家强调一下，《道德经》一分为二，"道经"和"德经"就是第三十八章为界。到第三十七章，也就是我们刚刚讲到的这一章，属于"道经"的部分。从第三十八章开始，后边属于"德经"，合起来就叫《道德经》。其实《道德经》并不是说前三十七章讲"道"，从第三十八章开始才讲"德"的，不是这样。其实老子每一章都在讲"道"、讲"德"，"德"就是按照"道"去做，所以他每一章先讲道理，天道如此，人按照这个道去做，这不就是德的部分吗？万事万物按照道去做，这不也是德的部分吗？所以每一章都在讲"道"、讲"德"。那为什么非得把它强行分成上下两部分呢？其实，就是告诉大家这样一个道理，他这本书讲的一个重要的逻辑就是"道在前而德在后"。把"道"搞清楚了，坚定地、坚持地按照"道"去做，就是"有德"。如果反过来，那么这本书的智慧和思想就会被过滤掉很多。有人认为这本书应该叫

"德道经"，而不应该叫"道德经"。这个说法是非常没道理的。有人如果认为这本书应该是"德在前而道在后"，我们可以拿《道德经》的原文，第二十一章的开头这八个字来质询他。"孔德之容，惟道是从"，"孔"就是大，"孔德"就是大德。有大德的人是什么形象，什么样的气质呢？坚定地、坚持地按照道去做。所以，前边三十七章，《道德经》的上部分，讲到第三十七章就作为一个结束。不过，我不希望大家非把这两个部分强行地分开。其实这两部分内容在书里边也是水乳交融的，合到一块是一块完璧，不要把它强行分开。只是作为一种强调，告诉大家，这本书要读的时候，一定要读清楚他这个思想与逻辑——"道在前而德在后"。这样我们做的一切才能够顺理成章。反之，则会破坏我们对这本书的思想与智慧的准确把握和理解。

前三十七章我们就逐章解读完了，希望大家花点时间读这三十七章，而且还要把它认真地记一下。各位，记下来、背下来才是自己的。我赞成这样的说法，一要"死记"，二要"硬背"，记下来背下来，我们有的是时间去理解去运用。你得先有钱，先把钱存到那里，学花钱的方法还不容易吗？所以大家不仅要读，而且要记，要背。这样在我们以后的人生中，它就像我们存的那些宝贵的财富一样，需要的时候，它就会帮助我们正确地看待问题、理解问题，正确地看待人生、理解人生。

三八

上德不德,是以有德;下德不失德,是以无德。上德无为而无以为,下德为之而有以为,上仁为之而无以为,上义为之而有以为,上礼为之而莫之应,则攘臂而扔之。故失道而后德,失德而后仁,失仁而后义,失义而后礼。夫礼者,忠信之薄而乱之首。前识者,道之华而愚之始。是以大丈夫处其厚,不居其薄;处其实,不居其华。故去彼取此。

——《道德经》

译文:

德高的人做了有德的事不自认为有德。德低的人以有德自居,紧守着"德"的荣耀害怕失去。所以说,德高的人顺乎其然,德低的人自然地做事后却念念不忘,总是强调。最讲仁爱的人有意为之而后才试图将其忘掉。正义的人主动去做而且事后念念不忘。讲礼仪的人提倡遵守礼而没人回应,则愤怒地扬起手臂强迫别人遵从。因此道不被重视,就会有人来提倡德,德不被重视,就会有人来提倡仁,仁不被重视,就会有人来提倡义,义不被重视,就会有人来提倡礼。礼的提倡,就是忠信稀缺且乱象的开始啊!那些占卜、预言等行为,不过是道的虚华外表。而真正有智慧有思想有品德的人,舍弃轻薄而采取厚实,舍弃浮华而处于真实的状态。

前面三十七章是《道经》，从第三十八章开始是《德经》。有人说这个得名和原文有关系。第一章，"道可道，非常道。"有个"道"，所以叫《道经》。第三十八章开始，"上德不德"，有个"德"字，所以叫《德经》。

我们先来看三十八章原文，有点像绕口令。"上德不德，是以有德；下德不失德，是以无德。上德无为而无以为，下德无为而有以为，上仁为之而无以为，上义为之而有以为，上礼为之而莫之应，则攘臂而扔之"。下边这段话要一口气读完。"故失道而后德，失德而后仁，失仁而后义，失义而后礼。夫礼者，忠信之薄而乱之首"。这几句可以看成是一句话，一口气完整地读下来。"前识者，道之华而愚之始。是以大丈夫处其厚，不居其薄；处其实，不居其华。故去彼取此。"彼是什么？此是什么？当然，老子讲的那些好的部分属于"此"，要取的。他认为那些不好的部分属于"彼"，要去掉。念完了大家也许会感觉到一片茫然，不知道怎么回事，我们一句话一句话来解释。

"上德不德，是以有德"。最有德的人是什么样子呢？"上德不德"，做了有德的事，没觉得有什么了不起。我做了好事，我是有品德的人，你们要表扬我——不是这样。上德不德，自然而然。做完了这事就过去了，这才是真正有德的，不是有意作秀。

"下德不失德，是以无德"。下德的人是什么样子呢？老是把这个当作一回事，老害怕它失去，我做了好事没人看得见，那我这不就失去了，我做这个事情的意义不就没有了吗？所以老在强调，你看，这事是我做的，我是个有德的人。这样就坏事了。下德不失德，老害怕这个东西失去，老攥在手上，反而是一种境界不高的表现。

这个事倒是真的有意义。所以我们说有的人只是为了做好事而做好事。就像我们经常讲，做好事的日子——三月五日来了，把老太太扶过马路，刚扶到这边，那边又给扶回来。这都只为了做好事而做好事。这不是一种好的风气。

"上德无为而无以为。"最有品德的人什么样呢？"无为"就是自然而然地作为。自然而然地作为，做完了，也就自然而然地把它忘掉了。一切顺其自然，这是真正有德的表现，当然这个确实也很难做到。哪天做了一件好事，别人问起：什么好事我怎么不知道？那不是应该的事情嘛，没有什么嘛。顺其自然，无为无以为。"下德无为而有以为"，关于这句话，说法很杂乱，有的版本甚至把这句话删去了。其实只要仔细看看这几句话中有为、无为的排序，就明白"下德无为而有以为"是正确的语句。意思是本来做时没太多想法，但是做完了好事却念念不忘，恨不得时刻提起，故落入"下德"甚至"无德"。

"上仁为之而无以为"。"仁"就是仁爱，同情心，有同情心的人，有仁爱思想的人。"上仁"，水平高的属于上。"上仁为之而无以为"，有意为之，我要去做好事。做好事很好，我要主动去做——为之，但是，过后也努力把它忘掉了。"上仁"和"上德"的区别在哪儿？"上德"做好事是自然而然的，无为无以为。"仁"比"德"已经差了一个层次了。它的做法就是"为之而无以为"。遇到觉得应该有仁爱之心的事，考虑到它是提倡的价值等等，要做个榜样，就努力去做了，也就是有心为善，而且做完之后就努力把它忘掉，并不想心心念念，不想求什么回报，这就是"上仁为之而无以为"。应该说，上仁比上德低一个层次，但是比"义"要高一个层次。大家注意老子在划分层次，"上仁"的人主动去做事情，这是有为的表现。有为——主动去做，这是一件好事。这件好事我要设计一下，怎么把这事情做得更好。当然做完了也不错，把这事情忘掉了——无以为。这跟"上德无为无以为"的差别在于："上德"做好事是自然而然的。遇到这个事情不多加考虑，做完了就把它忘掉了，风一样地吹掉了。"上仁"的人是有意识而为之，然后才把它强行忘掉。如果大家理解不了的话，我换一个角度，比如说明天我要考试了，我今天就想，明天我要考试了，我今天要早点睡，早点休息，休息好为明天做准备。坏事了。你越想让自己休息好，越强行地压制自己，其实这结果可能就相反，想要静下来便是不静。这就是"上仁"，它和"上德"之间是有区别的。

"上义为之而有以为"。"义"比"仁"又差了一个层次，大家看这里边划的层次，最高的应该是"道"，按照道去做的就是"德"。然后是"仁"，然后是"义"。有"上义"的人——上等的这种正义的人是什么样子呢？"为之而有以为"。主动去做，而且做完了也把这事情牢牢记住，念念不忘。你看我这人多坚持正义，我这个人大义凛然吧！所以老子认为其实这都属于有意为之，不符合道自然而然的方式与原则。

这一段绕口令一样的东西讲过了，下面就说到了一个非常重要的内容："上礼为之而莫之应"。"礼"是什么？儒家讲"礼"嘛，礼是德的外在表现。我们说要讲礼貌，讲礼制，你不讲礼就要收拾你。就像《红楼梦》里的贾宝玉一样，每次见到父亲贾政都吓得要死。因为有一些"礼法"，礼是一种强制性的规定，有法律一样的作用。你不按照礼制做，那后果是非常严重的，所以老子说"上礼为之而莫之应"。拿这个礼来约束别人，我提倡，"莫之应"——没人响应。你看结果，"则攘臂而扔之"：高举手臂呼唤大家，大家往这个方向走，一定要按照这个去做。老子是在讲，一旦礼成为礼制就有了一种强制性。他认为本来不该有强制性的，但是却强行要求大家，就得遵循它。一旦莫之应，就急了，跳起来，暴跳如雷呼喊大家：你必须按照这个去做，不按照这个去做，那就乱了套了，国将不国了。"上礼为之而莫之应"，没人响应，"则攘臂而扔之"。

这一段讲完了，大家可能理解还很困难。下边这段话讲完了就清楚了。"故失道而后德，失德而后仁，失仁而后义，失义而后礼。"老子在讲这样的一个逻辑:"道"这个东西被人忘掉了、丢掉了、失去了,然后才提倡"德";"德"没人理了,然后再提倡"仁",要仁爱;"仁"也觉得没有什么约束力了,然后才提倡"义";提倡"义"大家也不理它了,也不遵守了,于是就出现了礼,出现了礼仪礼法。说起来老子这个人的确不简单,我们来看历史的发展:老子讲道,孔子讲仁,孟子讲义,荀子讲礼,韩非子讲法……这不正是"失道而后德,失德而后仁,失仁而后义,失义而后礼"吗?礼是什么?"夫礼者,忠信之薄而乱之首"。提倡礼是什么时代?就是大家都不讲忠信的时候。"薄",变得稀薄了,稀缺了。"乱之首",提倡礼的时候,大乱就将出现了,乱世就将出现了。为什么?提倡什么就是缺少什么。本来这些东西都是大家应该自然而然地去遵守的。现在缺了,把它变成了制度性的"礼",所以老子就说"礼"的时代已经是"忠信之薄而乱之首"的时代了。

下面换到了一个我们比较疑惑的地方。因为我们经常信一些预言,有些人也说自己是预言家。过来过来我给你算算命,我预言一下你八十岁会怎么样。也有人对历史做这种预言。当然,老子也讲了上述的逻辑,但是这个逻辑其实不算什么预言,而是自然而然的顺序。下边开始讲"前识者","前识"就是预言。有人认为自己可以未卜先知,是"前识者",是预言家。老子把这种人叫"道之华而愚之始"——这只不过是道的外表,是愚昧的开始,不是真正的学问。这种"前识者"不是真正的思想家,绝大多数都是骗子。老子这句话不知道戳穿了多少骗子的假面目。很多人不就是这样吗?我给你讲国学你不听,那我给你讲《易经》。我把《易经》讲得神秘玄妙,讲成占卜命运,讲成人类的预测。我成为"前识者",成为"大师"。这样的人是什么人?"道之华而愚之始"。所以各位不要认为老子是个迷信人,他是非常清醒和理智的。他也看到很多所谓的"前识者",所以他认为大丈夫,也就是君子,真正有智慧、有思想、有品德的人,"处其厚,不居其薄;处其实,不居其华。故去彼取此。""实"就是"厚","华"就是"薄",把"华"去掉,把"薄"去掉,居于"实""厚"才是符合道的行为,才是一种符合道的思想与智慧。

第三十八章我们解读完了,客观地说这一章确实比较难读,尤其是有些本子语句不同,更增加了我们理解第三十八章的难度。我再重申一下,要正确地理解原文的表述。"上德不德,是以有德"。最有道德的人,做了好事不把它当作有德的表现,而是自然而然地作为,又自然而然地忘却。"下德"和"上德"比起来差了一个层次:做了好事之后,老害怕别人不知道,老害怕失去,老害怕功劳得不到肯定,想牢牢地攥在手上,这反而是一种无德的表现。下德"无为而有以为"。下德的人做事情也顺应自然,但是在顺应自然地"作秀"。阮籍在他的《咏怀》诗里边就说:"委曲周旋仪,姿态愁我肠"。也就是扭曲、曲折、作秀。下面接着讲"上仁",仁也是蛮高的一种境界,仁人志士嘛。真正的仁人是什么样子呢?把事情做了,但是很自然地把它忘掉了。虽然做的时候有一些强加自己的成分,觉得这是一种仁爱的事情,所以我一定要去做,有意为之。但是过后没有把这个当作一个很重要的事情,就把它自然而然忘掉了。比"仁"差一个层次的就是"义",我做这个事是正义的,大义凛然,我一定去做,赴汤蹈火我也去做。做完之后大肆强调,你们应该向我学习,我大义凛然吧?你们为什么不这样子呢?"义"比仁的"无以为"又差了一个层次。道家的思想逻辑看似绕来绕去,其实道理倒是比较简单明确的。

下边说到了一个重要的事情——"礼"。我们自称"礼仪之邦",儒家也强调"礼"。老子对礼的评价是什么?"上礼为之而莫之应"。讲"礼"的人,提倡的东西没人响应,"则攘臂而扔之",就高举起手臂,告诉大家,应该按照我这个来做。不按照我这个来做你就应该被抛弃,被否定,被指责。

下面的内容大家比较容易理解。"失道而后德，失德而后仁。失仁而后义，失义而后礼。"前者不管用的时候，后者就出现了。到礼出现的时候，社会就进入一种"忠信之薄而祸乱之首"的时代。

其实，老子对人类社会还是有预见的，但是他对那些装出来自己有预见的人是持有否定、批评态度的。把自己打扮成预言家的人，认为自己无所不知，能预测人类未来的人。老子认为他们处其华，而没有处其实。处其薄，而没有处其厚。正确的做法应该是"处其实，不居其华，故去彼取此"。把这些东西抛弃掉，沿着符合道的正确的道路行进。

三九

昔之得一者，天得一以清，地得一以宁，神得一以灵，谷得一以盈，万物得一以生，侯王得一以为天下贞。其致之。天无以清将恐裂，地无以宁将恐发，神无以灵将恐歇，谷无以盈将恐竭，万物无以生将恐灭，侯王无以贵高将恐蹶。故贵以贱为本，高以下为基。是以侯王自谓孤寡不榖。此非以贱为本邪？非乎？故致数舆无舆。不欲琭琭如玉，珞珞如石。

——《道德经》

译文：

　　以前了解事物内部阴阳两种力量统一的得道的，比如天得到阴阳统一，而成为清明的天；地得到阴阳统一而成为平静安宁的地；所谓的神也是得到阴阳统一而神秘莫测地灵验；溪谷得到阴阳统一，水源充盈而生命旺盛。总之，万物皆是得到阴阳统一而生生不息。那么侯王呢？不也是因为得到了内部阴阳二者的相互作用、相互统一而成其自身？所以侯王按照道去做才能使天下安定。

　　反之，没有这一阴一阳的道，那么天地万物就没办法清宁盈灵了，侯王也无法坚守正道了。因为不懂得高贵是以低贱为根本的，高位是以稳固的基础为根本的。懂这个道理的侯王要时刻把"孤、寡、不榖"挂在嘴边,时刻提醒自己,忘记了上述的历史教训,就会变成孤家寡人,就会吃不上饭饿死。所以说,屡次得到称誉也就没有称誉了。得道的人不愿像华美的玉,而愿效铺路的坚硬石头。

第三十九章也非常难理解。一方面是因为内容多；另一方面，这章里面有一个重要的概念。我们首先必须得解释一下这个"一"。这一章连续出现了七个"一"。这个"一"是什么意思呢？就是"统一"的意思，当然相互有区别的东西合到一块才叫"统一"。

《道德经》第四十二章里有一段话，其实大家是比较熟的，叫"道生一，一生二，二生三，三生万物。万物负阴而抱阳，冲气以为和"。这段话是什么意思呢？其实在《道德经》里"道"也就可以称为"一"。为什么呢？"一阴一阳之谓道"，"一"就是阴阳两者的相互统一。所以，从概念上就可以把"一"看作道。但是从它内部结构上看，它既然是"一"，必须是两个方面的相合。这个"一"也就是我们俗称的"太极"，它是由阴阳两个方面构成的。在哲学上我们就把它叫作"统一"。道就叫作"道"，为什么称其为"一"呢？这个有奥妙！比如说一支军队的最高的领导者，我们可以把他叫作"总司令"。知道他是最高的领导者不就行了吗？为什么还称他为"总司令"呢？这是对他的一个别称，但是这个别称把他的特点表现得非常清楚。又比如说"主席"，它本身就是一个比喻，大家坐在一块，有一个主要的位置，就叫"主席"。所以，一说到主席，大家就明白了它的特点。"一"也是这样，老子通过"一"强调了道的一个重要的特点——"阴阳两者相辅相成，相互统一"。

现在，大家再来读这段话，就不那么神秘了。"昔之得一者"，说以前得到"一"的，万物万事也罢，人也罢，得到这个道的，懂得统一的。"天得一以清"——天也有阴阳两个方面，这两个方面相互作用，形成了天的运动变化。它在运动中平衡，所以才能清澈清明。"地得一以宁"——大地也是一样。我再重申一遍，任何事物内部都有阴阳两个方面、两种力量，它们相互作用、相互统一，形成了这种和谐平衡，并且是在运动中和谐平衡。有人会有疑问，不对，天不是阳吗？地不是阴吗？怎么天本身还有阴和阳？这是一个很基本的常识。以我的手掌为例，大拇指为阳，其他四指为阴。可是，单以大拇指而论，能活动的部分为阳，不能动的部分为阴。

所以，这个东西就得相对而言。天是一个单一的事物，但它内部也存在着阴阳两种力量。我面前这张桌子内部就存在着引力和斥力，也就是我们中国古代哲学里边讲的阴阳两个方面。所以天内部也有阴阳两种力量，有这两种力量的推动，它在运动中平衡，所以它清澈清明。地也一样，有阴阳的相互作用，因此宁静祥和。"神得一以灵"，这个神我们也可以广义地理解，也包括人在内，就是人和神得到了道，他才有灵气。"谷得一以盈"，山谷得到了道之后，按照道去运动，所以它才能够充盈。"万物得一以生"。我要说一下，其实在竹简本和帛书本里都没有这句话，但放到这儿其实也可以解释。可以理解为：万事万物都是因为道才能够存在。有生命的东西，因为道才能生长。

前边讲的这六个其实是我们中国人说话的习惯。中国人喜欢谈天说地。说到一件事情的时候，总喜欢从天地往下引申道理。天地如此……然后再往下说，天地如此，然后再往下讲。你看我们前边引的那句话，大家有没有注意"生而不有，为而不恃，长而不宰"这十二个字。生而不有。这不是在讲天地吗？天地是这样的一种做法。它创造了万事万物，却不把它当作一个私有的财产。它只为万事万物提供条件。然后再讲人应该怎么做："为而不恃，长而不宰"。

这一章也一样，前边讲的这五个最后归到"一"。然后说，"侯王得一以为天下贞"，有的本子叫"正"，意思都是一样的。"贞"就是坚持，"正"就是位置。侯王只有得道，按照道去做，才能够成为天下的正位。前边五个"一"，落到最后一个。这话是对这些侯王讲的。前边我们说过，其实《道德经》本质上是一部对话体的著作，是对面有人问问题，老先生给予回答，在合适的时候把这些答案进行整理、概括、总结、提炼、升华形成的一本著作。书里也能很明确地反映出来这一点。你看这段话就是针对王讲的，讲了天，讲了地，讲了神，讲了谷，讲了万物，然后就说侯王也应该是这样，也应该得道，按照道去做，用统一的方式来理解这个世界。

大家都知道，老子是强调统一的，不强调分，不强调争，不强调对抗。因为当时的争、分、对抗已经非常强烈了，所以他就给那些侯王提出自己的建议，给予自己的答案。说只有这样，才能够得以正位，坚守正道。"其致之"，用我们现在的词表达就叫"推而广之"，把上面讲的内容推而广之。下面就是站在另外一个角度对这个问题进行一些说明。《道德经》非常喜欢从正反两个方面来说明问题。下面又从反面来讲。"天无以清将恐裂"。裂，分裂、裂开。如果天没有这个道，没有阴阳的平衡和统一，它恐怕早都裂掉了。"地无以宁将恐发"，这个"发"读音为"废"。意思大家一听就理解了：大地得不到阴阳的作用，没有形成运动中的平衡，早都被废掉了。"神无以灵将恐歇"。神也罢，人也罢，得不到这个"一"，没有按照这个道去做，没有阴阳两者的力量的相互作用。这个"歇"我们可以读为"竭"，跟后边的竭的意思一样，也都是"枯竭废掉"的意思。其实这些不同的词，裂呀、废呀、歇呀、竭呀、灭呀，要表达的意思都差不多。"神无以灵将恐歇"——恐怕就歇菜了。"谷无以盈将恐竭"——谷如果得不到"一"，没有道就不会充盈，恐怕就衰竭了。"万物无以生将恐灭"，万事万物，无道，没相互作用、相互统一，恐怕早就已经灭绝了。其实我们讲这个世界是一个整体，自然是一个整体，彼此相互作用，形成这样一个有生命的整体，如果没有这种相互区别的像阴阳的这种力量的相互作用，万事万物恐怕早都被灭掉了。

下面重点出现了，"侯王无以贵高将恐蹶"，因为侯王得到了"一"，得到了这个道，你才能够正，才能够贞，才能够真正有高贵的位置。意思就是说对于侯王来讲，如果无道的话，就不会有现在这种高贵的位置。接着，老子告诫这些侯王：你们高贵的位置哪来的？怎么样才能够让这高贵的位置继续？下面这两句话是这部书的重点，叫"贵以贱为本，高以下为基"。

我们在看古装剧的时候，在读古书的时候也都会有一个疑问，那些皇帝为什么老喜欢叫自己"孤家寡人"？《甄嬛传》里的太后还喜欢叫自己"哀家"，这明显都不是什么好词，这些称呼是在警告自己，提醒自己，千万不要变成孤家寡人，其出处就在这儿。"贵以贱为本"——坐在我对面的侯王，你不要认为你身份高贵，没有很多人眼中所谓的贱民，哪来的你的高贵身份和位置？他们才是国家真正的根本。电视剧《琅琊榜》，其中有一段非常耐人寻味：靖王和他父亲对峙的时候，他父亲是国家的最高领导者，这靖王就对他父亲讲，你可以把我杀掉，你可以把这些人都杀掉，把国家的人民都杀掉，但是你把他们都杀掉，你还是那个王吗？这些都没有了，哪来你王的高贵身份？所谓"贵以贱为本！"

"高以下为基"。其实很多的统治者都没有意识到这一点，位置越高其实越危险。所谓"危如累卵"，鸡蛋摞在最上边，掉下来不是摔得粉碎吗？哪怕是金字塔的塔尖，没有底下一层一层的基础和平台，不也得轰然倒塌吗？大家都知道民间有一句话，虽然有点幸灾乐祸，但是道理还在："眼见他盖高楼，眼见他楼塌了"。没有底下一层一层稳固的基础和平台，楼越高不是越危险？忘记了这一点不也得轰然倒塌吗？这就是历史的教训。人类历史上最大的教训是什么？就是常常忘记历史的教训。所以，老子提醒他们这些侯王，都要学会经常告诫自己，警醒自己，所以侯王自称"孤寡不榖"，要经常用"孤""寡人""不榖"这样的词来提醒自己。"不榖"就是吃不上饭，饿死。

"此非以贱为本邪？"相比较国家的其他人，侯王要更了解这一点，不要让自己变成孤家寡人，那就得对人民好一点，他们才是国家的根本，不要自以为身份高贵,居高临下,盛气凌人,趾高气扬,不可一世!最后一定是高下相倾,轰然倒塌。"非乎?"其实这都是根据语气加的符号,大家也能够感觉出来,同时确实也是这句话的本意——不是这样吗?就是这样。所以站在老子这样的角度,他提醒这些统治者,如果自己目空一切,不可一世,其实结果是非常糟糕的。所以要懂得"贵以贱为本,高以下为基"。这样才能够让自己坐在这个位置上,更能够保持长久。

这一章最后这句话也非常难理解,叫"故致数舆无舆","舆"就是车。如果老数那个零件,你看不见整车,把零件当作车自然是错的,反之没有这些零件,没有这车轮、车轴,没这些就无所谓的"整车"。举个例子,当年公孙龙有个命题叫"白马非马",马是什么?马就是一个概念。这个概念必须通过具体的东西才能够体现出来。白马也是马,黑马也是马,青马也是马,黄马也是马。但是你找一个抽象的马,它是不存在的,它只能通过具体的东西表达出来。老子讲的就是这个意思。你只看到了这个车,你没有看到那些零件,这个车是不成立的。反过来你只看到这个车,你不知道那些零件的作用,这也是对问题的一种误解。所以天下是天下人的天下,每一个人构成了这个天下。这两者你不能把它割裂开来。这还是在讲"一",车是"一",具体的部分统一起来才形成的。"故致数舆无舆"。你老是看那些具体的零件,你不看到这整体,其实车都不存在了,你认为车轴是车吗?既是又不是。轮子是车吗?既是又不是。为什么?没有这个它成不了车,但是它单独不行!事物是一个整体,如第二十八章最后四个字所言"大制不割",你不能用割裂的方式来对待它。所以做帝王也罢,做其他的位置也罢,包括做人也罢,"不欲琭琭如玉"。"琭琭"就是华美的意思,不必让自己那么华美如玉,这只是外表,而应该怎么样?"珞珞如石"——就像坚硬的石头一样。为什么?石头能铺路,这以下为基嘛。你按照这个东西来要求自己,把自己当成坚硬的石头,你可以给大家提供很多的便利,换得大家对你的称赞。华美的玉，看似高贵，其实又有什么太大的用处呢。所以做人应该"处其实，不居其华，处其厚，不居其薄"。那么怎么样才能做到呢？不要老让自己像华美的玉，应该像坚硬的石头，这样善于处下，这才是有道的表现。

我们把三十九章做个强调、总结。这一章里有两个重要部分：第一个重要的概念——"一"，连续出现七次。"一"就是道，就是阴阳两者的相辅相成，相互统一。理解问题应该也是从统一的角度来理解。二是重点语句："贵以贱为本，高以下为基"。大家要不停地去重复记忆。

四十

反者,道之动;弱者,道之用。天下万物生于有,有生于无。

——《道德经》

译文:

道向与之相反的方向运动;柔弱是道的作用的体现。"有"和"无"是天下万物生成的根源。

前面我们讲的第三十八章和第三十九章，大家应该还有一些印象。第三十八章"上德不德"，就是相反相成的思维方法。一件事情都有正反两个方面，有的时候这个事情做过了，就走到了它的负面。越是"不居于德"的人，不在意外在形式的人，他反而是"有德的"。越认为自己有德的，做了事情不停地炫耀、表现，反而成了无德。第三十九章讲"贵以贱为本，高以下为基"。你看，贵和贱是相反的。但是真正有着高贵身份的人，得到大家支持的，反而"善于处下"，把那些所谓贱民当作是事物的根本。越是位置高的人，越要注意底下的平台，基础牢固稳定，这样才能不断地居于高位。这种思维方式几乎是《道德经》里最普遍的、最根本的思维方式。

那这种思维方法怎么来概括它呢？现在我们就来看第四十章。这一章话虽然少，但是分量却最重，开头这五个字正是对全书思维方式的总结与概括。我们来看一下原文，"反者，道之动"——道是向它相反的方向运动。这话讲得太好了。前面我跟大家说，我们要跟着道走。道现在已经运动到相反的方面了，你不能还站在原地，你得跟过去吧？你得站在和自己相反的角度和立场，来分析和梳理同样一个问题。这就是从道的运动中我们得到的"德"，获得的思维方式方面的德。每个人的正向思维水平都很高，站在自己的角度，站在自己的立场，都能把问题说得清清楚楚、头头是道。可是我们都不习惯换位思考，对待同一个问题都不习惯站在和自己相反的角度和立场，分析梳理同一个问题。如果我这儿有纸笔，我在这里写个阿拉伯数字"6"，大家坐在对面看，这不就是个"9"吗？可是从我的角度看，这不就是个"6"吗？如果我们都画地为牢，只懂得站在自己的角度立场看问题，那永远也形成不了和谐的状态。就这样一个简单的问题，我们争论一辈子也不会有确定的结果，而且都认为对方太固执了。这么简单的问题你为什么不同意啊，换过来嘛，站在对方的角度一看不就清楚是怎么回事了。但是事情到这儿并没有完。"反者，道之动"，横看成岭侧成峰，我们首先得懂得换位思考，其次要求我们要把这两个方面结合起来，统一起来，我们的思维水平才会达到一个新的高度。德国古典哲学泰斗黑格尔把我们整个人类思维方式的进步与发展概括为三个字："正、反、合"。正面看，换到对面看，合起来看、统一起来看。其实相比黑格尔，一千多年前的《道德经》里，老子就已经在讲这种思维方式了，一种辩证法的思维，一种哲学的思维。"反者，道之动"，道向它相反的方向运动，所以我们要"正、反、合"地来看问题。大家是否还记得讲第二章的时候，我们列举出来了这些对立的概念：有和无，难和易，长和短，高和下，音和声，前和后。"有无相生，难易相成，长短相较，高下相倾，音声相和，前后相随，恒也"。"恒也"——一个稳定的规律与规则。我们回过头来，再看"反者，道之动"。大家往往看到事物的一个方面，那一面被忽略了，所以老子要把另一面强调出来，这样大家的思维方式就会达到更高的水平。

《道德经》里相反相成的例子，内容是深刻而丰富的。比如，我们说"难易相成"，你要把容易的事当作难的事来做，这样你才能有充分的思想准备。要想学会解决难题，要先从容易的事情做起。这个意思出自第六十三章，"天下难事必作于易"。这不就是"反者，道之动"嘛。

什么叫有无相生呢？我们在前面解释得还是比较多的，"有之以为利，无之以为用"。有和无是分不开的。你看一栋房子，有的部分是墙、地、棚，但是我们用的是中间无的部分，有无相生嘛。例如这个壶，外面是有的部分，内部是无的部分，可是我们用的是无的部分，有无相生，相反相成。

当然，进一步地理解，这个"反"还有往返的意思。在第二十五章里我们讲的那段话，大家应该还记得，"大曰逝，逝曰远，远曰反"。事物都是由小到大的，大了以后就离开了，就像小孩一样，长大了就会离开父母。起码在心理上有一段时间是这样的，"大曰逝，逝曰远"，越走越远。"远曰反"——到最后又回来了。很多的小孩都以为父母对自己还不够爱，老觉得爱在远方，到处去寻找。经历了这些之后再回来才会发现原来最爱自己的人就在身旁。有这一个经历，我们对这个问题才能够有真正深切的体会。这个妙就妙在过程的重要性。"大曰逝，逝曰远，远曰反"，回返。

返璞归真在我们中国文化里的影响非常之大。你看在中国的艺术之中，强调的不都是返璞归真的境界吗？"大漠孤烟直，长河落日圆"，王维这两句诗好像随口吟出的，一点都不费力，画面感就在大家眼前。这正是中国诗歌的最高境界"清水出芙蓉，天然去雕饰"，自然而然，不事雕琢，清新雅致，难以企及。中国园林是人工雕琢的，可是看不出人工雕琢的痕迹，像从自然中生长出来的一样，所谓"虽由人作，宛自天开"……这些不都是"反者，道之动"吗？

人格的最高境界是什么？人生经历得多了才发现，其实平平淡淡才是真，"返璞归真"才是真。"朴虽小，天下莫能臣"，朴实厚道，你别看这事情不起眼，但它却是力量无穷。古往今来最不缺的就是所谓的聪明人、心眼多、套路深的人。厚道才是最高的聪明，返璞归真才是人格的最高境界……这些依然是"反者，道之动"。

后边我们要讲到的第四十一章、第四十五章里边这些例证就更多了。比如大象无形，大音希声，大器晚成，大巧若拙，大成若缺……这不都是"反者，道之动"的具体的例证嘛。

下边第二句话，"弱者，道之用"。我再强调一下，大家千万不要以为老子这个人看不到强的作用，有些事不用强，你是没有办法做成的。就像我们前边第三十三章讲的"强行者有志"，但是为什么叫"弱者，道之用"呢？因为在老子那个时代，大家都觉得强才能把事情做成。强才是硬道理。大家都只看到了强,这不就是偏颇吗?所以老子强调,其实大家忘却了和强对立的那一面——弱。弱和强拥有同样的智慧力量。所以,老子要强调"弱者,道之用",它是道的具体作用的体现。所以老子在第七十八章里讲,"天下莫柔弱于水,而攻坚强者莫之能胜";在第四十三章里讲"天下之至柔,驰骋天下之至坚";第三十六章讲"柔弱胜刚强"……就当时的环境,这个"弱"被大家远远地忽略了。所以,老子要强调"弱"的作用,"弱者,道之用"。贵柔守雌,这是道家的宗旨。我还是要强调一遍,大家千万不要只注重这一面。哲学上叫"两点论和重点论的统一",强和弱两点你都要看到,作用都在,但是相对于时代而言、个人而言,哪个方面更重要呢?这就是你要关注的重点。老子认为在他那个时代,重点应该是被大家忘掉的"弱"的部分,它才是道的作用的具体体现。强和弱,无论忽略哪一点,都不是道的全面理解和解决问题的方式。

最后这句话涉及"本子"之间的参照。我们的通行本里边叫"天下万物生于有,有生于无"。这说法是不对的。因为老子在讲有无相生,没有哪一件事情是只有"有"或者只有"无"的部分,那就不统一,就不属于道了!"有生于无",怎么去解释?任何事情一出现,哪怕你看不见,它也是客观存在的。就像我们说的道一样,你看不见,它像风一样,但大家都知道风是客观存在的,所以还要给它分级嘛,一级、两级……十一级、十二级。所以这句话中间有一个"有"字是重出,也就是多出来的。我们根据楚简本重读一遍这句话的正文:"天下万物生于有,生于无"。这不就是有无相生吗?哪怕是天地开始的时候,我们看不见,浑然一体,不也是"有"和"无"两个方面都存在吗?天下没有哪一件事情只有"有"或者只有"无",都是"有"和"无"的统一,有形无形的统一。如同我们人一样,是物质和精神的统一。

"天下万物生于有,生于无"。在提醒我们应该用统一的思维方式来理解万事万物。包括前边的"反",它是正反的反;"弱",它是强弱的弱;"有",是有无的有……《庄子》里边讲了一句话,叫"东西相反而不可以相无"。东和西是相反的,但是其中哪一个都不能缺,没有东就没有西,没有西也就无所谓东——"相反而不可相无"。是啊!天下万物都有"有"和"无"两个方面。就像第一章讲的"常无,欲以观其妙;常有,欲以观其徼。"把"有"和"无"结合起来,能观察到事物的边界,也能观察到事物的妙处。

我再重申一遍,这一章,虽然只有三句话,但每一句话的哲理都非常深刻。"反者,道之动",是整个这本书思维的总纲。反有两个含义,一个是相反,一个是往返,相反相成。任何事物的发展到最后又复归它的本根,就仿佛回到出发点的运动,但是经历这个过程已经是在一个更高的层面上。"弱者,道之用",弱是强弱的弱,大家都逞强,所以弱反而成了强调的重点,这样才是统一的思维方式。"天下万物生于有,生于无"。任何事物都有"有"和"无"两个方面,"有"的方面让我们能观察它的边界;"无"的方面,让我们能观察它的妙处。意思就是说我们不能只看到有形东西的作用,还要看到无形东西的作用;不能只看到这个世界物质财富的作用,更要看到人的精神的作用。这样我们对事物的理解才能更全面。如果一个社会只看到有形东西的作用,而忽略了那些无形东西的作用,甚至把它视为无用,那我们的物质世界越发达,我们的精神家园就越花果飘零。第四十章虽然只有三句话,但是解释起来是无穷无尽的。它的具体的例证在后边我们还会不断涉及。

四一

上士闻道,勤而行之;中士闻道,若存若亡;下士闻道,大笑之,不笑不足以为道。故建言有之:明道若昧,进道若退,夷道若颣。上德若谷,大白若辱,广德若不足,建德若偷,质真若渝。大方无隅,大器晚成,大音希声,大象无形。道隐无名,夫唯道善贷且成。

——《道德经》

译文:

上等的士听到道,就会努力去实行;中等的士听到道,将信将疑;下等的士听到道,大声嘲笑。不被嘲笑,就不足以成为道了。所以古时候立言的人说过这样的话:光明的道路好像是昏暗不明的;前进的道路好像是后退的;平坦的道路好像是不平的。最高的德好像是山谷,最光明纯洁的内心好像蒙受屈辱,广大的德好像不足的样子,刚健的德好像是软弱的样子,质性真的东西仿佛都有缺点一样。最大的方没有棱角,最大的器件最晚做成,大音平时少讲话,关键时刻掷地有声,最大的形象没有形状。道隐藏于事物背后,没有名字。道善于帮助万物并成就万物。

前边《德经》的部分我们讲了第三十八章，"上德不德，是以有德，下德不失德，是以无德。"讲了第三十九章，第三十九章第一个重要的概念是"一"。我再重申一遍，是阴阳两者的统一，也就是道。第三十九章里边的重点词，我们要不断地重申、重复，以求让大家记忆。"贵以贱为本，高以下为基。"第四十章我们极为看重。因为这一章开头五个字，是整个这一本书里思维的总纲："反者，道之动"，下边是它的具体的体现，"弱者，道之用。天下万物生于有，生于无。"

现在我们具体来讲第四十一章，这一章内容也非常丰富。首先我们在前边就强调过，《道德经》是对面有人问问题，老子给予回答。现在对面有人问关于"士"的问题了。"士"这个阶层，把它理解为做官的阶层也可以，"士"这个概念，它的原意就是做事。延伸意指的是一个领导阶层。推十为一嘛，十个人里边推举出来一个领导大家，服务大家，管理大家。所以有人问老子，你看这些士，怎么来判断他们境界的高低、水平的高低呢？老子也是拿道来评价的。所以在这一章里边，一开始老子就讲"上士闻道，勤而行之"，境界高的、水平高的士这个阶层的人，听到了道，比如说他的领导者讲的话，他觉得有道，有道理，"勤而行之"，就是执行力最强，坚定不移地按照它去做。有问题呢？自己勤勉、勤奋地把它解决，"勤而行之"，知行合一了嘛。知道了就按照道去做。中等境界的是什么呢？"中士闻道，若存若亡"，将信将疑。也想按照道去做，但是一遇到事了就怀疑了。"若存若亡"，将信将疑，犹犹豫豫，执行力不够。"下士闻道，大笑之"。境界最低的、最差的是干吗呢？嘲笑。人家说什么，制定什么样的制度规则，他都嘲笑，讲什么他都觉得不对，但是又提不出建设性意见，什么叫建设性意见？你觉得人家这个不好，你有没有更好的方案？觉得有问题，客观地指出来、提出来怎么改进，不是为了嘲笑而嘲笑，不是为了讽刺而讽刺。我觉得现在很多语言类的节目只是为了讽刺别人，讲话的时候只是为了打击别人，没有其他什么善良的目的。所以这就属于"大笑之"。别人给他讲道理，他还在那儿嘲笑，甚至羞辱人家。当然对这个事老子是想得开的。告诉坐在对面问他问题的人，怎么接待这些人、对待这些问题。别当回事，不笑不足以为道。这个世界现在已经没有哪件事是大家都赞成的了，所以有人嘲笑这是正常的。你要跟这些人计较，那就把自己的生命全都浪费了。

说到这儿我就得插一句话，我觉得这个境界的差别、格局的差别、心胸的差别在什么地方呢？就在对待攻击者上。你看孟子也是我们文化里非常不得了的一个人，但是你看孟子的书，会有一个什么感觉呢？年轻人，气势太盛。孟子对待当时的一些学术大咖，比如说墨子，比如说杨朱，当时杨墨是显学，名气很大。孟子怎么来评价他们呢？孟子就说墨子这个人讲兼爱，"是无父也"。兼爱嘛，你都平等，没有差别，你置你父亲于何地？没有把你父亲凸显出来，没有把对父亲的爱突出出来，无父也。杨朱不是讲，"拔一毛而利天下，吾不为也。"大家不要误解这句话，它的原意是你拿天下来换我的身体，让我损害自己的生命去换天下，我不干。它是强调自己生命的重要。"拔一毛而利天下，吾不为也"。杨朱讲"为我"，所以孟子骂他是无君。你老为自己，你把君置于何地？"无父无君是禽兽也"——他骂杨朱和墨子两个人是禽兽。反过来看老子对待这些人的态度是——"不笑不足以为道"，淡然一笑，过了——很值得人佩服的一种态度。这就叫"明月清风"。对待别人的嘲讽，对待别人的攻击，有这样一个态度，也是很不得了的一种智慧与境界。这一段是本章里边的核心。因为我觉得他上中下的这种区分非常明了，很实用。"上士闻道，勤而行之"。坐而论道，不如起来行嘛。大家看道字的写法，首是头脑、思维、想。走之旁是行。所以这个道本身就是一个知行统一的概念。"中士闻道，若存若亡。"犹犹豫豫，不坚定，不能够坚定坚持的按照道去做。

"下士闻道，大笑之。"我们千万不要做这种老是嘲笑、讽刺别人的人，否则就会落于下乘，"不笑不足以为道"，太好了。明月清风一般地对待这种嘲讽辱骂。

下面这一段开头这句话非常有意思，叫"建言有之"，"建言"就是我们说的常言。常言说得好，这是我们经常用的，所以下面这句话大家注意，不是他本人的话。就是告诉大家了，下边讲的很多都是常言，在当时就是一句俗语。他讲的这些道理都是什么呢？都是前边我们讲的"反者，道之动"的例证。所以我在前面给大家说，第四十章是全书的总纲，可以举的例证会无限多，下边都是。

"明道若昧"，光明的道路好像是昏暗不明的。为什么？有些给你指出的光明大道说得多么多么好，指出光明大道简直就是美得不得了，你要小心了，前面有陷阱。真正的大道，反而像是昏暗不明的，就是把路上的艰险、遇到的阻碍、遇到的问题，都给你说清楚，让你看得清楚，这才是明道。给你说这条路没问题，太直了，平坦了，你沿着这条路走，肯定光明无限；沿着这条路走，肯定兴旺发达，一点阻碍都不会有，这个事绝对没问题。坏事了，这个时候你就得小心了。要知道"明道若昧"。再举个关于朋友的例子说明这个问题。朋友有三类，友直、友谅、友多闻。第一类的朋友直率，你有问题给你直接指出来。你走的道有问题的时候直接告诉你，跟你讲，怕你犯错误，怕你在这个地方出现问题。不是你的朋友呢？你走在道上遇到什么问题与他有什么关系啊，你问他这条道怎么样，他就告诉你，好好好，走走走，这条路没有任何问题。你给我提点建议。没什么建议，走就是了。你掉到坑里边他管你呀！所以我们说这"明道若昧"，昏暗不明。

"进道若退"。我们有的时候老觉得自己进步太小，人有时候都不免太着急，老觉得"一万年太久，只争朝夕"。只争朝夕，我每天都得进步，我都得看到自己的进步，一感觉自己没有进步，就着急了。其实你别忘了，人呢，走在路上没有直线的，"进道若退"，有时候我们感觉是退步的时候，其实我们是在进步。比如说练书法，大家都有这个感觉，刚练这几天觉得进步很大，我以后每天按照这个速度会很快成为书法大家，过一段时间感觉怎么回事？怎么我这字越写越差了，还不如开始呢。好多事情开始都是这样。其实这就是我们前进中的一个必然的现象。懂得以退为进，懂得退就是进，有时候退不就是进嘛。"进道若退"，这不就是相反相成嘛。所以我在想，在老子那个时代，这些常言都在。中国古代的这些人的哲学思维水平竟然达到这样一个高度。所以有的时候我们做事情感觉退步的时候不要着急，退是前进中必须经历的。就像我们经常讲一个词叫"能屈能伸"，想要伸不得先屈回来吗？这是不是退？退之后才更加有力量，进道若退。

"夷道若颣"，颣就是不平，夷就是平，夷道就是平坦的路。真正平坦的路像什么？它是不平的，高低起伏的。为什么？开车人都有一个体会，你说开车的路太平坦了，这就很容易放松警惕了，感觉无聊疲惫了，就很容易出事。假如前边一会儿出现一点坡，则高度警惕，有的不是故意把道做得有坡嘛，这才是平坦的道。所以我们经常讲的一句话叫"曲折是一种常态"，平坦的大道里边有这样的一些坡、不平的地方，这才是真正的大道。它告诉我们的道理就是，其实我们走的路不会是绝对平坦的。路上遇到的这些，我们要有高度的戒备和警惕，这样才属于真正的夷道，也就是平坦的大道。"夷道若颣"，又是一个"反者，道之动"，相反相成。

"上德若谷"，谷就是无穷无尽。我们经常讲虚怀若谷嘛，真正有"上德"的这些表现是什么？就像虚怀若谷。比如说谦虚，听得进别人的意见，比如说做了好的事情，自己让它像山谷里的风一样，过而无形，"上德若谷"，就是讲它"满招损，谦受益"，不自满，做了事情不居功自傲，"上德若谷"。

"大白若辱","白",我们在第二十八章讲过,知白守黑,那个时候给大家说过白,白就是内心的光明信念与远大的抱负,内心有光明信念和远大的抱负,那他就能忍受很多的屈辱。为什么?能屈能伸嘛,有远大的抱负,那么这些羞辱也就不必被自己挂在心中了。知白守黑,内心有光明信念和远大的抱负,才能守得住这个黑。不管是别人黑,还是有时候的自黑,这就是"大白若辱"。说一件事,有一次我在云南楚雄给医生讲课。我说你们穿着白大褂,大家把你们叫"白衣天使",那病人偶尔几句不合适的话,也应该不那么在意了。因为"知其白,守其黑",忍得屈辱、羞辱,吞得下委屈,也就扩大了格局。

"广德若不足","广"当然是大的意思。越是有广博的、大的德的人,反而好像自己有缺陷,不足就是不满,满招损,谦受益嘛。知道自己有不足,大成若缺,才能不断地进步,不断地学习,不断地努力,提高自己的境界,让自己的德行更伟大、更广博,"广德若不足"。

下面这四个字理解起来不太容易,叫"建德若偷"。这个"偷"字是大家不喜欢的,怎么能跟德并列到一块呢?说到一起呢?首先我们说这个"建德"是什么意思?刚健。刚健的德好像是软弱的样子。这不就又符合"反者,道之动"了吗?偷,懒惰、懈怠、疲软,有着刚健的德的人,他有的时候反而表现为他的反面,而不是说我认为自己有这种刚健的德,谁要惹到我了,我一定跟他较量到底,我一定紧咬不放。这其实反而不是刚健的德,也不是强的真正的表现。刚健的德往往表现出宽容、忍让,甚至软、弱、懈怠等,"建德若偷"。当然有人也把这个"偷"解释为偷偷摸摸,意思就是不去表现。这个也说得过去。

"质真若渝",这个"渝"和我们讲的"瑕不掩瑜"意思相似,真的东西不会是完美无缺的。"大方无隅",最大的方是没有棱角的,没有棱角那不就成了圆了吗?所以我们经常讲"外圆而内方"。"大方无隅",没有角落,不留死角,这才是真正的大方。其实再说一遍,大家仔细想,这大方已经变成圆了，因为咱们中国人对圆的印象非常好。所以老用圆满这样的词来形容一个好的事情。进而言之，人有了这个原则是对的，但是这个原则不是老去想割伤别人，外面是圆的，可以和外界相衔接。而内部方的，坚守自己的原则，所以这叫大方无隅。

"大器晚成"，最大的器件最晚做成。这个很好，提醒我们不用着急。想终成大器吗？那就要踏踏实实，不断地努力，不断地学习，机会总是留给有准备的人。心智不成熟的时候，早出名并没有什么太大的好处。因为人早出名，心智不成熟，他一定就气锐、盛气凌人，盛气凌人则敛怨。就会得到很多来自各方的这种怨言，而这个就形成自己未来发展的阻碍。所以古人讲，松柏必经岁寒之后，可从栋梁之任。你看松树、柏树经历一次又一次的寒暑的磨炼，最后才可成为栋梁之材。人类历史上大器晚成的例子比比皆是，比如，姜子牙八十岁为相。历史上记载了很多人，都是在有准备的情况下遇到机会，把以前自己积累的经验、智慧，充分地发扬出来，终成大器，人生最坏的结局也不过是大器晚成，又有什么可着急、可焦虑的呢？

"大音希声"，"希"不是没有。这个"希"大家可以从两个角度来理解，一个"希"是前面有声，而中间出现的停顿，比如，白居易的《琵琶行》，"别有幽愁暗恨生，此时无声胜有声。"前面有声，可是这个地方的停顿，它反而蕴含了更加丰富的内容，用有声表达不出来的这种情感，这是一个希声。"希声"还有一个表现是乐曲结束，声音之后的余响。苏轼的《前赤壁赋》里边叫"余音袅袅，不绝如缕"。这一个也是"大音希声"。

《道德经》里面讲的"大音希声"的道理，其实它是有延伸的。一个是说我们的语言。第五章里边讲"多言数穷，不如守中。"发号施令多了，话多了，声多了，唠叨多了，就不起作用了。真正的大音呢，一定是平常少讲，关键时候掷地有声，说得恰到好处——大音希声。一个是说我们的制度。制度太烦琐了，反而它向了负面，恰到好处就好。

"大象无形"，这个在我们前边讲的时候也经常引用。"大象"本来就很大了，反正中国人一开始指的这个"象"，也是拿这个"大象"说事，本来就很大的。当然这个"象"是一个延伸。最大的形象是没有形状的。天有形状吗？风有形状吗？精神有形状吗？理论有形状吗？都没有，"大象无形"。虽然无形却力量巨大。所以我们拿风来说大象无形是最恰当的。没有人看见过风，风是没有形状的，我们只能够通过水面的波纹、麦浪的翻滚、柳梢的摇曳，知道风是存在的。虽然无形，但是它客观存在，并且力量无比巨大。所以我们写文章才经常用这样的词，"民风""党风""作风""家风"。风没有形状，但是力量巨大，"大象无形"，就像道一样。拿什么东西比喻这个道最为恰当？那就是风。道就像风一样，你看不见但它无处不在，"大象无形"。前边这些其实都是一些相反相成的例证，尤其是"大白若辱，大器晚成，大音希声，大象无形"，都已经成了我们生活中常用的成语了。就这一章里边的成语，你算算就有多少！咱们也不说这本书别的方面的价值。单说它在让我们了解中国文化中的成语的角度，它的作用就有这么大，而且这些成语直到今天，我们还经常使用，发挥着巨大的作用。所以，我们说文化，"文"就在这儿。你把它变成自己的，化入自己的内心，化入自己的精神世界，就叫"文化"。大象无形，却力量无尽，永远存在。"道隐无名"，道是没有名的。你没办法定义它的。第二十五章的时候我们就讲"有物混成，先天地生，寂兮寥兮"，"寂"就是无声，"寥"就是无形。它是无形无声的，你没有办法去定义它。道隐无名，它就隐到事物的背后，但是它却是事物的本质。道隐无名，就像风一样，在万事万物的背后你看不见，但它能吹绿万物，它能够摧枯拉朽，作用无比巨大。

下边这句话就好理解了，"夫唯道"，也只有道啊，"善贷且成"，"贷"就是帮助，意思是资助万物。贷款给你，不就是资助你吗？善于帮助万事万物成长、成功。"道"有多伟大,你看不见。"道"也不求回报,但它帮助万事万物成为现在这个样子。

本章内容非常深刻。首先,有一个恒定的标准"道"来衡量事物。"士"可以分出上中下:"上士闻道,勤而行之;中士闻道,若存若亡;下士闻道,大笑之。"胸怀宽广的人对待这事情,如清风掠过,淡然一笑。你笑你的我笑我的,你不笑不足以为道。没有哪一件事情非得是大家都认可的。做事情按照"道"去做,被人嘲笑,被人嘲讽,这是正常的。内心应该有这样的宽容,有这样的接纳,有这样的态度。所以下边告诉大家,那个时代的一些常言俗语,作为第四十章"反者,道之动"的例证:"明道若昧,进道若退,夷道若颣,上德若谷,广德若不足"。我把这两个排列在一块,然后再说"大白若辱""知白守黑"。是说什么羞辱都受不了的人,受到一点羞辱就暴跳如雷的人,甚至只是自以为受到了羞辱就拔拳相向的人,其实就是自以为刚健而事实上是逞匹夫之勇,往往会"勇于敢者则杀",所以真正刚健的德反而像软弱的一样。真的完美的东西是有瑕疵的一样,即大成若缺。所以要懂得"知白守黑","知荣守辱"。这几个成语前边带过了之后,重点强调"大器晚成"——不着急,有准备终成大器,机会终究会有的。"大音希声",真正的大音不是絮絮叨叨,而要掌握尺度,"多言数穷,不如守中","无声胜有声",所以要懂得无言之教,大音希声。接着,"大象无形。道隐无名,夫唯道善贷且成"。只有"道"才能善贷且成,资助万物,帮助万物成长,帮助万物成功。

这一章给人很多启发,很多回味。每个人读,都会有不同的感受。随着年龄的增长,我们也会不断获得新的体会。

四二

道生一，一生二，二生三，三生万物。万物负阴而抱阳，冲气以为和。人之所恶，唯孤寡不穀，而王公以为称。故物，或损之而益，或益之而损。人之所教，我亦教之。强梁者不得其死，吾将以为教父。

——《道德经》

译文：

"道"即阴阳二者的统一，"一"中蕴含着阴阳两个方面，阴阳二者参与到一起相互作用形成万事万物。万物背阴而向阳，阴阳二者相互中和形成和谐状态。人人都厌恶的是孤、寡、不穀，但王侯却以此自称。所以有的东西减损它反而得到增加，有的东西增加它反而得到减损。别人教给我的，我也教给别人。喜欢强大暴力的人不得好死，我把它当作座右铭。

《德经》部分我们今天讲四十二章。老规矩，我们把以前的这几章再顺一下。《德经》从第三十八章开始，第三十八章讲"上德不德，是以有德；下德不失德，是以无德。"第三十九章我们讲了两个重要的部分，一个就是这个"一"，因为第四十二章又出现了这个"一"，就是阴阳两者的相互平衡，形成的统一体。在第三十九章里边有两句话每一次我都要重申一下，以求让大家牢牢地记住，"贵以贱为本，高以下为基"。第四十章有一个这本书思维的总纲，"反者，道之动"。下边举的这些都是"反者，道之动"的一些例证。比如说"弱者，道之用"，"天下万物生于有，生于无"。第四十一章的时候，我们花了比较多的时间来说，为什么呢？因为这一章里边有非常多的"反者，道之动"的例证。比如说"大音希声""大象无形""大器晚成"……这些都是我们平时经常讲的成语。上次讲完了大家应该知道了它的出处。

那么今天我们讲第四十二章，这一章并不难理解，但是非常重要。因为这一章开头这段话，大家经常在很多地方看到，比如北京的故宫是建筑的典范，故宫的太和、保和、中和三大殿都是三层台基，也就是建在三层高台之上，为什么选择"三"这个数字呢？再比如我所在的学校叫作西安交通大学，在交大的管理学院，我的一个朋友也在那儿做了一面墙的雕塑：太极，大家有机会到交大管理学院的时候就会看到，就在一楼。这两个地方的解释，用的都是这段话："道生一，一生二，二生三，三生万物。"

我们来解释这段话，原文大家都看到了：

"道生一，一生二，二生三，三生万物。万物负阴而抱阳，冲气以为和。"这个"冲"字，读成中，一下就理解了。下面这段话其实大家也耳熟，起码意思在前边已经说过。

"人之所恶，为孤寡不穀，而王公以为称。"大家讨厌的孤、寡、不穀，王公却用来称呼自己，这不是我们前面第三十九章的时候已经说过的这个意思吗。

"故物或损之而益，或益之而损。人之所教，我亦教之，强梁者不得其死，吾将以为教父。"这是第四十二章原文。我们一段一段来解释。

先说第一段，"道生一"。"一"我们俗称叫太极。其实"一"就是道的具体的特点，强调道就是"一"，是说道的最重要的一个特点，就是它强调阴阳两者的统一，"一"里边蕴含着阴和阳两种力量、两个方面。"道生一，一生二"，这个"一"里边蕴含着"二"，也就是道里边蕴含着阴阳两种力量、两个方面、两种状态。中国人讲，事物都是相互对立而存在的，万事万物归结到最后，它不会是一个单一的元素。你看咱们中国历史上的《易经》，落到最后就是两个符号，阴和阳。那已经到了事物的极致了，极点了。把阴和阳统一起来叫太极，但是这两个元素是最基本的。所以"一生二"，是说太极道里边蕴涵着阴阳两个方面、两种力量。"二生三"，很多人对这个"二生三"解释得太费劲。"三"是什么？很简单，就是繁体字那个"叁"，就是参。阴阳两者参与到一起，相互作用，形成了万事万物，多简单的事情。它们两者孤阴不生，孤阳不长，两者相互作用，形成万事万物，"三生万物"。所以我们那个《中庸》的名言叫"参天地，赞化育"。人能参与到天地之间的运动发展中，天、地、人三才嘛。三才你看人不也参与其中嘛。这个赞可不是赞扬的意思，也是参与的意思。两者参与到一起，产生万事万物，这是从正面。然后再反过来推，既然是三生万物，那么万事万物里边都包含着这两种力量、两个方面，阴阳两个方面，所以叫"万物负阴而抱阳"。随便找，哪一个事物内部都有阴有阳，都包含着阴阳两种状态、两种力量。"万物负阴而抱阳，冲气以为和"。为什么要把这个"冲"念成"中"呢？大家看"冲"的写法，前边这两点其实就代表着阴和阳，那个中就是中和的意思，就是参的意思。阴阳两种力量,中国人把它叫作气,阴气、阳气嘛。通天下一气,形成和谐的、动态的、运动的世界,这就是冲气以为和。这一段讲了我们中国哲学中的宇宙生成模式,也讲了这个世界存在的状态,以及这个状态的原因。这种状态都是阴阳两者运动形成的、动态的、和谐的状态。冲气以为和。再重复一遍。"道生一,一生二,二生三,三生万物。"所以万事万物都有阴阳两个方面,"万物负阴而抱阳,冲气以为和。"

下边就开始讲。用这种思维方式来理解世界,就不能只站在一个方面了,明确地告诉你了。事物都是统一的,两个方面不可偏颇,不可偏废。所以对侯王讲,"人之所恶,唯孤寡不穀。"你说大家最讨厌的就是这些词,孤家、寡人、吃不上饭饿死。可是你看这些王公大人,包括后来的皇帝,他们都拿这个来称呼自己。干吗呢?

"故物,或损之而益,或益之而损。"这个"物"大家不要解释成物质,就是我们中国人常讲的那个"东西"。中国人这个"东西"太妙了,什么都可以称之为东西,不管是物质的、精神的都可以称之为东西。所以老子就说你看说到存在的这些各类东西,"或损之而益",你以为它受损了,其实它得到了益处。有的时候我们受到一点挫折,我们觉得自己受了多大的屈辱一样,可是你知道人都是在不断受损中逐渐成长起来的,你认为它是祸,其实它是福,"损之而益"。有的时候你认为自己是得到了,其实反而是一种损失。比如偷了东西的,得到了,其实把人格给损失掉了。有的人用不光彩的手段得到的,其实损失的反而更大,"或益之而损"。所以老子讲的是相反相成的道理。我们中国人常用什么事情来说这个事?叫破财免灾,叫大难不死必有后福,叫祸福相依,叫塞翁失马焉知非福,你看这讲的都是"损之而益,益之而损"。刚才举的例子不就是这样吗?这王公们不都在损自己吗?把自己叫作"孤寡不穀"。其实有这个提醒之后,反而避免了自己变成孤寡不穀。以前中国人也有这个习惯,给小孩起名起个贱名,好养活。当然现在这种习俗很少再看到了,它讲究的就是"损之而益,益之而损"。民间很多的道理大家也得认真对待,别以为我们上了学之后自己水平就高了,其实真正的高手在民间。很多老人讲的话,到最后你体会,反而发现真的是有道理。

"人之所教,我亦教之,强梁者不得其死"。老子也说,这些东西都是别人教给我的,给我讲的。我再把这些写出来教给大家。这一句可得好好地给大家说道说道。为什么呢?因为这涉及老子的思想来源,老子的思想来源当然有很多方面,主要有两条,两条道路。一条道路自然就是《易经》。因为你看,《易经》它把这个叫易以道阴阳,老子也讲阴阳,而且这里边的损和益,不就是《易经》里边的损卦和益卦嘛,损和益这也是《易经》里边经常强调的。我觉得这一章里边非常妙,一个是讲这阴阳的事情,让我们知道他的思想来源之一为《易经》,是中国文化之源,众经之首。损之而益,益之而损。另外一个他的思想的来源,就是"强梁者不得其死",这句话也不是老子自己的,它出自《金人铭》。传说黄帝写了六篇铭文,叫《黄帝六铭》。其中有一个是刻在周朝台阶右面立着的金人背后,金人就是青铜做的,这金人的背后有铭文。经过汉朝刘向的《说苑》的考证对比,发现了《金人铭》里边的这句话:"强梁者不得其死"。"强梁"就是处处逞强。喜欢暴力的人,最后不会有好的结果。我们讲死得其所,叫得其死,得好死,不得好死,不得其死。强梁者不得其死。说到"强梁"这个词,我想读过《水浒传》的人一定记得,在《水浒传》里边用到"强梁"这个词的时候,是用在了矮脚虎王英的身上。矮脚虎王英,这是梁山泊里边大家都瞧不上的一个人。原来是个车夫,后来抢劫,后来落草。所以用这个词来形容他,"强梁者"。"强梁者不得其死",老子非常反对强暴,而强调和平、守弱,认为"强梁者不得其死","兵强则灭,木强则折",这是他后边关于这个问题的一个延伸。"吾将以为教父",这个"教父"就是说,这是别人教给我的,我也把它拿来作为座右铭,来指导我自己。

总结一下，大家看这一章，第一段话是我们大家都耳熟能详的，"道生一，一生二，三生万物，万物负阴而抱阳，冲气以为和。"第二段是我们前边讲过的内容，在这个里边又重申了一遍，注意这些重申可不是排版排错了。因为《道德经》里讲的几条重要的原则，遇到机会的时候，它就会反复，用重复的方式来强调。"人之所恶，唯孤寡不穀，而王公以为称。"所以对于万事万物而言，对这个世界存在的东西而言，"或损之而益，或益之而损"。有的你觉得是损失了，结果反而是得到了。有的你认为自己得到了，反而是损失掉了。因此不可一概而论。遇到了乐事的时候，不要过于高兴，以免乐极生悲。遇到不好的事，祸事的时候，也不要丧气，因为这些可以成为我们的经验，塞翁失马，焉知非福！这是别人教给我的，我也把它教给别人。然后下边这句话也是老子非常强调的，"强梁者不得其死"，还是要和平，还是要守弱，处处逞强，总和别人结梁子，最后不会有好的结果。国家也一样，"国虽大，好战必亡"。老子说我也要把这个当作座右铭，这就明显地透露出他思想的来源，一源于《易经》，阴阳之学，损益之论，谦卑之礼。二源于《金人铭》，尤其是《金人铭》里这句话对老子的影响是非常大的，所以他把它称为"教父"，座右铭。

四三

天下之至柔，驰骋天下之至坚，无有入无间，吾是以知无为之有益。不言之教，无为之益，天下希及之。

——《道德经》

译文：

  天下最柔弱的东西，可以攻克天下最坚硬的东西，无形的东西能够穿过没有缝隙的地方，我因此知道了"无为"的益处。不言的教导，无为的益处，天下很少有人能做到。

我们说"反者，道之动"是整本书思维的总纲，也就是说它是一种思维模式、思维方法。第四十章一开头就讲"反者，道之动，弱者，道之用。天下万物生于有，生于无。"这里边出现了两个在《道德经》里边非常重要的字，一个是"弱"，也可以称其为"柔"，另一个就是"无"。第四十三章是对这些内容的进一步引申和展开。

第一句"天下之至柔，驰骋于天下之至坚，无有入无间"。最柔弱的东西，反而能够攻克最坚硬的东西。那些没有间隙的地方，无形的东西却能够进入。就像风，没有什么地方它进不去的。这些就是"道"，道讲完了。老子开始讲"德"。

"吾是以知无为之有益"。我从"至柔驰骋于至坚"，"无有入无间"中知道：人类也是一样，有些事情，无为比有为效果更好——"无为之有益"。可是话说回来，"不言之教，无为之益，天下希及之"按照无为的道理去做事，所获得的好处、益处，天下的人却很少能够知道，很少能够达到。

这些话该怎样进一步理解呢？老子在第七十章讲过，"吾言甚易知，甚易行，天下莫能知，莫能行。"什么意思？其实，我讲的道理都是非常简单的。但是大家为什么不知道呢？做不到呢？因为这里边就隔了一个东西——欲望。有些事情大家明知道是这么回事，但是很多东西被欲望牵引就变得难做了。就像我们说"不贪为宝"，但为什么还有那么多人上当？有些人上当了还不好意思说出来。因为自己心里清楚，自己是因为贪心才上当受骗了嘛。没有这个贪心，很多事情理解起来就太容易、太简单了。但一个骗局，往往能骗很多很多人！

再说回来，"天下之至柔，驰骋天下之至坚，无有入无间"。天下的"至柔"是什么？无形是风，有形是水。第七十八章就说，"天下莫柔弱于水，而攻坚强者莫之能胜"。这不正是"天下之至柔，驰骋天下之至坚"吗？天下什么东西最坚硬，石头？水滴石穿；金属？水刀可以切割金属。有什么坚硬的东西是水它克服不了的呢？风更是弥漫天下，摧枯拉朽，无所不在，力量无尽。你说这个东西没有间隙，但是无形的东西，它反而能够穿透它。现在，科学发现有一些微小的东西，比如说中子、粒子、量子……它们是无形的，你看不见，但没间隙的地方，它们都能够进入。我们眼里没有间隙的地方，对于它们来讲，缝隙简直太大了。

"无有入无间"，在强调无的东西的作用。道家的"无为"相当一部分内容在讲"无之为"——这些无形的东西、无用的东西的作为。所以，不要把"无"理解为"没有"，把"无为"理解为"不做事"。

"吾不言之教"，第二章讲过"行不言之教"，为什么？身教重于言教，话太多了，老去教化、训导别人，反而会起负面作用。老师也罢，家长也罢，国家的领导也罢，做一个好的榜样，上行下效。孔子也讲了一句话，叫"君子之德风，小人之德草"。这里小人不是道德上的低下，而是指平民、一般人。榜样的"不言之教"就像风一样，一般人就像草一样。风向哪个方向吹，他们跟随风而倒。

无之为所带来的益处，天下却很少有人能够达到——"希及之"！在讲第三十七章的时候我们说，"道常无为而无不为"，道的规律、规则就是"无为"，而"无为"的效果却是"无不为"——覆盖面更广，效果更好。这不就是"无为之益"吗？一开始讲第一章的时候，我就给大家说过，道家讲的"無"和舞蹈的"舞"字形极为相近。因为对于原始人来讲，舞蹈起到的作用实在太大了。有形的几个姿势，产生出的力量却是巨大的。

既然"无"是"无之为"，那么"无用"也就是"无用之用"。你认为没用的东西，其实不是它没用，只是你没有看见它的用处。书法有什么用，绘画有什么用？不能当吃，不能当穿，可是如果大家否定了这些，那不就进入一种狭隘的功利主义的境地了吗？人生最没用的事是什么？睡觉。睡着了什么都做不成。小孩最讨厌睡觉了，可是大家都知道现在有多少人被失眠所折磨，为睡不着觉而痛苦。这些"没用"的事你做不成，那么有用的事你也做不来。

最后一句，"无为之益，天下希及之"是老子的感慨。大家老看不到这一点，老觉得无为的事情没用。殊不知你不做这些无为的事，就不能真正有为。不了解这些无用东西的作用，你也就不知道什么才算是真正的有用。从"反者，道之动"，一直到现在，都在讲述一个道理。

四四

名与身孰亲?身与货孰多?得与亡孰病?是故甚爱必大费,多藏必厚亡。知足不辱,知止不殆,可以长久。

——《道德经》

译文:

名声与身体哪一个更亲近?生命和财货哪一个更重要?得到和失去哪一个更有害?过于爱惜必定会有大的耗费,过多的藏货必然会导致惨重的损失。所以知道满足就不会遭受屈辱,知道停止就不会遭到危险失败,这样才能长久。

前面我们说了第四十三章，最后说"不言之教，无为之益，天下希及之"。然后说这都是前面"反者，道之动"这种思维方式的进一步延伸和具体的例证。这种方法我们大家已经习惯了，在哲学上叫作"二分法"，叫作"对立统一"。第四十四章讲的也是这个。一开始先列出来三个对立的事物——名与身、身与货、得与亡，进行比较。

"名与身孰亲？""名"和"身"哪一个更重要？哪一个对大家来讲是更亲的东西？"身与货孰多？"我们的生命和外在的物质、财富哪一个更重要？"亲"也罢，"多"也罢，意思都在说哪一个更重要。我们常说"身外之物"，常说名和利生不带来，死不带去。你看，这一章就在解读这个问题了。第三个，"得与亡孰病？"这个好理解，参照我们前面讲的"或损之而益，或益之而损"，是得到好还是失去好？哪一个危害更大呢？"病"当然不是什么好词了，"得与亡孰病？"其实在问的时候这个答案已经有了。这就是一种反问的语气，表示强调。因为有的人在名和自己生命的选择之中选择了殉名；有的人，"人为财死，鸟为食亡"——因为财富的事，把自己的生命搭上去了。真的是得到就好，失去就不好吗？比如，我们读像《道德经》这样的书，我们会得到什么？也许什么都没得到，但是我们失去了焦虑，失去了急躁，失去了自高自大，这些东西失去了，那不就是一种得到吗？不是说得到就好，失去就不好。有的东西失去，反而是获得；有些东西得到，反而是真正地失去。三个反问句，答案其实都在里边。

下面这几句话，讲得就更深刻了。"甚爱必大费，多藏必厚亡"，对一个东西太珍爱了，最后一定会付出大的代价。比如，有的人他有这种癖好，他喜欢古玩，别人送的别的东西他不要，你拿着古玩一贿赂他就收下，最后就因为这个自己犯了事——"甚爱必大费"。有的人把减肥当作唯一的事业，尝试各种各样靠谱或不靠谱的方法，把身体折腾得一塌糊涂，那不就得付出大的代价吗？很多事情都是这样的结果。"甚爱"，太过分了，不是说不好，但是过分了，这就走向了它的反面，物极必反嘛！"多藏必厚亡"，很多东西收敛、搜刮到了，自己把它藏起来，能藏得住吗？最后这个搜刮来的东西一定都成为自己的污点和罪证。"多藏必厚亡"，"厚"也是大的意思。

下边这两句话大家都熟："知足不辱"。我们知道满足有边界，这样才不会受屈辱。这事我知足，我不卑躬屈膝求别人，我觉得我这个已经很好了，这是我自己奋斗来的，额外的、不择手段得来的东西，我不需要，"知足不辱"。

"知止不殆"。这个地方，我得给大家多说几句。老子这个人真的是不得了，他只用一个"走道"的形象，就说清楚了很多问题。我们走在道上，应该注意什么呢？有几个最重要的内容：方向、目标、规则、境界、边界、底线。我们要去什么地方？方向、目标。我们什么时候该停下来呢？只要是道就有边界，道外边往往就是深沟，就是深渊，就是歧路。我们了解边界底线，不贸然地前闯，有"底线思维""红线思维"，给我们的欲望划出边界，就是"知足"。知足才能不辱。"知止不殆"，"殆"就是危险失败。知道边界、底线不闯，我们才能没有危险，没有失败。当年杨虎城在陕西把他办公的行园就改名叫"止园"。出处就是这四个字，"知止不殆"。

"知足不辱，知止不殆"的意义在哪儿呢？——"可以长久"。其实这些事情不用举太多的例证，为什么？因为例证太多了，不了解边界、底线，冒进、冒险，肯定会导致大的、糟糕的后果。

这一章没有什么难以理解的，但是内容也非常深刻，尤其是前边这三个提问或者叫反问，都是我们应该深深思考并做出回答的。拿我们的生命和名声去交换名利，到底划得来划不来？到底哪个更重要？哪个对我们更亲？身与货，和这些财富进行比较的时候，到底哪个更重要？我们拿生命去换财富，回头再拿财富来换健康——有时候，甚至换不回来。"得与亡孰病？"不要认为得到就高兴，失去就不高兴，其实得失就是这样的相反相成。很多事情反而是损之而益，有的是益之而损。祸福相依，相互转化，物极必反。既然物极必反，下面这几句话就好理解了，"甚爱必大费，多藏必厚亡"，因此应该"知足不辱，知止不殆"——知足可以不辱，知止可以不殆。知足、知止，我们才能长久。不管是对于生命，还是对于事业而言，才能稳定致远，长久地发展。

这是第四十四章的内容，内容不多，但是我们应该熟记，尤其是几个对偶的句子："甚爱必大费，多藏必厚亡"；"知足不辱，知止不殆"。

四五

大成若缺,其用不弊;大盈若冲,其用不穷。大直若屈,大巧若拙,大辩若讷。躁胜寒,静胜热,清静为天下正。

——《道德经》

译文:

最完满的东西好像有欠缺,但它的作用不会衰竭;最充盈的东西好像是空虚的,但它的作用没有穷尽。最直的东西好像是弯曲的,最精巧的东西好像是笨拙的,真正辩才高的人出语谨慎。运动可以克服寒冷,静可以战胜热,(治天下的人)保持内心清静才能将天下领上正道。

我们先来看一下原文,有几个词我们要注意先区分一下。比如说大辩若讷,这个讷呢,我们知道一个词叫作木讷,也就是说,说话不是那么流利,不是那么辩才无碍。但实际上在这章里,它所要表达的是谨慎,说话严谨、谨慎。为什么要给大家说"讷"这个字呢?大家知道,毛主席两个女儿,一个叫李敏,一个叫李讷。可是包括中央电视台的广播员都把这个念成 nà,其实这个讷,只有一个读音,应该读作 nè(讷)。毛主席两个女儿的名字出自《论语》,"讷于言而敏于行"。先把这个事情给大家说一下,然后我们从头一句一句来解释。

"大成若缺,其用不弊。"这个是在讲,完满的东西都仿佛有缺陷。我们平常讲一句话叫完美诚不易。其实这个世界上没有真正完美的东西,任何事物都是有缺点的。了解到这一点,引申到道家的思想,那么这句话想要表达的真正含义就是,一个越是有大成就的人,他越了解自己的缺点,越觉得自己有缺点,有缺憾。所以,他就不断学习,不断努力,这样一种动力,它发挥的作用是无穷无尽的。认识到自己有缺点,这样他才能够很好地避免自己的弊端,很好地使自己的缺点得以改正和进步。这个道理在《道德经》里边多处谈到,比如说第七十一章就在讲,"知不知,上;不知知,病"。你知道自己不知道,这个才是水平高的。你不知道自己不知道,这就出问题了,出弊端了。所以"大成若缺,其用不弊"。一个越是有大成就的人,越懂得应该不断学习,不断进步,不断努力,不断充电。反而是一些有一点小小成就的人,喜欢到处吹嘘,不把旁边人吹得感觉到活不下去,他都不松口。其实遇到这种人,我们根本不用去揭穿他,淡然一笑就可以了。一个越是喜欢自我吹嘘的人,其实越不会有什么大的成就。反之,"大成若缺,其用不弊"。其实这个道理不止局限于此,我们还可以把这个道理向更深处延展一下。比如说中国人从月圆月缺，领悟出一个道理，其实任何事物发展到它的极点的时候，它就会向相反的方面转化。人生最美的境界，花未全开月未圆。花全开了，就往凋零的方向走了，月圆了就往缺的方向走了。所以在临近全圆和全开那时候，才是最美的。大家注意，我们在生活中经常喜欢用一个词来对人表示一种赞赏，叫如日中天。其实这个不是一个好的事情。你说人如日中天，不是说他马上就要走下坡路了吗？我们用道家的这种思想来理解。在我们生活中的很多事情，和这个道理吻合。大成若缺，其用不弊。

"大盈若冲，其用不穷。""盈"就是满，"大盈"就是大满。"大盈若冲"，"冲"就是冲虚。我们经常讲，用这个冲虚来代表着谦逊谦虚，就像大家看《笑傲江湖》里边的武当的掌门，冲虚道长，大盈若冲。一个越是智慧高的人，聪明的人，他越谦虚，越谦逊。在前面我们曾经说过，"满招损，谦受益"，这话出自《尚书》——中国第一部历史文献总集。在《尚书》里边有一篇讲到了君臣之间探讨治国的谋略，大禹手下的第二号人物叫伯益。就给他的领导讲了这样的一句话，"满招损，谦受益"，并且伯益还制作了一件警戒器，叫欹器。这个东西非常妙，水装满了就倒了、倾覆了。装得不满的时候，它稳稳当当。告诫我们这个道理，"满招损，谦受益。"孔子的后半生这个警戒器也一直放在他身旁，这么大的一个学问家，还经常提醒自己，"满招损，谦受益"的道理，何况我们。所以"大盈若冲"！一个越是知识充盈的人，知识多的人，越表现得谦逊谦虚，感觉到自己的不足，不断学习、不断努力。"其用不穷"，这样他的知识才能够更好地发挥作用，它的作用无穷无尽，不会出现上边所说的那些弊端，其用不穷。这都是相反相成的道理，按照这个道理我们再解释下边的内容，就比较容易了。

"大直若屈，大巧若拙。"一个越是正直的人，越是有正直的、高尚的境界的人，反而外在表现得都比较随和，对很多的事情不那么喜欢争锋，对很多的事情都能够宽容。若屈并不是真的屈枉，他只是懂得外圆而内方，用这种方式和外面的人相处、相衔接，"大直若屈"。关于"大巧若拙，"这个我们得多说几句，在第二十五章里我们讲过，"大曰逝，逝曰远，远曰反"，这是一个逐步发展的过程。就像中国的艺术品一样，一开始没有技巧，后来学到了很多技巧。真正达到一个更高的境界的时候，反而把这些技巧忘掉了，返璞归真。中国雕塑的最高境界是什么呢？有机会大家到汉武帝的陵墓——茂陵看一看，就会有所体会。那儿被认为是中国雕塑的顶峰。可是大家进去一看却发现非常奇怪，汉代的雕塑几乎一件精巧的东西都没有，都是那样笨拙、朴拙。特别是霍去病墓前的《马踏匈奴》，那简直笨拙到了极点。团块、圆雕。可是那是中国雕塑的顶峰，正因为它这个拙，反而体现出大气势、大气象、大境界，"大巧若拙"。中国诗歌的最高境界是什么呢？清水出芙蓉，天然去雕饰，自然而然，返璞归真。中国书法的最高境界是什么呢？大的书法家最后写得越来越笨拙，越来越稚拙，反而开拓出一片新的气象。我曾经读过一本书法书，是凌云超先生的《中国书法三千年》。凌云超先生讲到这样一件事，他说中国的书法到后来写得越来越精巧，越来越美，但也越来越像小家碧玉。而中国早期的书法，比如说石鼓文、金文，如旷野风月，给人一种大开大合的气势，这当然是我们在欣赏过程中直观感觉到的。越是这种稚拙、朴拙、笨拙，反而给人带来一种更强烈的审美的气势和感觉，一种崇高的味道，所以"大巧若拙"。其实《道德经》里边主要讲的并不只是这些，主要说的还是人格。一个人的人格发展到一个高点的时候，他就达到了一种自然而然、返璞归真，忘记了那些小的技巧、心眼、套路，回归到一种真正的高尚的人格的境界。返璞归真，自然而然，明月清风，这是我们一直在说的"大巧若拙"。

"大辩若讷"。"讷"字我们前面解释过了，这个意思也就非常清楚。真正辩才高的人，他出语反而非常谨慎，让人感觉仿佛他语言不是那么流畅，辩才无碍。其实他只是不用语言和人争锋，不用语言和人争辩，出语谨慎，这也是我们讲的道家思想里边的一个重要的方面，这样的人才是真正有大的辩才的人，"大辩若讷"。

下边这几句话原文上就有争论了。我们按照原文先解释一下。

"躁胜寒，静胜热"。这个"躁"，表面上意思是急躁、燥热，实际上讲的是运动。运动可以战胜寒冷。"静胜热"是说冷静可以战胜昏热。因为比如说我们夏天的时候用冰镇，这个方式可以解暑，战胜暑热，但这个地方要讲的实际上是内心的这样一种冷静，可以战胜我们头脑发热，"静胜热"。但有的人也认为，其实这句话应该是静胜躁，寒胜热。这样和原文连接起来就更顺了，我倒是同意这样一种说法。因为比如说我们夏天的时候用冰镇，这个方式可以解暑，战胜暑热，所比喻的也是冷静下来时才能战胜头脑发热，而且句式更为对称。现在很多本子也这样做了改动。我觉得这个说法更成立。总之都是讲，内心冷静、宁静、安静，它可以战胜我们的急躁。如果我们能够保持内心的宁静、安静、冷静，这样就可以战胜我们的浮躁、急躁、暴躁、狂躁，宁静以致远，这个和原文意思比较吻合。寒胜热，也是这样一个意思，就像我们刚才说的，一个人冷静下来，可以战胜头脑发热，万物静观犹自得，我们冷静下来才能看清事物的本来面貌，冷静下来才能找到解决问题的正确方法。

所以这六个字，大家不妨把它理解为静胜躁，寒胜热。这样后边这句话就自然而然地引申出来了，"清静为天下正"。我们保持内心的清静，一个王者、统治者、领导者保持内心的清静，这样才能够引导天下走上正道。"我好静而民自正"，"清静为天下正"，让内心清静、冷静、宁静，这才能够引导天下走向正道。

这个是领导"天下正"的一种方式、方法，也是我们由内圣而外王的一种正确的修养的方式、方法。

四六

天下有道，却走马以粪；天下无道，戎马生于郊。祸莫大于不知足，咎莫大于欲得。故知足之足，常足矣。

——《道德经》

译文：

天下有道，善跑的马退还给农夫用来耕田；天下无道，所有的马用来征战甚至母马都要在疆场生小马。祸患没有大于不知足的了，罪过没有大于什么都想占有的了。所以知足的满足，才是长久的满足。

"天下有道，却走马以粪；天下无道，戎马生于郊，祸莫大于不知足，咎莫大于欲得，故知足之足，常足矣。"这段话也是《道德经》里边非常精彩的一章。因为它体现了我们中国人对待战争的态度，对于和平的热爱。前面我们讲的第三十章的内容，不知道大家是否还有印象，"师之所处，荆棘生焉。"军队打过仗的地方，一片衰草枯杨、断壁残垣，"大军之后，必有凶年。"打过仗以后，灾荒瘟疫都来了。第三十一章，老子讲得更为沉痛，说中国人把战争当作丧礼一样来对待，"以哀悲泣之，以丧礼处之"，"胜而不美，而美之者，是乐杀人。"

我以前讲过，通过"四大名著"让国外了解我们的文化，效果恐怕不尽如人意，应该让他们看什么呢？让他们看《道德经》，这部能真正代表中国人思想、理念、境界和智慧的经典，像我们讲过的三十章、三十一章和现在要讲的第四十六章，就是如此。

"天下有道"，普天下清明有道，这个"天下"包括各个诸侯国了。"天下有道，却走马以粪"，"却"就是推却，"走马"就是跑马，也就是好马。这好马不用来打仗，离开战场，推却战争，干吗呢？回来耕田。当然，古人耕田是要上肥的，撒上粪肥，马耕着田，把地耕好，也就是我们经常讲的，解甲归田，"卸马归田"，把马从战场上拉回来，干它的本务工作。

"天下无道，戎马生于郊"，普天下无道的时候，混乱不堪、不清明的时候，是什么情况呢？战马把小马驹生到了战场之上，"郊"就是郊野，此处指疆场，战马把小马驹生到了疆场之上。打仗公马不够用了，母马也上去了，最后出现这种情况——"戎马生于郊"，说得非常形象。

我要重点强调一下，这四句是以马喻道，"马之却"为有道，"戎马生于郊"为无道，也就是以马的"却"与"生"，比拟天下之有道与无道：以"粪马"与"戎马"，象征国家之治与不治。比喻巧妙，寓意深远。

纵观《道德经》的治国之道，当以无为自然以养民，以无欲之事而安民。好像马匹一样，虽是有用之物，用之于疆场可以卫国，用之于战阵可以御敌，用之于农事可以耕田。道行天下之时，国泰民安，上下祥和，无兵甲之患，天下太平安然，百姓安居乐业，故用走马耕田种地，积粪肥田。所以说："天下有道，却走马以粪。天下无道，戎马生于郊。"太精辟了。

"祸莫大于不知足，咎莫大于欲得。"这个大家清楚，老子生活在春秋时期，春秋无义战——没有什么正义的战争。大家都为了争夺财富、城池、人口，相互混战，战火频仍，烽火四起。面对这种情况，老子在当时总结出这两句话："祸莫大于不知足，咎莫大于欲得。"惹祸最大的原因在哪儿呢？在于内心的贪念，贪心不足，得到了还想更多，只会做加法，不会做减法。"人心不足蛇吞象"，其实这句话，不单只是对当时现实的概括，对我们现在也有启发的意义。生活中这种情况也比比皆是：有了还想更有，多了还想更多，衣架里边永远缺一件衣服，房子永远少一间，总是处在不知足的这种状态。"祸莫大于不知足，咎莫大于欲得"，"咎"，罪过、过错，动辄得咎，过往不咎。这个"欲得"，就是别人的东西，自己也想要，把别人东西尽量弄到自己手上——这就成了一种罪过了。前面讲"不知足"是一种"祸"，祸患，而"欲得"就是一种罪过了，甚至可以是一种罪恶。别人的城，想要；别人的人民，想要。什么都想占有，用占有的态度对待这个世界，天下是我的。他说古代封建时期皇帝是什么样子呢？"屠毒天下之肝脑，离散天下之儿女，以博我一人之产业。"是说皇帝他觉得天下都是自己的，什么东西想拿就拿，想要就要，想占有就占有。这不就是"欲得"吗？这不就是一种大的过错、罪过吗？"咎莫大于欲得。"

这个事情该怎么样来处理呢？该我们得的，我们应该得，不该我们得的，"虽一毫而莫取"。这段话大家也知道，东坡先生的《前赤壁赋》，"物各有主，苟非吾之所有，虽一毫而莫取。"划清边界，该得的得，不该得的不要老去强占，不要老是"欲得"。我们有了边界、底线、标准，那么就知道知足，知足才是长久的满足。知足者富，所以如果永远处在不知足的状态，人也就永远不会有心灵的安宁。

我们把这段话和第四十四章联系起来理解就更加明确了。第四十四章最后的三句话讲，"知足不辱，知止不殆，可以长久。"这一章说，"祸莫大于不知足，咎莫大于欲得。故知足之足，常足矣。"

四七 四八

不出户,知天下;不窥牖,见天道。其出弥远,其知弥少。是以圣人不行而知,不见而名,不为而成。

为学日益,为道日损。损之又损,以至于无为,无为而无不为。取天下常以无事,及其有事,不足以取天下。

——《道德经》

译文:

不用出家门,便能知天下之事;不用通过窗户去看,就能知道自然的规律法则。越是向外寻找求索,对道的认识就越少。所以圣人不用出行却能知事理,不观察却能明白道理,无为却能成功。

为学是一天一天地增加知识,为道是一天一天地减少私欲。减少又减少,以致达到无为的境界。"无为"就能达到"无不为"的效果。取得天下要常常不多事不扰民,如果妄为滋扰,就不配取得天下。

由于这两章的内容非常吻合、相近,所以我们合到一起作为一章来讲解。

四十七章讲的是一个什么事呢?是说人的感性认识,从哲学上说就是我们的感官接触客观世界,有时候接触得多了,它反而会造成一种迷乱和混乱,要通过人的智慧、理性认识,这样我们才能了解事物的规律,也就是这一章里边所说的"天道"。在这个基础上,我们一句句来解释。

"不出户,知天下。""户"就是门户,也就是大门。我不用走出家门,不用去外边到处跑,也能了解天下的大事。为什么?因为道家认为,天下大道归根到底,融于人的内心。内心里边有道,也就了解了天下的正道,了解了天下的大事。

"不窥牖,见天道。""窥",从小孔里看;"牖",就是窗户。我不用通过窗户去看,也知道天地之间日月星辰运行的规律。所以你看这个地方,"出户"是行走,出行,行万里路;"窥牖"是眼睛看,用感官接触客观世界,我不用这样。所以这个地方大家就感觉到,一开始看,就觉得老子这个人有点轻视感性认识,人得通过实践嘛,人得通过感官接触客观世界,才能产生对客观世界的认识。是不是老子把这些东西全都否认了呢?不是的。因为大家从书里已经看得非常清楚,《道德经》举了很多生活中的例子,比如说"治大国若烹小鲜",比如说"凿户牖以为室",比如说"三十辐共一毂",这不都是生活中的例证吗?他对这个东西也很熟悉,怎么知道的呢?通过接触、了解。为什么在这一章里一开始他就讲这个事呢?要落到下面这八个字上。

"其出弥远,其知弥少。""弥"就是越来越,有的人走的地方越多,见得越多,不懂得甄别,不懂得筛选,不懂得提炼概括,"乱花渐欲迷人眼",出得越远,反而了解到的真知越少,进步越小,为什么?不懂得反观自省,不懂得人心像一面镜子,如果你这个镜子是被灰尘蒙住的,你见得越多,反而获得的真知越少。这八个字在强调什么?我们要反观自省,要自我修行,从哲学上说,要从那些感性认识上升到一种理性认识,达到对事物本质和规律的认识。所以你看,天下、天道代表着对事物全面的、本质的、规律性的认识,这个规律性的认识,需要我们安静地学习,在家里边读古往今来的著作,这不也是"不出户"嘛,也是"不窥牖"!我们了解这些间接的经验,从前人那里得到根本性的、全面的、通过理论阐释的这些知识,我们才能更了解事物的本质,更了解事物的规律。所以不要只把希望寄托在我们出去跑一跑、看一看,以为这样我们的知识就会越来越深刻,很多事其实要通过理性的思维,这样我们才能进入对事物本质和规律的认识,"其出弥远,其知弥少"。如果从中国文化的角度来进一步理解的话,它还探讨、强调一个什么问题呢?就是人的品德。"大道之行,以心之知。"就是我们的心、我们的自我的内在的精神世界,这是道的重要方面。所以很多人认为知识就是智慧,知识就是品德。不是的,很多人知识很多,不一定有智慧,知识多也不一定有境界、有品德。所以《道德经》强调的根本的"知",从前面的比较中可以发现,相对于我们的感官而言,是人的理性的思维,理性认识、智慧;相对于外面的世界而言,它又是人的道德、品德。一个人内心的品德、境界,通过自我的反省,自我的修养,达到了一个更高的水平,返璞归真,"归根曰静",这些也是通过内在的自我修养来达到的。所以《道德经》认为人的理性认识,人这样的内心、这样的根本,它可以通过"不出户""不窥牖"达到,也可以通过自我修养,自我认知,不断地进步达到。

"是以圣人不行而知,不见而名,不为而成。""是以圣人不行而知","是以","是"就是这样,"以"就是用,"是"可以解释为所以。"圣人",好的统治者、领导者,在《道德经》称其为圣人。这些圣人、好的领导者、统治者要经常反躬自省,要经常内心观照,提高自己对大道和规律的认知水平。"不行而知",不用到处跑,这一点也是可以得到的。"不见而名",不用亲自去看,也能够明了道理,明了了这个道理,那就内心清净、无欲。"不为而成","不为"就是无为,就是按照大道的方式自然而然地去做,不去妄为,这样一切都会顺理成章。

这是我们第四十七章里边讲的内容,字虽然不多,但道理需要我们认真体会,"不出户,知天下;不窥牖,见天道。其出弥远,其知弥少。是以圣人不行而知,不见而名,不为而成。"当然对这一章的更进一步的理解需要我们和第四十八章,也就是我后面要讲的这一章相互参照,我们对这个理解才会更深刻、更准确。

一开始就给大家说第四十七章、第四十八章我们要合起来,相互参照,为什么?这两章讲的内容是非常吻合的,事实上也应该是一章的内容。第四十七章里边讲,"其出弥远,其知弥少",第四十八章一开头就讲:"为学日益,为道日损。损之又损,以至于无为,无为而无不为。"这八个字一下子和上边的内容就衔接起来,为什么跑得越远反而知道得越少,这是站在道的角度来讲的。"为学",在学知识,学到的知识内容越来越多。当然从学知识的角度来讲,这是非常有益的,不断地增多,可是我们获得很多的东西,见到了很多的东西,其实对我们了解根本性的规律和本质、了解大道并没有好处。站在一个更高的层次理解,就是说我们"为学",讲究的是越多越好,见得多,看得多,见多识广。但是"为道"讲究的是什么呢?讲究的是内心的修行,讲究的是减少,用我们前面讲的话来讲,为学做的是加法,为道做的是减法,减少我们内心的欲念,减少我们的贪念,减少我们对很多问题的因受了外界影响而导致的内心的纷扰、困惑、迷乱,把这些东西损之又损,一点一点地把它减少,就像那镜子的灰尘一点点擦掉一样,"损之又损,以至于无为。""无为"就是自然而为,把欲望减少,减少再减少,就达到了一种"无为"的境界,没那么多的贪念,没那么多的纷扰。我们用镜子来照这个天下,来照事物,万物进入镜子里边，呈现出它本来的面貌。我们了解了事物的本质规律，了解了大道按照它来做，"无为而无不为"达到的是"无不为"的效果。所以在这儿借着这个机会，我再说一下道家自然无为的具体含义：第一，不妄为。第十六章里边就讲，"不知常，妄作，凶。"你不了解事物的规律、规则，瞎折腾、胡折腾，那结果是非常糟糕的。我们"损之又损"，减少了这些遮挡着我们的认识，遮挡了我们心窍的这些外在的事物、灰尘、迷乱，我们就照见了事物的本质和规律，我们就"不妄为"。第二，不多为。抓住关键，举重若轻，静观，看到事物的本质，找到解决问题的正确的方法。第三，有所不为。人要想有所为，必须有所不为，要想有所得，必须有所舍。我们舍弃了那些阻碍了我们正确行动、阻碍我们沿着大道行走的那些纷纷扰扰，这样能达到一个无不为的效果，也就是覆盖面广，效果更好，"无为而无不为"。

下面这一段就讲，按照"无为"的方式来理解天下万事万物。

"取天下常以无事，及其有事，不足以取天下。""取天下"的规则是什么呢？"无事"。"无事"就是不多事，不干涉，不扰民，这样一切就自然而然顺理成章。所以第五十七章里边讲的这个事情就比较明确，"我无事而民自富"，"我无为而民自化"。"及其有事"，如果老是多事，老是妄为，不懂得事物的规律、规则，瞎折腾、胡折腾，这就是"及其有事"。则"不足以取天下"，那就不能够获得天下。得到的天下也得失去，因为它违背了大道。

四九

圣人无常心,以百姓心为心。善者,吾善之;不善者,吾亦善之,德善。信者,吾信之;不信者,吾亦信之,德信。圣人在天下歙歙,为天下浑其心。百姓皆注其耳目,圣人皆孩之。

——《道德经》

译文:

圣人没有成心,以百姓之心为心。善良的百姓我善待他们,不善良的百姓我也善待他们,这样使人向善;讲诚信的人我以诚信对待他们,不讲诚信的人我也以诚信对待他们,这样使人诚信。圣人领导天下,收敛自己的私欲,使天下百姓的心灵都变得纯朴。百姓都只关注耳听眼见的事,圣人将百姓像孩童一样对待。

第四十九章是《道德经》里边比较重要的一章，因为这里边有一句话大家都很熟悉，我们领导者讲话的时候也经常引用，就是"以百姓心为心"。从前面讲的内容，大家会知道这是一个通过换位思考，得出来的一种结论。这一章开头这句话我们先说一下。

"圣人无常心，以百姓心为心。"是说一个好的领导者、统治者，不要老固执己见。"常心"就是固定的心思，自我的执着，不要老固执己见，不要老把自己的意志强加给别人，乃至强加给人民。应该怎么样呢？换位思考，将心比心，"以百姓心为心"，倾听民众的呼声，关注民众的利益，吸取民众的智慧，这都是"以百姓心为心"的表现。

我们先体会一下这一章在讲什么。其实这个道理就是，换位思考，将心比心。百姓善良，我也对他善良；不善良，我也对他善良；信任我的，我信任他；不信任我的，我也信任他。干吗呢？这样我就能让人向善，让大家讲诚信。最后这一段就说一个好的领导者、统治者，让百姓都回归到他本来的这种生活，关注的是自己的生活中的事情。不要想那么多，不要心思混乱，不要烦乱，这样才能够形成一种良好的和谐的状态。这是老子的想法。我们一句一句来解释。

"圣人无常心"，我再重申一遍，"圣"的繁体字，上面是个耳和口——聖，这两个字并列就代表着通达事理，下面是个王，也就是说一个好的领导者、领导人称其为"圣"。在这一章里体现得最为明显。"圣人无常心"，有的本子也叫"常无心"，意思都是一样的，就是不固执己见，没有自己僵化固定的思维，懂得换位思考。其实关于这个意思，我们通过前面讲过的第二十二章参照着理解，就比较容易了。我在前面多次说过，读《道德经》最好的方法就是不看注解，以经解经，相互参照，明白它要讲的真正的含义，谁的解读也不如他本人对这个东西的解释更符合他的本意。第二十二章里边就讲"不自是""不自见""不自矜""不自伐"这"四不"。"不自是,故彰。不自伐,故有功。不自矜,故长。"这样我们才能不断成长,不断进步。一个好的领导人也是这样的,领导者、统治者,也应该"四不",也就是"无常心"。你没有这样的智慧,老是固执己见,老是自我吹嘘,老是自我夸耀,老是觉得自己了不起,那你就没办法换位思考,将心比心了。所以"无常心"才能以百姓之心为心,倾听民众的呼声,吸取民众的智慧,关注民众的利益。沿着这个思路下面也好理解了。

"善者,吾善之;不善者,吾亦善之,德善。"善良的人我用善良去对待他,不善良的人,我也用善良的方式去对待他,干吗呀?教化、感化,这样我就得到了真正的善良。为什么呢?你这样做,起带头作用,大家也就心向善了。大家注意这个"德",王弼的解释非常明确,"德者,得也",这样做就得到了这个天下、这个社会,这个国家就会人心向善。

"信者,吾信之;不信者,吾亦信之,德信。"信我的人,我相信他,我跟他讲诚信;不相信我的人,我也相信他,跟他讲诚信。干吗呀?这样天下人就会觉得诚信可贵,也就往诚信的方向去努力发展了——"德信"。

"圣人在天下歙歙","歙"就是合,就是收敛。你说圣人怎么样领导、管理这个天下呢?先要收敛自己的欲望,要想领导好别人,你先领导好自己,要想领导好自己,你先领导好自己的情绪,领导好自己的欲念,上梁不正下梁歪嘛。"歙歙",收敛自己的欲望,减少自己的欲念。

"为天下浑其心",让这个天下都怎么样呢?大家都没那么精明。不总是为了什么事都去争,"浑其心",都那么浑厚、纯朴、厚道,关心自己的现实生活,而不是有那么多纷乱的思维,那么多胡乱的想法,那么多的技巧、智谋、套路、心眼,用这种方式让大家和谐相处。

"圣人皆孩之",一个好的领导者把天下人都当作儿童,当作自己的孩子，一方面对他们非常关爱，另一方面也不要让百姓人心混乱，都像孩童一样纯净、纯朴。

当然了，后边这一段大家也看得出来，这也是老子的一厢情愿。他希望统治者减少自己的欲望，天下人跟着也减少自己的欲望，关注自己的现实的生活，没有那么多争斗、心眼、套路、技巧、欺骗、欺诈。这是老子生活的理想状态，也是他认为的和谐世界的前景，我们权当这也是他的一种理念和希望，毕竟这个社会的和谐也是我们的一种希望。只是他这种方法大家要辩证对待，大概用这种方法实现天下的太平，也只能是一种理想和理念，很难真正得以实现。

但这一章里边大家要注意，开头这句话，我们要熟记，"以百姓心为心"，这是道家思想里边非常重要的一句话，让我们感觉到老子这个人在他冷静的，甚至有点冷酷的外表之下，内心涌动的热流，和他对于天下人的关注，对于天下人的关爱。

这一章的原文我们解释完了，再强调一下这章的逻辑和重点，这章里的关键在哪儿呢？这一章里边的关键是讲"圣人"和"百姓"，他们是国家不同层级的人，这一章讲究什么呢？讲究各安其位，各循其理。老子对这些做统治者的讲，你们要"以百姓之心为心"，善良的人呢你要好好地对待，不善良的人呢你也要好好对待，这样你才能得到这个国家人心向善的风气。信你的人你要讲诚信，不信你的人你也要讲诚信，这样才能得到天下诚信的风气。"圣人在天下"，圣人在上，领导天下。应该怎么样呢？怎么样叫循理循道呢？应该清静、无为、少折腾、少多事，这是上边的理，给他们讲的。你应该这样做，收敛自己的欲望，减少自己的奢靡、奢华，"清静为天下正"，这是对他们。对下边怎么讲呢？你这个在上边的人应该让下边遵循一个什么样的道理呢？"为天下浑其心"，让百姓浑厚、纯朴、宁静，没有那么多纷乱的想法，那么多技巧、心眼、套路、欺诈、欺骗，按照这个方向，百姓都关注自己现实的生活，把自己的日子过好，少管别的事。你让百姓做到这一点，上边的管上边的事，循上边之理，下边的循下边之理，这天下不就和谐了嘛。大家看出来了吧，"圣人皆孩之"，好的领导者，一个国家的领导者，就是让这国家的百姓都像小孩一样，纯净、纯朴，没有那么多的欺瞒欺诈。我们知道，真正的和谐是有差别的统一，大家都应该有表达自己意见的机会，表达自己观点的机会，"各美其美，美人之美"，有差别的统一。但是老子这个地方讲的道理不是这样的，他讲的是"圣人无常心"，你要考虑到百姓，百姓在圣人的领导下应该怎么做呢？应该浑厚纯朴，没有那么多的智谋、欺诈、心眼，关注自己的现实生活，干好自己的事情，像儿童一样，纯净、干净、宁静，形成这个社会的和谐状态。所以我们只能说，老子这个想法，追求一种和谐目标所用的方法，在我们看来，还是有很多地方值得检讨的，因为真的把百姓都变成小孩，还是不免有一点愚民政策的感觉。这一点大家还是要正确地理解。

五十

出生入死。生之徒十有三，死之徒十有三。人之生，动之死地，亦十有三。夫何故？以其生生之厚。盖闻善摄生者，陆行不遇兕虎，入军不被甲兵。兕无所投其角，虎无所措其爪，兵无所容其刃。夫何故？以其无死地。

——《道德经》

译文：

人生就是从出生到死亡的历程。长寿的人占十分之三，短命的人占十分之三，本可以长寿但妄为把自己置于死地的人也占十分之三。为什么？因为他们过分地追求奉养自己以求生。听说善于养生的人，在陆地上行走不会遇到兕、虎，在战场上不会被兵器所伤。兕的角无处可用，虎的爪也没了用处，兵器的刃也用不上。为什么？因为他不把自己置于死地。

我们来讲第五十章，这一章表面上在讲养生之道，也就是文章所说的"摄生"，实际上表达的是更为深刻的道理。我们看书、看电视剧的时候，会发现有那么一些大师、医生，一些位重权高的人向他们请教养生之道，"我怎么样能活得更加长寿？"这些医生、养生大师，大都是告诉他们要清心寡欲，不要奢靡奢华，不要胡吃海塞，其实这就是道家对于养生这事往更高的一个层次修养的内容，我们也可以把它概括为道家的生死观。

道家认为养生跟生死密切关联。养生要顺应自然，要自然而然，要掌握规律、规则。你看我们读《庄子·养生主》里边的"庖丁解牛"，讲的不就是这个道理吗？目无全牛，游刃有余！这牛解得跟跳舞一样，跟音乐一样。所以文惠君最后就对这个庖丁讲："吾闻庖丁之言，得养生焉。"养生要顺应自然规律，自然而然，自然而为。

"生之徒十有三，死之徒十有三。"然后老子做分析，如果把天下的人分作十部分，那么有十分之三的人是"生之徒"，也就是长寿的，还有十分之三的人是"死之徒"，是短命的。还有十分之三的人是怎么样的呢？

"人之生，动之死地，亦十有三。"这些人本来可以长寿，最后由于自己的胡为、妄为、折腾，就把自己置于死地了。所以你看它的分类很有趣，十成的人中，三分之一的人应该是长寿的，三分之一的人本身体质各方面就是短寿的，还有三分之一的人本来可以长寿，但是妄动、胡为而置于死地。为什么会这样？

《道德经》给了我们这样一句话："以其生生之厚。"生，养生，或者可以解释得更明确，叫"求生"。太着急了，太迫切了，老想延长自己的性命，老害怕自己的营养不够，最后营养过剩了，反而把自己置于相反的方向。当下一些有智慧的医生就提醒，我们现在不是营养不良，而是营养过剩，"生生之厚"。当然《道德经》讲的这句话只针对当时的统治者、位高权重的人而言，老是生活得这样奢靡奢华，"五色令人目盲，五音令人耳聋，五味令人口爽，驰骋畋猎，令人心发狂……"老是这样，还以为是让自己生命不亏，活得不亏。求生之厚，太急、太迫切，营养过剩，本来可以长寿，反而被置于"死之徒"了，到短寿的那一拨去了。

所以下面老子就讲了："盖闻善摄生者"，听说这善于养生的人是什么样子呢？他用了下边一段形容："陆行不遇兕虎，入军不被甲兵。兕无所投其角，虎无所措其爪，兵无所容其刃。"我们习惯以为"兕"是犀牛，或者有的叫母犀牛，其实这两种动物还不一样。这个"兕"是古代的一种瑞兽，比较凶猛，所以在古代的文字中，经常用这个"兕虎熊"比喻凶险之地。懂得养生的人，懂得正确对待自己生命的人，不去冒这个险。陆行的时候，尽量不碰这些凶猛的动物，如果你碰上它了，那你就没办法了，谁让你冒那个险呢？明知道野生动物园人家不让下车，你非得下车，遇到老虎了吧。有些地方人家告诉你这个规则，这里边有危险，你偏不听，明知山有虎，偏向虎山行，明知山有狼，偏要做狼餐，这不就是"人之生，动之死地"吗？

"入军不被甲兵"，上阵打仗的时候不为兵器所伤。为什么呢？

"兕无所投其角"，你不遇到这个兕，那当然它那个凶猛的角就没有办法发挥它的作用了，没有办法针对你。一般我们画"兕"的时候都习惯把它画成独角兽。"兕"最有名的代表就是太上老君骑的那个板角青牛了，角非常锋利、尖锐，杀伤力强，你不遇到它，尽量别碰到，别把自己置于危险的境地，它的角当然就无所用了。

"虎无所措其爪"，你不往虎山行，不遇到它，避免这种凶险，老虎爪子再尖利，牙齿再锋利，它也无法对你发挥作用。

"兵无所容其刃"，上阵不为甲兵所伤，尖锐的兵器，也没有办法发挥它的作用。

"夫何故？"为什么会这样？"以其无死地"，不把自己置于死地，这样也就不会让自己的生命受到戕害。

这一章体现了道家的养生之道：简单地说就是不要"作死"，自己不要找死，本来可以长寿的，自己作死把自己置于死地。很多人非得触犯法律的界限，甚至因此送掉了自己的生命，这不就是把自己置于死地嘛！所以我们说"No Zuo No Die"，不作不死。从养生的角度来讲，你看道家讲的顺应自然，不单只是生活中的清心寡欲，而且还指不触犯边界底线，不触犯红线，知足不辱，知止不殆，不置身于死地，不让自己冒这种凶险，这也是道家养生之道里边的一个重要的内容，而且是更接近于哲学层面的、更有智慧的内容。

那么这一段我们讲完了之后，我还要跟大家强调一下，道家的养生观，其实也是道家的生命观。道家对于生命的看法讲究的是自然而然，意思是什么呢？过于求生，过于厌恶死，这都不是一种自然而然的智慧，因为死亡本身就是生命的一部分，人自然而生，自然而死，真的到了生命结束的时候，那也应该开朗地、乐观地对待。这一点在道家的继承者，也就是道家的第二号人物庄子那里，讲得非常明确——"故善吾生者，乃所以善吾死也"。我们很好地对待自己的生命，不把自己的生命主动置于死地，不求生之厚，真的面临死亡的时候，也应该好好地对待。自然而生，自然而亡，这是生命的自然而然的规律，谁也阻挡不了。第五十章，老子借养生之道讲了一个更重要的道理：有的人求生太急迫，太厌恶死亡，太害怕死亡，求生之厚，服了大量的药，用各种各样的营养的方式推开死亡，想要避免，没想到越想避免反而来得越快。所以，道家讲究自然而然的思想，这有着重要的、杰出的意义。

我们做个小小的梳理。第五十章，我们从开始讲的时候就给大家讲过，这一章可以分成两段，一段是讲有的人本来可以长寿，却进入短命的行列，是因为"求生之厚"，太急迫、营养过剩导致的，另外一个是由于妄为、"作"，把自己置于死地的。怎样才能避免这两点呢？还是道家的这种思想，顺其自然，清心寡欲，清静为天下正。正确地对待生和死，不把死亡当作是完全可以避免的事情，真的面临死亡的时候，也能够开朗地、乐观地对待。

五一

道生之，德畜之，物形之，势成之。是以万物莫不尊道而贵德。道之尊，德之贵，夫莫之命而常自然。故道生之，德畜之：长之、育之、亭之、毒之、养之、覆之。生而不有，为而不恃，长而不宰，是谓玄德。

——《道德经》

译文：

　　道生成万物，德蓄养万物，万物有了具体的形状，周围的环境使万物得以成长。道受尊崇，德被珍贵，不妄加干涉而使万物顺应自然。所以道生成万物，德蓄养万物：使万物成长作育，使万物成长成熟，使万物得到养覆保护。生成万物而不占有，化作万物却不把这当成是倚仗，长养万物却不主宰，这就叫"玄德"。

第五十一章逐句来解释一下。

"道生之","生",创造、生养。道创造了万事万物。"德畜之",德畜养了万事万物。"物形之",万事万物有了具体的形状。"势成之",周围的环境使它得以成长。正因为如此,所以"万物莫不尊道而贵德",以道为尊,以德为贵。

"道之尊,德之贵,夫莫之命而常自然。"尊道贵德,那自然会得到一个良好的结果,这不是命,这就是自然而然的规律、规则。

"故道生之,德畜之。"所以道生养万物,德蓄养万事万物。"长之、育之",使它成长,使它不断地培育长大。"亭之、毒之",这个"亭"呢,其实也好理解,我们常说亭亭玉立,这个"亭"就是成长的意思。这个"毒"就是成熟的意思,使万事万物成长,使其成熟。"养之、覆之","养"和"覆"都是保护的意思。养育万物,保护万物。

"生而不有,为而不恃,长而不宰。"生养了万事万物,却不把它当作私有的产品,对万事万物有作为,却不把这个当作一种倚仗,甚至勒索的手段,对万事万物有这么大的功德,却不是以主宰者的身份出现。这个就是"玄德",这就是最高深的、最深刻的智慧与品德。这是我们对这一段的直观的解释。

其实,这一段的深意远不止于此。因为中国哲学讲究"知行合一",讲道的品性,其实也是为了人向道的品性学习,按照道去做,这个也就是"德"。所以第五十一章里边讲道养育万物,德蓄养万物,也是人应该效法学习的。在这个层面上,我们深入地理解这一段话。"道生之,德畜之",道创造了万事万物,但是它不把万事万物作为一种私有产品,并不是以一种主宰者的身份,以求其回报。由此我们可以看到,老子给我们提供了想要做成一件事的四个核心要素和条件,也就是一种应有的程序和原则。

第一个，要有道，因为道是创造万事万物的本源，所以我们要坚守大道，按大道的方式来创造。

第二个，"德畜之"，"畜"就是积累的意思。在有道的基础上，我们要不断地、坚定地按照道去做，也就是"积德"。德就像水一样，我们就像一条船一样，我们积累的水越多，我们这条船在水上才能够航行得更自由。所以朱熹有一首诗说："昨夜江边春水生，艨艟巨舰一毛轻。向来枉费推移力，此日中流自在行。"昨天江边涨水了，平常推也推不动的大船，现在根本不用推了，水多了，自然而然地就航行更加自由。他讲的是读书的积累达到一种自由的境界，其实人生又何尝不是如此呢？我们积累的德多了，按照道做事，更坚定、坚持、持久，那也就给我们人生提供了更广阔的空间与平台，不断地积德，我们的行为也就更加自由，我们的行为也就更加能够符合大道。庄子在《逍遥游》里面也讲了这样一句话，"且夫水之积也不厚，则其负大舟也无力"。水积累不多的时候，大船是浮不起来的，只要积累得多了，结果就是自然而然的事情，和朱熹所讲的道理不谋而合。

第三个，"物形之"。人有道有德，是不是就可以把事情做成了呢？不够的，还需要一定的物质条件和手段，巧妇也难为无米之炊。有条件要上，没有条件我们创造条件，这样才能把事情向更成功的方向发展。

道、德、物三个条件总够了吧？不够的。要想把事情真正做成，还有一个很重要的条件，就是"势"，"势成之"。道家讲的无为，更强调的是顺势而为，掌握这个形势，了解大势，这样才能把事情做成。《淮南子》中举过这样的一个例子，大禹为什么能把水治成呢？顺水势而为。商汤周武为什么能夺得天下呢？顺民心而为。民心所向，就是历史发展的大势与潮流。

所以大家在第二个层面把这四个字提炼出来，它是一个很好的成功学的例证，我觉得比现在讲的一些零零散散的所谓成功学，不知道要深刻多少倍。道、德、物、势，"道生之，德畜之，物形之，势成之"。

既然这四个要素，道和德是排在最前面的，"是以万物莫不尊道贵德",所以万事万物没有不尊道而贵德的。人更是如此,有道有德,后边的事情才能继续发展,所以"道之尊,德之贵,夫莫之命而常自然",这不是命,这就是一个永恒的自然而然的规律、规则。你按照道,按照德,尊道而贵德,会得到一个自然而然的良好的结果,这是自然而然的事情。所以大家注意,我们中国的这些经典,比如说《易经》,比如说《道德经》,都不是用来算卦占卜的,它就讲一个重要的内容:按照规律、规则来做,结果水到渠成、自然而然。

下面这一段是对上面的一个延伸。"道生之,德畜之",道和德,生养万物,为万物提供条件,让它生长发展。"长之、育之",培育万事万物使其生长、发展。"亭之、毒之",使它成长、成熟。"养之、覆之",不仅如此,还要养护万物,覆盖万物。道和德让万物长大,培育万物,使它成熟又予以保护,功德可谓无量。

《论语》里有这样一段对话:

子曰:"予欲无言。"子贡曰:"子如不言,则小子何述焉?"子曰:"天何言哉?四时行焉,百物生焉,天何言哉?"

这段话的直译是:孔子说:"我现在只想沉默。"子贡说:"如果你不说出心里想什么,那么我们这些学生还拿什么去记述呢?"孔子说:"自然说过些什么?不过放纵四季周而复始,任由百物蓬勃生长。自然你又何曾告诉别人什么啊?"

很多人把这段话中的"天"翻译成神灵,这是不对的。其实这个"天"指的是大自然,也就是《道德经》里的天地,天地无语而泽被苍生万物,却又不居功自傲,不把自己当作万物主宰。这不也是《道德经》第五十一章的核心吗?培育万物的成长,使它成熟又予以保护,功德可谓无量。其实,在这样的智慧层面,孔子和老子的见解都一样,"生而不有,为而不恃,长而不宰,是谓玄德"。关于这段重要的话,我们在第十章已经详细说过,不再重复。

五二

天下有始,以为天下母。既得其母,以知其子;既知其子,复守其母,没身不殆。塞其兑,闭其门,终身不勤。开其兑,济其事,终身不救。见小曰明,守柔曰强。用其光,复归其明,无遗身殃,是为习常。

——《道德经》

译文:

天下万物都有本原(即道),作为万物的母亲。认识了作为万物之母的道,就能认知万物;认知了万物,就能坚守作为万物之母的道。这样终身都没有危险。塞上欲望的孔穴,闭上欲望的门户,终身都没有忧劳;打开欲望的门户,增添纷繁的事件,终身都不可挽救。察见细微的事物叫"明",坚守柔弱叫"强"。用道的光芒来了解具体事物中的规律、规则,复归到事物的光明的状态,不会给自己留下那么多的祸殃,这就叫普遍永恒的规律。

一开始我们就说过，《道德经》里边有一个非常好的"正能量"，就是每当说到高大上的、特别伟大的事情，都喜欢用母亲的"母"字来作为代替和概括，或者说用"母"来做一个形象的比喻。如果我们的孩子读这样的文字，潜意识里就会对母亲有一种敬畏与尊重。我们在第一章里边就说到，"无，名天地之始；有，名万物之母"。在这一章里边，又出现了母亲的"母"的概念。

"天下有始，以为天下母。"就像动物、人类都是由母亲生养的一样，万事万物也都是由道创造的。老子用"母"来比喻大道，生动形象且让人充满对道的敬畏，意思就是说，天地一开始的时候，其实大道已经就在了。

"既得其母，以知其子。"我们了解了大道，就是"既得其母"。知晓了大道，那我们就"以知其子"，也就了解了儿女。这个意思是什么呢？道是万事万物的普遍规律，它永恒存在，具体的事物都拥有具体的道，也就是具体的规律。你了解了大道，就可以以此来了解万事万物的具体规律。茶有茶道，花有花道，练武有武道，下棋有棋道……了解了普遍的道，也就更能够了解这些具体事物的规律与规则。

反过来也一样，"既知其子，复守其母。"我们从具体的事物之间，比如棋道、花道、茶道，从这具体的事物之间，我们了解了大道，感知了大道，那也就能更好地坚定地坚守大道。"没身不殆"，这样做事情永远没有危险，没有失败，为什么？以道佑之，以道护之，这样我们做事情才能没有危险，没有失败。

下面就说了解大道的方式方法。大道的了解，不是靠感性来体验到的，就像我们前边说的，"为学日益，为道日损。""不出户，知天下；不窥牖，见天道。"所以如果是跟着感觉走的话，你是了解不了真正的大道的。因此"塞其兑,闭其门,终身不勤",不要依赖感觉,不要把我们所见所知的当作大道,重要的是要用心,也就是哲学上讲的,用理性的思维,来了解认识大道。反过来讲,"开其兑,济其事,终身不救",如果跟着感觉走,打开我们的感官的门户,感官这个东西,它是有很大的局限的。第十二章里面就讲,"五色令人目盲,五音令人耳聋,五味令人口爽"。你只靠这个是了解不了大道的。

"见小曰明,守柔曰强。"什么叫"见小"啊?"小"就是具体的事物,具体的事物里面也蕴含着规律、规则。你能够从具体事物里了解具体的道、具体的规律,这也是一种明智。"守柔曰强",道家是讲"柔弱胜刚强"的,道家是讲"知其雄,守其雌"的,"柔"就是雌柔,不管我们多么强大,我们也懂得坚守这个柔弱,因为柔弱更能长久。力量不够的时候,我们懂得用守柔的方式、韬晦的方式,来使自己的力量不断增大,不断增强,这样才能成为真正的强大。

"用其光,复归其明",用道的光芒,"复归其明",来了解具体事物中的规律、规则,复归到事物光明的、明智的状态,我们才能走在光明的大道上。"无遗身殃",不会给自己留下那么多的祸殃。"是为习常",这个"习",不同的本子有不同的写法。习,就是普遍、永恒的意思,就是普遍的永恒的规律、规则。也有的本子用的是沿袭的"袭",也就是遮盖的意思。《道德经》里边用这个"袭"字的意思就是说,这是被大家认识不到的、被遮盖的规律、规则,了解了这一点,我们也就对事物的了解更加深入。这两个意思都通,我们这里边用的是复习的"习",学习的"习",也就是经常的、普遍的、永恒的意思。"是为习常",这就是一个经常的、普遍的、永恒的规律、规则。

这一章的核心内容是说,道是一个普遍的规律,它存在于天地之间,所以叫"大道"。我们了解了大道,掌握了普遍的规律、规则,再来认识具体事物中的规律、规则,这是非常有帮助的,也是非常重要的。反过来也是一样，了解了具体事物中的规律、规则，也能够让我们更加坚信大道的存在，更加了解大道的伟大。这一章以母和子为喻，大和小对照，就讲述了这样的一个哲学的道理。这样的智慧能让我们用到大道的光芒，走在光明的大道上。

五三

使我介然有知，行于大道，唯施是畏。大道甚夷，而民好径。朝甚除，田甚芜，仓甚虚。服文彩，带利剑，厌饮食，财货有余，是为盗夸。非道也哉！

——《道德经》

译文：

假如让我稍微有些认知，行走在大道上，最害怕走到斜路上去。大道非常平坦，但一般人喜欢走捷径。（无道之君）朝政非常混乱，田园非常荒芜，仓库非常空虚。穿着华美的衣服，佩带锋利的宝剑，吃饱喝足，积存财货有余，这是夸耀自己的强盗途径。无道啊！

讲到这里大家已经非常清楚了，老子衡量事情的最高原则就是大道。

"使我介然有知"，"介"就是小的、稍微的意思。假如让我稍微有知识、有智慧，"行于大道"，走在大道上。我最怕的是什么呢？"唯施是畏"，"施"，就是逶迤、曲折，在这里指的是邪路、歧路。走在大道上最可怕的是什么呢？就是害怕歧路太多，害怕走到邪路上去。

"大道甚夷，而民好径。"其实大道是非常平坦的，但是一般人都喜欢走捷径，老想抄近道。

"朝甚除"，朝政非常混乱。"田甚芜"，田园都已经荒芜了。"仓甚虚"，仓廪实才好嘛，现在仓库里边都是空虚的。可是那些统治者在干吗呢？

"服文采，带利剑。"穿着漂亮的、非常昂贵的衣服，带着珍珠宝石装饰的利剑。"厌饮食"，什么东西都吃腻了，对什么好吃的东西都已经感到厌烦了。"财货有余"，家里的财宝有那么多富余。这叫什么？"是为盗夸。"《道德经》认为这个就叫"盗夸"，强盗，还夸耀自己的强盗行为。《道德经》在第七十七章里边就讲，"天之道，损有余而补不足"。现在这些人做的是什么呢？"损不足以奉有余"。"非道也哉"，这完全不符合道的规律、规则，完全不是按照道的方式来做嘛。

这一章表现了老子的平民思想、公平思想，指责在"朝甚除，田甚芜，仓甚虚"的情况下，那些人"服文彩，带利剑，厌饮食，财货有余"，夸耀自己的强盗行为。

这一章有一些字，我们还得具体地、细致地解释一下。"唯施是畏"，凭什么把这个"施"念成"迤"，解释成歧路呢？因为道弯弯曲曲的时候，歧路众多。在《列子·说符篇》里边讲了一件事——歧路亡羊。杨朱他们家的邻居羊丢了，很多人都出去找，杨朱觉得很奇怪就问，就一只羊怎么这么多人去找啊？邻居就告诉他，歧路、岔路太多了。找羊的人回来了，杨朱问找到了吗？邻居说没找到。又派更多的人去找，还没有找到。歧路中又有歧路，岔路中又有岔路，所以常常使人迷失了大道，所以杨朱听了之后几天都不说话。古人有"歧路亡羊"，也有遇穷途而哭，走道遇到没有路了，痛哭而返，其实都是感觉到了人生道路上的一些很值得人害怕的事情。行于大道，最害怕的就是歧路、岔路，一旦走错路，方向一错，后边的一切麻烦就都来了。所以老子说"大道甚夷"，"夷"就是平坦的意思，大道其实极为平坦。"而民好径"，人却老喜欢去走这个捷径，走了捷径之后，最后发现想回到正确的大道上是非常困难的。其实，很多所谓的捷径就是歧路，就是邪路，人要脚踏实地，这样才能够行走在正确的大道上。通过努力获得成功，而不要投机取巧，更不要把投机取巧得到的东西当作一种炫耀，这个叫什么？"盗夸，非道也哉。"

五四

善建者不拔,善抱者不脱,子孙以祭祀不辍。修之于身,其德乃真;修之于家,其德乃余;修之于乡,其德乃长;修之于国,其德乃丰;修之于天下,其德乃普。故以身观身,以家观家,以乡观乡,以国观国,以天下观天下。吾何以知天下然哉?以此。

——《道德经》

译文:
  善于进行精神上的建设这是不可拔除的,善于掌握道的人不会脱离道,子孙世代不断尊敬、学习这个原则。用这个道理来修身,他的德会是真实的;将这个道理贯彻到修家,这样他的德才能有余;用这个道理来治乡,他的德才能不断丰富成长;用这个道理来治国,他的德才会丰厚;用这个道理来治理天下,他的德才会是普遍的。所以按照修身的原则来观察个人,按照齐家的原则来观察家庭,按照治乡的原则来观照乡,按照治国的原则来观照国,按照治天下的原则来观照天下。我怎么知道天下是这样的呢?就是因为这个道理。

第五十四章由三段构成。

"善建者不拔,善抱者不脱,子孙以祭祀不辍。"这一段在讲按照大道来建设,没有人能够攻击它,把它拔除掉。大家想,人类建设的很多东西,有成必有毁,都是会被拔除掉的,而大自然呢,比如说山川,这是大自然建造的东西,有的或许可以被拔除掉,但这一章讲的不是这个意思。"善建者"指的是人精神方面的建设,大道方面的建设,这个伟大的思想是不会被攻击倒、被拔除掉的。比如我们现在学的《道德经》,历经两千多年,很多人都在攻击,在否定,在嘲笑,可是这无碍于它的伟大,现在学的人越来越多,大家越来越从里边得到一种智慧的启迪。另外像释迦牟尼,像孔子,历史上一些伟大人物的思想,他们的思想像什么?就像夜幕中的星光,给我们在黑暗中指引方向,有的甚至像光明普照的太阳。这些思想属于"善建者",是没有办法把它攻击倒、拔除掉的。

"善抱者"是什么意思呢?直观的理解就是善于把你抱住的人,你是脱离不开他的掌控的,其实这只是望文生义。在《道德经》里边多次提到"抱"字,比如说第二十二章,"抱一为天下式";比如说第四十二章,"万物负阴而抱阳,冲气以为和"。抱的是什么?"负阴抱阳"。所以这个"善抱者"就是掌握阴阳之不测,掌握阴阳相互作用、相互变化的规律规则,而"一阴一阳之谓道",所谓"善抱者",也就是了解大道的人。"不脱",脱离不开大道的掌控,脱离了大道就走到了一个危险的境界。

"子孙以祭祀不辍",一代一代,千秋万代,按照"善建者""善抱者"这些伟大的思想来做,对他们表示一种尊重、敬仰,不断地学习。

"修之于身,其德乃真。"按照这个伟大的思想来做事、来修身,这样所得到的德,才是真实的、纯净的。"修之于家,其德乃余。"按照大道来修家,一家人遵循大道,这样获得的家的品德才是丰盈有余的,积德之家必有余庆嘛。"修之于乡，其德乃长。"拿大道传给一个乡，按照这个方式形成一种良好的乡风。"长"就是领导的意思。你把这个方式在乡里普及，让大家坚定地按照道的方式来做，你才能成为这个乡的好的领导者。我们知道，在宋朝的时候，陕西"蓝田四吕"首先制定了乡约，它对我们中国良好乡风的培育起了非常大的作用，这不就是"修之于乡，其德乃长"的具体表现嘛。"修之于国，其德乃丰。"按照这样的一个方式来治理国家，让国家按照大道去做，所收获的德才是丰盛的、伟大的。同样的道理，"修之于天下，其德乃普。"天下是天下人的天下，不是一人之天下，所以大道之行，天下为公。按照善建、善抱的大道来做，修之于天下，这样大家得到的才是普遍的德，如光明之普照。这是第二段，老子在讲按照"善建""善抱"的原则来做，所获得的伟大的结果。

"以身观身"，"观"就是观察。我们按照修身的要求，大道修身的方式来观察这个人，他修身方面是不是善建、善抱，是不是没有脱离大道。"以家观家"，按照家庭的修养的要求来观察家庭的品德、家风。当然"观"的时候就自然有对比的意思，和其他的家里进行对比，相互比较，看哪一个是更能按照"善建""善抱"的这种符合大道的原则方式来修身、来齐家。下边也是同样的道理，"以乡观乡"，乡自有乡的要求，和家是不一样的，范围扩展了，有很多家庭。但是如果这个大道一以贯穿，都是按照"善建"的、"善抱"的原则祭祀不辍、尊敬、敬仰，以按照这样一种规则来作为荣耀，都为良好的家风、乡风做出贡献，这不就是道一以贯之吗？同样的道理，"以国观国"，一个国家有这个国家的精神、思想、风貌，按照大道要求来做，在和其他国家比较中，取长补短。同样的道理，"以天下观天下"。大道一以贯之，一条主线，一切顺理成章，自然而然，无往而不胜。

所以最后老子说，我怎么知道天下也会是这个样子？"以此"。大道所向无往而不胜，虽然人世间有那么多的枝枝蔓蔓，但是核心为"善建""善抱"之大道，不要脱离开大道，坚定地、坚持地按照它去做，按照道去做就是"有德"。修身得到的是"真"，修家得到的是"余"，修乡得到的是"长"，修国得到的是"丰"，修天下得到的是"普"。所以，从修身开始，最后落到天下，不就是这样一个简单的道理吗？

其实读这一章的时候，大家会有一个非常深刻的感受，中国先秦时代是中国的轴心时代，各个流派之间的思想，虽然有差别，但是也有相同的地方。所以我们看这和儒家的思想，"修身、齐家、治国、平天下"一样，都是从修身开始，最后才能够成为国家的好的领导者，才能把这种思想普及天下。"天下难事必作于易，天下大事必作于细。"从自身做起，要求自己按照大道的这种修养、修为，按照"善建""善抱"的原则，坚持地、坚定地去做，我们才能真正地有德。

五五

含德之厚，比于赤子。毒虫不螫，猛兽不据，攫鸟不搏。骨弱筋柔而握固，未知牝牡之合而全作，精之至也。终日号而不嗄，和之至也。知和曰常，知常曰明，益生曰祥，心使气曰强。物壮则老，谓之不道，不道早已。

——《道德经》

译文：

含德深厚的人，像刚出生的小孩。蜂蝎毒蛇等都不会刺咬他，猛兽不抓他，猛禽不攫取他。筋骨柔弱但小拳头握得很牢固，不知道男女交合之事但生殖器会举起，这是因为他精气充足。整天号哭但嗓子不会哭哑，这是因为他元气醇和。知道醇和、平和就是了解了道的规律、规则，了解这个事物规律、规则的人才是明智，让我们的生命有益才是吉祥，纵心任气，是强暴、强蛮的表现。强壮会趋于衰老，这叫作不合于道，不合于道便会早早灭亡。

这章开头讲了一个非常有意思的概念，就是"赤子"，这是因为婴儿刚出生的时候浑身是红色的，但这个词更重要的作用是比喻心地纯净、纯洁。

"含德之厚，比于赤子。"按照道的标准来衡量，赤子心地纯净，无恃无为。这是含德浑厚的一种表现。其实，不只老子，孔子也对婴儿的状态充满了景仰，认为这是一种有道的、含德之厚的表现。孟子也说，"大人者不失其赤子之心者也"。老子更是把婴儿作为一个范本与榜样，第十章就说"专气致柔，能如婴儿乎？"人精神集中，气息平和，那不就是像婴儿的样子吗？

下边这些都是从经验的角度来讲获得的感受。小孩的精神状态很安稳，蜂子、毒虫、蛇也不蜇他，也不咬他，为什么呢？因为小孩没有危险，没有对这些动物造成威胁。其实有时候蜂子落到我们脸上，也许只是为了得一滴汗液，没有汗液，它采的蜜也不能凝固，可是我们一打它，它觉得危险的时候，就要用它的毒针来蜇我们。很多动物也是这样，人没有危险动作的时候，其实也不会攻击人，但人见到它就害怕，就有一种防范甚至攻击性的动作，这也是难免的。

老子说，你看，这婴儿啊，"毒虫不蜇"，毒虫不蜇他。"猛兽不据"，虎啊、狼啊这些猛兽，也不把他叼走，不用爪子把他抓走。我们经常会听到这样的一些事，很多动物还喂养、抚育这些落在田野里、荒野上的小孩，当然这也不是全部的情况，我估计老子也是拿这个做一个说明而已。"攫鸟不搏"，攫，攫取。有的时候，人手上拿着一个什么东西，比如说拿着肉，在一些荒原，老鹰就飞下来把这肉抢走了，但是对小孩它却不这样做，除非是尸体。

"骨弱筋柔而握固"，这小孩其实身体是最柔软的，但是你看他小拳头却握得很紧。这人生，深究起来是有点意思的。小孩刚出生的时候，都是握着拳头，似乎想抓住点什么，但人最后离开这个世界的时候，却放手了，知道什么也抓不住。

"未知牝牡之合而全作"，"牝牡"本来指的是雄性和雌性的动物，但是这个地方指的是男女。小孩刚出生不知道什么男女的事情，但是你看他的小生殖器却非常坚挺。老子用这样一个方式来形容，说婴儿精气很纯、很多、很壮，"精之至也"，达到了一个最好的状态，老子是这样认为的。

下边这个描述确实挺有意思，叫"终日号而不嗄"，小孩终日啼哭，但是嗓子却不哑，那不是精气足的表现吗？我现在讲课，讲一段时间喉咙就哑了，我们现在为什么会这样？老子可能认为，这人长大了，欲望多了，精气耗费得多了，所以就不像小孩那样精气充足。这一段把婴儿作为一个得道者的良好状态的表现讲完了，下边老子该阐述自己的观点了。

"知和曰常"，"常"就是规律、规则。通过婴儿引出来"和之至"，了解了这个"和"，谁能够像婴儿一样，让我们气息平和，让我们的欲望平和，不那么欲壑难填，就了解了大道的规律、规则。"知常曰明"，了解这个事物规律、规则的人，那才是明智。"益生曰祥"，让我们的生命有益，这才是一个吉祥的表现。这是正面，那负面呢？"心使气曰强"，老是盛气凌人，体现的是这种强横、强暴，这个是道家所反对的。气息不平和，纵心任气、任性，这个是强暴、强蛮的表现。在前面第二十三章讲过，"飘风不终朝，骤雨不终日，孰为此者？天地。天地尚不能久，而况于人乎？"暴风骤雨它不会持久，天地的"使强"也不过是持续一阵子，它告诉我们这个道理，强不能持久。"心使气曰强"，这不是一种好现象。

"物壮则老"，事物发展到顶峰的时候，就开始走下坡路了，人到了壮年之后，就逐渐向衰老的方向发展了。"谓之不道"，老是以强壮来作为目标、作为处理问题的方式,是不符合大道的。"不道早已",既然不符合大道,那这个事情就不能持久,很快就会结束了。

你看这婴儿的状态,其实应该能存活得更长久、寿命更长,为什么后来很多人变得短寿了呢?那就是让自己脱离了大道,没有像婴儿那样,"精之至","和之至"。所以人应该"知和,知常,益生",而不应该"使气",不应该"物壮",如日中天的时候就走下坡路了。人生最美的境界是什么?花未全开月未圆。所以,按照大道的方式来处事、认知事物,这样我们才能够明,才能够益,否则的话就会"不道早已"。

五六

知者不言,言者不知。塞其兑,闭其门,挫其锐,解其分,和其光,同其尘,是谓玄同。故不可得而亲,不可得而疏;不可得而利,不可得而害;不可得而贵,不可得而贱,故为天下贵。

——《道德经》

译文:

有智慧的人不多言,多说话的人不是有智慧的。塞上欲望的孔穴,闭上欲望的门户,收敛锋芒,解除纷扰,在光明之处便与光融合,在尘垢之处便与尘垢同一,这就叫"玄同"。这样就没有了亲疏之别、利害之分、贵贱之差。所以为天下所尊崇。

这一章还是比较容易理解的。"知者不言，言者不知。"开头的第一句话就讲，有智慧的人是不多言的，所谓"行不言之教"，还有"悠兮其贵言"，都在讲这个道理，有智慧的人是不会多嘴多舌的，不会去乱说的。"知者不言，言者不知"，老是认为自己无所不知、以为自己有智慧的人，其实是不具备真正的智慧的。

"塞其兑，闭其门。"我们前边解释过，"兑"指的就是耳、目、鼻、舌这些感官，所以它强调的是感性对事物的认识，是不可信的。"塞其兑，闭其门"，这样才能对事物本质的内容有真正的理解。下面讲处理问题的方式方法，做人的思想与智慧，要"挫其锐，解其分，和其光，同其尘"，不要锋芒外露，这样才能长久。要解除那些纷纷扰扰，不要让纷纷扰扰在心里打成结——心有千千结。真正了解道的含义的人，按照道去做事的人，是很容易摆脱这些纷纷扰扰的。"和光同尘"，也就是讲同流而不合污，所谓外圆而内方，所谓与世推移。那么这个叫什么呢？就叫作"玄同"。"玄"本来是天的颜色，意味着深远，这样的"同"是深远的、深刻的，同流而不合污，当然里边就非常有玄妙了。

下面的内容讲得也非常清楚，就是说道并不是为人谋利益的，得道的人他怎么样来和万事万物打交道呢？就像道一样，"不可得而亲，不可得而疏"，道并不是对谁更亲近，或者对谁更疏远。有亲就必有疏，有疏就必有亲，这个就不平等了，这就不"玄同"了。所以，按照道的、"玄同"的方式来做，没有亲疏之别，无差别。"不可得而利，不可得而害"，有利必有害，有害也必有利。所以你并不能凭借道而获利，也不能用这个道来危害别人，无差别，无利无害。"不可得而贵，不可得而贱"，道对谁也没有贵贱之分，还是依然"玄同"、平等，一旦有贵贱之别，也就丧失了道的本质属性。所以庄子讲，"以物观之，自贵而相贱。

以俗观之,贵贱不在己。"从物的角度来看,都认为自己是珍贵的、宝贵的,其他的东西比不上自己的尊贵。用世俗的观点来看,贵和贱不在于自己,而在于别人的评价,在于外在的标准。而"以道观之,物无贵贱",从道的角度来看,这万事万物并没有什么贵贱之分,所谓公正、平等、无差别、无贵贱之分。正是因为这样,所以它成为天下最尊贵的,"故为天下贵"。

所以这章的内容啊,道表现为玄同,按照这样的深远的、玄同的道理来理解事物,就是从道的角度来观察问题。道没有亲疏之别,没有利害之分,没有贵贱之差,所以用这样的一个角度来观察世界,这个才使它成为天下最令人敬重敬仰的,"故为天下贵"。

五七

以正治国,以奇用兵,以无事取天下。吾何以知其然哉?以此。天下多忌讳,而民弥贫;民多利器,国家滋昏;人多伎巧,奇物滋起;法令滋彰,盗贼多有。故圣人云:我无为而民自化,我好静而民自正,我无事而民自富,我无欲而民自朴。

——《道德经》

译文:

以清静无为之正道治国,以奇巧诡计用兵,以不多事滋扰来取得天下。我怎么知道是这样呢?因为上述。天下的忌讳太多,人民就越来越贫穷;百姓拥有很多锋利武器,国家就会越来越混乱;人民拥有很多奇技淫巧,奇怪甚至邪恶之事就会越来越多;法律条文越严苛,盗贼反而会越来越多。所以圣人说:我无为,人民便自我化育成长;我喜好清静,人民就会自己走上正道;我不多事不扰民,人民自己就会富起来;我没有私欲,人民自然就会纯朴。

第五十七章的这段话非常有智慧,因为这段话一开始就指出来了,事物之间有本质的区别,所以处理问题、解决问题的方式方法也不一样。

"以正治国,以奇用兵",治国讲究的是堂堂正道。道家讲的"正"当然就是清静无为,不多事、不扰民,这就是道家讲的正道,是治国的大道理。可是用兵讲究的是"以奇用兵","兵者诡道也",兵不厌诈。所以不能把用兵的方式用到治国上面来,这两者不同,解决的方式也不一样。"以无事取天下",无事就是不多事、不扰民、不刁难,这样才能够得到天下,并且坐得了江山。道家"无事"是"无为"的一个重要的方面,不多事、不扰民、不刁难,而"有为"讲的是妄为,多事、扰民、刁难,我们在前边这一点已经讲得非常明确了。"吾何以知其然哉",我怎么知道是这个样子呢?所谓"以此"就是依据上边"以正治国,以奇用兵"之间的本质不一样,所以解决的方式方法也不同而得出的结论。

下面,老子开始谈他对治理天下的重要看法。违背了大道,违背了道家的以"清静无为"为根本来治理国家的方式,会出现什么问题呢?

"天下多忌讳,而民弥贫",治理天下、领导国家忌讳太多,这个也不能动,那个也不能动,这个人的职务比较高,法令不涉及他,当然出现了忌讳,不敢动,这个地方一定会形成一个空场,形成一个腐败的群体。百姓当然越来越穷了,财富都集中在少数人的手上。

"民多利器,国家滋昏","滋"就是越来越。如果民间利器众多、武器众多,民与民之间械斗、抗法,那国家当然越来越混乱。"人多伎巧,奇物滋起","伎巧"就是各种各样的奇技淫巧,越来越多,大家对这些越来越感兴趣,这个技巧能够给他们带来利益,那么各种各样的奇怪的东西,甚至包括那些妖孽的东西,就不断兴起。"法令滋彰,盗贼多有",既然这样,要用法律来管,法条定得越来越多,越来越严苛,反而盗贼越来越多。

在前面这一段讲完之后，《道德经》说"故圣人云"，很明显，这是引用以往的通达事理的王们的话，老子用自己心中有智慧的人的语言来作为结尾。

"我无为而民自化"，道家讲的无为：第一，"不妄为"。第十六章里边说"不知常，妄作，凶"，不了解事物的规律、规则，瞎折腾、胡折腾，这个结果是非常糟糕的。第二是"不多为"。抓住关键，举重若轻，多言数穷，不如守中，适可而止，恰到好处。第三讲究的是"有所不为"。人要想有所为，必须有所不为。一个政府也罢，一个领导者也罢，所有的事情都抓在自己手上，那底下的人怎么得到锻炼呢？不把担子压给他，他怎么练出独当一面的能力呢？什么事都控制在自己手上，那众人怎么样自我化育、自我成长呢？所以无为才能让国家的人民、才能让自己的属下自我化育、自我成长。事情成了应该怎么样呢？第十七章"功成事遂，百姓皆谓'我自然'"，事情做成了，百姓都说这是我们努力把这事情做成的，这就叫"民自化"。

"我好静而民自正"，前面我们讲过，道家讲的静是内心的清净，静下来才能找到解决事物的正确的方法。我清静，走正道，不那么浮躁、急躁、暴躁、狂躁，做一个好的表率，上梁而正，百姓当然也就正了，百姓当然也就好静而走正道了。

"我无事而民自富"，不多事、不扰民、不刁难，那百姓自然就富起来了。

"我无欲而民自朴"，"朴"就是原木，《道德经》里用原木喻指做事敦厚、朴实、厚道，没那么多欲望，不是老想抢夺别人、占有别人的。就像黄宗羲在《明夷待访录》里边讲的，古代的那些皇帝都是什么样的？"屠毒天下之肝脑，离散天下之儿女，以搏我一人之产业。"这是我的，普天之下都是我的。所以欲望无止境，你让百姓朴实厚道，这也不可能。

所以不要欲壑难填，不要什么东西都看作自己的，可以任意掠夺，这样百姓自然就朴实、厚道，民心纯朴。

所以，第五十七章讲了两个重要的道理，第一个是不能把打仗的这一套用到治国之上。治国讲究的是堂堂大道，讲究的是清静无为，所以以无事取天下。第二个就讲站在领导者的角度，站在统治者的角度，应该怎么做呢？无为、好静、无事、无欲，这样自然一切顺理成章，百姓就会自化、自正、自富、自朴，事成了也会"功遂身退，百姓皆谓'我自然'"。这是一个好的领导者、好的政府做事的道理之所在，反之越多事，越是用那种严苛的法令，结果越适得其反。忌讳多了，百姓就越来越穷，民间的利器多了，国家就越来越混乱，大家都倾向于奇技淫巧，把这个当作一种喜欢的甚至不停地去追求的目标，那这个国家就越来越怪，各种奇葩的事情纷至沓来。越觉得法令不够，越制定得严格、细致，以为单靠法令就可以解决所有问题，反而适得其反，盗贼多有。所以，这一章里边讲的，也是我们经常说的——这本书的总纲："反者，道之动"。我们考虑问题，不要只考虑一面，要用相反相成、一个更高的观察事物的角度来理解。

五八

其政闷闷,其民淳淳;其政察察,其民缺缺。祸兮福之所倚,福兮祸之所伏。孰知其极?其无正。正复为奇,善复为妖。人之迷,其日固久。是以圣人方而不割,廉而不刿,直而不肆,光而不耀。

——《道德经》

译文:

(治国者)为政宽容,人民就会淳厚;为政苛察,人民就会因感觉不足而欺上。祸啊,福倚靠着它;福啊,祸就藏伏其中。谁知它们的极点在哪儿呢?没有确定的标准。正转变为邪,善转变为恶。人们的迷惑,已经有很长时间了。所以圣人方正而不割伤别人,有棱角但不刺伤别人,直率但不会放肆,有光芒但内敛,不刺眼炫耀。

第五十八章有两个我们非常熟悉的成语，一个叫"祸福相依"，一个叫"光而不耀"，也是这一章的核心内容。祸福相依，福和祸是相互转化的，两者也是相辅相成、分不开的。"光而不耀"在讲什么呢？我们大家看到过月亮，月光是明亮的，在黑暗中给我们指引方向；同时月光也是不张扬的、不刺眼的。中国人喜欢拿月亮来比喻君子，做君子得先有光，但是不管我们有什么，都不要老想着去张扬、炫耀，让别人感到刺眼。所以《道德经》很多章节，都向我们揭示了这样一个道理：有才华、有知识、有道德的人，不要老想着去张扬、炫耀。以这两个成语为切入点，我们会对这一章的内容有个直观的感觉。

我们来逐字逐句地解释一下。

"其政闷闷"，"闷"就是淳厚。就是说政治比较淳厚宽容，那么这个国家的百姓也就敦淳，不要心眼。"其政察察，其民缺缺"，假如这个政治非常苛察，对一切都监控得到位，那老百姓就会感觉有很多的缺陷与不足，就要耍心眼。所谓上有政策，下有对策，也就失去了原本的纯朴。

"祸兮福之所倚，福兮祸之所伏。"福和祸是相辅相成的，在一定条件下是相互转化的。民间的很多说法，大家都能够体会到这意思的延伸和运用，比如，我们经常说"大难不死必有后福""好事多磨"……福和祸是相伴而行的，有时候我们认为是福的事情，它可以转化为祸，反过来也是一样，所以这就叫"祸福相依"。怎么样来理解这个事情呢？给大家举个例子，大家就清楚了。其实各民族的智慧到达高点的时候，往往是相互重合的，印度有一本佛经叫《大般涅槃经》，在这里面讲了这样一个故事。有一天早晨，一家主人一开门，门口站着一个衣着光鲜、非常漂亮的女子，主人就问你是谁，女子说我是"功德大天"，我到谁家谁家就一切兴旺。主人高兴地请进来,焚香供拜。刚一关门又有人敲门,开门一看,门口站着一个衣衫褴褛,非常丑陋、黑瘦的女子,主人就没好气了,主人就问你是谁呀,那女子说我是"黑暗",我到谁家,谁家就一切破败!主人当然不让她进来,拿着刀驱赶。结果这女孩说你太笨了,刚进去的是我姐姐,我们俩从出生这天起就没有分开过,你把我赶走了,她也留不下。主人不信,进去一问果然是这样。福跟祸是相伴而行的,所以它就提醒我们,遇到福事的时候要小心谨慎,避免乐极生悲;遇到祸事的时候,也不要感觉到沮丧,因为我们对灾祸有所警惕,它可以避免后面更大的灾难。韩非子讲过"千里之堤,溃于蚁穴",我们发现了这个蚂蚁窝,知道它是一个祸患,很早地把它堵上,那就避免了以后更大祸事的发生。这就是"祸福相依"的道理,这在我们文化中影响是非常深刻的。

讲完这一段后,《道德经》就说"孰知其极?"这个事物到达极点的时候,向它相反的方面转化,所谓两极相通,所谓物极必反,但是这个极在哪里呢?这个是需要我们认真去体会把握的。"其无正",其实并没有确定的标准,所以并不是说我们到了一个什么程度,一定会向它相反的方面转化,这是要根据不同的时间、地点、条件,需要我们认真去领会、把握、体悟的一种智慧。

"正复为奇,善复为妖","正",你把它弄到极点它就偏了,"善"到达极点的时候,它就转化为它相反的方面。

有些人老想寻找一个固定的标准,《道德经》就说:"人之迷,其日固久。"人在这个方面的迷惑,由来已久。所以我们总是要寻找一个固定的标准,总是觉得做事情有一个固定的程序、固定的套路,这个就不圆融。

下面就讲,"是以圣人方而不割","方"就是方正,"割"就是生硬。有原则但是不生硬,人要懂得去碰硬,但是不要去硬碰。方正而不生硬,这样才能圆融,我们把它叫作"外圆而内方"。"廉而不刿",

"廉"就是棱角，"刿"就是锐利。有棱角但是不要老用锐利之处去刺伤人。"直而不肆"，有人经常就说，我说这话你别在意，我这人很直。其实有的时候不是直而是自私，是放肆、过分。所以我们说直率，它是一种心态，但是你讲话的方式得懂得圆融，直率而不放肆。"光而不耀"，有光芒，但是不要老张扬、炫耀，让别人感觉到刺眼。咱们中国人喜欢讲君子，什么样的人是君子呢？中国人除了用月亮来代表君子"光而不耀"的特点之外，也喜欢用玉来代表君子的形象，所谓"谦谦君子，温润如玉"。"谦谦君子"出自《易经·谦卦》，原话叫"谦谦君子，用涉大川"，一个人保持这种内敛的、谦逊的风度，这样才能走好人生长远坎坷的道路。另外一个是出自《诗经》的"温润如玉"，谁都知道闪着贼光的肯定不是什么好玉，真正的好玉都是光芒内敛，给人一种温润感。我认为"光而不耀"是中国文化里，对君子形象最好的一个比喻。我们有知识，不要老想着去张扬、炫耀，大家聚到一块的时候，一个人老去炫耀自己的知识，对别人的说法都嗤之以鼻，认为自己什么都懂，百事通，时间长了，大家就不喜欢跟这人打交道了。有道德，道德是约束我们内心的，不是老向别人去张扬炫耀。

《道德经》第三十八章开头这句话，大家都知道——"上德不德"，最有道德的人从来不去张扬、炫耀自己的道德。当然，包括炫官、炫富，这不仅不是一种君子行径，还会给自己惹来无尽的祸殃。是否还记得第九章里"金玉满堂，莫之能守；富贵而骄，自遗其咎"，炫富炫贵，会给自己惹来无尽的祸殃。在第二章里"功成而弗居"，哪怕我们有功劳，不管是对家庭、对单位，还是对国家有功劳，都不要老想着去张扬、炫耀，越是不张扬、不炫耀，才能在人心里长久地存在。第九章里面也说"功遂身退，天之道"，这是符合自然的道理。

第五十八章讲完之后，我再做一下梳理和强调。这一章有两点需要注意，一个是"祸福相依"的道理，一个是"光而不耀"的形象，怎么样能做到这一点？我们要明白"物极必反，两极相通"。了解这样的智慧与道理，我们做事情才能够圆融。所以一个有智慧的人，有智慧的领导者，为人处世应该方正而不生硬，要圆融，有棱角，但不要老去割伤人，要懂得委婉迂回地处理问题。直率，但又不越界到放肆、无所顾忌的程度，光芒内敛而不张扬、炫耀，要给人留下一种谦谦君子、温润如玉的形象。这是我们和别人以及和这个社会打交道的一个重要的思想与智慧。

五九

治人事天莫若啬。夫唯啬,是谓早服,早服谓之重积德。重积德则无不克,无不克则莫知其极。莫知其极,可以有国。有国之母,可以长久。是谓深根固柢,长生久视之道。

——《道德经》

译文:

　　治理人民要顺应天理,莫过于节俭节制。只有节俭节制,才能早得道。早得道就是不断地积德。不断地积德就没有什么是克服不了的,没有什么克服不了就不知道它的力量有多强大。不知道其力量有多强大,就可以掌管国家。掌握了治国的根本,就可以长久存在。这是可以把根本扎深、扎牢固,长久存在的道。

这一章讲了两种生活的态度：一种是做"加法"，不断地叠加，不断地累积，有了还想更有，多了还想更多；另外一种是做减法，要节俭节制，有的时候我们的欲望减少一分，其实我们的幸福也就多一分。这两种人生态度也是相辅相成的，可是大家更注重的是第一种，所以这一章就强调我们这种做减法态度的重要性。其实这一章核心就讲四个字：节俭节制，讲节俭节制对一个国家、对社会的重要意义。

"治人事天莫若啬。"一开始就讲"治人事天"，领导这个国家的人民要顺应天理。"莫若啬"，什么事情最顺应天理呢？节俭节制。我们现在用的这个词叫"吝啬"，这个词有点负面的含义，在《道德经》中这个"啬"，我们把它译成节俭节制，这样更好理解。

"夫唯啬，是谓早服"，"夫唯"是个语气助词，"啬"是节俭节制。"是谓早服"，"早服"就是早得道。懂得节俭节制的道理，就可以早得道。"早服谓之重积德"，"重"就是不断。懂得节俭节制就是在不断地积累自己的品德，积累自己的德行。因为我们说《道德经》道和德要分开理解，按照道去做，就是有德，不断地按照道去做，就是不断地积德。重积德就是不断地积德，所以你看"早服谓之重积德"，早得道，一直坚定地坚持按照这个去做，就是不断地积累自己的德性，积累自己的品德，积德。我们就像一条船，我们积的德就像水，水积累得越多，我们船才能自由地航行，不管你船多大，如果没有水，在那儿搁浅，它也发挥不了船的这种作用。

"重积德则无不克"，"克"就是克服，按照这个"啬"的方式，也就是节俭节制的方式去做事情，那就没有什么困难克服不了的。因为在节俭节制里边磨炼的就是人的思想品德，磨炼的就是人的意志，磨炼的就是人面对困难无所畏惧的态度。"无不克则莫知其极"，你说这个东西力量这么强大，没有什么东西它克服不了，所以它的力量"莫知其极"，你不知道它的力量有多么强大，对一个人是这样，对一个国家更是如此。

"莫知其极，可以有国。"你看这话是给谁讲的？给统治者、领导者讲的。领导者带领整个国家的人民养出一种节俭节制之风，才能让这个国家长久地存在，长久地发展。毛主席在中华人民共和国成立的时候就指出，"贪污和浪费是极大的犯罪"，自己也以身作则。你领导团队，领导人民养出一种节俭节制之风，这样面临什么困难的时候，大家都有信心去克服。

"有国之母，可以长久。""母"就是根本。节俭节制是立国、国家长久发展的根本。领导国家的人民养出节俭节制之风，国家才能长久持续地发展。你从这一章里面就可以感觉到，一个人浪费，糟蹋的是自己的福分；一个国家浪费，糟蹋的是国家的福分，对国家的根本有所损伤。

"是谓深根固柢，长生久视之道。"国家培养出节俭节制之风，才能长久发展，这样做叫什么？叫"深根固柢"。我们讲根深蒂固，你让这个根本、根扎得深，扎得稳固，深根固柢。"长生久视之道"，于人来讲是如此，可以让我们的生命更为长久，因为一个人节制节俭，不去放纵自己的欲望，这也是一种养生之道。让人得以长久存在、长久发展，得以长寿，对国家来讲也是如此。所以"长生久视"，长久地存在，大家能够长久地看到它。

《道德经》强调"做减法"，对哲学有着非常重要的影响。我们中国人有一个优良的文化传统，讲勤俭持家，讲勤俭治国，所以这个是我们文化中非常重要的方面，但是很少在哪一本著作里面把它强调到这样一个高度。"治人事天莫若啬。夫唯啬，是谓早服。"这就是早得道，坚定地按照这个道去做，就叫积德。不断地积德，那就使我们能够根深蒂固，长久存在，长久发展。人如此，国家亦如此，道理是相同的。第五十九章，希望大家认真地品味体会老先生给我们讲的"根深蒂固"的道理。

六十

治大国若烹小鲜。以道莅天下,其鬼不神。非其鬼不神,其神不伤人;非其神不伤人,圣人亦不伤人。夫两不相伤,故德交归焉。

——《道德经》

译文:

治理大国就像烹调小鱼一样。用道来领导、指引天下,鬼也就没有神秘莫测的力量。不是说鬼不神秘莫测了,是它的神秘莫测伤害不了得道的人。不但鬼的神秘力量伤不了人,圣人也不伤害人。鬼和圣人都不伤人,所以德不断地积累交会,形成有道有德的世界。

这一章有一句话，大家都非常熟，叫"治大国若烹小鲜"，这句话也是这一章的核心。一九八七年，美国前总统里根在发表国情咨文的时候也引过这句话。

"治大国若烹小鲜"是什么意思呢？大家如果上网去搜对这句话的解释，就有二十多种，每一种解释都不一样，有的甚至把它直接翻译为"治理一个大的国家就像烹一碟小菜那么简单"，这是完全没有理解这句话真正的含义。"小鲜"就是小鱼儿，鱼肉很细很嫩，拿它的时候就得小心谨慎，尤其是在高温烹炒的时候，都要小心谨慎，要有耐心。火候不到的时候你老折腾，甚至锅铲飞舞、翻腾，鱼不就成了碎片了吗？

汉朝的毛亨，喜欢《诗经》的人都知道，这个人写过《毛诗故训传》的，他就用两句话来解读这句话，其实最符合它的本意。第一句话叫"烹鱼烦则碎"，环节太多老折腾它，那鱼就成了碎片了。第二句话"治民烦则乱"，治理一个国家也是一样，讲究的是制度的稳定，不能今天一个制度，明天一个制度，朝令夕改，国家不就被折腾散架了嘛。"治大国若烹小鲜"和"战战兢兢，如履薄冰"的道理是相同的，讲究的是小心谨慎，有耐心，掌握火候。

"以道莅天下，其鬼不神。""莅"就是莅临。用道来领导天下，指引天下。大家注意，这个"神"字很多的理解有问题，其实并不是神鬼的神，不是说我们后来的人格神、神化了的神。这个"神"在《易传》里面的解释是非常明确的，"阴阳之不测之谓神"，也就是神秘莫测。用道来领导天下、指引天下，鬼也没有什么神秘莫测的力量，因为你走的是正道，你走的是堂堂大道，鬼也没有办法去伤害到你，所以"以道莅天下，其鬼不神"。《道德经》里用它的道，把大家所恐惧的鬼的位置给取代了，你堂堂大道，鬼也近不了你的身，"非其鬼不神"，不是鬼不神秘莫测，是因为你走大道，它的神秘莫测、玄妙、诡秘已经没有办法伤害到你。所以把下一句话作为上一句话"其鬼不神"的注解，就很容易理解了。

"非其鬼不神"，不是说这鬼不神秘莫测了，神秘莫测是它的本性。"其神不伤人"，但是它的神秘莫测已经伤害不了这种走在大道上的人、得道的人。"非其神不伤人，圣人亦不伤人"，不单是指鬼的力量伤害不了人。圣人他智慧高，但圣人智慧高也得返璞归真。圣人不会因为自己的智慧高、心眼多、套路深，就使用这种"技巧"，这个东西不是正道。所以，鬼的神秘莫测伤不了人，圣人的智慧在领导大家的时候也会"善利万物而不争"，对人民没有伤害，"夫两不相伤"，你看鬼的神秘莫测也伤不了人，圣人领导也伤不了人。"夫两不相伤，故德交归焉。"所以有德的事情，积德的事情，两者交会，两不相伤。因为你按照道来做事情的话，鬼伤不了你，圣人也是按照道来做的，彼此也不相伤。这样大家就走在正确的道上，按照道去做，不断地积德，所以叫"德交归焉"，交会，归到一块。"治大国若烹小鲜。以道莅天下，其鬼不神。非其鬼不神，其神不伤人；非其神不伤人，圣人亦不伤人。"如果这样两不相伤，那就是"德交归焉"，这样就形成了一个和谐的、有道的、有德的世界。

六一

大国者下流。天下之交,天下之牝。牝常以静胜牡,以静为下。故大国以下小国,则取小国;小国以下大国,则取大国。故或下以取,或下而取。大国不过欲兼畜人,小国不过欲入事人。夫两者各得其所欲,大者宜为下。

——《道德经》

译文:

  大国要善于处下,就像处在江河的下游。处在天下交会的地方,处在天下最雌柔的地方。雌性常以柔静胜过雄性,是因为柔静又善于处下。所以大国以谦下的态度对待小国,就可以争取到小国的支持;小国以谦下的态度对待大国,就可以得到大国的庇护。所以有的"取"是从上面抓取,有的"取"是从下面托起。大国所希望的不过是得到小国的支持,小国所希望的不过是得到大国的庇护。大国小国都达成了各自的愿望,越是大国越要懂得善于处下。

《道德经》从头至尾有一个非常重要的智慧与理念：善于处下。在第八章里面就说，"处众人之所恶，故几于道"，水去的是又低又脏的地方，把那里的污浊洗净，在那个地方滋润万物，跟道最接近。做人要做"上善若水"的人，才能称其为"大人"，这个"大"代表的是品德。国家要成为一个大的国家，该怎么样做呢？它的处事的态度是什么呢？第六十一章开头这句话说得简要、明确、深刻："大国者下流。"所以，这一章的核心我们看一下，开头"大国者下流"；结尾"大者宜为下"。越是大的国家越懂得善于处下，和小的国家打交道的时候谦逊谦和，和谐相处，你就把小的国家争取了。人也如此，位置越高，越要善于处下，这样才能真正居上。这是这一章的开头、结尾，也是这一章的核心。我们在解读"大国者下流"之前，需要采用以经解经的方式，拿第六十六章开头这句话，用这个形象先来让大家直观地感知一下，这个直观的形象我们了解了，再来看这一章就容易了。

第六十六章开头这句话："江海所以能为百谷王者，以其善下之，故能为百谷王。"大江大海为什么能成其大呢？它地势低，善于处下，其他的水系就都汇到它这儿来了，用我们习惯的话讲，就叫"善于团结一切可以团结的力量"。不辞细流，所以成为大江大海。然后我们再来看第六十一章开头这五个字就很容易理解了。

"大国者下流。"所谓"下流"，就是善于处下、处在水的下游，最好是处在大海的入海口，涓涓细流慢慢地汇成大江大海。那么《道德经》拿什么来比喻善于处下呢？这个地方是什么？是天下的水交汇的地方，所以叫"天下之交"。拿什么来比喻"天下之交"呢？《道德经》把它叫"天下之牝"，"牝"代表雌性、女性，本来这个"牝"是指雌性的生殖部分。因为在《道德经》里边雌性、女性代表着慈，代表着柔，代表着静。"牝常以静胜牡","牡"是雄性,"牝"是雌性。这世界上的事情便是如此,这雌性善于柔,善于静,所以她的力量更长久。拿这个道理来说明什么呢?"以静为下",什么叫善于处下?就是以静为下。别那么急躁、暴躁、浮躁、狂躁,善于处下,这样才能具有更大、更长久的力量。

这段讲完了,下边又接着"大国者下流"的道理。上面那一段是在论述它力量产生的源泉。一个大国老去动武,好战,好战者必亡,看着很强大,其实这都不是长生久视之道。所以下面就讲,"故大国以下小国,则取小国。"不是以静为下吗?善于处下吗?一个大的国家在跟小的国家打交道的时候,态度谦逊谦和,善于处下,不是居高临下、盛气凌人、不可一世的处事方式,就把这个小的国家争取了。你和它平等相待,它觉得你这个大国可以倚靠,它喜欢跟你交往,遇到事情的时候支持你,帮助你,为你出力。"小国以下大国,则取大国。"为什么小国会这样做呢?因为小的国家也得找倚靠。小的国家在和大的国家打交道的时候,也善于处下,也把自己的位置放低,那么它就成了大国的朋友,有事的时候,大国才能给予支持,用我们现在习惯的话叫"罩着你"。大国也罢小国也罢,都得善于处下,这样才能形成一种和谐的关系。

下面这两句话是比较难以理解的。"故或下以取,或下而取。"什么叫"以取"呢?争取有两种方式,一种是从上边抓起来,还有一种方式是更为有智慧的——从下面轻轻地托起来。别小看这两个连词,"以"和"而",这表示不同的动作。"或下以取",要抓住你掌控你,"执者失之",越想抓住越想掌控,失去得越快。"或下而取",其实我们在帮助别人的时候,也就获得了别人的真心的敬佩,遇到事情的时候才能够得到人家帮助。

"大国不过欲兼畜人",大国想要更强大,就得需要更强大的支持,大国就得团结更多的小国家,形成一个相互支持、相互帮助的局面。我给大家举一个例子,大家对这个问题就理解更深刻一点。我们中国的图腾——龙，大家都熟悉，我们叫"龙的传人"。可是，龙在自然界里面是没有的，它是怎么形成的呢？原来这些氏族部落，我们也可以把它看作一个一个小的国家，那个时候他们互相征战、合并。龙的主体的部分就是蛇图腾，源自中原地区一个力量非常强大的部落，后来这个部落把很多小的部落合并到自己大的部落里边，他们收归一个部落就加上一个部落的图腾，这样，逐渐形成了龙的样子：蛇的身，马的头，鼍的尾……这不就是"兼畜人"吗？其实落到国家的层面也是一样，形成了一个团结的阵营，当然最好是正义的，遇到事情力量不就强大了吗？

"大国不过欲兼畜人，小国不过欲入事人。"小国也想加入这个里面，大家一起做事，遇到事情的时候，大国还可以帮助他们，这不是挺好的事吗？各得其所，所以叫"夫两者各得其所欲"，都得到自己想要的。话讲完了，下边这句话又来了，"大者宜为下"，越是大的国家，越是位置高的人，越要懂得善于处下。

六二

道者万物之奥，善人之宝，不善人之所保。美言可以市尊，美行可以加人。人之不善，何弃之有？故立天子，置三公，虽有拱璧以先驷马，不如坐进此道。古之所以贵此道者何？不曰以求得，有罪以免邪？故为天下贵。

——《道德经》

译文：

道是万事万物的奥妙所在，是善良的人珍贵的宝贝，是不善的人得以拯救的保障。说好的话、正确的话可以得到人们的尊重，美好的品行可以增加人的尊贵。品行不善的人，为什么就要把他抛弃掉？所以设立天子，设置三公，用珍贵的玉璧在前、驷马在后的礼仪来进奉，都不如静坐修道。为什么自古至今都把道看得这么珍贵呢？不就是说，按照道去做，我们所希望的就能得到，我们的过错就能改正免除吗？所以被天下人所珍视。

这一章比较难理解，先说一下这一章的断句，有很多不一样的版本。现在大家基本上能够认可的是"美言可以市尊，美行可以加人"，有的本子是"美言可以市，尊行可以加人"，断句的差别就在这两句上。这一章讲什么呢？这一章是讲"道"的重要性，"善人之宝"，善人要不停地按照道去做，是善人的宝贝。但是，不善人也不会被道抛弃，道可以来拯救他，所以叫"不善人之所保"。现在我们从头来解释。

"道者万物之奥，善人之宝，不善人之所保。"这个道是万事万物的奥妙之所在，所以它是"善人之宝"，是善良人珍贵的宝贝，也是"不善人之所保"，是不善人得以被拯救的保障，道可以拯救这些走错路的人，让他回到正道上来。

"美言可以市尊"，美言，好的话。说好的话、正确的话，它可以得到人们的尊重。"美行可以加人"，好的品行，可以增加人的尊贵，团结更多的人。其实这个道理也比较容易理解，我们熟悉的三个人——魏徵、李世民和长孙皇后。魏徵是美言，他劝李世民，你要做一个好皇帝，有些事你不能做。李世民很愤怒，回来之后在家里发火，说要把魏徵给杀掉。长孙皇后反而衣服穿得很整齐，给他道喜，说你遇到了一个好的臣子，我应该向你贺喜。李世民后来领悟到这一点，他说镜子可以正衣冠，魏徵就像一面镜子可以正我的品行。历史上，三个人留下的都是美言，都得到了人们的尊重，所以叫"美言可以市尊"。

既然道是"善人之宝，不善人之所保"，那么"人之不善，何弃之有"。有的人走错路了，你为什么就觉得要把他抛弃掉？让他回到正道上来，用道去教化、去拯救。这是从正面来说它的作用。

下面讲的这个事就有针对性了。"故立天子，置三公。"国家慢慢地有了天子作为最高的领导者，还有三公——辅佐天子的最重要的职位。

"虽有拱璧以先驷马",古代敬献礼的时候,捧着玉璧,捧璧的人在前边,乘着高头大马进献。珍贵吧?不如"道"珍贵!这里面有两个意思:一个就讲国家的制度,有天子,有三公,很重要,但这也只是形式。还有呢,用高头大马进献珍贵的玉璧,这也很珍贵。但是"不如坐进此道",这些都不如按照道来做,大道才是"万物之奥","万物之宝"。

"古之所以贵此道者何?不曰以求得,有罪以免邪?故为天下贵。"意犹未尽,讲到这地方,《道德经》还觉得这个话应该再强调一下,说古往今来,为什么都要把这个道看得这样珍贵呢?"古之所以贵此道者何?"不就是说你按照道去做,你才能得到自己真正想要得到的吗?"以求得",你要的那个东西才能真正得到。这里的"以求得"并不是像我们烧香拜佛求得发财一样。"有罪以免邪",因为前面讲过,"不善人之所保",就算走错路了,但是我们重归正道,浪子回头金不换,原来的这个罪,也能得以补偿。这个并不像有的宗教里边说你犯了什么罪去忏悔一下,这个罪就免除了,它是让你按照大道来做,回到正道。

我们来分分类,人不就是这两类:"善人""不善人",对那些不善良的人,走错路的人,你为什么要抛弃他呢?"坐进此道",回归此道就可以啊。弄了那么多的官职,天子、三公,有那么多珍贵的财宝,拱璧、驷马,还不如"坐进此道"。既然如此,"道"就是天下人最珍贵、最宝贵的,"故为天下贵"。

六三

为无为，事无事，味无味。大小、多少，报怨以德。图难于其易，为大于其细。天下难事必作于易，天下大事必作于细。是以圣人终不为大，故能成其大。夫轻诺必寡信，多易必多难。是以圣人犹难之，故终无难矣。

——《道德经》

译文：

用无为的态度、方式来作为，用不找事、不多事的方式来做事，最好的味道反而是没有味道。大其小，因为大事都从小事做起；多其少，因为积少才能成多。用德来对待别人的怨。计划做难的事情要先从容易的做起，想做大的事情要先从小事做起。天下所有的难事都是从容易的做起，天下所有的大事都是从小事做起。所以圣人不自以为大，不说大话空话，所以最后能成就大事。没有把握的事轻易许诺别人一定会失去别人的信任，把事情看得太容易一定会遇到更多的困难。所以圣人把所有事情都看得很难，反而没有什么难事。

第六十三章的内容，我们在前边已经有所接触。之前我们说，第二章就是《道德经》的"目录"，第二章列出来了后边讲的六个重要内容，有无相生、难易相成等等，这一章的核心就是"难"和"易"。这一章的核心意思就是说，要想做大事，先从小事做起，想要以后攻坚克难，你得从容易的事情做起。还有一个重要的问题、重要的智慧：你要把容易的事情当作难的事情来做，要有充分的、认真的准备，提前思考它的步骤、程序、会遇到的问题，这样再出什么问题的时候，你就能从容应对。有这样的态度，天下也没什么难事。天下无难事，但天下都是难事，看你怎么对待。

开头这九个字非常有趣："为无为，事无事，味无味。""为无为"——想要有为吗？你得先懂得无为的道理。为什么？因为有些事你越有为，越强求，什么事都管，反而最后结果非常不好。道家讲的无为，就是按照道的方式来作为，想要有为，先要懂得无为的道理，不要妄为，要抓住关键，举重若轻，有所舍才能有所得，所以为无为。其实也就是第三十七章里边讲的"道常无为而无不为"，道的规律、规则是什么？用无为的方式达到无不为的效果，更好的效果。我再强调一下，《道德经》里出现得最多的一个词是"天下"。《道德经》针对的是天下，千万不要把道家当作一种消极的被动的思想，它是"想为"，但是强调要通过正确的道路和手段，懂得无为的、正确的道路和手段，才能达到真正的有效的为，也就是用无为的方式，达到无不为的这种效果。

下边再落一层，"事无事"。大家都想做事，可是大家有没有注意到，有些人他是"找事"，他是捣乱，是阻碍、多事，天下本无事，庸人自扰之。所以我们做事的时候要懂得无事的道理，不要多事，不要找事，不要刁难。尤其是做领导者，没事找事，权力就是刁难，你这不就麻烦了吗?"事无事",想做事,得懂得无事的道理,不要多事,不要扰民。

再落一层,"味无味"。我们经常讲一个词叫"真水无香",真正好的饮料,就像那白开水一样,没有味道。我们饮食讲究清淡、寡味、少油少盐。最高的味道,反而是没有味道,无味。

当然,这三个词核心还是"为无为",让大家能够更明白一点。老子展开来讲,"事无事",不要多事,不要扰民,不要刁难,就像"味无味"的道理一样。

按照这样的一个逻辑推下来,下面四个字大家就能明白了,"大小、多少",千万不要把它念成"大小多少",这个东西就没意义了。这是告诉大家要"大其小",要"多其少",要把小事看得很重要,细节决定成败,千万不要忽略这个细节。为什么要"大其小"呢?因为天下的大事,都是从小事做起,为什么要"多其少"呢?因为积少才能成多。想要多,你得从少的一点一点积累,积少成多。就像我们学习《道德经》,一章一章讲,一章一章学,不要着急,最后达到一个整体的理解。我们经常讲"聚沙成塔""集腋成裘",这不都是"多其少"的道理吗?

"报怨以德",按照这种相反相成的道理,对别人的埋怨,也应该站在一个"德"的角度,因为德符合道,用道的东西去感化。第六十二章不是讲了吗?"人之不善,何弃之有?"人家有这个埋怨,怎么正确地对待呢?"报怨以德"。用这种智慧和层次,让大家一起能回归正途,回归正道。

"图难于其易,为大于其细。天下难事必作于易,天下大事必作于细。"这几句话,名气非常大,因为讲的是哲学上的量的积累达到质的变化的道理。"图难于其易","图"就是图谋、计划。你计划要做难的事情,要从容易的事情做起。"为大于其细",想要做大的事情,得从小的事情一步一步来。我们大家都知道要脚踏实地、循序渐进、有条不紊,一屋不扫,何以扫天下?"天下难事必作于易",天下所有的难事,都要从容易的事情做起。就像小孩的培养，让他们在处理小的事情中就形成良好的习惯，把小的事情、容易的事当成培养良好习惯的重要途径，将来，小孩遇到大事、难事都能从容应对。现在很多人都有一个致命的弱点，大概是人的通病，就是好高骛远，老觉得自己应该是做大事的人，对小的事情不屑一顾。《道德经》就告诉我们这个智慧：想要做难的事情，从容易的事情做起；想要做大的事情，从小的事情做起，"天下大事必作于细"。

"是以圣人终不为大，故能成其大。""是以"，"是"就是这样，"以"就是所以。所以有智慧的领导者就是这样："终不为大"，不是老说大话，不是老给大家画饼充饥，而是脚踏实地，一步一步做起，"故能成其大"。一步一步把这个事情完成了，最后实现一个大的蓝图、好的结果，水到渠成。所以一个有智慧的人，不是老用那些虚幻的东西来画饼充饥，老是给大家讲大话、空话。"终不为大，故能成其大"，最后反而成就了大事。这话讲得非常好。

我建议大家学习《道德经》，有一种重要的学习方法，就是反复看。有的人看《道德经》，也许一年就看一章，反复地看，反复地体会，"少则得，多则惑"，"终不为大，故能成其大"。以管窥天，以锥扎地，我们精力更集中，才能把这个事情做得更踏实，扎得更透。我们每一次进步，虽然看起来好像只是一点点，但是这一点点积累起来就不得了了，"终不为大，故能成其大"。

"轻诺必寡信"，大家还记得我们在讲《道德经》第八章的时候，就讲过"言善信"，我们中国人喜欢拿潮水作为讲信用的代表和象征，所以，有一个词就叫"潮信"。你看那钱塘潮每到农历八月十八前后就来了，人也应该如此，说话要讲信用，要有诚信，能给别人做成的事我们再去允诺，没把握做成的事，不要轻易去答应，不管我们有多热情。如果我们答应人家的很多事最后都做不成，时间长了，人家一定认为我们是食言而肥，不讲信用。

《道德经》讲话是比较宽缓的，但这句话用的就是强逻辑判断，"轻诺必寡信"，这不是对我们委婉的劝告，这简直就是对我们严厉的警告。所以要讲诚信，君子重一诺，一诺千金嘛，所以"轻诺必寡信"，要避免这种结果出现。"多易必多难"，你把这个事情看得很容易，做什么事情，最后一定出问题。世界上哪有容易的事情，吃个饭喝个水，这都需要工夫，需要本事，小事情我们都要认真对待。我们经常讲"小河沟里翻船"，把一个事情看得太容易了、太简单了，往往会在这个事情上出问题。面对很多难的事情，大家战战兢兢、小心谨慎，反而没事，反而在一些认为最容易的事情上出问题。很多学生做题、考试也是一样，难题没事，在容易的题上，出了问题，回去捶胸顿足，懊悔无比。所以，我们平常要形成一种把容易的事情当作难的事情来做的习惯，你要懂得"多易必多难"，凡事太容易，后面一定会出现很多的困难，出现很多的问题。所以，下边这句话就讲："是以圣人犹难之"，所以有智慧的人，把容易的事情都看得很难。天下的事情都当作难的事情来做，反而结果没有什么难的事情，"故终无难矣"。

　　这个道理非常有趣，其实就是相反相成的道理，这个叫"难易相成"。世界上有没有难事呢？有，也没有。你把这个难的事情当作难的事情，看作无法克服的，它就是难的事情；你把容易的事情当作容易的事情，没有认真对待，最后也会变成难的事情。我们把容易的事情当作难的事情来做，最后那个难的事也就做成了；真正难的事情，我们认真准备，有充分的信心，最后这难的事情也就克服了。"故终无难矣！"世上无难事，这就是"难易相成"的智慧。很多事情，决定于我们的想法、态度，态度不同，难易之间就会相互转化。

六四

其安易持，其未兆易谋，其脆易泮，其微易散。为之于未有，治之于未乱。合抱之木，生于毫末；九层之台，起于累土；千里之行，始于足下。为者败之，执者失之。是以圣人无为，故无败；无执，故无失。民之从事，常于几成而败之。慎终如始，则无败事。是以圣人欲不欲，不贵难得之货。学不学，复众人之所过。以辅万物之自然，而不敢为。

——《道德经》

译文：

　　局面稳定的时候容易掌控，事情没有征兆的时候容易去谋划，脆弱的东西容易分开，微小的东西容易解散。在事情还没有开始的时候就要作为，在还没有出现乱象时就处理好。合抱的大树，都是从细小的萌芽一点一点长起来的。九层的高台，也是一层一层的土积累起来的。想要走千里的路，就要从脚下一步一步走起。强为、妄为就会失败，执意把控就会失去。所以圣人不强为、不妄为，所以不会失败；不强执、不固执，所以不会失去。众人做事常常在快要成功的时候惨遭失败。在事情快要做完的时候还像一开始那样谨慎，就不会有失败。所以圣人所想的都是别人不愿意去想的，不以难得的货物为珍贵；学别人不愿意学的，对别人的错误引以为鉴。只是按照道的规律自然而然地去做，而不敢妄为。

第六十三章、第六十四章讲的道理，就是大家熟悉的量变和质变的道理，量的积累达到质的变化。但是大家注意，这个量的积累，有向好的方面，也有向不好的方面。前面讲了"为大于其细"，要做大事，从小的事情做起，这样才能最后达到想要的结果，假如积累的是一个不好的量，最后就积重难返。第六十四章一开始就把两个方面，都给大家做了说明，有的事情在它刚出现向坏的方面发展的苗头的时候，我们在这个阶段就把它解决了。

这一章里有两个非常重要的内容，一个是大家都熟悉的一段话："合抱之木，生于毫末；九层之台，起于累土；千里之行，始于足下。"第二个就告诉我们，做事情要"慎终如始，则无败事"。这两个重要内容，我们先有一个直观的认识，再来读就好理解了。我们一句一句来解释。

"其安易持"，"安"就是稳定，局面稳定的时候，容易掌控，就像一个东西，它稳定的时候，你容易把它握住；它活蹦乱跳的时候，你握起来就困难了。"其未兆易谋"，"未兆"，没有征兆的时候。苗头还没有的时候，容易去谋划。"其脆易泮"，脆的时候一打就打散了。"其微易散"，微小的时候，很容易把它解散。比如说一件事情，很小的时候，人数很少的时候，你处理起来很容易。众怒难犯，一大群人闹起来的时候，这事情解决起来就困难。

前面告诉大家这些现象，然后告诉大家处理的方法。什么方法呢？"为之于未有"——在事情没有出现、没有开始的时候，要有预见性，就要有作为，凡事预则立，不预则废。"治之于未乱"，还没有出现这种乱象的时候，就把它治理了、解决了。

怎么来理解呢？先给大家说第一个例证。有一次晏子出巡，齐国发大水，把一座石桥给冲毁了，晏子就把自己的船让给了灾民，大家都赞誉晏子爱民如子。然而一位有智慧的高人就批评晏子，就说你做这个国家的宰相，齐国发大水能把一座桥梁冲毁，你都没有预见到，没有提前做出预防，你失职。所以应该是怎么样？"为之于未有"，你别等这个事情都已经成为这个样子，再去处理它，不管你处理的方式多么巧妙，多么有智慧，但是不如让这件事情没有发生。

另外一个例证更能说明这个道理。有一次，扁鹊的国王问扁鹊：扁鹊你名气太大了，你是不是医术最高的？扁鹊说不是，别人我不知道，起码我大哥、我二哥都比我的医术高。所以这个国王就很奇怪地问，你大哥、你二哥是谁？他们医术那么高，怎么大家都不知道他们呀？扁鹊就说，我大哥怎么治病的呢？人家还没有病，他告诉人家怎么预防、怎么不得病。这不是"为之于未有"吗？提前就有作为了，预防得病。我二哥怎么治病的呢？人家刚有一点小病，他就把人治好了，不让他酿成大病，"治之于未乱"。所以我们经常讲，凡事预则立，不预则废，要有远见，要有预见，要未雨绸缪。这是讲负面，因为有些事情量的积累是向不好的方面发展的，所以要提前把这个问题给处理掉。

下面讲的这个事，非常重要。我们做大事情都要从容易的事情、小的事情做起，一步一步积累才能达到这种质的变化，要脚踏实地，循序渐进。因为什么呢？"合抱之木，生于毫末"，合抱之木，它是一点一点长起来的。"九层之台，起于累土"，中国文化中，三六九都代表着高、多。那么高的高台也是一层一层土积累起来的。"千里之行，始于足下"，走这么远的路，要脚踏实地一步一步地走起。说到这里，我得加一句，有人老认为道家思想是消极的、被动的、无为的。"合抱之木，生于毫末；九层之台，起于累土；千里之行，始于足下。"这不就是自强不息吗？所以有些事我们不能人云亦云，我们得看原文，以原典作为证据。

"为者败之，执者失之。" "为"就是强为、妄为。因为《道德经》讲的真正的为叫"无为"，就是按照道的方式来作为，不按照道的方式来作为就是强为、妄为。越是强为,最后的结果越糟糕,因为量的积累还不到,你老想强行地发生质变,这不是急躁冒进吗?"执者失之",就像我们抓沙子一样,你握得越紧,流出来越多,越想用力地把它抓住,反而失去得越快。所以一个有智慧的领导者,"无为",按照道的方式来作为,不妄为、不强为、不多为、有所不为,所以也不会有急躁冒进的失败。"无执故无失",没有这样的强执,最后也不会失去。

"民之从事",平常人做事,或者说领着大家做事,在什么时候最容易把事情给做砸了呢?"常于几成而败之",经常在接近成功的时候,把事情给做砸了。那应该怎么办?"慎终如始,则无败事。"什么叫慎终如始呢?我先给大家打一个比方,大家走在冰面上的时候,刚一下到冰面上都是小心谨慎,战战兢兢。走一会儿,觉得自己走熟了,就放松警惕了,有的干脆最后开始跑了,有的甚至在冰面上炫耀,危险往往就在这个时候发生了。所以我们中国人经常讲一句话叫"行百里者半九十",一百里的路,走到九十里路的时候,还要当才走了一半,越是剩下那一段越紧要,民间讲"编筐编篓,全在收口",即最后这个结尾。"慎终如始",走到最后那几步,还像开始下到冰面上一样小心谨慎,一步都不放松,那就没什么败事,没什么事情做不成。"慎终如始,则无败事",就是我们现在经常讲的不忘初心,善始善终,那就没有什么事情做不成的。

"是以圣人欲不欲",一个有智慧的人,特别是一个有智慧的领导者,想要的东西是什么呢?是别人都不关心的,都不想要的。因为"天下熙熙,皆为利来;天下攘攘,皆为利往",大家关心的是获取利益的方式方法,而一个有智慧的人、有智慧的领导者,应该有这种无功利之心。"欲不欲",别人都不想的,反而是你应该考虑的。大家都针对"有"的东西,这有智慧的人、好的领导者得针对这无形的东西:人的精神财富,人的精神世界,人的修养。既然"欲不欲",你跟一般人的欲望不一样,他们认为那个东西是珍贵的、难得的,反而在你的眼里是不重要的,不把它看作难得的。领导国家的时候也是如此，第三章讲的，"不贵难得之货，使民不为盗"，形成一种淳朴的风气。

"学不学，复众人之所过。"《道德经》讲的道理，叫"绝学"，一般人不愿意学，学这个东西能带来什么样的好处、利益吗？人的境界高的时候，学的很多东西不就是和一般人不一样嘛。一般人不愿意学的东西，又花工夫，又不能带来什么实际的利益，可是"学"这些东西代表了真正的智慧与学问。学这些东西干吗呢？"复众人之所过"，这个"复"不是重复，我们下围棋的人都知道有个词叫"复盘"，通过不断的重复模拟来检视，哪个地方下得好，哪个地方下得不好。别人犯的过错像复盘一样历历在目，以此为鉴，别再犯大家都经常犯的错误。

"以辅万物之自然，而不敢为。""以辅万物之自然"，就是按照自然的规律去做，追求的是一种水到渠成、自然而然的结果。"辅自然"就是无为。"而不敢为"，就是不敢妄为。因为我们违背了道，违背了自然规律，哪怕是短时间取得成功，也会受到更大的惩罚。

这章告诉我们，一是我们做事情要"为之于未有，治之于未乱"，懂得预防，懂得不好的事情在苗头出现的时候就把它解决掉；二是我们做事情要脚踏实地，循序渐进；三是我们要"慎终如始"，不忘初心，善始善终，因为我们做事情经常在快要成功的时候功亏一篑，所以要懂得这样一个道理。

六五

古之善为道者,非以明民,将以愚之。民之难治,以其智多。故以智治国,国之贼;不以智治国,国之福。知此两者,亦稽式。常知稽式,是谓玄德。玄德深矣,远矣,与物反矣,然后乃至大顺。

——《道德经》

译文:

以前那些善于按照道来治理国家的人,不教百姓有心眼、技巧,而是使人民敦厚纯朴。百姓之所以难以治理,是因为他们奇技淫巧太多。所以用技巧来治理国家,是国家的灾难。不用技巧治理国家,是国家的福分。知道这两者的差别,这就是治国的法则。按照规律了解这个法则,就是"玄德"。玄德深啊,远啊,最后又返回宁静朴实的根本,这样就符合自然,达到最大的和顺。

这一章所涉及的，也是我们现在哲学里面经常讲的一个道理，叫"否定之否定"规律，讲事物的发展分为三个阶段，第一个阶段是肯定，第二个阶段是否定，第三个阶段是否定之否定。比如说麦粒长出麦苗，最后结出更多的麦粒，这就是一个否定之否定的阶段。第三个阶段常常重复第一个阶段的某些特征，却是在更高的程度上重复第一阶段的某些特征。这一章和第四十章讲的"反者，道之动"所运用的哲学的智慧和道理是一样的，既然这样，把这个道理运用到治国上，应该如何呢？这就用到了一个我们大家熟悉的词，叫"返璞归真"，《道德经》认为治民最关键的是要使民风淳朴，不要那么多的技巧，不要那么多的套路。了解了这一点，我们再来看这一章，就明白了老先生的良苦用心。

"古之善为道者"，以前的那些善于按照道来治理国家的人。"非以明民，将以愚之"，不是让百姓有那么多的心眼技巧。这个"愚"，不是愚民，而是敦厚、厚道，让民风淳朴。

"民之难治，以其智多。"百姓为什么难以治理？因为他心眼多、技巧多。"智"就是技巧、心眼、套路。"故以智治国，国之贼"，用技巧来治国，经常用骗术谎言，这是国家的灾难。"不以智治国，国之福"，不用这些技巧，让民风淳朴、敦厚，这个才是国家的福祉、国家的福分。

"知此两者，亦稽式。""稽式"就是法则。知道这两个的差别，这就是一个法则，治国的法则。"常知稽式"，"常"就是规律。按照规律，我们来了解这个法则。这叫什么？"是谓玄德"，"玄"就是深远的意思，这个就是深远的智慧与品德。

下面这句话就是我一开头讲的，这个品德"深矣，远矣，与物反矣"，"与物反矣"不就是"反者，道之动"吗？我们都能看到事物的正向的发展，所以《道德经》经常提醒我们，"反者，道之动"，道是向它相反的方向运动，所以你理解问题也不能只看一面。"与物反矣"怎么解释呢？第二十五章，"大曰逝，逝曰远，远曰反"，最后又回到了它的根本。根本是什么？"归根曰静"。民心没那么多躁动，变得清静宁静、敦厚朴实，这不就符合大道了嘛。"然后乃至大顺"，这样慢慢地回到了正确的道路，符合自然之道。

所以，这一章讲的就一个问题：你用什么方式治国呢？要让民心变得纯朴敦厚，返璞归真，没那么多的技巧，没那么多的套路，没那么多骗人的把戏，这样才是符合大道。

六六

江海所以能为百谷王者,以其善下之,故能为百谷王。是以欲上民,必以言下之;欲先民,必以身后之。是以圣人处上而民不重,处前而民不害,是以天下乐推而不厌。以其不争,故天下莫能与之争。

——《道德经》

译文:

  江海之所以能成为百川之王,是因为善于处下,所以能成为百川之王。所以要想站在上面领导好人民,必须在言语上懂得谦逊;要想站在前面领导好人民,必须把自己的利益放在后面。所以圣人在上面领导大家而大家没有感到沉重的负担,在前面领导大家而大家没有感觉受到伤害。所以天下人都乐于拥戴他而不会感觉厌倦。因为他不争,所以天下没有人能与他争。

这一章所讲的道理是《道德经》从头至尾所强调的"善于处下",只有善于处下,才能真正居上。我们在一开始说过,《道德经》的很多话是针对那些领导者、统治者讲的,所以老先生认为越是位置高的领导者、统治者,越要善于处下,为什么呢?

首先从处下的结果上来看,"江海所以能为百谷王者,以其善下之,故能为百谷王。"这句话我在前面也多次引用过。大江大海之所以能成为大江大海,是因为善于处下,不辞细流,能团结一切可以团结的力量,故能为"百谷王"。老子先拿"百川归海"的形象讲了这个道理,让大家有一个感知。下面就开始讲具体的做法和内容。

"是以欲上民,必以言下之。"所以你要想站在上面领导好下面这些人,在语言上要懂得谦逊、谦让。领导者,尤其国君、皇帝这一类的,讲话的时候不能够居高临下,盛气凌人,自尊自大,不可一世。第三十九章说过"贵以贱为本,高以下为基。是以侯王自称孤寡不谷",所以在语言上要谦逊。

"欲先民,必以身后之。"想要站在前面当好领导、当好领头的,要懂得把自己的利益放在后面,想要领导别人就得给别人利益。一个人既要领导别人,又想什么好处、利益、功名都在自己手上,这个人的下场不是不言而喻吗?

"是以圣人处上而民不重",所以一个好的领导者,你在上面领导大家,大家没有感觉到沉重的压力。"处前而民不害",你在前面领导大家,大家没有感觉到你对他的危害。因为你要想领导别人,得让别人得到利益。西汉史学家司马迁在《史记·循吏列传》说:"公仪休者,鲁博士也。以高第为鲁相。奉法循理,无所变更,百官自正。使食禄者不得与下民争利,受大者不得取小。"这里的"食禄者不与民争利",意思是做官的人不许和百姓争夺利益。

"是以天下乐推而不厌",所以天下的人民都往高举你,往前推你,不感觉到厌倦、厌烦。如果统治者穷奢极欲,危害百姓,草菅人命,下面的人就会感觉到"害"、感觉到"重",这样的人百姓会"乐推"吗?当然不会。

"以其不争,故天下莫能与之争。"一个领导者,能得到大家的拥护、拥戴,正因为你不争,不与民争利,不与其他人争名,"利而不害,为而不争",结果是"以其不争,故天下莫能与之争"。越是争的人,最后往往失败得越惨,因为你的位置已经规定了你应有的担当、使命和责任。陈毅元帅讲过"手莫伸,伸手必被捉",形象而深刻,那么,反过来用这个道理讲,就更加明确了。"以其不争,故天下莫能与之争",所谓"不争",并不是消极被动,"不争",当然要了解边界,不争边界之外的东西,这样的话才能"天下乐推而不厌"。

六七

天下皆谓我道大,似不肖。夫唯大,故似不肖。若肖,久矣其细也夫。我有三宝,持而保之。一曰慈,二曰俭,三曰不敢为天下先。慈,故能勇;俭,故能广;不敢为天下先,故能成器长。今舍慈且勇,舍俭且广,舍后且先,死矣!夫慈,以战则胜,以守则固。天将救之,以慈卫之。

——《道德经》

译文:

天下都说我的道大,似乎不像任何具体的东西。正是因为道大,所以不像。如果像,就早已归为具体事物了。我有三件最珍贵的宝物,值得永久保持。一个是"慈",一个是"俭",一个是"不敢为天下先"。有了慈母的情怀,才能真正地勇敢;节俭才能长久持续地发展;遇到利益不争先,懂得先人后己,才能成器、成长。现在的人舍弃慈母的情怀而炫耀勇武,舍弃节俭还奢求长久持续的发展,遇到利益争先恐后、一点都不退让,这是自寻死路!拥有慈母的情怀,自然是攻无不克,守无不固。如果天要拯救谁的话,一定是以慈母的情怀来守卫。

老子、孔子、释迦牟尼、柏拉图，这都是同时代人，在他们那个时代，书其实只有一种题材，就是对话体。《论语》是孔子弟子记的，记得非常清楚，坐在对面的是什么人，提了什么问题，老师怎么回答，所以大家读起来一目了然。佛经呢？很多的佛经也都是释迦牟尼对弟子问题的回答，大家看《金刚经》，是回答须菩提的，《心经》是回答舍利子的，都是针对他们的问题的回答。古希腊哲学家苏格拉底的学生叫柏拉图，写了一本《对话录》，就是记载当时苏格拉底跟学生之间的互动，对各种问题的解答。其实《道德经》最早的形成也是这种形式，也是对面坐的人问问题，老先生给予回答，也是对话体，所以我们读这本书，始终要认识到这是在回答对方的问题，是有针对性地解释和回答，这样很多问题我们才能够得以正确理解。

那么这一章是在回答什么问题呢？对面坐的人，问老子关于道和德的事，老先生给他讲半天，他没听懂，于是提出要求：能不能把你的思想概括得简单点？你让我也能听得明白。大家自然会有疑问，我怎么知道是这样的？是不是我自己在杜撰？让我们回到原文，大家看一下这一章的开头就清楚了。

"天下皆谓我道大，似不肖。"老子这个意思就是说，不仅是你，天下人都认为我把道讲得太大、太宽泛了，听不懂。你听不懂，我得给你打比方，类比虽然不能够说明问题，但是它可以让人理解问题。我说道就像风一样，大象无形，你们说不像；我说道就像水一样，大道汜兮，其可左右，你们还说不像……"夫唯大，故似不肖。"正因为把道讲得这么大，拿什么给他打比方，他都说不肖，所以老子就感慨，假如真的像的话，"久矣其细也夫"。意思是假如真的像，那早就归到小道了。比如，说道像一条大河，你拿这个打比方，要像的话，就像支流了。道就像一条大道，你要说打的比方像的话，就像小道了。其实意思就是说，拿道打比方，要是真的像的话，就是把道说得太小、太细了。

那怎么办？不跟你讲那么多了，把我的思想概括到简单得不能再简单。只剩下三个方面，"我有三宝，持而保之。"把我的思想概括到最后，简单得不能再简单了，就剩下三个方面拿出去，照着去做就行。那这"三宝"是什么呢？"一曰慈，二曰俭，三曰不敢为天下先。"大家解读这三组词的时候，不可以单独先解释几个字词，一定要把"三宝"里边的字词和后面的语句连接来解读："一曰慈，慈故能勇；二曰俭，俭故能广；三曰不敢为天下先，故能成器长。"否则，会失之宽泛。

"一曰慈，慈故能勇。""慈"是指什么？指的是慈母的情怀。做领导、做家长，有了慈母的情怀，才能有真正的担当、勇敢。如果你单独解释这个"慈"就麻烦了，慈母有时候也唠里唠叨，有时也无原则地爱，不是经常说"慈母多败儿"吗？可是《道德经》为什么把"慈"放到第一位呢？这是针对坐在对面的提问者的。作为领导、诸侯王，你在这个位置上，就要有慈母的情怀，才能有真正的担当、勇敢。如果没有慈母的情怀，一出事就会出卖国家和人民，一出事就把自己的部下当作替罪羊推到前边。

"二曰俭，俭故能广。"我还是觉得这位老先生对咱们中国人了解得非常深刻，我们致命的弱点是什么？好面子，虚荣，好攀比。所以一旦是公开场合，一旦监督不力，往往就奢靡之风盛行，浪费之风盛行。没有节俭节制，而是有奢靡之风、浪费之风，那就没办法"广"，"广"就是长久持续。家庭没有培养出节俭节制之风，家庭就没有办法长久持续地发展，所以要勤俭持家。国家人民没有培养出节俭节制之风，而是奢靡浪费之风，这个国家也没有办法长久持续地发展。

"三曰不敢为天下先，故能成器长。"先理解"成器长"，咱们中国很多的词是组合性的，所以大家理解的时候，也要把它组合的东西拆开，

"成器长"拆成四个字"成器成长"。我们怎么样才能不断地成长，终成大器呢？"不敢为天下先"，现在咱们天天讲"敢为天下先"，这又来一个"不敢为天下先"，这两句话不就对上了吗？其实这两句话根本不矛盾，讲的不是一回事。我们现在强调的"敢为天下先"，是敢闯、敢创新，这是一种很好的品质，创新是一个民族的灵魂。《道德经》讲的"不敢为天下先"是什么意思呢？做领导，领着大家做事，要懂得把自己的利益放在后面，要懂得先人后己，不要私欲膨胀，不要什么事情只关注自己，这样才能够不断地进步，不断地成长，终成大器。

各位是否还记得我在前面给大家说过，其实读这本书的时候，不用别人给你画出重点，你自己都能感觉到，因为老子在书里不断地强调自己的重点，一种强调的方法是重复，第二种强调的方法是头尾，第三种强调的方式就叫正反，也就是他正面讲完了，觉得还是言犹未尽，要从相反方面给大家再论证一下，你看这一章不就是这样吗？现在的人是什么样的，本来应该按照道的方式来做，要慈、俭、不敢为天下先，我们把这"不敢为天下先"概括成两个字叫"谦让"，或者概括成一个字叫"让"。我有三宝，慈、俭、让。可是老子对当时的人不满意，这些人都怎么做的？"舍慈且勇"，根本没有这种情怀，还到处炫耀自己的勇敢。我们现在不也经常看到这种情况？酒驾了，还拍个视频给警察发过去，我醉驾，警察你来抓我呀，炫耀自己无赖似的勇敢。"舍俭且广"，没有这种节俭、节制，还奢求长久持续地发展，不可能。"舍后且先"，遇到好处、利益，争先恐后，一点都不肯让，甚至不该自己的也抢，这样做的结果是什么呢？"死矣！"这样做的最终结果，就把自己弄到死路上去了。

"夫慈，以战则胜，以守则固。天将救之，以慈卫之。"这些讲完了，又把他讲的第一个"慈"再说一遍。有这种慈母情怀的人，面临事情的时候就会"以战则胜"。他勇于担当，真正遇到困难的时候，领着大家当然攻无不克，战无不胜。"以守则固"，国家遇到侵犯的时候，领导者的这种情怀，力量无尽，守无不固。"天将救之，以慈卫之"，如果天真的有情感的话，它要拯救国家的人民，一定是"以慈卫之"，一定是你有这种慈母的情怀才值得，因为它本身就拥有无穷无尽的力量。

第六十七章，核心的就是"我有三宝，持而保之"，要坚定、坚持地去做。

六八

善为士者不武,善战者不怒,善胜敌者不与,善用人者为之下。是谓不争之德,是谓用人之力,是谓配天古之极。

——《道德经》

译文:

善于做基层领导的人,不耀武扬威、盛气凌人;善于作战的人,懂得制怒而不会被激怒;善于战胜敌人的人,不和敌人发生正面冲突;善于用人的人,善于处下。这就叫不争的品德,这就叫善于集中大家的力量,这就叫符合天道,这是自古以来的最高准则。

这一章讲什么呢？我们中国人有一个习惯，喜欢拿战争术语来打比方，比如说我们现在吃个饭，也可以说"打个冲锋"，来个"歼灭战"，平常我们也经常讲"占领制高点"。这一章既是在讲战争，又通过战争延伸开来，讲普遍性的制度。

"善为士者不武"，"武"的意思就是耀武扬威。善于做基层领导者的人，或者说指挥打仗的士官，不耀武扬威。不要有了这样一个位置，就耀武扬威，趾高气扬，盛气凌人，不可一世。"善为士者不武"，保持一种谦逊的、平和的、冷静的心态。

"善战者不怒"，善于指挥作战的人，不是动不动就暴跳如雷。"不怒"，懂得制怒。任何一个人不管他位置多高，在急躁、浮躁、暴躁、狂躁的心理状态下都谈不上智慧。我们看一下"怒"的写法，上面是个"奴隶"的"奴"，下面是个"心"，当我们控制不了自己的情绪，心成了情绪的奴隶，没有办法保持清醒、冷静、理智的心理状态，才会发怒。所以真正善于作战的人、善于做事的人，要保持这种清醒、冷静、理智的心理状态。

"善胜敌者不与"，"不与"，就是不和他发生正面的冲突。从字面意义上来讲，善于制胜的人，懂得用委婉迂回的方式获得胜利。我们把这个"战争术语"延伸一下，其实在家里也一样，两个人情绪都到达高点，发生剧烈的冲突，这时候解决起来就比较困难。所以，越是到这个时候，越要懂得以退为进，懂得用委婉迂回的方式来解决问题、处理问题，这样才能很好地战胜对方、说服对方。

"善用人者为之下"，我在前面多次说过，这是《道德经》从头至尾强调的一个最普遍的原则，善于处下者方能真正居上。一个领导者也是如此，朋友之间相处也是如此，保持自己这种谦逊处下的态度，这样才能够跟人和谐相处，才能"用人之力"。

这个叫什么？"是谓不争之德。""善为士者不武，善战者不怒，善胜敌者不与"，尤其是"善用人者为之下"，都是《道德经》里边从头至尾强调的"不争之德"。说到"不争之德"，我们的思路又回到第八章，"上善若水，水善利万物而不争"，后边讲了"不争"的七种品德：去大家不愿意去的地方——"居善地"；我们要保持内心的宁静，静水流深——"心善渊"；和别人相处，要懂得关爱，一视同仁——"与善仁"；讲话要讲诚信——"言善信"；公平、公正、清廉，所谓政清如水——"政善治"；做事情的时候要尽其所能，像水一样有多种多样的本领——"事善能"；善于把握时机，掌握机会——"动善时"。所以，这里的"不武""不怒""不与""为之下"，也是对这个"不争之德"的进一步说明。这个就叫"用人之力"，我们熟悉的一个词叫"借力打力"，熟悉的一句话叫"孤举者难起，众行者易趋"。一个人举重物举不起来，大家同心协力，形成这种趋势，这样才能把事情做成。既然如此，就要懂得用人之力，而不是孤军奋斗，这样做才能够很好地和别人和谐团结。再往高了说"是谓配天古之极"，"古"就是古往今来，所谓"配天"就是符合天道，这些是古往今来的大智慧。

第六十八章没有什么难的地方。大家要明白一点，我们中国人习惯用战争的术语来讲生活中的事情，所以我们的理解不能停留在字面意义上。

六九

用兵有言：吾不敢为主而为客，不敢进寸而退尺。是谓行无行，攘无臂，扔无敌，执无兵。祸莫大于轻敌，轻敌几丧吾宝。故抗兵相加，哀者胜矣。

——《道德经》

译文：

懂得用兵的人曾说：我不敢主动发动战争进犯别人，而只在被进犯时不得已应战；作战时不敢盲目进军哪怕一寸，而要后退一尺，以退为进。（在入侵国家的领土上）虽然人民没有排成行列阵势，没有面对人民奋臂作怒，虽然好像没有面对敌人，虽然人民手中没有兵器，但四处都是侵略者的敌人。没有比轻敌更大的祸患，轻敌就几乎丧失了我的"三宝"。所以两军相持时，被同情、被支持的一方会获胜。

第六十八章是用战争的术语来打比方,讲的道理当然比战争更为广泛。第六十九章我们也当作如是观,他讲的是战争的事情,但是这个道理我们也可以做延伸、做扩展,成为我们生活中、工作中的普遍的思想与智慧。

我们知道《道德经》里边很多的内容并不是老子本人的话语,他也是一个"集大成者"。他经常在回答坐在对面的圣、王、士这些领导者的问题的时候,引用当时或者以前那些智者的语言。

第一句话,"用兵者言",懂得用兵的人怎么做谋划?怎么来认识问题呢?"吾不敢为主而为客",我才不老是发动战争侵略别人,"国虽大,好战必亡。""我不敢进寸而退尺",打不过的时候,对手力量太强大的时候,就要懂得以退为进,这个叫什么呢?这个就叫"行无行,攘无臂,扔无敌,执无兵",这十二个字怎么理解?我先换一个角度让大家认识这个问题。抗日战争胜利之后,有很多日本人就对这场战争表示不是很服气,因为他们有的认为,是因为东条英机改变了战略,才导致这场战争的失利;有的人认为,日本战败是因为美军的加入,所以他们也想专门研究战败的原因。有一位日本学者专程来到了中国,他也是通过一本经典来了解我们中国人在这方面的思想与智慧,这本经典就是毛主席的《论持久战》。各位知道,一九三七年七月七日卢沟桥事变,抗日战争全面爆发,同年的八月二十二日到二十五日,就在陕北洛川召开了洛川会议。在这次会议上,毛主席就已经开始讲持久战的思想,一九三八年的时候这本书就面世,这不是战后的马后炮,是战前的预测。他把整个战争的进程就概括为六个字,而历史就是沿着这六个字发展:退却,相持,反攻。一开始当然日本侵略者锋芒外露,我们没有办法直接跟他们对抗,因为日本是一个统一的国家,而当时我们的中国四分五裂,军阀混战,政令不统一。日本军队装备精良，又蓄谋已久，所以一开始没有可能把他们赶出去，他们肯定会占领我们很多地方。所以这个时候我们就要懂得退却，以退为进。但是日本的军队又不多，占领我们的地方多了，双方就进入一种相持的阶段。因为武汉和鄂西会战之后，双方就进入相持阶段，咬牙坚持。我们中国是站在正义的一方，况且我们是世界反法西斯战场的一部分，为整个世界反法西斯战场拖住了那么多的日本军队，自然要得到国际舆论的支持、国际力量的援助，最后获得胜利。

那么日本为什么会陷在中国的战场上？因为原本按照日本人的想法，中国战场很快就能拿下来，以此为基地，北面针对苏联，南面针对南洋的那些国家——很多是英国的殖民地，所以它的主要目标并不是在中国。可是没想到中国的战场，几乎拖住了它绝大部分的力量，为什么会这样？我们来看一下下面这几句话，"行无行，攘无臂，扔无敌，执无兵"。侵略者进入另外一个国家，虽然这个国家的人民没有站成军队的样子——"行无行"，但是他们不都是你的敌人吗？"攘无臂"，打击你非得用拳头吗？有各种各样的方式，坚壁清野可不可以？游击战可不可以？全民皆兵，所以叫"扔无敌"。"执无兵"，虽然他们手中没有兵器，但他们用多种多样的方式和侵略者对抗，到处都是敌人。所以为什么说"国虽大，好战必亡"？因为侵略者是不得人心的，进入别的国家的军队会遭到别的国家人民的反抗，到处都是你的敌人，"扔无敌，执无兵"。所以对于战争而言，你不要认为一个小的国家就好侵略，"祸莫大于轻敌"，对双方皆是如此。战略上藐视敌人，战术上要重视敌人。"祸莫大于轻敌，轻敌几丧吾宝"，轻敌，就把最宝贵的东西也就是"道"丢掉了。所以在战争中要冷静理智，要对对方予以重视，在战略上藐视敌人，但是在战术上要重视敌人，不要轻敌。

下面这句话基于上面的这个意思就好理解了，"故抗兵相加，哀者胜矣。"就是站在正义一方的抵抗的军队、防御的军队对抗侵略者，双方相持不下、在那儿较劲的时候，旁边只要有人帮一下，都会起大的作用。可是大家知道问题的决定性作用并不在旁人，没有形成相持的状态谁帮也没用。所以我们说这句话让我们领悟到一个重要的事情，中国人获得抗日战争的胜利，根本原因在于我们中国人自身，而不在于外面力量的援助。斯大林曾经说过，拉开窗帘天是亮，你不拉开窗帘，天也是亮，反正中国人会获胜，应该帮一下。所以这决定的作用不在外部，而在于我们自身。讲得最妙的是最后一句话，最后谁获胜呢？"哀者胜矣"，"哀"可不是哀伤的意思。鲁迅先生写的《阿Q正传》中有一句话叫"哀其不幸，怒其不争"，"哀"就是同情。我们中国人从古汉语里面延续了一个习惯，讲话的时候老是用这种使动用法，通俗地说就是被动型用法。比如我们说老头晒太阳，其实是老头被太阳晒。比如大家到陕西来吃的肉夹馍，那是肉夹馍吗？那是肉被馍夹住了。所以这种使动用法，用这个来理解，这句话就很清楚了，"哀者胜矣"，谁是被同情、被支持的一方，谁最后获得胜利。

"退却，相持，反攻"——惊人的一致。毛主席从十几岁就开始读《道德经》，我觉得他从这本书里得到的最大的启发就是这种格局上的、战略上的。人站得高了才能看得远，对未来才能有一个正确的预测。

所以我说第六十九章，大家不要只局限在战争一个方面，它也可以把我们的智慧扩展和延伸，成为一个普遍性的思想与智慧，成为一个普遍性的原则。

七十

吾言甚易知，甚易行。天下莫能知，莫能行。言有宗，事有君。夫唯无知，是以不我知。知我者希，则我者贵。是以圣人被褐怀玉。

——《道德经》

译文：

　　我的话很容易被了解，很容易去实行。然而天下之人都不了解，也不按照这个去做。说话得有核心宗旨，做事得掌握事情的关键。正是因为不知道这个道理，所以不了解我。了解我的人很少，按我说的道理去做的人更是难得。所以圣人穿着粗布衣服而怀抱美玉。

从第七十章开始，老子强调的重点又发生了改变，他在强调什么呢？他说，我们看问题要"以道观物"，可是有道的人往往为人所误解。老子在书里经常用"吾"这个字，"吾"是人格化的我。"吾"作为一个有道者的代表，一个人格化的有道者的身份，并不一定是指老子本人。

第七十章开始就讲人认知的重要性。"吾言甚易知，甚易行。"得道者讲的话，其实很容易被了解，很容易去实行。"天下莫能知，莫能行。"可是结果是什么？这天下的人都是没办法了解，或者说不去了解，也不按照这个去做。这是一种沉重而深刻的感慨。我们常说道很玄妙，很难把握，而老子在这一章讲，按照道去行事并不难，不难行，那为什么"莫能知，莫能行"呢？是因为大家根本不愿意去相信它，也不愿意按照它去做，是因为大家认识不到这个事情的重要意义，认识不到"道"在我们生活中的重要作用。

老子这段话主要是针对领导者、统治者来讲的，老子在对他们讲了很多次之后，发现"万言不直一杯水"，"犹如东风射马耳"，那些话语仿佛随风而去，并没改变什么。所以，他有此感慨："莫能知，莫能行。"

"言有宗，事有君。""宗"就是宗旨，说话你得有宗旨，得有核心。"君"是领导控制，做事情也得掌握这个事情的关键。言外之意就是讲，你看我讲的这些话，它是有核心宗旨的。他告诉大家做事怎么样掌握事物的关键，了解事物的本质，把事情做好。"夫唯无知，是以不我知。"可是正因为这些人无知、不了解、不想知道，所以他对我们得道的这些人也就不了解。

"知我者希，则我者贵。"了解我的人太少了，懂我的人太少了。我们现在经常有这种感慨，有没有人懂我？其实了解一个人的精神世界，尤其是了解这些富有大智慧的人的精神世界，不是一件容易的事情。我们中国人经常说一个词叫"知道",现在大家再说一下这个词,它的分量就不一样,并不是你听到了就叫"知道","知"还得去"行"。所以了解我的人太少了,按照我这个去做的人那就更为珍贵了。"是以圣人被褐怀玉","褐",褐色,粗布衣服的颜色。所以得道的人,就像穿着粗布衣服可是身上却怀着珍宝的人一样。得道者讲了很多道理,可是很多人,因为"以貌取人"就是不信。所以,我们经常要透过现象来认识事物的本质,不要以貌取人,不要认为《道德经》里的语言不是那么华丽,就否定其思想与智慧。

《道德经》的很多章节都在讲人贵有自知之明。第三十三章"知人者智",我们能够去了解别人,这是一种非常有智慧的表现,可是比这个了解别人更重要的,是我们要了解自己,"自知者明"。人认识最少,却自认为认识最多的知识就是关于自己的知识。因为我们自我的认知,经常被一些假象所迷惑,被情绪所左右,所以"知人者智,自知者明"。

其实,老子不仅是感叹"吾言甚易知,甚易行。天下莫能知,莫能行",他对当时的领导者这种认知的不足及其原因,是有深刻认识的。一千多年后,王阳明提出"知者行之始,行者知之成",也是这个话题的延伸。

七一

知不知,上;不知知,病。夫唯病病,是以不病。圣人不病,以其病病,是以不病。

——《道德经》

译文:

知道自己有所不知,这是有智慧的;不知道却自以为知道,这就是思想上出了问题。把缺点当作缺点,这样才能没有缺点。得道圣人没有缺点,正是因为他把缺点当作缺点,所以才能没有缺点。

第七十章讲"夫唯无知，是以不我知"，由于我们的认识上出了偏差，出了问题，所以没有办法了解有高超智慧的人、得道的人，很多的时候，我们也没有办法真正地了解自己，那么问题出在什么地方呢？这一章在分析问题的原因。我经常开玩笑说，这一章是我见过的中国历史上最有智慧的一段绕口令，比那些相声演员用来练贯口的绕口令更富有思想与智慧。

"知不知，上"，我们知道自己不知道，我们知道自己的认识有局限，我们知道自己有缺点需要弥补，这是最有智慧的。后来庄子在《秋水》篇里面把这个意思给大家演绎得非常清楚，而且富有哲理。秋天发大水的时候，河伯就以为自己这个地方是天下最大的，"以天下之美为尽在己"。后来流到了大海，见到了北海若，发现自己太渺小了。北海若又说，其实我在天下所占的位置，也就是像一粒米那样……这就叫"知不知"，知道自己不知道，那才能够不断地进步。

"不知知，病"，不知道，却把它当作知道，也就是不懂装懂，这就是一个思想上的大病。怎么样来让我们的病得以痊愈？"夫唯病病，是以不病"，我们知道自己有很多的东西不知道，我们知道这是我们的缺点，我们向别人学习，取长补短，谦逊努力。知道自己"有病"，却不讳疾忌医，这反而是没有病。大家熟悉的是《论语》里边的一句话："由，诲汝知之乎？知之为知之，不知为不知，是知也。"知道就是知道，不知道就是不知道，坦率承认，不要不懂装懂，这个达到的结果"是知也"。这不是一样的意思吗？"夫唯病病，是以不病。"所以对一个有智慧的人，特别是对于领导者、统治者来讲，周边的人都在说好话，阿谀奉承，这样就经常让自己飘飘然，如果这个时候还能保持清醒的头脑，那就是一个有智慧的、好的领导者和统治者。

他在这个认知上的表现是什么呢?"圣人不病",一个有智慧的人在这个方面没有病,没有缺点。为什么说他没有缺点?"以其病病",因为他知道自己的问题在什么地方,知道哪个地方是自己不擅长的。就像刘邦一样,虽然不能说刘邦为一位圣人,但是他讲的这段话却可以给很多领导者、统治者以启发:"夫运筹策帷帐之中,决胜于千里之外,吾不如子房。镇国家,抚百姓,给馈饷,不绝粮道,吾不如萧何。连百万之军,战必胜,攻必取,吾不如韩信。此三者,皆人杰也,吾能用之,此吾所以取天下也。"刘邦知道自己的短处,借人之力得以弥补,因为有这种清醒的认识,反而成了一个长项。有人总认为自己什么都可以,哪个地方都是自己水平最高,比如说诸葛亮从来也不听别人的意见,打仗的时候都自己谋划,要不就弄个锦囊远程指挥,像这样的人,很难成为一个优秀的领导者。我们经常讲一个人浑身是铁,能打多少钉,要懂得用人之力,懂得借别人的智慧。现在不是有很多的智库、智囊吗?历史上很多杰出的人,比如曾国藩,手下有多少谋士啊!很多的问题不是他一个人想出来的,得集众人之力,一个优秀的领导者得知道自己弱项、短板在哪儿。我们一定要知道,其实我们的认知视野都是非常狭窄的,了解了这一点,我们也就不会把自己当作是一个完人,当作什么都知道,不懂装懂。人有什么不懂的,坦率承认没有什么可丢脸的,即便是圣贤,也有自己认知的局限,可是他们的做法和平常人的不同在哪儿呢?"圣人不病,以其病病,是以不病。"知道自己这方面有弱点、有问题,因此不断学习,不断进步,不断成长。

这一章虽然很短,但是意蕴深长,道理深刻。这段绕口令大家既可以当作练表达能力、练嘴皮子的"体操",也可以当作思想上的"体操",一举两得,何乐而不为?

七二

民不畏威,则大威至。无狎其所居,无厌其所生。夫唯不厌,是以不厌。是以圣人自知,不自见;自爱,不自贵。故去彼取此。

——《道德经》

译文:

人民不畏惧统治者的威严,就会发生大的麻烦。不要让人民住的地方越来越狭小,不让他们的生存受到压迫。不去压迫人民,他们才不会对统治者的行为感到厌烦。所以圣人有自知之明,不自我表现;珍爱自己的生命但不自认为高贵。所以舍弃后者而取前者。

七十二章到七十五章，这一部分都出现了一个核心的概念——"民"。在中国历史上有"民本"思想，我们大家熟悉孟子讲的"民为贵，社稷次之，君为轻"，大家觉得讲得好。但是，在孟子之前，《道德经》已经从哲学的层面把民本思想发展到非常高的程度，而且讲得更为具体。这一章最后一句话讲得非常明白，这两条路摆在这儿了，你应该走哪条路？"故去彼取此。"有哪些路可以选择呢？走哪条路是符合道的呢？我们从头来看。

　　"民不畏威，则大威至。"如果一个国家的人民不害怕统治者、领导者的威严，那么对统治者、领导者来讲，大的麻烦就来了。什么大的麻烦呢？"民无信不立"，领导者在民众中丧失了诚信，就没法统治、领导他们了，这不是一种大威吗？所以"无狎其所居"，"狎"通"狭"，也是使动用法。领导者，不要让百姓住的地方越来越狭小，最后都流离失所。因为"无恒产者无恒心"，一个国家如果到处都是流民，它能稳定才怪。"无厌其所生"，"厌"通"压"。不要让他们感觉生存受到了压迫，不要去压迫他们，不要让他们感到厌倦生活，因为哪里有压迫，哪里就有反抗。所以这个"厌"，大家可以把它理解为两个意思，一个就是压迫，一个就是导致的结果让人感到生不如死，厌倦自己的生活。"夫唯不厌，是以不厌。"你不去压迫他们，不让他们感觉到生活的窘迫、生不如死，他们才不会对你的统治行为、领导行为感到厌烦。第六十六章说"处上而民不重，处前而民不害"，处上又重，处前而害，他当然会感觉到这种受压迫的厌烦的感觉。

　　那么，真正有智慧的领导者、统治者应该是什么样呢？"自知，不自见"，自己有自知之明，不是有一点功劳就去自我表现。"自爱，不自贵"，很珍爱自己的生命，珍爱自己的名声，自爱自重，但是不自以为高贵。第三十九章最重要的两句话，第一句话就是"贵以贱为本"，不要认为自己身份高贵，没有这个国家的人民，也就是很多人眼中的贱民，哪来你高贵的身份？自爱是对的，因为一个人不爱惜自己的生命，也就不会珍惜别人的生命。第十三章讲过，什么样的人才能把天下托付给他呢？"贵以身为天下"，"爱以身为天下"。所以好的领导者对自己的生命非常珍视，但是为了天下的使命，可以奉献自己的生命，这样的人我们才能把天下托付给他。

"故去彼取此"，取的是什么呢？取的是自知自爱。去的是什么？去的是自见自贵。

七三

勇于敢则杀,勇于不敢则活。此两者,或利或害。天之所恶,孰知其故?是以圣人犹难之。天之道,不争而善胜,不言而善应,不召而自来,繟然而善谋。天网恢恢,疏而不失。

——《道德经》

译文:

勇于表现坚强的人就会不得善终,勇于表现柔弱的人可以保存生命。这两种"勇",有的获利,有的遭害。天所厌恶的,谁知道其中的原因呢?所以圣人也认为这非常困难。天之道,不争而善于得胜,不发布命令、政令而能得到好的响应,不强行去征召而大家自行来到,坦然从容而善于谋划。天网虽然稀疏,但不会遗漏。

这一章首先谈的话题是"勇敢"。关于"勇敢",《道德经》并不像我们一般的认识那么简单,表达那么直白,它把"勇敢"分为"勇敢"和"勇于不敢",这个说法的妙处我们后边再做解说。

接着读这一章,大家会发现熟悉的语句"天网恢恢,疏而不漏",其原文就出自第七十三章"天网恢恢,疏而不失"。我们中国人读失去的"失",总觉得有点绕口,换了一个字,意思都是一模一样的。天网恢恢,疏而不漏,天道如此。庄子也讲过这样一段话,一个人做了亏心事之后,在客观世界上把有形的痕迹抹掉容易,可是抹不掉内心的痕迹。即便是不受客观世界的惩罚,也得受良知的惩罚。那么第七十三章的结尾,怎么得出"天网恢恢,疏而不失"的结论呢?是怎么过渡到"天网""天道"的呢?

"勇于敢则杀",毛主席在《贺新郎·读史》这首词里面就讲:"铜铁炉中翻火焰,为问何时猜得?不过几千寒热。人世难逢开口笑,上疆场彼此弯弓月。流遍了,郊原血。"人类的历史都是在这种血与火的洗礼中前进的,老子在他那个时代,肯定也看到过这种情况。"勇于敢则杀",也包括很多违背了国家法律法令的不法之徒,直观地来看,这也是属于勇敢,"勇于敢则杀"。"勇于不敢则活","勇于不敢"直观看上去,我们把它叫作"懦弱""退缩",但其实这样的"懦弱"和"退缩"还有另外的一类人,他们懂得保护自己的生命,以期谋得更大的成就与发展。其实,我们说懂得拒绝的人也是一种"勇于不敢",有些该做的事情,勇敢去做;有些不该做的事情,勇于不敢,拒绝。

老子接着说,"此两者,或利或害。""此两者"指勇敢和勇于不敢。勇敢和勇于不敢这两种情况"或利或害",就是说有时有利,有时有害,那到底何时有利,何时有害呢?谁能把握这个度呢?"天之所恶,孰知其故?"天呢,到底是喜欢还是厌恶?到底是怎么一回事?谁能够了解这里边最根本的原因呢？"是以圣人犹难之"，就是再有智慧的人、有智慧的领导者，在这个方面也难以理解清楚。所以你看这个认知，非常困难，到底是该杀还是该活，到底该怎么对待，这是一个非常难的选择。那老子是不是就放弃了对这个难题的解决呢？不是的，事实上，老子是认为，只有站在更高的视野才能解决这个困扰，也就是第四章说的"解其纷"。所以老子在下边就说，如果从天道的角度来认识这个事情是什么样呢？

"天之道，不争而善胜"，不争斗，却能够获得胜利，这是符合天道的。"不言而善应"，要行不言之教，不是老去命令，大家对他反而非常支持，非常响应。言教不如身教，"不召而自来"，大家自然而然就聚拢到你的麾下，这是符合天道的。"繟然而善谋"，"繟"就是坦然、从容。天道看不出来痕迹，从容地向那个方向发展，就像一个善于谋划的人一样，不露痕迹地谋划。

所以后面就讲"天网恢恢，疏而不失"，天网虽然好像有很多疏漏，但是最后你会发现，这天道如此，天网恢恢，疏而不漏。我们中国人经常把这个叫作"人在做天在看"，"为人别做亏心事，古往今来放过谁。"

到这里，逻辑就逐渐清晰了：天道不争，不强制，自然而然。所以为民，不能滥用所谓勇敢；为王，也不能滥用强制，这都是不符合天道的，不符合天道，则是必然要失败的，也就是讲"天网恢恢，疏而不失"。所有违逆天道的所谓"勇敢"最后都会受到惩罚，天网虽然好像有很多疏漏，但是最后你会发现，这天道如此，天网恢恢，疏而不漏。

关于这一点，我们再引证下孔子这句话："人之生也直，罔之生也幸而免"，就更清楚了。意思就是那些不正直的勇于敢者、对抗天道天理的人，也许会侥幸漏掉一时，但终究逃不脱天道天理的惩罚。孔子的真正意思在于，若靠侥幸活着，你是活不好的。而老子对于敢对抗天道天理的人、与天争胜的人，警告更为严厉："天网恢恢，疏而不失。"换句话说就是"人在做天在看"，为人别做亏心事，古往今来放过谁。

七四

民不畏死,奈何以死惧之?若使民常畏死,而为奇者吾得执而杀之,孰敢?常有司杀者杀,夫代司杀者杀,是谓代大匠斫。夫代大匠斫者,希有不伤其手矣。

——《道德经》

译文:

人民不畏惧死亡,为什么还要用死亡来吓唬他们?如果使人民经常性地、普遍性地畏惧死亡,而为非作歹的人我们可以把他抓来杀掉,那么谁还敢胡作非为?常有专管杀人的去执行杀人的任务,代替专管杀人的去杀人,就是代替大工匠去做砍斫的工作。代替大工匠去砍斫,很少有不伤到自己手的。

七十四章开头这句话，在讲什么呢？"民不畏死，奈何以死惧之？"假如这国家的人民都不怕死了，都感觉到生无可恋了，你还能有什么方法去管理他们呢？上一章不是说过嘛，"狎其所居，厌其所生"，百姓感觉到压力太大，感觉到生不如死，那就会产生"民不畏死"的情况。这个时候，你拿死去吓唬他还有什么用呢？毛主席在《别了，司徒雷登》中引用过这一句，并引申说，"中国人死都不怕，还怕困难吗？"

接着老先生做了一个假设，"若使民常畏死"，假如这个国家的人民经常地、普遍性地害怕死，老百姓对生活抱有憧憬和希望，这个时候，如果有搞幺蛾子的人，铤而走险犯法的人，"而为奇者吾得执而杀之"，做领导的、做统治者的，把这些人逮过来杀掉了。"孰敢"，没有人会响应这些人，大家不都不吭声了？国家也就恢复了平和、安定。大家注意，这话里暗含着一种假设，事实是什么呢？老百姓生活没有希望，不畏惧死亡。这时候，你杀的人越多，反抗的人越多；镇压得越多，起来呼应的人更多。所以，老子说你管理靠镇压是不行的，这不是根本的方法。历史上还有比秦朝法令更严苛、更严酷的时代吗？满大街都是被砍断手脚的人，严刑重罚，稍有违犯，立马严惩。最终，大家不还是起来造反了吗？秦朝之前，老先生就已经提醒过，靠残酷的镇压是不管用的，这不是处理问题的根本方法。

下面上升到了更高层面，"常有司杀者杀"，大家知道，我们讲"秋后问斩"。秋天是代表肃杀的，杀人的时候是在秋天，这个代表符合天道、"天杀"。《道德经》的这句话是说，人的生死是由天来司管的。再退一步讲，国家也是按照国家的法令、按照符合道的方式制定的法律，来约束人的。当然这句话就《道德经》本身而言，是在讲天操管着人的生杀予夺大权，人没有这个权力去决定别人生死的，即便有的话，也应该有专门的部门来管。"夫代司杀者杀",代天来杀人,这叫什么?"代大匠斲",我们知道木匠的锛凿斧锯别人是不能动的,太锋利了,只能他们自己使用。你不熟悉这一行,你不懂怎么使用,你代替他们,"希有不伤其手矣",哪会有不伤到自己的?老先生拿这个来做类比:你应该不用这些东西,不善于用这些东西,你越俎代庖,那么你自己肯定也会受伤的。因此,只用杀戮、镇压的方式,是不符合天道的,对自己的统治、领导也有着极大的损伤。

这段话其实是对统治者提出的警告:靠镇压残杀的政策,也会影响、威胁到自己的统治,不要相信武力能解决一切问题。三十五章讲"执大象,天下往。往而不害,安平太。"应该用符合"道"的方式来管理国家,以民为本,注重根基,这样才能够和谐相处,才能够"安""平""太"。

七五

民之饥,以其上食税之多,是以饥。民之难治,以其上之有为,是以难治。民之轻死,以其求生之厚,是以轻死。夫唯无以生为者,是贤于贵生。

——《道德经》

译文:

人民之所以饥饿,是因为统治者收取挥霍的赋税太多,所以人民饥饿。人民之所以难以治理,是因为统治者总是胡为、妄为,所以人民难以治理。人民之所以不怕死,是因为统治者所求奉养过多,所以人民不怕死。不把自己生命看得绝对重要的人,不搜刮剥夺人民以奉养自己生命的人,才是胜过了贵养厚养自己生命的人。

这一章的核心话题还是"民",解释了三个问题。第一,百姓为什么饥寒交迫;第二,百姓为什么难以治理;第三,百姓为什么不怕死。解释完三个内容,然后对领导者、统治者提出要求。

"民之饥,以其上食税之多",百姓为什么饥寒交迫?"上",上面的领导者、统治者,"食税",收的税太多了,而且收的税都被这些人挥霍。"民之难治,以其上之有为",百姓为什么难以治理呢?原因不在他们这儿,是因为上边胡来、瞎折腾。在《道德经》里,"有为"这个词就是妄为、胡折腾,上边老瞎折腾,就把民心折腾乱了。"信不足焉,有不信焉",折腾得多了,讲的话也不信了,失去百姓的信任,说什么都没用了。"是以难治","是",这、这样。这话讲得就比较理性,你老说他们是刁民,老在他们身上找原因,其实这原因就在自己的"有为"。老子对坐在对面的那些领导者、统治者讲,你得找到真正的原因,百姓为什么饥寒交迫?你们收税收得太多了,收的税都被挥霍了。百姓为什么难以治理?你们整天瞎折腾,胡来妄为,把民心搞乱了。

"民之轻死,以其求生之厚"。"其"指谁?领导者、统治者。百姓为什么轻死,把死不当一回事?是因为你们这些统治者,把自己的生命看得那么重要,不惜用剥夺的方式积累财富,花天酒地、穷奢极欲,这财富都聚积在自己手里,老百姓难以生存。当你"求生之厚"的时候,底下的百姓就觉得没什么活路和希望了,也就不把死当一回事,"是以轻死"。

那么应该怎么做呢?"夫唯无以生为者",不要把自己的生命看作绝对重要的。不要把财富、好吃的、好用的,全都集中在自己这儿来,认为只有自己的生命才是生命,对别人的生命视而不见,感到无足轻重。不把聚敛、穷奢极欲当作生命的重要部分,这个就是"贤于贵生"。百姓为什么饥寒交迫?上食税之多,为什么难以治理?上面胡来妄为,为什么不怕死？求生之厚。这章三个并列句，像诗一样的语言，讲得非常深刻、非常理性。把七十五章和七十四章结合起来理解，我们就能发现，老先生苦口婆心地劝坐在对面的那些领导者、统治者：你们要对自己国家的人民好一点，否则啊，他们日子过不好，你们的日子也不安稳，你们只靠这种高压政策，这不是解决问题的根本方法。

我们完全可以说在这几章里看到了《道德经》的"真实面目"，很多话是针对那些统治者讲的，苦口婆心地劝他们，应该怎么样对待这个国家的人民，才能使国家长久地、持续地发展。

七六

人之生也柔弱,其死也坚强。万物草木之生也柔脆,其死也枯槁。故坚强者死之徒,柔弱者生之徒。是以兵强则不胜,木强则折。强大处下,柔弱处上。

——《道德经》

译文:

人活着的时候身体柔软,死后身体便会僵硬。万物草木活着的时候形质柔软,死后变得干枯。所以坚强的东西属于死的那一类,柔弱的东西属于生的那一类。所以穷兵黩武一定会遭受灭亡,树木坚硬就会一折就断。总认为自己强大的、夸耀自己强大的,反而会处在下面;懂得柔弱、谦逊的,反而会居于上面。

现在我们来说一下第七十六章，王弼本子的编辑是有着内在逻辑的。前两章，老先生劝统治者，不要用这种"强"的方式、镇压的方式来实施自己的统治，那么应该怎么做呢？要懂得以柔克刚、强大处下，这样才能形成一种和谐。有的人确实是没有认真地读这本书的原文，他们认为《道德经》是一个弱者斗争的哲学，这是不了解坐在老子对面的向他提问的那些人，他们并不是一般的平民，而是手握权力的领导者、统治者。要站在这个层面来理解第七十六章，知道他这些话是对那些认为自己或者自己国家很强大的统治者们讲的。老子劝他们用"柔弱"的方式来实施自己的统治，这个是非常有智慧的，非常能够体现老先生的慈悲仁爱之心。

这一章强调两个字"柔弱"，所以一开始讲"人之生也柔弱"，最后强调"强大处下，柔弱处上"。"人之生也柔弱，其死也坚强。"人活着的时候是什么状态？柔韧性非常好。我们看跳舞的、练杂技的，就觉得他们柔韧性好。柔弱、柔软，这是生命昂扬、鲜活的状态。而人死的时候是什么样的一种情况呢？硬了、僵了，"其死也坚强"。老子首先拿人生命的状态来说明柔弱具有的意义。

如果这个问题大家觉得还没有理解到位，再换一个角度来理解。在苏州金鸡湖苏州工业园区里曾经出现过一尊老子的雕像，这尊雕像太丑陋了，老子张着嘴，吐着舌头，一颗门牙。很多人很不理解，心里想有大智慧的老子，怎么会是这样的形象，还有人打趣说，这个老子是来卖萌的……这个雕塑者姓田，他就站出来解释说，我这个雕塑叫"刚柔"，它的出处是，当时孔子见老子的时候，老子没有给他多说什么，张开嘴巴让孔子看了看。孔子一看就明白了，老子当时已经都七十多岁了，牙早掉光了，但是舌头还在，讲的就是"柔弱更长久"的意思。雕塑者说"刚柔"倒没错，但是这段话不是出自正史，记载的也不是孔子和老子之间的事，其实是当年老子毕业的时候，跟自己的老师讲的。您有什么送给我？老师也没说话，张开嘴巴给他看了看，老子就看明白了，老师年纪大了，牙掉光了，但舌头还在。牙齿是坚硬之物，到一定年龄就掉了，舌头没事，柔软更长久。所以，柔弱更有生命力、更长久，柔弱是生命的状态，而强硬、僵硬是死亡的状态。这是第一个，拿人来做比方。

第二个以草木为例，"其生也柔脆，其死也枯槁。"我们以草为例，李世民在诗里说"疾风知劲草"。草，风往这边吹了，它这边倒，往那边吹了，往那边倒，风走了，它再站起来坚守脚下这片土地。什么时候草坚定了，不随风倒了，那草就死了、枯了。正因为草很柔弱，所以它能迎风起舞；正因为草很柔弱，所以"天涯何处无芳草"。

下面得出结论，"坚强者死之徒"，"徒"就是那一类。认为自己坚强、强硬、强暴，其实这是属于走向死亡那一类的。而"柔弱者生之徒"，柔软、柔韧，这是富有生命力的表现。沿着这个方向再往下推，就说到了人类社会，"兵强则不胜"，一个国家穷兵黩武，认为自己的军事力量强大，稍一不如意就动用军队发起战争，"国虽大，好战必亡。""兵强则不胜"，不是说你这场战役打不胜，但穷兵黩武的最后结果一定是失败的。历史上多少强大的帝国，比如说秦朝，被称为"虎狼之师"，最后怎么样？"兵强则不胜""木强则折"，这个"强"就是僵硬。春天，万物复苏，细小的柳枝也很有韧性，很难去折断它。秋天，柳枝水分干枯，好像很强硬地挺在那里，可是它内在枯槁了，一折就断。

小的时候，我在石厂里边劳动，砸石子做铺路之用。那时候我就见了一个非常奇怪的现象，石场里石匠用的榔头把儿，一种是很粗大的木棒，看着很稳定；一种是很细的木棒，看起来很危险。我去问那个石匠，怎么用这么细的斧柄？他说这个东西叫"水曲柳"，你别看它细，但它韧性非常好，你用多大劲也没事。所以每当读到这个地方，我就想起这个事情。"木强则折"，看似强大僵硬，其实没有了韧性，它就没有了生命力，一碰就断掉了。

讲完这个了，再看这里边的两层推论。第一层推论："坚强者死之徒，柔弱者生之徒"，然后推到人类社会，表达他对用这种强横的方式予以统治，用这种强横的方式予以领导的不认同，指出这个方式的致命弱点。战争中也是如此，"兵强则不胜"，就像"木强则折"一样。讲完这个，推论到第二层："强大处下"，老是炫耀自己强大，去任意凌辱别的小的国家；自己有了高的位置，就盛气颐指，不符合道，这是向死亡方向去发展。"强大处下，柔弱处上。"懂得以柔克刚，懂得以退为进，懂得谦逊谦让，这才是符合道的，才是真正有智慧的表现。

第六十一章，"天下之牝，牝常以静胜牡"，讲以静制动、以柔克刚的道理。强大、用强，这事大家都知道，也并不是说老子对这个东西一味排斥，因为人生有的时候也是需要强的，但是大家都把这个事情推到极端了，认为"强"是解决问题的唯一方式，所以，老先生在面对那些领导者、统治者的时候，苦口婆心，形象具体地讲述柔弱处下的道理。

我们现在读这一章，也可以把智慧扩大到我们的为人处世，不要只认为用强才能解决问题，要懂得强弱两者的相辅相成，老去逞强，不是真正智慧的做法，这只是智慧的一个方面，而"以柔克刚"才是一种真正高级的智慧。适当的时候，我们要懂得示弱，这是我们在和社会、和别人打交道的时候，非常重要的智慧。

七七

天之道，其犹张弓与？高者抑之，下者举之；有余者损之，不足者补之。天之道，损有余而补不足。人之道则不然，损不足以奉有余。孰能有余以奉天下？唯有道者。是以圣人为而不恃，功成而不处，其不欲见贤。

——《道德经》

译文：

  天的规则，不就像拉弓射箭一样吗？瞄得高了就往下压，瞄得低了就往上抬；有多余的就减少，不足的就给补充。天的规则，减损有余的来补充不足的。人类社会的规则不是这样，减损不足的来供奉有余的。谁能让那些有余的人奉献出来为天下做贡献？只有得道的人。所以圣人把事情做成而不把这当成一种倚仗甚至勒索的手段，有了功劳却不居功自傲，不想表现自己的贤能。

第七十七章，这一章重要在什么地方呢？大家都知道"马太效应"，马太效应出自《圣经·马太福音》，直观的解释是穷者越穷，富者越富，越穷越倒霉，越富反而财富滚滚而来，这也是我们人类社会大家都认同的一个普遍的现象。怎么解决这个问题呢？怎么样解决这样一种贫富的两极分化呢？《道德经》很早就给出了一个方案，所以我们把这一章叫什么呢？叫"张弓效应"。在这一章里边我们可以看到一句话，这句话和马太效应讲的意思是一样的，叫"损不足以奉有余"。

"天之道，其犹张弓与？"老子在这一章里面就讲，说天道就像拉弓射箭一样，拉弓射箭要有的放矢。这个箭，你瞄得高了，往下压一下；低了，往上抬一下，"高者抑之，下者举之"。沿着这样一个比喻，自然就得出这个结论，对人类社会也是这样，"有余者损之，不足者补之"。财富多的人应该拿出更多帮助这些不足的人，收入高的人当然应该多交税。这就是"天道"，天道如此，天道均衡，"天之道，损有余而补不足"。

可是人道、这个社会是怎么做的呢？"人之道则不然"，老子对当时的情况看得很清楚，财富都掌握在少数人的手里，"损不足以奉有余"，越是不足的、穷的，反而被压榨得越厉害，富的反而越来越富。于是，老子面对那些统治者讲，一个好的领导者、统治者应该向"圣人"的方面去发展，做一个好王。大家注意古代那个"圣"的写法，王上边并列两个字，耳和口，听得进别人的意见，说话温暖。通达事理的王，称之为圣。老子就对他们讲，你们应该向这个方面努力，怎么做呢？"有余以奉天下"，让那些更富的人来为这个天下做贡献。"唯有道者"，就是了解道的人，按照道的方式去行事的人，才能做到这一点。

说到这儿，我就得给大家说一下我们的文化背景。一句话大家都熟，叫"不患寡而患不均"，贫富不均，很容易产生问题。历史上那些农民起义，从他们用的口号，你也能感觉到这一点，比如说王小波、李顺，"均贫富等贵贱"；比如说王仙芝，"天补平均大将军"……从社会心理能分析到这一点。所以老先生就讲，什么样的统治者、领导者才能够真正注意到、做到让贫穷的得以扶持，让富有的贡献更多呢？"唯有道者"，"是以圣人"。

"是以圣人为而不恃，功成而不处，其不欲见贤。"一个好的领导者，"为而不恃"，他把这件事情做了，有作为了，却不把这个当作一种倚仗甚至勒索的手段。"功成而不处"，不居功自傲，"不欲见贤"，不想表现出自己的这种贤能贤明。这是有道者的表现，懂得让天下向共同富裕的方面发展，让那些先富起来的人懂得奉养天下，哪怕是把这些做成了，也不居功自傲，因为他们知道，这只是按照道的方式来做的。

七八

天下莫柔弱于水，而攻坚强者莫之能胜，其无以易之。弱之胜强，柔之胜刚，天下莫不知，莫能行。是以圣人云：受国之垢，是谓社稷主；受国不祥，是为天下王。正言若反。

——《道德经》

译文：

  天下没有比水更柔弱的了，但攻克坚强的东西却没有能胜过它的，没有什么东西可以代替水。柔弱胜过刚强的道理，天下都知道，但不能真正做到。所以圣人说：能忍受全国的屈辱，才能做社稷的君主；能承受全国的灾难，才能成为天下的君王。符合正道的话都好像反话一样。

第七十八章体现了这本书里的一个非常重要的理念，"善于处下"。这些内容我们之前都有过接触，甚至直接引用七十八章做过讲解，所以这一章我们并不需要花费太多的时间来解释，大家也能够明了。

"天下莫柔弱于水，而攻坚强者莫之能胜"，天下没有什么东西比水更柔弱了，你拿什么容器装，它就是什么样，随方就圆。但天下也没有什么东西比水的力量更强大了，攻无不克，战无不胜。水就是以柔克刚、以弱胜强的最好的形象代表。"以其无以易之"，因为没有什么东西能够替代水，天下最柔弱的东西，它力量又最为强大，最能够体现柔弱胜刚强的道理。"弱之胜强，柔之胜刚，天下莫不知，莫能行。"天下都知道，这东西表面上看似柔弱，但发挥作用的时候力量太强大了，但是真的要这样却非常不容易，为什么？人都有脾气，"柔弱胜刚强"得懂得忍耐、等待，忍耐是我们人最难练的一种功夫。水滴锲而不舍方能穿石，一条溪流不舍昼夜，慢慢积累，等待时机，才能发挥大用。"柔弱胜刚强"也是需要条件的，只是老子没有明说。

"是以圣人云"，我再给大家强调一下，在老子心里，以前有很多好的统治者、有智慧的领导者，他称其为"圣人"，让大家向他们学习。我们在前面谈到过，他的很多话并不是原创，是他引用的以前的圣人的，下边这话就表达得非常明确，所以这些圣人讲，"受国之垢""受国不祥"。这两句话就是《道德经》里边从头至尾强调的，就是我们经常讲的善于处下。古往今来，夺得天下的表面看是一家一姓，实际上不都是一个团队吗？什么样的团队才能夺得天下，并且坐得了江山呢？之前，我们在第八章讲"处众人之所恶"时，也拿这个地方作为印证。吃苦在前，享受在后，有困难还得担着，有错误勇于改正，这不就是"受国之垢""受国不祥"吗？所以真正想要夺得天下，坐稳江山，也就是所谓"处其上"，首先要懂得"处其下"，要"受国之垢"，要能忍受别人忍受不了的艰难困苦，要能承受别人承受不了的屈辱诟骂，这样才能成为江山社稷的主人。"受国不祥，是为天下王。"有灾难有困难，你别跑，要挺身而出，勇于担当，有错误要勇于承认，勇于改正。

毛主席把共产党的宗旨概括为五个字，叫"为人民服务"。两千多年前的"受国之垢""受国不祥""处众人之所恶"，两千多年后的"为人民服务"，这本质意思不是一样的吗？这就是《道德经》里面从头到尾强调的，也是古往今来的大道。我们在讲第十四章的时候说过一句话，"执古之道以御今之有"。了解古往今来的大道，我们才能更好地做好今天的事情。读到这儿大家就会发现，这《道德经》里边蕴含着古往今来的大道，蕴含着一个人、一个团队、一个党派成功的最深的密码，值得大家认真地品味。

总结上面这种表达方式叫什么呢？叫"正言若反"，也就是第四十章讲的"反者，道之动"。看着是讲反话，大家都不愿意去做的事情："受国之垢""受国之不祥""处众人之所恶"，可实际上，这才是能够让我们"处上"、取得成功的真正的智慧与奥妙。看似说的反话，其实深刻的道理就在里边。

七九

和大怨，必有余怨，安可以为善？是以圣人执左契，而不责于人。有德司契，无德司彻。天道无亲，常与善人。

——《道德经》

译文：

调和了大的矛盾，也必定会有遗留的怨恨，这怎么能是妥善的方法呢？所以圣人收执借据却不苛责别人偿还。有德的人就像执左契而不责于人的，无德的人就像掌管税收的人那样严苛残酷。天道没有偏私，规律给予善于此道的人。

针对坐在对面的那些统治者、领导者，老子前面一直在讲，不要用高压的方式，要懂得用柔和的方式。如果一直用高压的方式，一直用"损不足以奉有余"的方式，这社会就积累了大的矛盾。老先生认为，有了这个矛盾之后，不管用什么方式解决，它都会遗留下很多的不满、埋怨、祸端。在这个基础上，我们才能够深入理解第七十九章的内容。

这一章只有这么几句话，但道理非常丰富而深刻。"和大怨，必有余怨，安可以为善？"如果社会已经积累了大量的矛盾，即使用调和的方式，"和大怨"，可是，依旧会留下很多的埋怨、祸端。"安可以为善？"即使用和谐的方式，也不是一种善举，为什么呢？第六十四章讲"为之于未有，治之于未乱"，从一开始你就不应该让这社会积累这么多的矛盾。

我们之前举过"晏子救灾"的例子，其实针对我们目前的环境问题，也是一样。大家知道有一句话叫"反对先污染后治理"，你污染完了，你再治理，其难度之大，难以预料。"病来如山倒，病去如抽丝"，社会不也一样吗？积累了这么多复杂的矛盾，你老用调和的方式，你说现在已经柔和了、缓和了，但留下那么多的祸端，这当然不算是好的方法，不可以叫作善举。

对应我们人际交往也是一样，我们不要本着"无所谓"的态度，想着跟别人、朋友之间有了裂痕，我们说以后自会解决的，事情往往没有我们想得那么简单。所以，平时做事就要小心，朋友之间要珍惜，家人之间的感情要珍惜，别真的等得了埋怨之后，再想办法去解决。这跟钉子钉在墙上一样，你拔出了钉子，那个眼还在。最好的"善"是什么？提前做出预防，"为之于未有，治之于未乱。"

"是以圣人执左契，而不责于人。"有智慧的领导者、统治者，就像拿着契约的人。"左契",契约,一撕两半,左边一个,右边一个,左边那个是借据。拿着这个契约借据"而不责于人",不是天天去追着要,而是表达出圣人的一种宽容。老先生拿这个举例子,意思是,一个好的领导者,哪怕你对大家都有恩德,对天下都有恩德,你别以为大家都欠你的,"不责于人"。所以"有德司契,无德司彻",有德的人就像执左契而不责于人的人。"彻",就是税官、收税的。这代表着两种态度,一种是和缓的态度,另一种是苛刻的残酷的态度。所以平日里,应该像"有德司契"的样子,那就不会积累那么多的埋怨。反之如果像那个税官一样,苛捐杂税多,还步步紧逼,不肯放松,老子认为这是无德的表现,这样会留下大怨!

下面两句话很容易引起误解,"天道无亲,常与善人。"在第五章曾经讲过,"天地不仁,以万物为刍狗",天地是没有感情的,它并不因为你做了好事,就来奖赏你,也不因为你做了坏事,便来惩罚你。既然"天道无亲",那为什么"常与善人"呢?又怎么让那些善人能够理解这个规律规则,并按照它去做呢?

这个事情我换一个角度让大家理解,美国有一个报社的主编,他经常接到读者的来信,读者来信都反映一个什么问题呢?做好事不得好报。特别是其中有一个小孩就说,我弟弟什么都不干,我天天在家里干活那么勤奋,可是我妈妈就把好的东西都给我弟弟,就是喜欢他,这不是不公平吗?上帝在哪里?上帝怎么能够这么不公平?这个主编呢,一直不知道怎么解释这个问题。后来有一次,他参加了一个婚礼,新郎新娘互戴戒指,出现问题了,两人把戒指戴错了,本来应该戴到左手,但都戴到了右手上。主持婚礼的牧师就用一种诙谐的方式说,右手已经够完美了,不用再修饰了,还是用戒指来装扮左手吧。这个主编就在那个时候领悟到一个道理:一个已经够好的人,你不用去奖励他,他已经够完美,最大的奖励是什么?就是他已经成为一个好人。天道对好人最大的奖赏是什么?放到西方的文化里边来讲，上帝对好人最大的奖赏是什么？就是让你成为一个好人，这已经是最大的回报了。

这里讲"天道无亲"，它是说天道是公平的，没有偏私的。让一个人成为一个好人，那么一个好人吃点亏，这是正常的，因为你作为一个好人，这已经是"道"给你的回报了。天道是公平的，没有亲疏之分，但是，它把规律、规则赋予了那些做善事的人。做一个好人，我们免去了很多的祸端祸殃，成为一个好人——这就是对我们做好人的最大的回报，不需要其他的东西来"修饰"了。

所以用"有德司契"的境界去管理国、治国，就不会有大怨；用"有德司契"的境界去为人、去处事，会让你成为一个"好人"，"福虽未至，祸已远离"。

八十

小国寡民,使有什伯之器而不用,使民重死而不远徙。虽有舟舆,无所乘之;虽有甲兵,无所陈之;使人复结绳而用之。甘其食,美其服,安其居,乐其俗。邻国相望,鸡犬之声相闻,民至老死不相往来。

——《道德经》

译文:

　　理想的国家是这样的:国土小且百姓少,就算有十倍百倍于人力的工具器械也用不上,让人民都看重死亡而不远离故乡。即使有船有车,也没有人去乘坐;即使有盔甲兵器,也没有机会陈列;使人民回归到结绳记事的纯朴状态。觉得自己的食物是香甜的,觉得自己的衣服是很美的,安于自己的居所,乐于自己的风俗习惯。邻国可以相互望见,鸡鸣狗叫之声可以相互听见,人民至死也不来往。

第八十章历来被认为是老子思想中的一个非常重要的部分——老子的理想国。大家一听都知道，在哲学上，柏拉图有《理想国》，后来就出现了康帕内拉的《太阳城》、莫尔的《乌托邦》，就是对理想社会的设定。哲学家设定理想社会都有一个非常有趣的现象：要了解人类的未来，先看人类的开始。因为哲学里边讲否定之否定的规律，就讲事物到最后都回归出发点，严格地讲叫"仿佛回到出发点的运动"，是在更高层次上重复第一阶段的某些特征，所以我们看看人类的开始。人类开始的时候，大家是平等的，所以未来的人类社会也是平等的。你看三个阶段：平等——不平等——平等。沿着这样一种哲学思路，我们来理解老子这个小国寡民，就知道，这也是他的一种空想，但是，这种空想代表了他理想的寄托。

他理想的这个国家是什么样子？别天天老打仗，别弄那么多人，大家不要经常、过多地交往，过多交往就会产生矛盾、冲突、隔阂、战争，他想让大家和平和谐地相处，所以要把这个国家变成一个"村"。"小国寡民"，让这个国家变小、人民变少，大家就像在一个乡村里边生活。在小国寡民的理念下，他就要限定，要这样做，即使有各种器皿也不用，为什么不用呢？因为在中国历史上有一个说法，其实和西方后来的一些思想也遥相呼应。西方有一个哲学家叫卢梭，法国的启蒙思想家，当年给法国的自然科学院写过一篇论文，获了奖，叫《论科学与艺术》，他认为科学和技术的进步使人类道德堕落，在中国历史上也有很多人认可这种看法。庄子文章里就讲了一件关于"抱瓮老人"的事：说一次孔子带着学生去游学，子贡就看见一个老头，有这个先进的工具不用，抱着瓦罐去井里打水。当时的先进工具是什么呢？就是辘轳，现在大家看不见了。自己跑到井边抱着瓦罐去打水，子贡就觉得很奇怪：这老先生怎么这么笨，辘轳就在旁边，摇一摇不就上来了吗？你自己下去干吗呢？老先生就郑重其事地跟他讲，我的老师讲过，人如果使用机器就会有投机取巧之心，为了保持我的朴素的道德，所以我不用这个机器，就不会有投机取巧之心。大家仔细思量，我们使用的工具，确实对我们的思维方式、性格有很大的影响，所以《道德经》讲"什伯之器"，不用，用最简单的工具，保持简单的心灵，保持朴素的品德。

当年曾国藩在做官的时候，经常给家里边写信，告诉他儿子，你每天得下地劳动；告诉他女儿，你得给我做鞋。其实，曾国藩在乎的不是地，不是鞋子，他是觉得这样的方式，会让子女形成他要的那种性格、品德。这个东西倒是真值得研究，人类使用的工具在不断进步，变得千奇百怪，人要想回归朴素的道德，就很困难。

"使民重死而不远徙"，人离开家乡之后成为流民，那么很多方面就无法保证了。我们前面也讲过，这国家到处都是流民，它无法稳定，因为"无恒产者无恒心"，所以人民离开了自己家乡的土地，成为一个流民，这就没有办法回到一个小国寡民的所需要的品德和素质。下边一样，"虽有舟舆，无所乘之"，这也是工具，有这个船，有这个车，不要经常去坐。我们现在也有很多人领悟出来了，打趣说，汽车是毒药，自行车是泻药，走路是补药。现在，很多人也确实奇怪，开车节省出时间了，然后回家在跑步机上跑步，这个东西确实是挺难理解，有时间走走路，不也是一种锻炼吗？

下边这句话重要了，是这段话里要表达的核心意思，"虽有甲兵，无所陈之"，有军队没地方放。我不打仗，我要军队干吗？大家注意，咱们中国的"国"字，原来氏族的时候，它是没有边界、国界的。"国"字外面这个方框是代表着城墙，"国"的繁体字，最常用的是哪个呢？就是里边的"或"。大家仔细琢磨"或"，你看它是什么？武器，那个"戈"不就是武器吗？用武器来看守一定的人口。这国家一出现，国家一大了，它就需要军队，所以老子为什么要小国寡民呢？不要军队，大家干脆都别打仗。在他的理想国里是没有军队存在的位置的，反对战争，祈求和平。

《淮南子》里也讲了这样一件事，大禹的父亲夏鲧治国的时候，修了一座很大的城池，弄了很多的军队，结果四海有反心，诸侯都准备起来背叛。大禹即位后怎么处理的呢？他把城拆了，把军队散了，结果四海归心。其实这故事表达的也是这个意思，《淮南子》主要解读道家思想，举的这个例子也是用来印证《道德经》里讲的这一理念。

"使人复结绳而用之"，有的本子叫作"民"，都一样。百姓不再用文字了，人类最早不就结绳记事吗？据说当年文字出现的时候，天雨粟，鬼夜哭。当然我们这个文明延续到今天，受惠于文字的地方太多了，但是《道德经》里说，文字有时候也让人变得复杂，有投机取巧之心。有的人说老子这是倒退，反对文明。其实大家要理解他的苦心，他主要是想让人类回归那种朴素的、平等的、和谐的、互相不冲突的理想国的状态。

我们换一个角度给大家一个直观的形象，大家都知道陶渊明的《桃花源记》，那里的人都是什么样？都活得非常和谐。"甘其食"，吃什么都觉得很香，不挑剔。"美其服"，不是说穿着漂亮的衣服，是穿什么衣服都觉得很好，都觉得很开心。"安其居，乐其俗"，安居乐业，大家很喜欢这里的风俗，很开心。"邻国相望"，因为现在搞得国家都跟一个村子一样，国与国之间不打仗了，邻国相望，离得很近，"鸡犬之声相闻"。读《桃花源记》，很多时候，你能感觉到这一章的影子，"狗吠深巷里，鸡鸣桑树颠"。老子也给我们勾画了一个美丽的，看似平凡但不可企及的生活。当然，"民至老死不相往来"，不是强调不相往来，而是强调没冲突、不打仗。

这一章的核心是这句话："虽有甲兵，无所陈之。"春秋无义战，那时候战争此起彼伏，没一场是正义的战争，尸横遍野，血流成河。在这个背景下，老子就想这解决办法是什么呢？国家小一点，各过各的日子，不打仗。哲学家讲的理想国，不管是柏拉图的《理想国》、康帕内拉的《太阳城》、莫尔的《乌托邦》，还是老子讲的这个小国寡民，还是陶渊明讲的《桃花源记》，都代表着对纷乱社会的不满，都希望人类回归和谐相处的、没有冲突的、没有战争的状态。如果我们理解中国历史上非常沉痛的那两句诗，我们也就明白"小国寡民"的良苦之用心，这两句诗叫"宁做太平犬，不做乱世人"，宁可做太平世界的一条狗，也不做乱世冲突、战争频仍时候的人，因为这时候人活得连狗都不如，没有尊严。

所以我常讲，有些经常叫嚣战争的人，其实都是不懂战争。真正懂得战争的残忍，就知道这和平、平静，是多么可贵。大家上中学的时候学过一篇课文，叫《最可爱的人》，里边讲的一段话让人非常有同感。它说也许你正走在去上班的路上，也许你正背着书包走在上学的路上，你觉得这很平常，可是从朝鲜回来的人会告诉你，你是生活在幸福之中。经历过战争的人会告诉你，这种情况是生活在幸福之中。这对我们也有所启示，不能简单地说小国寡民是一个倒退，得看它的现实背景，得了解它的语境，我们才能真正地理解老子的用心，我们才能对这些历史上有智慧的人、有慈悲心肠的人，有深深的敬佩。见到这样有智慧、有品德的人，我们身体不在鞠躬，心灵在鞠躬。读这样的书也是一样，我们应该有敬畏，在敬畏的基础上，认真阅读，认真品味，珍惜和平与幸福的生活。

八一

信言不美，美言不信；善者不辩，辩者不善；知者不博，博者不知。圣人不积，既以为人，己愈有；既以与人，己愈多。天之道，利而不害；圣人之道，为而不争。

——《道德经》

译文：

真诚的话不华美，漂亮的话不真诚；行善的人不去争辩，总是争辩的人不是良善的人；真正有智慧的人不认为自己博学，总是认为自己博学、无所不知的人其实是没有智慧的。圣人不积累私藏，帮助别人的越多，自己越是充足；给予别人的越多，自己越是感觉获得的多。天道，利万物而不伤害；圣人之道，做好事情却不为自己争名夺利。

说起《道德经》的分章，大家一般认为最早是河上公以九九归一为神秘的数字指向，把它分成了八十一章。第八十一章可以看作全书的总结，全书思想的总结和概括就是最后这两句话，"天之道，利而不害。"天道如此，人道应该效法天道，所以下一句"圣人之道，为而不争"，一个好的领导人、统治者是如此，对我们大家来讲也是如此。

前面我们说过，潘基文连任联合国秘书长时引用了这两句话："利而不害，为而不争。"我对大家有利，不起坏心，为大家谋福利，"利而不害"。我把事情做了，不为自己争名夺利，"为而不争"。

我们应该有一个非常深刻的体验：道家并不是消极的、被动的，什么事都不做。什么叫无为？"为而不争"是无为的一个重要的方面，这可以看作《道德经》的核心总结。我们回头去想，"上善若水"讲"善利万物而不争"；天道讲"为而不争"。这样我们就把整个的思想落地了，知道了《道德经》最后的核心落在什么地方。

现在来看一下原文，"信言不美，美言不信"，真正诚信的话，不漂亮，只会讲漂亮话的，没诚信，过度漂亮的话里，往往隐含欺骗的内容，所以大家说，真理是朴素的，真理是赤裸裸的。"善者不辩，辩者不善"，真正善良的人，不会老去争辩。庄子在他文章里边经常讲，老去争辩，争辩胜了，又能够体现什么？"善者不辩，辩者不善"，老去争辩，老为自己找借口，老觉得自己受了无尽的委屈，这个不是善良者的表现。"知者不博，博者不知"，一个有智慧的人，不会老是吹嘘自己渊博、博学、无所不知，老是吹嘘自己无所不知的人，其实是没有智慧的。

下面就讲一个有智慧的领导者应该怎么去做事。"圣人不积"，一个有智慧的领导者，不是老想着去积累财富、有形的资产。"既以为人，己愈有"，什么叫作富？什么叫作有？我老去帮助别人，为别人做事，在给别人做事情、帮助别人的过程中，获得了无尽的快乐，这不是无形资产吗？这不是精神世界的充盈吗？"既以与人，己愈多"，给别人的越多，帮别人的越多，让财富发挥它真正的作用，在"舍"的过程中反而自己得到更多。

"既以为人，己愈有；既以与人，己愈多。"中国人喜欢双赢，帮助别人。我们的理念是什么？我们给别人做的事情越多，我们感觉自己越富有；对别人帮得越多，感觉自己获得的更多。所以我们经常讲，我们很多的快乐是在帮助别人成长，别人有困难的时候，我们帮扶的时候，感觉到自己内心充盈的快乐。"为人"是什么？"与人"是什么？是善利。看似付出，自己反而获得更多，自己的精神世界也更为充盈。如果我们只一味地为自己积累财富，结果呢？我们经常讲一句话，叫穷得只剩下钱了，我们的物质世界越发达，财富越多，我们的精神家园就越花果飘零。

"善利万物而不争"，这是全书的最后总结。不争什么？不争言语的漂亮，只为了它的实质；不为了争辩的胜利，只为它的真理；不吹嘘自己的知识渊博，只让知识发挥它正确的作用；不积累那么多所谓的财富，而是让财富发挥它真正的作用，让我们的精神世界越来越充盈、越来越丰富。帮人越多，自己越富有；给人越多，自己获得越多。舍得、舍得，舍的同时，也是一种获得；帮人的过程，也是一种快乐。

"既以为人，己愈有；既以与人，己愈多"，这两句话仔细思量，其实是天道。"天之道，利而不害"，天道如此，善利万物不起坏心。"圣人之道，为而不争"，把事情做了，不为自己争名夺利。

"为而不争"和前面我们讲过的"善利万物而不争"，"生而不有，为而不恃，长而不宰"，"功成而弗居"，"衣养万物而不为主"，这些重要的语句遥相呼应。这样，我们就把思想穿成了一串珍珠，看清楚了这本书真正的逻辑，也看清了这本书的"落脚点"。这些成为我们生活中的座右铭、指南针，对我们的思维方式、人生格局、精神境界都会有很大的启发。

第八十一章的内容我们解读完了。最后一章，我们看到最后落在这句话上："圣人之道，为而不争"，可以清楚地看到这本经典的目的就是把士和王修养、培养成圣。这就是这本书的内在逻辑，也是老子的良苦用心。

读这本经典要掌握以下几个关键性问题。一是《道德经》本质上是对话体，也就是对面坐着人问问题。只不过老子在刻书时把对面坐的人是谁、问的什么问题都省略了，而只是把他当时给的答案概括、总结、提炼、升华形成了一本著作。当我们从书里找到士、王、圣这三类问问题的人时，也就很容易抓住问题的关键了。

二是王弼本《道德经》哲学思维水平非常高。在第一章就提出"有无"相互统一思维方式的重要性，并指出"无"是全书的众妙之门，从而让我们清楚地知道了无色、无声、无味、无为……在这本书中的重要性，也借此步入众妙之门。

三是我们用这种以经解经的方法前后参照，避免了八十一章本子的"碎片化"倾向，并且在通篇解读中发现了老子对他认为的重要问题的强调方式：首先是用重复的方式强调。比如在第十章、第五十章都重复出现"生而不有，为而不恃，长而不宰"，并且在第二章、第三十四章也都出现类似的意思。其次是用首尾呼应的方式来强调，比如二十二章就是如此。其三是用正反两方面的方式来强调一个观点的重要性，比如第六十七章就是如此。

了解了上面这些导读的内容，我们再来听课、阅读，就会更深刻地了解这本书的内容，在这本"善建者不拔"的伟大经典指导下："修之于身，其德乃真；修之于家，其德乃余；修之于乡，其德乃长；修之于国，其德乃丰；修之于天下，其德乃普。"

当然即便是逐章解决了很多问题，讲的恐怕也是蜻蜓点水，就《道德经》而言，最重要的是大家自己的阅读和领悟。

后记

今年一月在上海樊登读书成立五周年大会上,樊登问我最喜欢哪本书、哪个作家,我的回答是:"我喜欢《庄子》,因为他让我找到了我一生的老师——老子,找到了影响我一生的经典——《道德经》!"

刚学会查字典就查自己名字,估计这是很多人都有的经历。结果知道了"韩"是一个国名,"杰"是水上的大船,解释都很简略,而"鹏"字则不然,说是一种大鸟,可以一飞九万里,这话出自一本叫《庄子》的书,于是极力找这本书,可惜直到中学才在学校图书室找到全本。读《逍遥游》竟然心旌方摇,甚至有些恍惚,后来才知道这种状态叫"不知肉味和水味",顿时大鹏和那个叫庄周的人都成了偶像。按那时的思维,自然就会想是谁教出来的庄子呢?于是知道了他是学了一个叫"老子"的思想,他的书叫《道德经》。

在南开读中国哲学史研究生,毕业论文写禅宗,也是要搞清佛教中国化过程中的道家渊源。毕业后来西安交大哲学系做老师,就更有了讲《老子》《庄子》等中国文化经典的机会,觉得幸福满满。只是我始终执着于"述而不作",讲了二三十年也并无讲稿,也没有成书之意,即便在樊登读书的"精塾学院"讲完了八十一章的《道德经》之后,也并没有这个念头。后来,樊登读书主编慕云五和果麦的几位编辑亲赴西安,又讲到出书这个问题。他们希望由我亲自动手写成书稿,并且谈及可以以讲书的文字为基础,如日常聊天一样娓娓道来。这让我萌生以口述风格写成这本《道德经说什么》的初心。

樊登在本书序中说:"八十一章,韩老师一环扣一环地讲下来了,而且他用的是以经解经的方法,把《道德经》里前后呼应的观点联系在一起,逻辑自恰,一气呵成。"

樊登提到的"以经解经",可以说是本书的最大特色。这种方法是尽量不看注解,就用这本经典来解读这本经典,因为这本书自带注解,不明白的地方通读全书后就能理解了。比如我们初看第一章时,并不会明白什么是"众妙之门",当通读完后就会明白:所谓的"玄",是说懂"有无相生"的深刻道理,而所谓的"玄之又玄",无非就是在"有"和"无"这一对矛盾中把握住经常被忽略的"无"的层面,也就是"无"的巨大作用,比如说无为、无形、无事、无声、无味、无色,甚至无情(不仁)的真正价值,也就理解这本书的"众妙","无"就是这"众妙之门"。

樊登说:"我的教练韩鹏杰教授是一位真正的高人!他可以把《道德经》用最清晰明了的方式讲解清楚,而且逻辑严密,生动有趣。他说《道德经》里的重点是很明确的,其实有三种方法可以发现重点:首尾呼应,重复强调,正反说明。《道德经》里出现最多的概念是'天下',所以这本书的讲解对象是贵族和大臣。相对于《论语》的讲解对象是学生和平民,《道德经》是一本关于如何管理和经营天下的帝王书,今天用于自身修养,也是一样受益。"

《道德经》里的重点的确是很明确的:首先是总结本书的序和目录,王弼本的第一章就是全书的序,它讲了本书最重要的一对范畴就是有和无,而在这一对范畴中最重要的一个概念就是"无"。第二章则是本书的目录,列举出有无、难易、长短、高下、音声、前后这六对范畴,而这六对范畴的具体内容都是在后面逐渐展开的。读者完全可以按图索骥,逐渐理出每对范畴的关系和意义。其次是把握每章以及全书的重点,也就是首尾呼应、重复强调、正反说明。所谓的首尾呼应,就是老子经常在一章的开头点出重点,在结尾时再强调一下重点,形成首尾呼应。比如第二十二章，开头三字是"曲则全"，这就是全书的重点。至于重复强调，比如"生而不有，为而不恃，长而不宰"这几句话在书里就多次重复强调，很容易辨识。而正反说明，比如第六十七章关于"三宝"就是正反说明以示强调。只要抓住这三种强调重点的方法，理解就又深入了一层。

关于《道德经》最大的误解，莫过于认为它是消极的。如果把国、国家、天下按其实际的意义理解为一个意思，那书里出现最多的还不是"道"和"德"，而是这"天下"。《道德经》讲道讲德，目标是剑指天下，再也不要认为它是消极的了！

关于这本书的定位其实也是很明确的，书里写得清清楚楚。这书里的话主要是针对三类人的，话就是对他们讲的。第一类人是"士"，也就是领着大家做事的人；第二类人就是"王"，也就是诸侯王；第三类人就是"圣"，也就是好士、好王。所以说《道德经》这本经典，目的就是把士、王培养成好士、好王，也就是把小领导、大领导培养成好领导，也包括把家长培养成好家长。

后记最重要的内容自然是感谢。一事的成功，须仰仗许多助缘，这本书的完成，也不外此例。

首先要感谢我的亲弟子樊登和精塾学院的王永军对这本书的助缘，还有果麦的陈曦、阿哲的护持，还要感谢王谦、路玮两位老师，以及我的研究生陈晋、殷睿、张阳对书稿的校对，虽风雨而无阻，每一字一句，往返商量数次方定。有这自发的至诚，乃益增加我的努力，谨在此一并表示深切的感谢。

韩鹏杰

二〇一九年五月于西安交大

(全书完)

道德经说什么

作者_韩鹏杰

编辑_刘树东　　装帧设计_陈章　　主管_黄杨健　　技术编辑_白咏明
责任印制_杨景依　　出品人_王誉

物料设计_朱大锤

果麦
www.goldmye.com

以 微 小 的 力 量 推 动 文 明

图书在版编目（CIP）数据

道德经说什么 / 韩鹏杰著. — 济南：山东文艺出版社，2024.6
ISBN 978-7-5329-7162-6

Ⅰ.①道… Ⅱ.①韩… Ⅲ.①《道德经》—研究 Ⅳ.①B223.15

中国国家版本馆CIP数据核字（2024）第074817号

道德经说什么
DAODEJING SHUO SHENME

韩鹏杰 著

主管单位	山东出版传媒股份有限公司
出版发行	山东文艺出版社
社　　址	山东省济南市英雄山路189号
邮　　编	250002
网　　址	www.sdwypress.com

读者服务	0531-82098776（总编室）
	0531-82098775（市场部）
电子邮箱	sdwy@sdpress.com.cn

印　　刷	天津丰富彩艺印刷有限公司
开　　本	660mm×960mm　1/16
印　　张	28
印　　数	38,001—43,000
字　　数	344千
版　　次	2024年6月第1版
印　　次	2025年4月第6次印刷
书　　号	ISBN 978-7-5329-7162-6
定　　价	81.00元

版权专有，侵权必究。